CÓDIGO DO NOTARIADO

JOSÉ CARLOS DE ABREU E CASTRO GOUVEIA ROCHA
(Notário)

CÓDIGO DO NOTARIADO

ALMEDINA

TÍTULO:	CÓDIGO DO NOTARIADO
AUTOR:	JOSÉ CARLOS DE ABREU E CASTRO GOUVEIA ROCHA
EDITOR:	LIVRARIA ALMEDINA – COIMBRA www.almedina.net
LIVRARIAS:	LIVRARIA ALMEDINA ARCO DE ALMEDINA, 15 TELEF. 239 851900 FAX 239 851901 3004-509 COIMBRA – PORTUGAL livraria@almedina.net LIVRARIA ALMEDINA ARRÁBIDA SHOPPING, LOJA 158 PRACETA HENRIQUE MOREIRA AFURADA 4400-475 V. N. GAIA – PORTUGAL arrabida@almedina.net LIVRARIA ALMEDINA – PORTO R. DE CEUTA, 79 TELEF. 22 2059773 FAX 22 2039497 4050-191 PORTO – PORTUGAL porto@almedina.net EDIÇÕES GLOBO, LDA. R. S. FILIPE NERY, 37-A (AO RATO) TELEF. 21 3857619 FAX 21 3844661 1250-225 LISBOA – PORTUGAL globo@almedina.net LIVRARIA ALMEDINA ATRIUM SALDANHA LOJAS 71 A 74 PRAÇA DUQUE DE SALDANHA, 1 TELEF. 213570428 FAX 213151945 atrium@almedina.net LIVRARIA ALMEDINA – BRAGA CAMPUS DE GUALTAR, UNIVERSIDADE DO MINHO, 4700-320 BRAGA TELEF. 253678822 braga@almedina.net
EXECUÇÃO GRÁFICA:	G.C. – GRÁFICA DE COIMBRA, LDA. PALHEIRA – ASSAFARGE 3001-453 COIMBRA producao@graficadecoimbra.pt SETEMBRO, 2004
DEPÓSITO LEGAL:	216605/04

Toda a reprodução desta obra, por fotocópia ou outro qualquer processo, sem prévia autorização escrita do Editor, é ilícita e passível de procedimento judicial contra o infractor.

*Um dos modos de conhecer o direito
passa pela leitura atenta dos documentos
que o materializam*

SINOPSE TEMÁTICA

   I. CÓDIGO DO NOTARIADO — (anotado)

  II. LEI ORGÂNICA DOS REGISTOS E DO NOTARIADO

 III. REGULAMENTO DOS REGISTOS E DO NOTARIADO

  IV. REGULAMENTO EMOLUMENTAR DOS REGISTOS E DO NOTARIADO

   V. TABELA DE EMOLUMENTOS PESSOAIS

  VI. CÓDIGO DO IMPOSTO DO SELO

 VII. TABELA GERAL DO IMPOSTO DO SELO

VIII. ESTATUTO DO NOTARIADO

  IX. ESTATUTO DA ORDEM DOS NOTÁRIOS

   X. REGULAMENTO DE ATRIBUIÇÃO DO TÍTULO DE NOTÁRIO

  XI. TABELA DE HONORÁRIOS E ENCARGOS DA ACTIVIDADE NOTARIAL

Decreto-Lei n.º 207/95, de 14 de Agosto *

1. De entre as reformas legislativas de fundo a levar a cabo no âmbito dos registos e do notariado e em cumprimento do Programa do Governo, reveste-se da maior importância a reforma do Código do Notariado.

Datada de 1967, e com profundas alterações posteriores — cabendo aqui realçar, por mais significativas, as de 1979, 1983 e 1990 —, a legislação notarial vigente, embora inspirada pelos princípios jurídico-civilistas mais modernos à data, revela-se, hoje, desadequada face aos desafios do desenvolvimento sócio-económico do País e à internacionalização da economia.

Principais destinatários da lei notarial, os agentes económicos encontrarão no Código ora aprovado o enquadramento jurídico-administrativo ajustado à agilização do comércio jurídico, reduzindo-se, assim, por esta via, factores de natureza institucional constrangedores do funcionamento de uma moderna economia de mercado.

2. Definida em grandes linhas, a presente reforma consubstancia-se na simplificação dos procedimentos inerentes à realização dos actos notariais e ao nível do formalismo exigido, na introdução de normas de maior rigor e transparência na prática notarial e, ainda, na racionalização do exercício da função notarial.

---

* Aprova o Código do Notariado.
Este diploma foi alterado pelos Decretos-Leis n.ºs 40/96, de 7 de Maio; 250/96, de 24 de Dezembro; 257/96, de 31 de Dezembro; 380/98, de 27 de Novembro; 375-A/99, de 20 de Setembro; 410/99, de 15 de Outubro; 64-A/2000, de 22 de Abril, 237/2001, de 30 de Agosto, 273/2001, de 13 de Outubro, 194/03, de 23/08 e 287/03, de 12/11.

Não obstante esta evolução, os princípios fundamentais que enformam o sistema do notariado latino, em que por cultura e tradição Portugal se insere, mantêm-se naturalmente inalterados, máxime o reconhecimento da fé pública aos actos praticados pelo notário, com as inerentes consequências a nível do valor probatório dos documentos.

3. De entre os princípios ora claramente enunciados assume particular relevância a consagração expressa, no texto da lei, da assessoria jurídica a prestar pelo notário às partes, com vista à conformação da vontade negocial na realização dos actos da sua competência.

Atribuição tradicionalmente na competência genérica dos diversos notariados latinos, está a assessoria contemplada no presente diploma, na medida necessária à indagação, interpretação e adequação ao ordenamento jurídico da vontade das partes. Porém, a subordinação, directa e obrigatoriamente estabelecida, entre a prestação da assessoria e a prática do acto da competência do notário garante a esfera tradicional de intervenção de outros profissionais que igualmente prestam apoio jurídico.

No que respeita à competência especial dos notários, clarificam-se também alguns dos seus poderes e condensam-se no Código, em obediência às mais sãs regras de técnica legislativa, outras atribuições anteriormente previstas em diplomas avulsos.

Na lógica da causalidade entre o acto a praticar e os poderes de assessoria atribuídos ao notário, permite-se-lhe que possa requisitar, a outros serviços públicos, os documentos necessários à instrução dos actos.

4. De acordo com os princípios fundamentais do notariado latino, importa sublinhar a alteração do preceito basilar do Código do Notariado enunciador dos actos jurídicos obrigatoriamente sujeitos a escritura pública. Assim, consagra-se, agora, uma norma geral definidora dos actos sujeitos a essa formalidade, tendo como base a criação, modificação ou extinção de direitos subjectivos sobre bens imóveis, seguida da enunciação da tipologia, embora não taxativa, de outros actos que a ela devem submeter-se.

Reportado à lei substantiva na determinação da forma dos actos, foi o presente diploma tão longe quanto possível na reformulação deste preceito, carreando para o Código a obrigação de subordinação a escritura pública de certos actos, prevista em diplomas avulsos (v. g. propriedade horizontal e estabelecimento individual de responsabilidade limitada), e adoptando uma sistematização mais lógica e inteligível, quer para os aplicadores da lei notarial, quer para os utentes.

Por outro lado, suprime-se no Código do Notariado a referência expressa ao valor mínimo de sujeição dos contratos de mútuo e de renda vitalícia a escritura pública, passando estes a pautar-se pelas disposições atinentes da lei civil.

5. No tocante às escrituras de habilitação de herdeiros, procede-se já à reformulação respectiva no sentido da sua adequação às recentes alterações da lei processual civil em matéria de inventário e partilhas judiciais. Em termos notariais, esta modificação legislativa vem permitir que todas as habilitações de herdeiros se possam realizar notarialmente, ainda que à herança se habilitem menores ou incapazes.

Como medida de simplificação digna de registo, e por forma a evitar a presença obrigatória de três declarantes na realização de escrituras desta natureza, permite-se, em alternativa, que a declaração inerente ao acto em apreço seja feita pelo cabeça-de-casal da herança, à semelhança do que era disposto em processo civil para o regime do inventário, ora alterado, sendo-lhe, nesse caso, feita a advertência de que incorre em procedimento criminal se prestar, dolosamente e em prejuízo de outrem, declarações falsas.

6. Nos actos de justificação há que salientar a eliminação da obrigatoriedade de apresentação, como documento instrutor, de certidão comprovativa da instauração do processo de liquidação de sisa ou de imposto sucessório relativo às transmissões intermédias entretanto ocorridas, nos casos de justificação notarial para reatamento e estabelecimento de novo trato sucessivo. Efectivamente, o interesse fiscal deste documento era nulo, pois, normalmente, o prazo de liquidação do imposto havia já prescrito. Por outro lado, no processo conducente à realização de um acto semelhante, nas conservatórias do registo predial, não está prevista obrigação idêntica, estabelecendo mesmo o Código do Registo Predial a presunção do pagamento dos direitos correspondentes às transmissões ocorridas há mais de 20 anos.

7. No tocante aos testamentos cerrados, define-se uma nova sistematização com base num critério sequencial da realização do acto.

No entanto, aproveita-se o ensejo para submeter à disciplina do Código do Notariado os procedimentos relativos à aprovação, depósito e abertura de testamentos internacionais, a cuja Lei Uniforme Portugal aderiu pelo decreto-lei n.º 252/75, de 23 de Maio, e que por força do decreto-lei n.º 177/79, de 7 de Junho, se vinha fazendo por remissão para os testamentos cerrados.

A similitude entre os dois tipos de testamento justifica o tratamento paralelo que lhes é conferido ao longo de todo o Código, com salvaguarda, porém, das especialidades do certificado de aprovação do testamento internacional resultantes da própria Lei Uniforme.

8. Do mesmo modo, a regulamentação dos instrumentos de protesto de títulos de crédito foi adequada à realidade presente, tendo-se abolido, por desnecessário, o procedimento de fazer constar do instrumento de protesto a cópia literal ou fotocópia do título.

9. Aprofundada ponderação mereceu a manutenção do reconhecimento notarial de assinatura por semelhança, de uso moderado nos sistemas jurídicos dos nossos parceiros europeus, ainda que fiéis ao notariado latino, mas bastante enraizado no meio jurídico português.

Abandonada a hipótese da abolição definitiva de tal reconhecimento, por inoportuna, opta-se, porém, por alargar ao passaporte e às públicas-formas do bilhete de identidade e do passaporte os documentos com base nos quais se permite o reconhecimento por semelhança, em nome da desburocratização e da simplificação.

Por razões de coerência, procedeu-se, também, no decreto preambular, à alteração da redacção do artigo único do decreto-lei n.º 21/87, de 12 de Janeiro, por forma a estender à exibição do passaporte e da pública-forma do bilhete de identidade e do passaporte o valor legal do reconhecimento por semelhança da assinatura, já anteriormente atribuído à exibição do bilhete de identidade.

10. Também tendo em vista a simplificação administrativa e o estabelecimento de uma maior acessibilidade do público à Administração, foi substancialmente revista a regulamentação da emissão das certidões e das públicas-formas.

Desde logo, põe-se termo à distinção terminológica entre certidões e fotocópias certificadas, porque injustificada. Assim, no total respeito pelas normas da lei civil em matéria do valor probatório dos documentos, consigna-se, como regra geral, que a prova do conteúdo dos instrumentos, registos e documentos arquivados no cartório se faz por certidão e prevê-se, de modo inovador, que esta seja obtida preferencialmente por meio de fotocópia ou de outro meio de reprodução fotográfica ou, caso tal não seja possível, dactilografada ou manuscrita.

Em consonância com a regra geral da extracção de certidão por fotocópia, privilegiam-se as certidões de teor, reservando-se as de narrativa para as que se reportem a registos ou as destinadas a publicação ou comunicação de actos.

De salientar a consagração, pela primeira vez, do direito de os outorgantes obterem uma certidão gratuita do testamento ou da escritura celebrados. Na base desta previsão está o reconhecimento de que é da maior justiça fornecer aos cidadãos, como meio de prova, uma cópia gratuita do acto por si praticado.

Ainda com o objectivo de facilitar as relações entre o cidadão e a Administração, o Código prevê a possibilidade de transmissão, entre cartórios e outros serviços públicos, de documentos, em determinadas condições, por telecópia, aos quais se atribui o valor da certidão.

Na senda do procedimento adoptado quanto às certidões, e no que se refere às cópias de documentos na posse dos particulares, a pública-forma foi submetida a igual tratamento, desaparecendo a figura da conferência da fotocópia, por acarretar grandes demoras para os serviços, com o correspondente atraso na resposta ao utente, e perigos vários na segurança dos documentos, passando a ser apenas o cartório a efectuar as fotocópias.

11. No capítulo das recusas, foi objecto de referência legal expressa, a par da anulabilidade, a circunstância de a ineficácia dos actos não ser motivo de recusa, consagrando-se, assim, uma orientação já há muito adoptada na prática notarial.

12. Em matéria de recursos, entendeu-se não proceder a alterações de fundo, atendendo à ínfima dimensão que tal meio de impugnação assume no notariado. Mantêm-se, pois, os recursos para os tribunais judi-

ciais ao lado dos recursos hierárquicos, já previstos, aliás, na Lei Orgânica dos Serviços dos Registos e do Notariado.

13. Simultaneamente, com a preocupação de tornar cada espécie de acto notarial, individualmente considerado, mais célere e mais singelo, expurgando-o de requisitos entretanto considerados supérfluos, respeitando sempre, contudo, a certeza e o rigor técnico-jurídicos, procura-se com a presente reforma dotar a generalidade dos actos notariais de uma técnica mais simples, transformando-os em realidades mais acessíveis e inteligíveis aos cidadãos. Pretende-se, assim, obter resultados ao nível da eficiência e eficácia da prática notarial quotidiana, com benefício para os utentes e, bem assim, para os próprios serviços.

No tocante à questão das minutas dos actos notariais, longamente discutida na doutrina, mantém-se a possibilidade de as partes apresentarem ao notário a minuta do acto, devendo este, em nome da liberdade contratual, reproduzi-la.

Com reflexo primordial nos actos praticados pelas sociedades, são dignas de destaque as alterações introduzidas ao nível da verificação da qualidade e dos poderes em caso de representação legal ou orgânica, consagrando-se inovatoriamente a referência da prova documental registral quanto a pessoas colectivas sujeitas a registo. Fixa-se, também, o prazo de validade de um ano para as certidões de registo comercial.

Do mesmo modo, visando evitar, aos agentes económicos que praticam grande volume de actos, avultadas emissões de certidões comerciais, confere-se a possibilidade de utilizarem, para a prática de actos no cartório, certidões do registo comercial aí arquivadas, ainda que caducadas, desde que os membros da gerência ou administração declarem que os representantes e os poderes de representação se mantêm inalterados. Excepção à regra geral da invalidade do documento caducado, a facilitação ora introduzida tem como contrapartida a responsabilização dos outorgantes beneficiários pela declaração prestada.

Tendo ainda como destinatárias as sociedades, e em nome da transparência, clarifica-se o modo como são assinados os instrumentos de actas das reuniões dos órgãos sociais, tendo em conta o tipo de sociedade, e permite-se que o notário insira na acta as declarações que lhe sejam requeridas por qualquer dos intervenientes.

Esta previsão, atendendo à fé pública do notário e à sua isenção face aos interesses em conflito, tem em vista, sobretudo, habilitar os sócios minoritários com um documento essencial para efeitos de prova judicial, nomeadamente em sede de impugnação das deliberações.

Porventura com maior impacto junto dos cidadãos, aponta-se a alteração deste Código que consiste no alargamento do elenco de documentos que permitem a verificação da identidade dos outorgantes, admitindo--se indistintamente o conhecimento pessoal, o bilhete de identidade e a carta de condução, desde que emitidos pela autoridade competente de um dos países da União Europeia, e o passaporte.

O espectro mais alargado de documentos identificadores assenta no reconhecimento da diversa finalidade da verificação da identidade para efeitos civis ou notariais, tendo-se entendido que o limite da simplificação seria a possibilidade de proceder à identificação, também nos cartórios notariais, mediante o recurso a outros documentos tradicionalmente já utilizados para esse fim.

No tocante à aposição da impressão digital nos actos em que os intervenientes não saibam ou não possam assinar, ao presente restrita aos testamentos, e por razões de segurança, retoma-se tal prática, que, contudo, pode ser substituída pela intervenção de duas testemunhas.

No âmbito do princípio da convalidação dos actos inválidos por terem sido praticados com violação de regras de competência territorial ou de certos preceitos do Código, foi introduzida a tramitação pormenorizada do respectivo processo.

Em matéria de averbamentos, a alteração substancial reconduz-se à sistematização e melhor arrumação lógica dos preceitos atinentes, cabendo salientar em termos de conteúdo o alargamento considerável de hipóteses de averbamento a escrituras públicas e testamentos, nos casos de omissão e de rectificação de inexactidões. A alteração cuida, contudo, de manter incólume a necessária segurança jurídica do acto notarial, pois que não se pode permitir, com normas desta natureza, que por via de um averbamento se altere, ainda que infimamente, o conteúdo de um acto solene, presidido pelo notário, que consigna a identidade dos outorgantes e a sua vontade negocial.

A dinâmica inerente às relações comerciais exige que se determine uma redução substancial dos prazos fixados no Código, passando de oito para três dias o prazo para emitir certidões e documentos análogos, mantendo-se a possibilidade de requerer a urgência e um tempo de resposta de vinte e quatro horas.

É também encurtado, para cinco dias, o prazo para a emissão das certidões por extracto para efeito de publicação.

Finalmente, por razões de transparência, clarifica-se o texto da lei no sentido de que as contas dos actos sejam conferidas pelo funcionário que a eles presidir e consagra-se a regra geral da cobrança de recibo ao interessado.

14. Ao nível do funcionamento dos serviços, define-se a competência dos adjuntos e oficiais dos registos e do notariado em termos específicos e, por comando expresso: passa a prever-se que o recrutamento de notários privativos se faça, de preferência, de entre notários de carreira; atribui-se competência genérica de excepção a certas entidades para a prática de actos notariais em caso de calamidade pública; opera-se uma modificação substancial nos preceitos regulamentadores dos livros notariais, no sentido da sua racionalização e operacionalidade, com consagração expressa do recurso ao tratamento informático; reduz-se o prazo para destruição de livros e de documentos já sem utilidade, e altera-se o preceito relativo à estatística, substituindo-se a sua expressa menção nos actos por uma cota de referência à margem, permitindo-se, assim, a imediata extracção de certidões por fotocópia.

Destaque merece a previsão de recurso a qualquer meio gráfico na elaboração de testamentos, quando o notário estiver em exercício, acautelando-se, todavia, a indispensável confidencialidade deste tipo de documentos.

Por fim, eliminam-se do Código todas as referências às secretarias notariais, cuja extinção está já em curso, remetendo-se a sua regulamentação para as disposições transitórias do presente diploma.

Assim:

Ao abrigo da alínea a) do n.º 1 do artigo 201.º da Constituição, o Governo decreta o seguinte:

ARTIGO 1.º
(Aprovação do Código do Notariado)

É aprovado o Código do Notariado, que faz parte integrante do presente diploma.

ARTIGO 2.º
(Alteração ao decreto-lei n.º 21/87, de 12 de Janeiro)

(O decreto-lei n.º 21/87, cujo artigo único versava sobre o reconhecimento de assinaturas por semelhança, foi revogado pelo artigo 6.º do Decreto-Lei n.º 250/96, de 24 de Dezembro).

ARTIGO 3.º
(Secretarias notariais)

Enquanto não forem extintas, as secretarias notariais regem-se pelas normas que lhes respeitem, constantes do presente diploma.

ARTIGO 4.º
(Distribuição do serviço)

1 — Nas secretarias notariais, a distribuição do serviço é feita pela forma seguinte:

a) Os actos indicados na alínea a) do n.º 2 do artigo 4.º do Código do Notariado e os restantes instrumentos lavrados em livros são distribuídos por escala, entre todos os notários, pelo director da secretaria;

b) Os demais actos e serviços, incluindo os de expediente, serão distribuídos por forma que cada um dos notários os dirija semanalmente.

2 — É lícito aos testadores ou aos outorgantes escolherem o notário a quem queiram confiar a elaboração dos seus testamentos públicos, dos instrumentos de aprovação de testamentos cerrados ou internacionais ou das suas escrituras.

3 — Os interessados podem também escolher o notário, quando o acto seja lavrado fora do cartório ou fora das horas regulamentares do serviço.

4 — Os actos que forem praticados nas condições previstas nos n.ºs 2 e 3 são levados em conta na distribuição.

ARTIGO 5.º
(Livros das secretarias notariais)

1 — As secretarias notariais têm, para o serviço comum dos cartórios, os livros seguintes:
a) Livro de distribuição;
b) Livro de apuramento e divisão de emolumentos;
c) Livro de inventário da secretaria.

2 — No livro a que se refere a alínea a) do número anterior faz-se o registo da divisão, entre os notários da secretaria, dos instrumentos a ela sujeitos.

3 — O livro a que se refere a alínea b) do n.º 1 destina-se ao apuramento mensal dos emolumentos da secretaria, mediante transporte dos apuramentos totais registados nos livros dos cartórios, e ainda à divisão entre os funcionários e o Cofre dos Conservadores, Notários e Funcionários de Justiça dos emolumentos que hajam sido apurados.

4 — Os livros e os maços de documentos que não sejam privativos de algum dos cartórios da secretaria são integrados no arquivo do cartório do notário-director e relacionados no respectivo livro de inventário.

5 — O livro de contas de receita e despesa é comum a todos os cartórios das secretarias.

6 — A legalização dos livros compete ao notário ou ao director da secretaria, conforme estes sejam privativos do cartório ou comuns da secretaria.

ARTIGO 6.º
(Entrada em vigor)

O Código do Notariado e o presente diploma entram em vigor no dia 15 de Setembro de 1995.

ARTIGO 7.º
(**Norma revogatória**)

É revogado o Código do Notariado, aprovado pelo Decreto-Lei n.º 47 619, de 31 de Março de 1967, com as alterações que lhe foram introduzidas pelos Decretos-Leis n.ºs 513-F/79, de 24 de Dezembro, 193--A/80, de 18 de Junho, 194/83, de 17 de Maio, 286/84, de 23 de Agosto, 321/84, de 2 de Outubro, 67/90, de 1 de Março, e pelo artigo 5.º do Decreto-Lei n.º 227/94, de 8 de Setembro.

Visto e aprovado em Conselho de Ministros de 11 de Maio de 1995. — *Aníbal António Cavaco Silva* — *Eduardo de Almeida Catroga* — *Álvaro José Brilhante Laborinho Lúcio.*

Promulgado em 13 de Julho de 1995.

Publique-se.

O Presidente da República, MÁRIO SOARES.

Referendado em 17 de Julho de 1995.

O Primeiro-Ministro, *Aníbal António Cavaco Silva.*

CÓDIGO DO NOTARIADO

TÍTULO I
Da organização dos serviços notariais

CAPÍTULO I
Disposições gerais

ARTIGO 1.º
(Função notarial)

1 — A função notarial destina-se a dar forma legal e conferir fé pública aos actos jurídicos extrajudiciais.

2 — Para efeitos do disposto no número anterior, pode o notário prestar assessoria às partes na expressão da sua vontade negocial.

NOTAS

1. Forma legal — É o modo que a lei impõe para a exteriorização da vontade negocial; a compleição mais ou menos robusta que deve assumir o corpo de um negócio jurídico.

Sendo a vontade negocial um elemento preponderante do negócio jurídico, a expressão dessa vontade deve revestir uma factualidade externa (gestual, verbal ou escrita), para que se possa visualizar a objectivação de uma intenção volitiva.

À primeira vista poder-se-á pensar que o nosso Código Civil não é exigente quanto ao aspecto corpóreo do acto jurídico.

No direito privado vigora o princípio da consensualidade, assente na conhecida máxima "solus consensus obligat".

Os contratos ficam perfeitos qualquer que seja a forma porque sejam celebrados e até se admite o silêncio e a declaração tácita (dedução de uma vontade através da verificação de certos factos) como processos de formação de negócios jurídicos consensuais.

Mas sob o manto desta regra simplista — a de que a validade da declaração negocial não depende de observância de forma especial (art. 219.º do C. Civil) — esconde-se um vasto campo de excepções que dilui a aparência daquele princípio legal.

Para os negócios de maior peso económico e, em especial, para aqueles que tenham por objecto bens imóveis, é, por regra, necessária a forma escrita, com ou sem intervenção notarial, sob pena da nulidade da declaração negocial que não respeite a forma legalmente prescrita, salvo se outra for a sanção especialmente prevista na lei (art. 220.º do Código Civil).

1.1. Se bem que o nosso ordenamento jurídico não trace uma directriz genérica e unívoca sobre o quadro da forma legal, também não se pode dizer que o modelo legal perfilhado seja fruto de um acaso normativo, já que assenta, por regra, nestes critérios : para os negócios que versem sobre bens imóveis exigem-se formas fortalecidas, sem que se considere o seu valor económico; para os que versem sobre bens móveis, admitem-se formas mais simplistas e, de certo modo, a presunção de que a posse vale título, com excepção de certo tipo de actos da área do direito comercial.

Estas regras não são, porém, absolutas e comportam excepções.

O peso ou valor económico do negócio condiciona por vezes a forma legal de certos contratos, quando tenham por objecto bens móveis.

O Código Civil admite o documento particular para os contratos de mútuo e de constituição da renda vitalícia, quando o seu valor económico seja igual ou inferior a vinte mil euros; já impõe a forma da escritura pública, quando tais contratos sejam de valor superior a vinte mil euros (artigos 1239.º e 1143.º).

1.1.2. Mas se no direito privado impera o princípio da consensualidade, porque é que a nossa lei requer formas especiais para a celebração de inúmeros actos cujos efeitos resultam da vontade dos seus autores (ex voluntate), porque é que determina a nulidade da declaração negocial que careça da forma legalmente prescrita?

A nosso ver, a imposição de formas mais ou menos reforçadas encontra o seu fundamento na necessidade do nosso ordenamento jurídico assegurar um ponto de equilíbrio na protecção de dois valores essenciais — a liberdade contratual e a segurança jurídica.

E não é fácil idealizar um modelo formalístico que, de forma invariável, nivele ou satisfaça a medida e projecção daqueles valores adversos.

Poder-se-á eleger uma fronteira fortificada, se imperam razões de segurança, ou uma outra mais fragilizada, se prevalecem razões de celeridade.

Poder-se-á dizer que numa das vertentes dessa fronteira está enraizada a crença popular de que *"os contratos não valem se não tiverem passado pelo notário"*, ou seja, um forte sentimento histórico-sociológico de apego aos ritos notariais; e que, contra este credo, novas correntes, de pendor pós-modernista, propugnam formas mais simplistas, ancoradas na ideia de que na estrada do direito se pode caminhar depressa, sem prejuízo da segurança jurídica.

Necessário é que, na edificação dessa fronteira, o pêndulo da balança não ceda a razões menos claras, fabricadas com o mero intuito de servirem os interesses de certos grupos ou classes jurídicas, em detrimento da segurança jurídica.

1.2. O termo "dar forma legal", empregue neste artigo 1.º, deve ser interpretado em sentido amplo, sob pena de não reflectir a verdadeira essência da função notarial.

O exercício da função notarial não se circunscreve a uma mera intervenção autenticadora, cingida à configuração do acto.

Por regra, vai bastante mais longe e abrange uma actividade criadora que passa por várias etapas decisivas — interpretativa, assessora, configurativa, autenticadora e conservadora — todas elas indispensáveis à boa materialização do direito.

E dizemos por regra, porque se é certo que nos documentos mais solenes, designadamente nos instrumentos públicos avulsos e nos instrumentos lavrados em livros de notas (escrituras), a intervenção notarial deve cuidar não só dos requisitos da forma mas também da substância e conteúdo do negócio, também é sabido que nem sempre é exigível esse tipo de actuação notarial que, de forma mais abrangente, se responsabiliza pela perfeição dos actos jurídicos.

Não o é exigível na intervenção notarial que se limita a reconhecer uma assinatura ou a apor um termo de autenticação. O mesmo se passa com certos instrumentos avulsos, designadamente, com o instrumento público de aprovação de testamento cerrado, porque neste caso é a lei que confere aos interessados a faculdade de serem eles próprios a redigir as suas disposições de última vontade e apenas requer a presença do notário para lavrar o auto de aprovação.

1.2.1. As formas legais podem agrupar-se em duas espécies, consoante a natureza do documento exigível: *solene*, quando se exige o escrito autêntico; *privada*, quando é suficiente o documento particular.

Privados, são os documentos elaborados e assinados pelos particulares; autênticos, os lavrados por autoridade ou oficial público competente (art. 369.º do C.C.).

Os documentos privados, quando autenticados (assinados perante o notário, a quem as partes confirmam o teor das suas declarações), assumem a força probatória dos documentos autênticos, mas não os substituem quando a lei exija a forma de documento autêntico para a validade do acto (art. 377.º do C.C.).

1.2.2. A observância de formas solenes pode contudo não ser suficiente para a perfeição de certos contratos, cuja eficácia dependa ainda do cumprimento de formalismos acessórios, de natureza real ou registral.

O contrato de penhor não produzirá os seus efeitos, ainda que se respeite a forma legal (documento privado, autenticado ou autêntico, consoante os casos), se o autor do penhor não for desapossado ou privado da disponibilidade da coisa empenhada (art. 669.º do C. Civil), formalismo este de natureza real.

O acto hipotecário também não produzirá os seus efeitos (mesmo em relação às partes) ainda que formalizado por escritura pública, se não for levado a registo (art. 687.º do C.Civil), formalismo este de índole registral.

1. 3 — Apurada a coexistência de formas legais mais ou menos fortalecidas, quais as vantagens e desvantagens que podem advir das diferentes espécies formalísticas?

A favor dos formalismos reforçados tem-se dito que:
a) Favorecem a reflexão;
b) Precisam a declaração de vontade;
c) Reforçam o propósito volitivo, face a uma repetição de atitudes (bis repetita), especialmente quando confirmadas perante oficial público;
d) Afiançam a veracidade das declarações expressas;
e) Facilitam a prova;
f) Minimizam a probabilidade de viciações de escrita;
g) Propiciam um elevado grau de segurança, face à assistência jurídica de técnicos qualificados;
h) Publicitam os negócios celebrados, sempre que os respectivos instrumentos fiquem depositados em arquivos públicos.

Em desfavor *desses formalismos* tem-se apontado:
a) A lentidão que podem provocar;
b) Os riscos de eventuais nulidades, por defeitos ou vícios de forma.

1.3.1 — No topo dos formalismos reforçados situa-se o documento notarial autêntico.

A superioridade técnico-jurídica do documento notarial — e em especial da escritura pública, o acto mais solene da função notarial — deriva basicamente de quatro "rationes": uma, de índole subjectiva, que gira em torno da qualidade do seu autor, da autoridade e nível de especialização do notário; outra, de natureza objectiva, que se traduz numa segura materialização jurídica dos factos documentados; uma terceira, de pendor ritual, que se estriba na observância de exigentes requisitos e procedimentos que afiançam a legalidade do acto; e a quarta, não menos importante, de natureza conservadora, que assegura a durabilidade e exteriorização do documento.

No instrumento notarial, o notário assume a autoria da sua obra, responsabiliza-se pela autenticidade do texto, pela veracidade das declarações prestadas, pela data dos factos certificados e garante, com imparcialidade, que o documento traduz uma vontade juridicamente esclarecida.

Estas algumas das razões que marcam a diferença entre documentos autênticos e privados.

Os documentos privados não provam a sua origem, pois o autor do escrito é, por regra, um ente estranho à criação e formação do acto, a quem falta autoridade e isenção para garantir a fiabilidade do texto documentado.

1.3.2 — Apesar da prevalência jurídica do documento autêntico (*scripta publica probant se ipsa*), já se tem dito que o rigor do formalismo notarial pode embaraçar a operacionalidade jurídica, o que não é exacto.

São razões de outra natureza, designadamente de ordem legal, fiscal e administrativa, que podem entravar essa operacionalidade jurídica.

Basta ter presente inúmeras restrições legais que cerceiam a liberdade contratual, designadamente os condicionalismos impostos para a prática de actos que importem fraccionamento da propriedade rústica ou urbana; o regime de participação prévia nos actos de trespasse, caso o trespassante não disponha de certidão comprovativa de que nada deve ao Estado; a obrigatoriedade de apresentação de certidão camarária certificativa de que a caução prestada é suficiente para garantir a boa execução das obras de urbanização, para os actos que titulem a primeira transmissão de prédios urbanos (ou de suas fracções autónomas) edificados em lotes de terreno; o princípio da imutabilidade da convenção antenupcial; as normas que delimitam o conteúdo da vontade negocial (artigos 2192.º a 2198.º do C. Civil); a impossibilidade temporária ou definitiva de disposição de certos direitos (uso e habitação, fogos sujeitos ao ónus de inalienabilidade).

1.3.3 — O acatamento destes e doutros dispositivos legais fazem do direito privado um mundo jurídico intrincado, que requer técnicos preparados para a aplicação correcta das suas normas jurídicas.

Ilustremos esta asserção com um simples acto de cessão de quota.

J. Castro, surdo-mudo, casado em comunhão de adquiridos com..., pretende ceder a B..., não sócio, menor, representado por sua mãe, divorciada, a quota do valor nominal de 4000 euros, que possui na sociedade comercial por quotas "Castro ... Limitada", com o capital social de 5000 euros.

Quais as precauções, requisitos, documentos, menções e advertências que a lei exige para a feitura dum acto desta espécie?

Numa abordagem que não é completa e que não tem em conta algumas formalidades essenciais dos instrumentos notariais (data, nome e qualidade do funcionário que preside ao acto, identificação do cartório, verificação da identidade dos intervenientes, regras de escrita, leitura e explicação do acto), há que observar os seguintes procedimentos:

a) Fazer intervir um intérprete, caso o notário não entenda os sinais do surdo- mudo e este não saiba escrever, o qual deverá prestar juramento legal e transmitir por sinais a declaração de vontade do cedente;

b) Mencionar o cumprimento destas formalidades;

c) Averiguar se o cedente consente que a firma social se mantenha inalterada, ou, na falta desta autorização, referenciar que a alteração da firma deve ser feita num certo prazo, que não poderá exceder um ano;

d) Indagar se do activo da sociedade fazem parte bens imóveis e, para o caso de se verificar esta situação, exigir a liquidação prévia do imposto municipal sobre as transmissões onerosas de imóveis;

e) Apreciar a legitimidade da representação legal e exigir para a sua prova, se for caso disso, os documentos ou as declarações necessárias;

f) Consignar a advertência de que a representante legal do menor deve requerer o registo do acto no prazo de três meses;

g) Arquivar certidão certificativa da situação contributiva da sociedade perante a segurança social;

h) Examinar o teor do pacto social e, se for caso disso, proceder à alteração de cláusulas contratuais em que possa figurar o nome do cedente;

i) Averiguar se existem cláusulas incompatíveis com a entrada de um sócio menor (obrigação dos sócios realizarem prestações suplementares ...);

j) Participar o acto à competente Conservatória do Registo Comercial.

1.4 — Certamente que tudo seria mais simples e célere se as pessoas pudessem formalizar todos os seus negócios jurídicos por documentos privados, mediante o preenchimento de impressos que contivessem fórmulas estandardizadas, se não necessitassem da assistência de advogados, para a resolução dos seus conflitos, ou do registo de documentos nas conservatórias, para legitimação e publicitação dos seus direitos.

Mas também não é menos certo que esta congeminação utópica não passa de um sonho quimérico.

No complexo e melindroso mundo do direito, uma exagerada simplificação de formalismos esconde alguns perigos, entre os quais a incerteza e a insegurança jurídica.

Não diria que, com a progressiva coarctação do campo da acção notarial, o direito tenda a acabar — como já se questionou num artigo publicado na Revista do Notariado 1994/ 1-3, a páginas 43, a respeito da dispensa da intervenção notarial na celebração de contratos de compra e venda de prédios urbanos ou fracções autónomas, quando estes se destinem a habitação e haja recurso ao crédito bancário — mas que a contínua subtracção de actos da esfera notarial poderá acentuar o empobrecimento e a vulgarização do direito privado.

Vejamos de que modo pode ocorrer este *empobrecimento ou vazio jurídico*, relembrando a alteração que sofreu o artigo 1710.º do Código Civil, na redacção que lhe foi dada pelo Decreto-Lei n.º 163/95, de 13 de Julho.

Face à alteração introduzida por este diploma, a convenção antenupcial pode ser lavrada por auto perante o conservador do registo civil, quando os nubentes optem por um dos regimes tipo legalmente previstos, dispensando-se nestes casos a necessidade da escritura pública.

Se os nubentes desejarem fixar um modelo atípico, certamente mais personalizado, compete ao notário configurar o estatuto patrimonial que melhor salvaguarde os interesses dos futuros cônjuges.

Apesar de continuar a subsistir a forma solene da escritura pública, para as convenções atípicas, certo é que, com a introdução daquela medida agilizadora, sumiram rapidamente da nossa ordem jurídica os complexos pactos de família, as doações aos esposados e, de certo modo, o virtuosismo da liberdade contratual em matéria de convenção antenupcial.

2. Fé pública (ou fé notarial) é o atributo especial de autoridade que a lei concede ao notário — o poder de conferir certeza, valor e permanência a inúmeros documentos que tutelam interesses jurídicos privados.

Assim, sempre que alguém queira conferir às suas declarações negociais uma especial força probatória, apenas ilidível com base na falsidade do documento, tem ao seu dispor o instrumento notarial dotado de fé pública.

E diz-se que o instrumento notarial é dotado de fé pública, porque a sua autenticidade faz fé perante o povo — transporta para a sociedade um valor jurídico acrescido que excede os interesses imediatos das partes, uma credibilidade que se reflecte nas relações dos contratantes para com terceiros, ou seja, um elevado grau de força probatória.

3. Assessoria — A nossa ordem jurídica instituiu o notário "guardião da segurança jurídica", ao valorar a autenticidade notarial como condição de validade de inúmeros actos e contratos.

Mas, à semelhança do que dispõem outros ordenamentos jurídicos evoluídos, não podia deixar de ter em conta que o campo da acção notarial não se confina ao tecnicismo da formalização.

A função certificadora pressupõe sempre a prévia indagação da vontade das partes, a sua interpretação e aclaração.

O código do notariado chancela esta filosofia, ao frisar no seu preâmbulo: "Atribuição tradicionalmente na competência genérica dos diversos notariados latinos, está a assessoria contemplada no presente diploma, na medida necessária à indagação, interpretação e adequação ao ordenamento jurídico da vontade das partes".

O notário é assim, por imperativo legal, um operador indispensável à materialização do direito, a quem cabe defender as partes contra a sua precipitação e facilitar a prova da declaração, como se realça no artigo intitulado *"Uma reflexão sobre o notariado Português"*, subscrito por vários notários e publicado a páginas 11 e seguintes da Revista do Notariado 1994/1-3.

3.1. A assessoria deve servir para se alcançar um bom resultado na materialização do direito.

A... declara que quer doar a seu filho, B..., um prédio rústico.

O acto pode ser lavrado sob a forma simplista de uma doação pura e fica formalmente perfeito.

Mas a consagração desta forma legal não significa que o documento traduza uma vontade esclarecida ou que se tenha atingido um bom resultado jurídico se o notário não deu a conhecer às partes a possibilidade de optarem por outras alternativas legais, designadamente : a reserva do usufruto a favor dos doadores; a reversão do bem doado para o caso do donatário vir a falecer sem descendentes; a reserva do direito de dispor, a exclusão do direito de acrescer, a dispensa da colação, a estipulação de certos encargos, ou o direito de resolução do contrato para o caso de incumprimento dos encargos fixados.

A assessoria pode ainda contribuir para se efectivar o pleno exercício de certas faculdades jurídicas, já que a lei nem sempre é completa ou perfeita, quanto à protecção de legítimas expectativas que merecem tutela legal.

Vejamos um exemplo actual.

A união livre generaliza-se cada vez mais e há que proteger os companheiros e os filhos oriundos do concubinato.

Não se pode dizer hoje, como se entendia outrora, que a união de facto é contrária aos bons costumes.

Ultrapassado o conceito da imoralidade da união de facto, parece-nos que a recusa de tutela legal para estas situações seria um mau exemplo de perspectiva de política familiar.

Não obstante, nota-se que a nossa lei tem sido demasiado tímida na protecção dos noivados prolongados que revestem as vestes da situação conjugal.

Dedica-lhes um estatuto precário: direito a alimentos nos termos do artigo 2020.º do Código Civil; direito à casa de morada de família em caso de morte do arrendatário, nas condições previstas na alínea e) n.º 1 do artigo 85.º do RAU; direito a serem tributados em sede de IRS segundo o regime de pessoas casadas (art. 14.º-A, do Código do IRS, aditado a este Código pela Lei n.º 30-G/2000, de 29 de Dezembro) e algumas medidas de protecção introduzidas pela Lei n.º 7//2001, de 11 de Maio.

Face a este minguado quadro legal, cabe ao notário orientar os interessados no sentido da formalização de uma contrato atípico, ou seja, um estatuto de coabitação que salvaguarde os interesses e expectativas dos companheiros que vivam em união de facto.

4. Natureza da função notarial — O exercício de uma actividade dotada de fé pública não significa, *numa perspectiva teórica*, que a função notarial tenha que revestir natureza pública.

De natureza pública é apenas o acto de nomeação do notário e a concessão da fé pública.

O formalismo do empossamento não deve transformar o notário num funcionário puro, equidistante dos particulares, nem retirar-lhe o apanágio de se imiscuir na contratação privada.

É, no entanto, o peso da fé pública que é delegada ao notário pelo Estado — o privilégio de conferir uma especial força probatória ao documento escrito — que nos persuade a afirmar que se deve preservar a idiossincrasia da função notarial, entendida como actividade propulsora da normalidade da vida social, que produz, ampara e projecta relações assistidas, bem demarcada de outras funções jurídicas, designadamente da do conservador, que regista relações criadas, da do juiz, que aprecia e repara situações passadas, ou da do advogado, que procura defender posições afectadas.

5. Relevância da função notarial — O direito positivo não poderia ser um direito consistente se as suas normas jurídicas não pudessem ser materializadas de forma segura.

A efectivação desta materialização jurídica requer uma actuação interpretativa, que passa por duas fases distintas:

A primeira, mais preocupada com a dissecação do processo negocial, com a aclaração da vontade das partes, capacidades, impedimentos e elementos do negócio;

A segunda, de natureza técnico-jurídica, relacionada com a determinação e interpretação dos dispositivos legais aplicáveis ao caso concreto.

É esta interpretação jurídica, a leitura que a prática notarial faz de inúmeras disposições legais, do mesmo modo que o fazem outras fontes interpretativas, designadamente a doutrinal e a jurisprudencial, que muito tem contribuído para o desenvolvimento das nossas instituições jurídicas.

ARTIGO 2.º
(Órgãos próprios)

1 — O órgão próprio da função notarial é o notário.

2 — Os adjuntos e os oficiais apenas podem praticar os actos que lhes sejam cometidos por disposição legal expressa.

NOTAS

1. Redacção anterior (Decreto-Lei n.º 47619, de 31/3/67).

Artigo 2.º — *Os órgãos normais da função notarial são os notários e os ajudantes das repartições notariais.*

Este preceito foi substancialmente alterado.

Ficou agora bem explícito que o notário é o órgão próprio para o desempenho da função notarial. Goza, por isso, de competência funcional plena.

É coadjuvado por adjuntos e oficiais, mas estes perderam a qualidade de seus substitutos legais e só podem praticar actos que lhes sejam cometidos por disposição legal expressa ou por delegação do notário, em caso de substituição.

1.1 Face à alteração deste artigo houve que acertar alguns dispositivos legais complementares, especialmente aqueles que regulavam o regime da substituição dos notários.

O artigo 61.º do Regulamento (Decreto-Regulamentar n.º 55/80, de 8 de Outubro), que previa a substituição dos notários, nas suas faltas, licenças e impedimentos, pelos ajudantes de categoria funcional mais elevada, foi revogado pelo Decreto-Lei n.º 256/95, de 30 de Setembro, diploma que alterou ainda o artigo 26.º da Lei Orgânica dos Serviços dos Registos e do Notariado (que previa a substituição do notário pelos ajudantes) e o artigo 30.º do Decreto-Lei n.º 92/90, de 17 de Março (que referenciava os adjuntos de notário como primeiros substitutos).

Com a modificação daquele artigo 26.º do Dec.-Lei n.º 519- F2/79, de 29 de Dezembro, criou-se um novo sistema para a substituição dos notários:

Em caso de vacatura do lugar, licença ou de impedimento que se presuma superior a 30 dias, os notários são substituídos pelo notário ou adjunto que para o efeito for nomeado ou destacado.

Na impossibilidade da substituição se efectuar nos termos previstos no número anterior, o director-geral designa para o efeito um ajudante da repartição.

Se o impedimento for previsivelmente de longa duração, o director-geral pode determinar o provimento interino do lugar.

2. Ingresso na carreira de notário — Os notários são funcionários públicos de nomeação definitiva e exercem as suas funções na área de competência do respectivo cartório (ver art. 25.º da Lei Orgânica dos Serviços dos Registos e do Notariado).

O ingresso na carreira de notário integra as seguintes fases:

a) Provas de aptidão, baseadas nos métodos de selecção de provas de conhecimento através de provas escritas sobre matérias de direito privado relacionadas com os registos e notariado e exame psicológico;

b) Curso de extensão universitária, com a duração de seis meses, e avaliação de conhecimentos no final do curso;

c) Estágio, com a duração de doze meses, sob a orientação de conservadores e notários formadores, sendo fixadas por despacho do director-geral as áreas funcionais em que é realizada cada fase do estágio, a duração e respectivas precedências;

d) Provas escritas e orais, a realizar nos seis meses posteriores ao termo do estágio.

2.1. Por despacho n.º 21/99, de 23 de Junho, do Exm.º Sr. director-geral dos Registos e do Notariado, publicado no BRN n.º 7/99, foi determinado que o referido estágio fosse constituído por três fases, correspondendo às áreas funcionais do Registo Civil, Registo Predial e Notariado, com a duração de quatro meses cada, devendo a fase de estágio de notariado preceder a de registo predial.

Os auditores aprovados nas provas finais são considerados adjuntos, a partir da publicação no Diário da República da respectiva lista de classificação e graduação, continuando em funções nos serviços em que se encontram, dos quais podem ser destacados ou transferidos por despacho do director-geral.

2.2. Sobre esta matéria consultar: o art. 24.º do Dec.-Lei n.º 519-F2/ 79, o Decreto-Lei n.º 206/97, de 12 de Agosto (que revogou os artigos 1.º a 32.º, 48.º a 52.º, e o n.º 6 do art. 58.º do Dec.-Lei n.º 92/90, de 17 de Março).

A Lei Orgânica dos Serviços Externos, constante do citado Dec.-Lei n.º 519--F2/79, de 29 de Dezembro, foi alterada pelos Decretos-Leis n.ºs 71/80, de 15 de Abril, 449/80, de 7 de Outubro, 397/83, de 2 de Novembro, 145/85, de 8 de Maio, 66/88, de 1 de Março, 52/89, de 22 de Fevereiro, 92/90, de 17 de Março, 312/90, de 12 de Outubro, 131/91, de 2 de Abril, 300/93, de 31 de Agosto, 131/95, de 6 de Junho, 256/95, de 30 de Setembro e 254/96, de 26 de Dezembro.

2.3. Quanto ao concurso como forma de recrutamento e selecção de pessoal para os quadros da Administração Pública, ver o Dec.-Lei n.º 204/98, de 11 de Julho.

2.4. Sobre o regime de férias, faltas e licenças dos funcionários e agentes da administração Pública, ver Decreto-Lei n.º 100/99, de 31 de Março, ratificado com alterações pela Lei n.º 117/99, de 11 de Agosto, alterado pelo artigo 42.º do Dec.--Lei n.º 70-A/2000, de 5 de Maio, e pelo Decreto-Lei n.º 157/2001, de 11 de Maio.

3. Adjuntos de notário — Os adjuntos de notário, que figuravam como primeiros substitutos, passaram a ter uma competência delegada: a que for determinada pelo notário, devendo o despacho de nomeação ser comunicado ao Ex.mo Sr. director-geral (n.º 3 do artigo 30.º do Decreto-Lei n.º 92/90, de 17 de Março).

Este artigo foi revogado pelo Decreto-Lei n.º 206/97, de 12 de Agosto, que regula o procedimento de ingresso na carreira de conservador e notário. No entanto, o n.º 3 do artigo 35.º do Decreto-Lei n.º 206/97, mantém o princípio de que os adjuntos têm a competência que lhes for especificadamente delegada por despacho do conservador ou notário, o qual deve ser comunicado ao director-geral.

4. Notários — adjuntos — O Decreto-Lei n.º 232/82, de 17 de Junho, criou a figura de notário — adjunto, reservada aos cartórios notariais de 1.ª e 2.ª classes que não funcionem em regime de secretaria, e procriou duas medidas de excepção quanto à competência notarial, ao determinar que os notários de Lisboa e do Porto fossem substituídos por notários- adjuntos e ajudantes na realização de actos notariais na Caixa Geral de Depósitos, Caixa Económica de Lisboa anexa ao Montepio Geral e Crédito Predial Português, quando lidos dentro das horas regulamentares (n.º 1 do artigo 4.º) e ao estabelecer um limite para o número de actos a realizar fora do Cartório (artigo 5.º).

Estes dispositivos foram retocados pelo Decreto-Lei n.º 272/94, de 28 de Outubro, que lhes deu a seguinte redacção:

Artigo 4.º 1 — Quando, durante as horas normais de serviço, for solicitada a presença de notários de Lisboa e do Porto para a realização de quaisquer actos notariais em instituições de crédito, aqueles devem fazer-se substituir, nesses actos, pelos notários- adjuntos ou pelos ajudantes.

Artigo 5.º — Com excepção dos testamentos, só podem ser realizados fora do cartório, em cada mês, 10% do total dos actos realizados no mês anterior.

Este artigo 5.º foi novamente retocado pelo artigo 3.º do Decreto-Lei n.º 380//98, de 27 de Novembro, e passou a ter a seguinte redacção : Com excepção de testamentos públicos, escrituras de revogação de testamentos, instrumentos de aprovação, de depósito e de abertura de testamentos cerrados e de testamentos internacionais e dos actos referidos no número 1 do artigo 4.º, só podem ser realizados fora do Cartório, em cada mês, 5% do total dos actos realizados no mês anterior.

O referido artigo 4.º foi também alterado pelo Dec.-Lei n.º 5/99, de 7 de Janeiro.

Nas cidades de Lisboa e Porto os notários são substituídos em actos de serviço externo, realizados durante as horas normais de serviço: a) Pelo adjunto ou pelos ajudantes, quando os actos sejam realizados em instituições de crédito; b) Pelo adjunto, ou na falta deste, por qualquer dos ajudantes designados para substituir o notário nas suas faltas e impedimentos por períodos não superiores a 30 dias, nos actos em que sejam intervenientes sociedades comerciais, agrupamentos complementares de empresas ou agrupamentos europeus de interesse económico.

Este regime pode também aplicar-se a outras localidades, por despacho do Ex.mo Sr. director-geral dos Registos e do Notariado, mediante solicitação dos respectivos notários, nos termos do n.º 2 do citado art. 4.º.

4.1 — Registe-se, porém, que as assinaladas medidas de excepção, destinadas a facilitar o serviço dos cartórios das grandes cidades, contrariam o princípio basilar de que o notário é o órgão próprio para o exercício da função notarial, já que, em serviço externo e durante as horas normais de serviço, se retira ao notário competência para presidir a certos actos notariais, designadamente aos referenciados na alínea a) do n.º 1 do citado artigo 4.º.

5. Competência de ajudantes e escriturários — O artigo 93.º do Regulamento dos Serviços dos Registos e do Notariado regula a competência dos ajudantes e escriturários e a sua aptidão para executarem os serviços que lhes forem distribuídos pelo respectivo notário.

Aí se determina (para os serviços do notariado) que os *ajudantes* podem desempenhar todas as atribuições dos notários, à excepção das enunciadas nas alíneas c) e d) do n.º 2, a saber:

A celebração de escrituras de valor indeterminado ou superior a 49, 88 € nos cartórios de 3.ª classe, e de valor indeterminado ou superior a 99,76 € em cartórios de 1.ª e 2.ª classes, bem como testamentos públicos ou instrumentos de aprovação, depósito e publicação de testamentos cerrados, e quaisquer outras funções excluídas por lei da competência dos ajudantes.

5.1. *A competência dos escriturários* vem definida no número 4 do referido artigo e circunscreve-se ao serviço de expediente.

Os escriturários superiores podem assinar reconhecimentos de assinaturas, fotocópias e certidões, nas mesmas condições em que os ajudantes o podem fazer.

5.2. Quanto ao ingresso na carreira de escriturário dos registos e do notariado ver artigo 33.º e seguintes do Decreto-Lei n.º 92/90, de 17 de Março (alterado pelos Decretos-Leis n.º 238/93, de 3 de Julho, e 256/95, de 30 de Setembro) e art. 6.º do Dec.-Lei n.º 131/91, de 2 de Abril.

5.3. *O Regulamento dos Serviços dos Registos e do Notariado*, constante do Dec.-Lei n.º 55/80, de 8 de Outubro, foi alterado pelo Decreto Regulamentar n.º 1/83, de 11 de Janeiro, Decretos-Leis n.ºs 397/83, de 2 de Novembro, 145/85, de 8 de Maio, 92/90, de 17 de Março, 50/5, de 16 de Março, 131/95, de 6 de Junho, e 256/95, de 30 de Setembro.

6. Cartórios notariais — Integram-se nos serviços externos dos registos e do notariado (art. 23.º da Lei Orgânica da DGRN; art. 31.º do Dec.-Lei n.º 87/2001, de 17 de Março).

Na sede de cada concelho do continente e das regiões autónomas há um ou mais cartórios notariais (art. 13.º, n.º 1, da LORN).

6.1. Sobre a competência dos *cartórios privativos para os serviços de protesto de letras e outros títulos de crédito,* ver n.º 5 do art. 13.º da LORN e art. 32.º do referido Dec.-Lei n.º 87/2001.

6.2. *Cartórios notariais de competência especializada* — A competência destes cartórios é definida na respectiva portaria de criação desta espécie de cartórios (art. 33.º do Dec. Lei n.º 87/2001).

6.3. *Cartórios notariais dos centros de formalidades de empresas* — São cartórios de competência especializada que têm por finalidade facilitar os processos de constituição, alteração ou extinção de empresas e actos afins (art. 34.º do citado Dec.-Lei n.º 87/2001).

6.4. *Notário pivot* — Decreto-Lei n.º 267/93, de 31 de Julho.

6.5. *Loja do cidadão* — Decreto-Lei n.º 314/98, de 17 de Outubro.
Em cada loja do cidadão podem funcionar os seguintes serviços da Direcção--Geral dos Registos e do Notariado:

a) Gabinete de apoio ao registo automóvel;
b) Gabinete de certidões;
c) Delegação da Direcção-Geral dos Registos e do Notariado (ver art. 1.º).

O director-geral dos Registos e do Notariado pode destacar funcionários dos serviços externos para as lojas do cidadão.

Os funcionários destacados têm direito à remuneração que aufeririam se estivessem no serviço de origem, designadamente ao vencimento da categoria, à participação emolumentar e aos emolumentos pessoais.

Aos funcionários referidos no n.º 1 pode ainda ser abonada uma participação emolumentar, a fixar, caso a caso, por despacho do director-geral dos Registos e do Notariado (ver art. 6.º).

7. Exercício de actividades privadas — O notário é o órgão designado para o exercício da função notarial, actividade essa que, em quase todos os países de notariado latino, é incompatível com o exercício de qualquer outra profissão.

No nosso País persiste um figurino diferente, que ainda admite a acumulação da função notarial com actividades diversificadas, podendo o notário ser simultaneamente conservador e advogado.

Perscrutemos algumas das regras que disciplinam esta matéria.

O exercício do cargo de notário é incompatível:

— Com qualquer outra função pública remunerada, excepto nos casos expressamente previstos na lei;

— Com a administração, direcção ou gerência de sociedades ou estabelecimentos comerciais e suas agências, salvo se autorizados pelo Ministro da Justiça e desde que desse exercício não resultem prejuízos para função;

— Com o exercício da advocacia, excepto quanto aos notários de 3.ª classe providos em lugares da mesma classe, não se aplicando, porém, esta restrição aos notários que já advogavam à data da publicação da Lei Orgânica dos Serviços dos Registos e do Notariado, enquanto não forem transferidos para lugar de que lhes resulte essa incompatibilidade (ver art. 27.º do Decreto-Lei n.º 519-F2/79, de 29 de Dezembro, alterado pelos Decretos-Leis números 71/80, de 15 de Abril e 449/80, de 7 de Outubro).

Os notários autorizados a exercer a advocacia só o podem fazer na comarca a que pertença a localidade sede do respectivo lugar, restrição esta que não se aplica aos seguintes casos: intervenção em cartas precatórias emanadas de processos que correm seus termos na comarca em que é permitida a advocacia, em recursos para os tribunais superiores; em actos de processo praticados na 1.ª instância que não exijam a presença de advogado.

Quando autorizados a advogar não podem utilizar os serviços do Cartório em proveito da sua clientela de advogado, nem aceitar mandato nos pleitos em que se discutam actos praticados no Cartório de que são titulares ou em que a parte contrária seja o Estado (ver art. 55.º do Dec.-Lei n.º 55/80, de 8 de Outubro).

7.1. O exercício, por funcionários e agentes, de qualquer profissão liberal depende de autorização.

Só podem exercer actividades privadas em acumulação com as respectivas funções públicas, mediante autorização, a conceder pelos membros do Governo competentes, e não podem desenvolver, por si ou por interposta pessoa, a título remunerado, em regime de trabalho autónomo ou de trabalho subordinado, actividades privadas concorrentes ou similares com as funções que exercem na Administração Pública e que com esta sejam conflituantes.

Sobre algumas incompatibilidades, ver: artigos 69.º, n.º 1, e 71.º do Estatuto Judiciário, aprovado pelo Dec.-Lei n.º 84/84, de 16 de Março; artigos 7.º e 8.º do Dec.-Lei n.º 413/93, de 23 de Dezembro.

8. Estatuto remuneratório — A remuneração do notário e oficiais compreende três componentes: vencimento, participação emolumentar e emolumentos pessoais.

Os valores das participações emolumentares eram variáveis e constavam das Portarias números 942/99, de 27 de Outubro (participação emolumentar dos conservadores e notários) e 940/99, de 27 de Outubro (participação emolumentar dos oficiais dos registos e do notariado).

8.1 — *No ano de 2002* o vencimento de exercício passou a ser fixo, de acordo com as regras da Portaria n.º 1448/2001, de 22 de Dezembro, que se transcrevem:

1.º Transitoriamente, para o ano de 2002, o vencimento de exercício de cada conservador, notário e oficial dos registos e do notariado é constituído pela média aritmética da participação emolumentar apurada de Janeiro a Outubro de 2001, não sendo, para o efeito, consideradas as variações decorrentes de situações especiais, designadamente:

a) De faltas ou licenças;
b) De destacamentos ou requisições;
c) De substituições ou acumulação de funções;
d) De penas disciplinares que impliquem perda de remuneração.

2.º As situações especiais referidas no número anterior que ocorram no ano de 2002 podem, porém, determinar a subsequente variação do vencimento de exercício, nos termos das disposições legais aplicáveis.

3.º Tendo-se verificado, até Outubro de 2001, ingresso ou progressão na carreira de conservador, notário e oficial dos registos e do notariado, início de funções noutra conservatória ou cartório notarial ou alteração da classe do serviço, o vencimento de exercício, para efeitos do n.º 1, é calculado apenas com base na participação emolumentar efectivamente apurada em virtude da nova situação funcional.

4.º Sempre que as situações referidas na primeira parte do número anterior ocorram a partir de Novembro de 2001, o vencimento de exercício, para efeitos do n.º 1, passa a ser calculado com base na média aritmética da participação emolumentar a que o funcionário teria direito se estivesse investido na nova situação funcional de Janeiro a Outubro de 2001.

5.º Enquanto se mantiverem, as situações de requisição ou de comissão de serviço iniciadas antes de Novembro de 2001 seguem o regime previsto no número anterior.

6.º Aos conservadores, notários e oficiais dos registos e do notariado de serviço que entrem em funcionamento após a data prevista no n.º 4 é assegurado um vencimento de exercício calculado sobre uma receita mensal líquida de 12 469,95 €, 74 819,68 € e 99759, 58 €, conforme se trate, respectivamente, de serviço de 3.ª, 2.ª e 1.ª classes.

7.º A presente portaria produz efeitos a partir de 1 de Janeiro de 2002.

8.2 — *Para o ano de 2003*, a participação emolumentar passa a ser calculada de acordo com as seguintes regras da Portaria n.º 110/2003, de 29 de Janeiro:

1.º As regras sobre a determinação do vencimento de exercício dos conservadores, notários e oficiais dos registos e do notariado fixadas transitoriamente para o ano de 2002 pela Portaria n.º 1448/2001, de 22 de Dezembro, mantêm-se em vigor para o ano de 2003.

2.º O disposto no n.º 6 da aludida portaria aplica-se aos conservadores, notários e oficiais dos registos e do notariado dos serviços que entraram em funcionamento entre 1 de Janeiro e 31 de Outubro de 2001, à excepção daqueles cuja receita mensal ilíquida gerada nesse período foi superior à que lhes estaria garantida por efeito da aplicação do disposto naquele número.

3.º Para efeitos de determinação do vencimento de exercício dos oficiais destacados entre 1 de Janeiro e 31 de Outubro de 2001, deve ser deduzido, ao total dos vencimentos de categoria que concorrem para o apuramento da parte proporcional a que cada oficial tem direito, o valor do vencimento desse funcionário correspondente ao período do destacamento.

4.º As participações emolumentares, calculadas de acordo com as regras previstas nos números anteriores, serão actualizadas de acordo com a taxa que vier a ser fixada para o índice 100 da escala indiciária do regime geral.

5.º A presente portaria produz efeitos desde 1 de Janeiro de 2003.

8.3. — Para o ano de 2004, ver Portaria n.º 110/04, de 29 de Janeiro.

9. Limite de vencimento — Pelo exercício, ainda que em regime de acumulação, de quaisquer cargos e funções públicas, com excepção do Presidente da Assembleia da República, não podem a qualquer título, ser percebidas remunerações ilíquidas superiores a 75% do montante equivalente ao somatório do vencimento e abono mensal para despesas de representação do Presidente da República (n.º 1 do art. 3.º da Lei n.º 102/88, de 25 de Agosto).

Na elaboração da contabilidade mensal há ainda que observar, entre outros, os seguintes procedimentos:

O excedente dos emolumentos pessoais, resultante de actos praticados em serviço externo (dentro das horas regulamentares), ou da feitura de requerimentos, reverte a favor dos S.S.M.J. (Ver artigos 63.º, n.º 3, e 68.º da LORN, 14.º, n.º 4, 15.º, 20.º e 24.º da Tabela de Emolumentos).

Nos termos do n.º 3 do citado art. 20.º, o montante destes emolumentos pessoais não pode ser superior a metade do vencimento de categoria do funcionário.

10. Limite de vencimento para efeitos de aposentação — A remuneração mensal atendível, para efeitos de aposentação, tem como limite máximo a remuneração base legalmente fixada para o cargo de Primeiro-Ministro, nos termos do n.º 5 do art. 47.º do Estatuto da Aposentação (Decreto-Lei n.º 498/72, de 9 de Dezembro, alterado pelas Leis n.ºs 30-C/92, de 28 de Dezembro, 75/93, de 20 de Dezembro e 1/2004, de 15 de Janeiro.

Sobre o limite da pensão de aposentação, ver o parecer da Procuradoria-Geral da República, proferido no processo n.º 21/94, publicado na II série do Diário da República n.º 270, de 22/11/95.

11. Reversão de vencimento de exercício perdido — O pedido de reversão de vencimento é dirigido ao notário, quando a perda de vencimento resulte de doença de duração não superior a 15 dias, até ao máximo de 15 dias, seguidos ou interpolados, em cada ano civil.

Fora destas circunstâncias deve o interessado remeter à DSRH, com parecer fundamentado sobre o seu mérito, nomeadamente, através da última classificação de serviço, os pedidos de abono de vencimento de exercício perdido, nos casos em que as faltas por doença excedam o limite atrás referido.

A falta de informação do notário sobre o mérito do pedido, ou a informação inconclusiva, são considerados como não favoráveis ao deferimento.

Os requerimentos deverão ser enviados ao DSRH, no mês subsequente à ocorrência do facto que originou a perda do vencimento de exercício, nos termos do despacho n.º 16/99, do Ex.mo Sr. director-geral, publicado no BRN n.º 5/99, pág. 3.

ARTIGO 3.º
(Órgãos especiais)

1 — Excepcionalmente, desempenham funções notariais:
a) Os agentes consulares portugueses;
b) Os notários privativos das câmaras municipais e da Caixa Geral de Depósitos recrutados, de preferência, de entre os notários de carreira;
c) Os comandantes das unidades ou forças militares, dos navios e aeronaves e das unidades de campanha, nos termos das disposições legais aplicáveis;
d) As entidades a quem a lei atribua, em relação a certos actos, a competência dos notários.

2 — Em caso de calamidade pública podem desempenhar todos os actos da competência notarial quaisquer juizes ou sacerdotes e, bem assim, qualquer notário, independentemente da área de jurisdição do respectivo serviço.

3 — Os actos praticados no uso da competência de que gozam os órgãos especiais da função notarial devem obedecer ao preceituado neste Código, na parte que lhes for aplicável.

NOTAS

1. A*gentes consulares* — Ver artigo 206.º deste código e o regulamento dos serviços consulares, constante do Dec.-Lei n.º 381/97, de 30 de Dezembro, alterado pela Lei n.º 22/98, de 12 de Maio.

Os cônsules titulares de postos de carreira e os encarregados das secções consulares são órgãos especiais da função notarial (art. 55.º do Dec.--Lei n.º 381/97).

O exercício de funções consulares no âmbito do notariado, rege-se, com as necessárias adaptações, pelas disposições do Código do Notariado (art. 57.º do Regulamento dos serviços consulares).

Os serviços consulares e os demais órgãos especiais da função notarial devem possuir os livros necessários à prática dos actos notariais da sua competência.

Os actos praticados no uso da competência devem obedecer ao preceituado neste Código, na parte que lhes for aplicável.

1.1 — *Tabela de emolumentos consulares* — Consta da Portaria n.º 19//2003, de 11 de Janeiro.

Os actos de notariado vêm tabelados nos artigos 38.º a 51.º deste diploma, que estabeleceu taxas muito idênticas às do RERN, de que damos alguns exemplos:

Artigo 38.º — 1 — Por cada escritura com um só acto — (euro) 175.

2 — a) Por cada testamento público, testamento internacional, instrumento de aprovação ou abertura de testamento cerrado — (euro) 220.

b) Pela revogação de testamento — (euro) 90.

3 — Pelo distrate, resolução ou revogação de actos notariais será devido um emolumento correspondente a 80% do emolumento do respectivo acto.

4 — Por quaisquer outros instrumentos avulsos, com excepção dos de protesto de títulos de crédito — (euro) 37.

5 — Por cada instrumento de acta de reunião de organismo social e assistência a ela:

Durante a reunião até uma hora — (euro) 55;

Por cada hora a mais ou fracção — (euro) 16.

Artigo 40.º — 1 — Por cada instrumento de protesto de títulos de crédito — (euro) 9.

2 — Pelo levantamento de cada título antes de protestado — (euro) 9.

3 — Pela informação, dada por escrito, referente a registo lavrado no livro de protestos de títulos de crédito, por cada título — (euro) 9.

Artigo 42.º — 1 — Pelo reconhecimento de cada assinatura — (euro) 11.

2 — Por cada reconhecimento de letra e de assinatura — (euro) 11.

3 — Pelo reconhecimento que contenha, a pedido do interessado, a menção de qualquer circunstância especial — (euro) 18.

4 — Por cada termo de autenticação com um só interveniente — (euro) 25.

5 — Por cada interveniente a mais — (euro) 6.

Artigo 47.º — Por cada registo lavrado no livro a que se refere a alínea f) do artigo 7.º do Código do Notariado — (euro) 29.

2. *Chefes de secretaria das câmaras municipais* — No antigo código do notariado figuravam como órgãos especiais (al. b) do artigo 3.º).

A alínea b) do n.º 1 deste artigo consagrou este novo princípio: os notários privativos das câmaras municipais e da Caixa Geral de Depósitos devem ser recrutados, de preferência, de entre os notários de carreira.

3. *Notários privativos das Câmaras Municipais* — Ver Dec.-Lei número 116/84, de 6 de Abril, alterado pela Lei n.º 44/85, de 13 de Setembro.

O recrutamento de notários privativos para o município deverá recair em indivíduos licenciados em direito, habilitados com estágio de notariado, podendo ainda as funções notariais ser cometidas a notários pertencentes aos quadros da DGRN (n.º 9 do art. 13.º).

Quanto aos limites da participação emolumentar dos funcionários camarários que exerçam funções notariais, ver n.º 7 do citado art. 13.º e o n.º 2 do artigo 58.º do D.L. n.º 247/87, de 17/6 (diploma que estabelece o regime de carreiras e categorias do pessoal das câmaras municipais, serviços municipalizados, federações e associações de municípios, assembleias distritais e juntas de freguesia).

4. *Notários privativos da Caixa Geral de Depósitos* — A sua competência consta do artigo 45.º do Dec.-Lei n.º 48953, de 5 de Abril de 1969.

Esta competência é limitada a actos relativos às operações de crédito e à alienação de imóveis em que seja interessada a Caixa Geral de Depósitos.

5. A competência excepcional dos comandantes das unidades ou forças militares, dos navios e aeronaves e das unidades de campanha já vinha prevista nos artigos 2210.º a 2219.º do Código Civil, e circunscreve-se a certas formas especiais de testamentos.

6. *Calamidade pública* — Inovadora é a regra do n.º 2 deste artigo, que derroga, em caso excepcional de calamidade pública, o princípio da competência territorial do notário consignado no n.º 3 do artigo 4.º deste Código, atribuindo idêntica competência a juízes ou sacerdotes, reproduzindo-se, deste modo, o princípio que já constava do artigo 2220.º do Código Civil.

CAPÍTULO II
Competência funcional

SECÇÃO I
Atribuições dos notários

ARTIGO 4.º
(Competência dos notários)

1 — Compete, em geral, ao notário redigir o instrumento público conforme a vontade das partes, a qual deve indagar, interpretar e adequar ao ordenamento jurídico, esclarecendo-as do seu valor e alcance.

2 — Em especial, compete ao notário, designadamente:

a) Lavrar testamentos públicos, instrumentos de aprovação, depósito e abertura de testamentos cerrados e de testamentos internacionais;

b) Lavrar outros instrumentos públicos nos livros de notas e fora deles;

c) Exarar termos de autenticação em documentos particulares ou de reconhecimento da autoria da letra com que esses documentos estão escritos ou das assinaturas neles apostas;

d) Passar certificados de vida e identidade e, bem assim, do desempenho de cargos públicos, de gerência ou de administração de pessoas colectivas;

e) Passar certificados de outros factos que tenha verificado;

f) Certificar, ou fazer e certificar, traduções de documentos;

g) Passar certidões de instrumentos públicos, de registos e de outros documentos arquivados, extrair públicas-formas de documentos que, para esse fim, lhe sejam presentes ou conferir com os respectivos originais e certificar as fotocópias extraídas pelos interessados;

h) Lavrar instrumentos para receber a declaração, com carácter solene ou sob juramento, de honorabilidade e de não se estar em situação de falência, nomeadamente, para efeitos do preenchimento dos requisitos condicionantes, na ordem jurídica comunitária, da liberdade de estabelecimento ou de prestação de serviços;

i) Lavrar instrumentos de actas de reuniões de órgãos sociais;

j) Transmitir por telecópia, sob forma certificada, o teor dos instrumentos públicos, registos e outros documentos que se achem arquivados no cartório, a outros serviços públicos perante os quais tenham de fazer fé e receber os que lhe forem transmitidos, por esses serviços, nas mesmas condições;

l) Intervir nos actos jurídicos extrajudiciais a que os interessados pretendam dar garantias especiais de certeza ou de autenticidade;

m) Conservar os documentos que por lei devam ficar no arquivo notarial e os que lhe forem confiados com esse fim.

3 — Salvo disposição legal em contrário, o notário pode praticar, dentro da área do concelho em que se encontra sediado o cartório notarial, todos os actos da sua competência que lhe sejam requisitados, ainda que respeitem a pessoas domiciliadas ou a bens situados fora dessa área.

4 — A solicitação dos interessados, o notário pode requisitar por qualquer via, a outros serviços públicos, os documentos necessários à instrução dos actos da sua competência.

NOTAS

1. *Intervenção notarial* — O número 1 prescreve alguns procedimentos básicos da acção notarial, matéria que já foi aflorada nos comentários feitos ao artigo 1.º deste código.

O notário não deve ser um *escriba ou cronista legal* que se limite a receber ou a transcrever mensagens, mas o criador de uma vontade jurídica esclarecida, o autor de um pensamento certificado, previamente indagado e interpretado.

Indagar uma vontade significa penetrar no oculto do pensamento, pesquisar e desvendar dados que possam contribuir para a formação de uma vontade consciente.

Para esse efeito deve o notário estabelecer uma relação de confiança com as partes e ter sempre em conta, antes de iniciar a redacção do instrumento, que a primeira vontade expressa pode não ser a última e que a última vontade deve ser uma vontade esclarecida e correctamente adequada ao ordenamento jurídico.

1.1 *Interpretação jurídica* — A partir dos textos há que tentar reconstituir o pensamento legislativo, "a mens legislatoris" (método subjectivista), o sentido da lei, quer na fase da sua elaboração (método histórico), quer no momento da sua aplicação (método actualista), tendo-se sempre em conta a unidade do sistema e as regras da boa hermenêutica, fixadas no artigo 9.º do código civil.

Estas máximas aplicam-se naturalmente às interpretações oficiais — que vinculam um círculo restrito de destinatários, por razões de obediência hierárquica.

2. *Âmbito da competência funcional* — O código do notariado desenvolve mais adiante algumas das matérias aqui enumeradas, designadamente: os instrumentos públicos (artigos 46.º a 105.º), os instrumentos de aprovação, depósitos e abertura de testamentos cerrados e testamentos internacionais (artigos 106.º a 115.º), os termos de autenticação (artigos 150.º a 152.º), o reconhecimento da autoria da letra e das assinaturas apostas em documentos (artigos 153.º a 157.º), os certificados de vida e identidade, do desempenho de cargos públicos, de gerência ou de administração de pessoas colectivas e de outros factos que tenha verificado, as certidões, públicas-formas e conferência de documentos (artigos 158.º a 171-A), e a tradução de documentos (artigo 172.º).

Os requisitos e formalismos dos instrumentos de aprovação, depósito e abertura de testamentos cerrados e testamentos internacionais constam dos artigos 106.º a 115.º do Código do Notariado.

3. *Competência territorial* — Circunscreve-se à área do concelho em que se encontra sediado o Cartório Notarial, ainda que o acto diga respeito a pessoas domiciliadas noutro local ou a bens situados fora do concelho, ditame de igual forma expresso no n.º 3 do artigo 13.º da Lei Orgânica (Decreto-Lei n.º 519--F2/79).

Os cartórios notariais são competentes para praticar, dentro do concelho, onde se situem, quaisquer actos notariais, ainda que respeitem a pessoas domiciliadas ou a bens situados fora da área do respectivo concelho.

Excepcionalmente, admite-se no n.º 2 do artigo 3.º que, em caso de calamidade pública, possa o notário desempenhar todos os actos da sua competência, independentemente da área de jurisdição do respectivo serviço.

Em caso de criação de novos concelhos, tem-se entendido que se mantém a competência territorial do cartório notarial do concelho ao qual pertenciam as freguesias que passaram a fazer parte do novo concelho, enquanto não for criado e entrar em funcionamento o respectivo cartório notarial.

4. Sobre a transmissão e recepção de documentos por *telecópia* — ver notas ao art. 118.º.

5. *Competência dos notários no processo de constituição de sociedades* — O Decreto-Lei n.º 267/93, de 31 de Julho, atribui aos notários competência para promover e dinamizar a tramitação do processo de constituição de sociedade comerciais e civis sob forma comercial, bem como das demais entidades referidas no artigo 1.º do Código do Registo Comercial, sempre que tal lhes seja requerido pelos interessados e a constituição deste tipo de pessoas colectivas esteja sujeita a escritura pública.

6. *Competência dos notários para celebração de casamentos civis* — Apenas fora do horário do funcionamento dos serviços das conservatórias do registo civil, nomeadamente aos sábados, domingos e feriados, e quando designados para esse efeito pelo director-geral dos Registos e do Notariado, nos termos do artigo 3.º do Decreto-Lei n.º 236/2001, de 30 de Agosto.

7. *Competência dos notários para requerer actos de registo* — Incumbe ao notário, a pedido dos interessados, preencher a requisição de registo em impresso de modelo aprovado e remetê-la à competente conservatória do registo predial ou comercial, acompanhada dos respectivos documentos e preparo, nos termos e condições constantes do art. 186.º-A deste código.

SECÇÃO II
Impedimentos

ARTIGO 5.º
(Casos de impedimento)

1 — O notário não pode realizar actos em que sejam partes ou beneficiários, directos ou indirectos, quer ele próprio, quer o seu cônjuge ou qualquer parente ou afim na linha recta ou em 2.º grau da linha colateral.

2 — O impedimento é extensivo aos actos cujas partes ou beneficiários tenham como procurador ou representante legal algumas das pessoas compreendidas no número anterior.

3 — O notário pode intervir nos actos em que seja parte ou interessada uma sociedade por acções, de que ele ou as pessoas indicadas no n.º 1 sejam sócios, e nos actos em que seja parte ou interessada alguma pessoa colectiva de utilidade pública a cuja administração ele pertença.

NOTAS

1. Este artigo reedita o texto do artigo 7.º do anterior código do notariado.

A sua disciplina tem por escopo de garantir a neutralidade da actuação notarial, de modo a não poder ser beliscada sob a pretensa alegação das partes ou beneficiários serem familiares próximos do notário.

Naturalmente que este impedimento não poderia ser extensível a todos os membros da família do notário, sob pena de algum exagero.

Família, em sentido amplo, abrange todas as pessoas ligada ao notário, por virtude de uma realidade biológica ou jurídica (filiação, afinidade, matrimónio ou adopção).

Houve assim que estabelecer um limite de proximidade de laços de família, nos graus da linha colateral.

O notário está impedido de intervir em actos:

a) Em que seja parte ou beneficiário directo ou indirecto;

b) Em que o seu cônjuge seja parte ou beneficiário directo ou indirecto;

c) Em que seus descendentes (filhos, netos, bisnetos) ascendentes (pais, avós, bisavós...) ou afins (genros, noras ...) qualquer que seja o grau de parentesco, sejam partes ou beneficiários directos ou indirectos;

d) Em que seus irmãos e, por afinidade, cunhados, sejam partes ou beneficiários directos ou indirectos.

2. *Afinidade* — É o vínculo que liga cada um dos cônjuges aos parentes do outro (art. 1584.º do C.C.).

Por isso se diz vulgarmente que cada um dos cônjuges é filho e irmão por afinidade dos pais e irmãos do outro cônjuge.

A afinidade tanto se pode dar na linha recta como na transversal e não cessa pela dissolução do casamento.

3. *Parentesco* — É o vínculo que une duas pessoas, em consequência de uma delas descender da outra ou de ambas procederem de progenitor comum (art. 1578.º do C.C.).

Na linha recta há tantos graus quantas as pessoas que formam a linha de parentesco, excluindo o progenitor.

Na linha colateral os graus contam-se pela mesma forma, subindo por um dos ramos e descendo pelo outro, mas sem contar o progenitor comum (art. 1581.º do C.C.).

Destas regras do direito civil resulta o seguinte quadro em matéria de graus de parentesco:

— Pai e filho são parentes em 1.º grau, aquele em linha recta ascendente e este em linha recta descendente; avô e neto são parentes em 2.º grau; bisavô e bisneto são parentes em 3.º grau;

— Irmãos são parentes colaterais em 2.º grau;

— Tio e sobrinho são parentes colaterais no 3.º grau;

— Primos direitos são parentes colaterais no 4.º grau, do mesmo modo que o sobrinho — neto em relação ao tio — avô.

4. O impedimento subsiste se qualquer das referidas pessoas intervier no acto *na qualidade de procurador* ou representante legal, já que a eficácia do acto depende da sua intervenção na qualidade de mandatário.

Estas medidas restritivas, designadamente as previstas nos artigos 6.º (extensão dos impedimentos) e no número 1 do artigo 68.º do CN, visam assegurar a isenção da actuação notarial, já que está em jogo o exercício da fé pública.

5. A lei não impõe os mesmos condicionalismos para a intervenção de outros juristas que possam eventualmente ser incumbidos da formalização de actos ou contratos de natureza privada ou de prestar assistência às partes na feitura de documentos que titulem esses actos.

Assim sendo, que garantias de equidade e de isenção poderá oferecer um acto particular de trespasse, de constituição ou alteração de contrato de sociedade, redigido e assistido por um jurista que seja parte, parente ou afim na linha recta de um dos contratantes, ou procurador de uma dessas partes no contrato por si lavrado?

São estas e outras particularidades que, a nosso ver, marcam a diferença entre a fiabilidade do documento autêntico e a do documento privado.

ARTIGO 6.º
(Extensão dos impedimentos)

1 — O impedimento do notário é extensivo aos adjuntos e oficiais do cartório a que pertença o notário impedido.

2 — Exceptuam-se do disposto no número anterior os reconhecimentos de letra e assinatura apostas em documentos que não titulem actos de natureza contratual, ainda que o representado, representante ou o signatário seja o próprio notário.

NOTAS

1. O texto do número 1 deste artigo difere substancialmente do que constava do artigo 9.º do anterior código, que circunscrevia a extensão dos impedimentos ao ajudantes.

2. O impedimento do notário é extensível a todos os funcionários do seu cartório.

3. Estando o notário impedido de praticar certo acto, nas situações previstas no artigo anterior, não poderá esse acto ser realizado pelos adjuntos e oficiais do cartório a seu cargo, exceptuados os actos previstos no n.º 2 deste artigo.

CAPÍTULO III
Livros, índices e arquivos

SECÇÃO I
Livros

ARTIGO 7.º
(Livros de actos notariais)

1 — Os actos notariais, consoante a sua natureza, são lavrados nos seguintes livros:

a) Livro de notas para testamentos públicos e para escrituras de revogação de testamentos;
b) Livro de notas para escrituras diversas;
c) Livro de protestos de títulos de crédito;
d) Livro de registo dos actos lavrados no livro indicado na alínea a), dos instrumentos de aprovação ou depósito de testamentos cerrados e de testamentos internacionais;
e) Livro de registo de escrituras diversas;
f) Livro de registo de outros instrumentos avulsos e de documentos que os interessados pretendam arquivar;
g) Livro de registo de contas de emolumentos e de selo.

2 — Os cartórios notariais, os cartórios privativos de protestos, os serviços consulares e os demais órgãos especiais da função notarial devem possuir, de entre os livros a que se refere o número anterior, os necessários à prática dos actos notariais da sua competência.

NOTAS

1. Este capítulo trata dos livros, índices, arquivos, segredo profissional, saída e transferência de livros e documentos.

2. A redacção do número 1 apresenta uma ligeira imprecisão terminológica, ao referir que os actos notariais são lavrados nos citados livros, já que, como é sabido, muitos actos notariais não são lavrados em livros mas em papel avulso, como é o caso dos instrumentos públicos avulsos.

3. Os livros indicados nas alíneas a) a c), f) e g) estavam sujeitos ao imposto do selo previsto no artigo 112.º da antiga TGIS, taxa essa que desapareceu da nova tabela de selo.

4. Nenhum dos referidos livros pode ser utilizado sem prévia legalização, mediante o preenchimento dos termos de abertura e encerramento, rubrica das folhas restantes e numeração de todas elas, com a indicação do número de ordem e da letra do livro a que respeita.
A legalização dos livros compete ao notário ou ao seu substituto.

5. No livro de notas *para testamentos públicos e escrituras de revogação de testamentos* são lavrados este tipo de actos e os respectivos averbamentos.
Face ao disposto no n.º 1 do art. 32.º do antigo CN, este livro não podia ser formado por folhas soltas nem ser usado sem prévia encadernação.

Hoje pode ser formado por folhas soltas ou fascículos, com o máximo de 150 folhas e deve ser encadernado dentro das instalações do Cartório, de modo a não fazer perigar a confidencialidade dos actos nele contidos.

Os testamentos e as escrituras de revogação de testamentos só podem ser dactilografados ou processados informaticamente quando o notário estiver em exercício (n.º 2 do art. 38.º).

6. *Os livros de notas para escrituras diversas* podem ser desdobrados em vários livros, de harmonia com as conveniências do serviço e devem ser encadernados, antes da sua utilização, quando se utilize o processo de composição manuscrita, e depois da sua utilização, quando formados por fascículos ou folhas soltas.

7. O livro de *protesto de títulos de crédito* destina-se ao registo da apresentação de títulos a protesto e dos respectivos instrumentos de protesto, bem como à menção do seu levantamento.

Do registo da apresentação devem constar a data da apresentação, os nomes e a residência ou sede do apresentante, do aceitante ou sacado e do sacador e, ainda, a espécie do título e o montante da obrigação nele contida.

Do registo do instrumento de protesto deve constar a anotação, junto ao registo da apresentação, do fundamento e da data de protesto (art. 142.º).

Os registos referentes a cada dia devem ser encerrados, com um traço horizontal, no início do primeiro período de trabalho do dia útil imediato (art. 139.º, n.º 2).

8. O livro referenciado na alínea d) destina-se ao *registo de testamentos públicos*, escrituras de revogação de testamentos, instrumentos de aprovação ou depósito de testamentos cerrados e de testamentos internacionais.

Os instrumentos de abertura de testamentos cerrados não são registados neste livro mas no livro de registo de contas de emolumentos e de selo, previsto na alínea g) do número 1 deste artigo.

O registo do instrumento de aprovação de testamento cerrado deve ser lançado antes da restituição do instrumento de aprovação e referenciar os dados previstos nos artigos 140.º, n.º1 e 141.º deste Código.

Anualmente e até ao dia 28 de Fevereiro, deve ser enviada à Conservatória dos Registos Centrais uma nota certificada dos testamentos públicos, escrituras de revogação de testamentos e instrumentos de aprovação de testamentos cerrados que se encontrem registados no livro em apreço.

9. *O livro de registo de escrituras*, designado na prática notarial por livro de registo diário, serve para registar todas as escrituras públicas, com excepção das de revogação de testamentos.

O registo de escrituras deve conter os elementos referenciados nos números 1 e 2 do artigo 140.º deste Código, entre os quais figura o valor do acto.

Referenciando o acto diversos valores deve ser indicado aquele que releva para efeitos fiscais.

Deve ser remetida até ao dia 15 de cada mês uma cópia mensal do registo de escrituras lavradas no mês anterior à direcção de finanças da área geográfica do cartório e uma outra à Conservatória dos Registos Centrais (artigos 186.º, 1, a) e 187.º, 1, c).

10. *No livro de registo de outros instrumentos avulsos e de documentos que os interessados pretendam arquivar*, são registados os documentos e instrumentos públicos referenciados no art. 16.º, designadamente, os instrumentos de abertura de testamentos cerrados e de testamentos internacionais, de actas de reunião de órgãos sociais, de procurações lavradas nos termos do n.º 3 do artigo 116.º, de ratificação de actos notariais, e outros documentos que forem entregues no cartório para ficarem arquivados.

11. *O livro de registo de contas de emolumentos e de selo* destina-se à escrituração dos emolumentos, imposto do selo e demais receitas cobradas pela realização dos actos notariais.

São também nele registados os actos para os quais, por força de isenção total de encargos ou de gratuitidade, não deva ser organizada conta, devendo-se anotar essa circunstância numa coluna à margem do registo.

Este livro deve ser desdobrado em dois livros, um deles destinado ao registo das contas dos reconhecimentos e o outro ao registo das contas dos demais actos.

É permitido o uso de algarismos e de abreviaturas nos registos e contas (art. 40.º, n.º 3, al. a).

Para se facilitar o registo e soma semanal do imposto de selo cobrado torna-se aconselhável abrir neste livro de registo várias colunas destinadas às diferentes verbas de taxa de selo.

ARTIGO 8.º
(Outros livros)

Além dos livros de actos notariais, devem existir ainda em cada cartório os livros seguintes:

a) Livro de inventário;

b) Livro de contas de receita e despesa.

NOTAS

1. Para além dos livros de inventário e de contas de receita e despesa, previa o artigo 12.º do anterior código, *o livro de ponto*, que continua a ser exigível para as Repartições Públicas.

2. No livro de *inventário* são registados, à medida que forem utilizados, os livros do cartório e, após a sua conclusão, os maços de documentos.

3. *O livro de conta de receita e despesa* destina-se à contabilidade das receitas e despesas do cartório. Estas despesas são suportadas através da receita das taxas de reembolso (3% da receita ilíquida do cartório).
Ver notas ao art. 19.º e despacho do Exm.º Sr. director-geral, n.º 23/95, publicado no BRN n.º 10/95.

4. Apenas são permitidas *despesas* que respeitem à aquisição e encadernação dos livros, aquisição de artigos de expediente e material de equipamento de secretaria, manutenção e funcionamento de fotocopiadores, aquisição do Diário da República, 1.ª e 2.ª séries, conservação e reparação corrente do mobiliário, despesas com comunicações, correio, electricidade, água, pessoal de limpeza e telefone (ver art. 67.º do Dec.-Lei n.º 519-F2/79, de 29 de Dezembro).
Quanto às despesas com a *limpeza de instalações* ver o despacho ministerial de 16/5/86, publicado no BRN de Junho/86.
Sobre gastos com **limpezas de carácter eventual**, ver BRN n.º 5/2001, pág. 7, I caderno.

5. **Chamadas telefónicas** — Há que observar as seguintes restrições:
Os telefones instalados nas repartições não devem ser utilizados para estabelecer ligações oficiais para telefones das redes móveis (telemóveis), dado o elevado custo das mesmas.
Assim não serão ratificados excessos de impulsos telefónicos que incluam aquele tipo de serviço (despacho do Exm.º Sr. director-geral, n.º 16/98, publicado no BRN n.º 4/98).
Este despacho não veda aos serviços externos a realização de chamadas para telemóveis, pois que o sentido e alcance do mesmo é tão-somente o de alertar os referidos serviços, atento o elevado custo deste tipo de comunicações, para a necessidade contenção na sua utilização, advertindo-os de que serão recusados os pedidos de ratificação das despesas com chamadas telefónicas que ultrapassem os limites superiormente fixados, se, para o excesso, concorrerem ou contribuírem ligações para as redes móveis.

Consequentemente, os serviços externos — não sendo possível a utilização da rede fixa — só devem fazer chamadas para telemóveis quando estas se justifiquem por urgente conveniência do serviço ou por outro motivo igualmente ponderoso, mas observando sempre os montantes máximos estabelecidos para as chamadas telefónicas, em função da classe da Repartição, sob pena de recusa de ratificação dos excessos e, eventualmente, de responsabilidade disciplinar.

Os montantes dos impulsos foram fixados em — 1750 unidades, 2250 unidades e 2750 unidades — respectivamente para os serviços de 3.ª, 2.ª e 1.ª classe (ver despacho do Exm.º Sr. director-geral, n.º 17/99, de 20/5/99, publicado no BRN n.º 5/99, a pág. 3). Estes limites máximos foram convertidos em euros e actualizados para 112 €, 134 € e 159 € (ver B.R.N. n.º 1/2002, p. 12).

6. **Livro amarelo** — A sua obrigatoriedade consta da Resolução do Conselho de Ministros n.º 189/96, de 28 de Novembro, e o seu modelo da Portaria n.º 355/97, de 28 de Maio.

Sobre alguns procedimentos a seguir com vista a facilitar o tratamento das reclamações no âmbito dos serviços centrais dos registos e notariado ver despacho do Ex.mo Sr. director-Geral, n.º 22/99, de 2/7/99, publicado a pág. 3 do BRN n.º 7/99.

O serviço reclamado deve enviar aos serviços centrais, dirigidas ao subdirector-geral com a tutela do Serviço de Auditoria e Inspecção fotocópia do original da reclamação e cópias tanto da resposta dada ao reclamante como da informação que sobre a reclamação for prestada ao gabinete do respectivo membro do Governo e ao Secretariado para a Modernização Administrativa, na mesma ocasião em que der cumprimento ao disposto nos números 3 e 4 do artigo 38.º do Decreto-Lei n.º 135/99, de 22 de Abril.

Nos termos dos números 3 e 4 deste artigo, a *cópia azul* do livro de reclamações deve ser enviada ao gabinete do membro do Governo competente, acompanhada de informação sobre a reclamação, donde constem as medidas correctivas adoptadas; a *cópia amarela* deve ser enviada directamente para o Secretariado para a Modernização Administrativa, acompanhada da referida informação e ainda da resposta dada ao reclamante.

7. **Livro de registo do imposto de selo** — Os serviços públicos, quando obrigados à liquidação e entrega do imposto de selo nos cofres do Estado, devem possuir registos adequados ao cumprimento do estatuído nas alíneas a) a d) do n.º 3 do art. 53.º do Código do Imposto do Selo.

O registo das operações e actos deve ser feito num livro próprio que evidencie:

— O valor das operações e dos actos realizados sujeitos a imposto ou dele isentos;

— O valor do imposto liquidado;

— O valor do imposto suportado, valores estes a registar segundo as respectivas verbas da Tabela;

— O valor do imposto compensado se for caso disso.

7.1. *Compensação do imposto de selo* — É permitida, quando:

For anulada a operação ou reduzido o seu valor em consequência de erro ou invalidade; houver erro material ou de cálculo do imposto liquidado e entregue (n.º 1 do art. 51.º do CIS).

A compensação deve se efectuada no prazo de um ano, contado a partir da data em que o imposto se torna devido.

Para essa correcção não é necessária autorização do Exm.º Sr. director-geral dos Registos e do Notariado (ver BRN n.º 2/2001, pág. 14).

7.2. *Declaração anual* — As entidades públicas devem apresentar a declaração anual discriminativa do imposto de selo liquidado e do imposto de selo suportado nas operações e actos realizados no exercício da sua actividade (n.º 1 do art. 52.º do CIS), até ao último dia do mês de Março (art. 20.º do CIS).

Quanto ao cumprimento desta obrigação, ver o disposto no n.º 2 do art. 186.º do Código do Notariado.

ARTIGO 9.º
(Modelos)

1 — O notário deve adoptar os modelos de livros que mais convierem ao serviço a que se destinam, se não houver modelos aprovados.

2 — Os modelos aprovados podem ser modificados por despacho do director-geral dos Registos e do Notariado.

NOTAS

Encontram-se ainda em uso os modelos aprovados pelo Código de Notariado de 1967 (Dec.-Lei n.º 47619, de 31 de Março de 1967).

ARTIGO 10.º
(Desdobramento de livros)

1 — É permitido o desdobramento do livro de notas para testamentos públicos e escrituras de revogação noutro volume, destinado a ser utilizado com as restrições previstas no n.º 2 do artigo 38.º.

2 — O livro de notas para escrituras diversas pode ser desdobrado em vários livros, de harmonia com as conveniências do serviço.

3 — O livro de registo de contas de emolumentos e de selo deve ser desdobrado em dois livros, sendo um deles destinado ao registo das contas dos reconhecimentos e o outro ao registo das contas dos demais actos.

4 — O livro de cada uma das duas espécies referidas no número anterior pode, ainda, ser desdobrado em vários volumes.

NOTAS

1. A cada livro deve corresponder uma letra por ordem alfabética, aposta em seguida à numeração.

2. O uso do livro de notas para escrituras diversas, formado por folhas soltas, é permitido relativamente a dois volumes desdobrados, devendo um deles destinar-se a serviço externo (art. 21.º, n.º 5).

Sendo desdobrado o livro de notas para escrituras diversas, só um dos volumes ou, em casos fundamentados, dois deles podem ser manuscritos, nos termos do n.º 3 do art. 38.º.

3. Os livros de registo das contas dos reconhecimentos e o de registo das contas dos demais actos podem ser desdobrados em vários volumes, sendo prática corrente utilizar uma de cada espécie desses livros para serviço interno e outra para serviço externo.

4. Os livros de registo de contas de emolumentos e de selo podem ser destruídos decorrido o prazo de 10 anos sobre a data do último registo lançado, desde que tenham sido objecto de inspecção e após prévia identificação em auto.

ARTIGO 11.º
(Livro de testamentos públicos e de escrituras de revogação)

No livro a que se refere a alínea a) do n.º 1 do artigo 7.º são lavrados os testamentos públicos e as escrituras de revogação de testamentos, bem como os averbamentos respectivos.

NOTAS

1. No livro a que se refere este artigo apenas podem ser lavrados testamentos públicos, escrituras de revogação de testamentos e respectivos averbamentos.

2. Os testamentos e as escrituras de revogação de testamentos devem ser manuscritos com grafia preta de fácil leitura.

Só podem ser dactilografados ou processados informaticamente, quando o notário estiver em exercício, devendo o suporte informático ser destruído após terem sido lavrados.

3. *Averbamentos* — São apostos no alto da página respectiva; de seguida, na parte reservada ao texto do acto que não esteja ocupada; e, finalmente, na margem exterior da página correspondente.

4. *Dão lugar a averbamento* no livro de testamentos os seguintes actos e factos:
 a) Revogação, alteração, validação e rectificação de acto testamentário;
 b) Falecimento do testador;
 c) As decisões judiciais de declaração de nulidade, de anulação e de revalidação e a menção de ter sido sanado qualquer vício de que o acto enferme;
 d) O suprimento e rectificação de omissões e inexactidões previstas no artigo 132.º deste código;
 e) A liquidação do imposto de selo previsto no ponto 15.6 da TGIS.

5. Ver artigos 131.º a 138.º deste código.

ARTIGO 12.º
(Livro de escrituras diversas)

No livro de notas para escrituras diversas são lavradas todas as escrituras públicas, com excepção das previstas no artigo anterior, e os averbamentos respectivos.

NOTAS

1. Ver artigos 36.º, n.º 1, e 80.º.

2. O art. 80.º deste código enumera vários actos e contratos sujeitos a escritura pública, numa enunciação que não é taxativa.

Estão sujeitos a escritura pública, para além do actos previstos no citado art. 80.º, todos aqueles para cuja celebração a lei exija a forma da escritura pública, designadamente, o contrato de mútuo ou empréstimo, quando o seu valor seja superior a 20 000 euros (art. 1143.º do C. Civil); a constituição de renda vitalícia de valor superior a 20 000 euros (art. 1239.º do C. Civil) ; a constituição de um EIRL, se forem efectuadas entradas em bens para cuja transmissão seja necessária escritura pública; a revogação de testamento (art. 2312.º do C. Civil).

4. Os actos notariais que envolvam aceitação, ratificação, rectificação, aditamento ou revogação de acto anterior dão lugar a *averbamento, obrigação esta que deve ser cumprida no prazo de três dias.*

5. Os documentos que sirvam para instruir averbamentos em livros de notas para escrituras ficam sempre arquivados.

6. Respeitando o averbamento a rectificação que envolva aumento de valor do acto, é feita nova conta, para pagamento dos emolumentos e da taxa de selo correspondentes ao acréscimo verificado.

ARTIGO 13.º
(*Revogado*)

ARTIGO 14.º
(Livro de protestos)

O livro de protestos destina-se ao registo da apresentação de títulos a protesto e dos respectivos instrumentos de protesto, bem como à menção do seu levantamento nos termos previstos no artigo 128.º.

NOTAS

1. Sobre protestos ver artigos 119.º a 130.º deste código.

2. O registo dos instrumentos de protesto consiste na anotação, junto ao registo da apresentação, do fundamento e da data de protesto (art. 142.º).
Se a letra for retirada pelo apresentante antes de protestada deve mencionar-se o levantamento e a respectiva data, ao lado do registo da apresentação (art. 128.º).

3. Do registo de apresentação de títulos a protesto devem constar a data da apresentação, os nomes e a residência ou sede do apresentante, do aceitante ou sacado e do sacador e, ainda, a espécie do título e o montante da obrigação nele contida.

ARTIGO 15.º
(Livro de registo de testamentos e escrituras)

Em cada um dos livros a que se referem as alíneas d) e e) do n.º 1 do artigo 7.º deve fazer-se a anotação dos actos a cujo registo se destinam.

NOTAS

1. No livro a que se refere a citada alínea d) são registados:
— Testamentos públicos;
— Escrituras de revogação de testamentos.
— Instrumentos de aprovação ou depósito de testamentos cerrados e de testamentos internacionais.

2. No livro a que se refere a citada alínea e) é feito o registo das escrituras.

3. Os registos são efectuados diariamente, segundo a ordem por que tenham sido lavrados os instrumentos ou apresentados os documentos e devem ser encerrados, com um traço horizontal, no início do primeiro período de trabalho do dia útil imediato.

4. O registo de testamentos públicos e de escrituras de revogação de testamentos deve conter os elementos referenciados no artigo 140.º deste código.

5. O registo dos instrumentos de aprovação de testamentos cerrados e de testamentos internacionais é feito antes da restituição dos respectivos instrumentos.

ARTIGO 16.º
(Livro de registo de instrumentos avulsos e de documentos)

No livro de registo de instrumentos avulsos e de documentos são registados:
a) Os instrumentos de abertura de testamentos cerrados e de testamentos internacionais;
b) Os instrumentos de actas de reunião de órgãos sociais, de procurações lavradas nos termos do n.º 2 do artigo 116.º e de ratificação de actos notariais;

c) Os documentos que forem entregues no cartório para ficarem arquivados.

NOTAS

1. O registo dos documentos e instrumentos avulsos referenciados neste artigo, consiste na indicação da data em que foi apresentado o documento ou lavrado o instrumento e na sua identificação, mediante a menção da sua espécie ou natureza, do nome completo dos interessados e do número de ordem dentro do respectivo maço.

2. Quanto aos instrumentos de abertura de testamentos cerrados, ver notas ao art. 111.º.

3. O registo dos instrumentos de aprovação ou depósito de testamentos cerrados e de testamentos internacionais não é feito no livro a que se refere este artigo mas sim no livro de registo de testamentos públicos, previsto n artigo 15.º deste código.

4. Sobre instrumentos de actas de reunião de órgãos sociais e de ratificação de actos notariais, ver notas ao art. 46.º.

ARTIGO 17.º
(Livro de registo de contas de emolumentos e de selo)

O livro de registo de contas de emolumentos e de selo destina-se:
a) À escrituração dos emolumentos, imposto do selo e demais receitas cobradas pela realização dos actos notariais;
b) Ao registo dos actos para os quais, por força de isenção total de encargos ou de gratuitidade, não deva ser organizada conta, anotando-se essa circunstância numa coluna, à margem do registo.

NOTAS

1. Este livro pode ser desdobrado em vários volumes (n.º 4 do art. 10.º).

2. Sobre alguns procedimentos a observar em matéria de organização, lançamento e registo de contas, ver artigos 193.º a 197.º.
Quanto à correcção de erros de contas, de registo de contas e omissões de registo de contas, ver art. 196.º.

3. Pela 1.ª certidão emitida após a celebração de qualquer testamento ou escritura é fornecida, dentro do prazo legal (3 dias úteis), uma certidão nos termos do ponto 4.2 do art. 20.º do RERN.
Ver números 1 e 3 do art. 189.º e notas ao art. 197.º.

4. *Certidões* — Os certificados, certidões ou documentos análogos requisitados por autoridade ou serviço público são expedidos, sem dependência do pagamento da conta, neles se mencionando o fim a que se destinam.

ARTIGO 18.º
(Livro de inventário)

1 — No livro de inventário são relacionados os livros do cartório, com a indicação das suas letras, números e denominações, datas do primeiro e do último actos exarados em cada livro e o número das suas folhas e, ainda, os maços de documentos, com a menção do respectivo ano ou número de ordem e do número de documentos e folhas que contiver cada maço.

2 — Os livros são relacionados à medida que começarem a ser escriturados e os maços à medida que se forem concluindo.

3 — Os maços de documentos relativos a actos lavrados nos livros de notas são relacionados ao lado do lançamento dos respectivos livros.

NOTAS

1. *Conferência de inventário* — O notário provido definitiva ou interinamente deve conferir o inventário do cartório na presença do anterior serventuário ou, não podendo este estar presente, do seu substituto legal

Da conferência de inventário é sempre lavrado auto em duplicado e em papel comum, assinado pelo que entrega e pelo que recebe o serviço.

Um dos exemplares é remetido, no prazo de 30 dias a contar da posse, à DGRN, acompanhado da informação circunstanciada acerca do estado geral do serviço (ver art. 52.º do Decreto Regulamentar n.º 55/80, de 8 de Outubro).

2. No livro de inventário são *relacionados* os livros do cartório à medida que começarem a ser escriturados e os maços à medida que se forem concluindo.

3. Os maços de documentos relativos a actos lavrados nos livros de notas são relacionados ao lado do lançamento dos respectivos livros.

Os demais maços de documentos (correspondência expedida e recebida, duplicados de participações de actos notariais...) são relacionados com um número de ordem sequencial, no *terminus* do inventário de cada ano.

4. Os maços são anuais, com excepção dos que contêm documentos respeitantes aos actos lavrados em livros de notas.

5. Quanto às diferentes espécies de maços de documentos ver art. 28.º.

ARTIGO 19.º
(Livro de contas da receita e despesa)

O livro de contas da receita e despesa destina-se à contabilidade das receitas e despesas do cartório.

NOTAS

1. Ver comentários ao art. 8.º e BRN n.º 3/95.

2. As despesas que podem ser efectuadas por força da taxa de reembolso são apenas as que respeitam aos encargos especificamente enunciados no artigo 67.º, n.º 1, do Dec.-Lei n.º 519-F2/79, de 29 de Dezembro.
Quaisquer outras despesas estão sujeitas a autorização prévia da DGRN e são satisfeitas pela D.G.R.N. ou pelo I.G.F., consoante os casos.

3. Por despacho ministerial, de 16 de Maio de 1986, foram fixados, para cada despesa, os limites de 1496,39, 1246,99, 997,60 e 748,20 euros, conforme se trate da conservatória dos registos centrais e cartórios respectivamente de 1.ª classe, de 2.ª classe ou de 3.ª classe.
A despesa a considerar é a do custo total da obra, da aquisição de bens ou serviços, ou a de parte de uma obra, quando perfeitamente individualizada.

4. No fim de cada trimestre o saldo positivo que vier a ser apurado é depositado a favor dos Serviços Sociais do Ministério da Justiça. Ver n.º 4 do art. 67.º da Lei Orgânica dos Serviços dos Registos e do Notariado

ARTIGO 20.º
(Numeração e identificação dos livros)

1 — Todos os livros têm um número de ordem, sendo a numeração privativa de cada espécie de livros.

2 — Quando se trate de livros desdobrados, a cada livro corresponde uma letra por ordem alfabética, aposta em seguida à numeração, sendo esta privativa dos livros identificados com a mesma letra.

NOTAS

1. O número 1 do artigo 10.º deste código veio permitir o desdobramento do livro de notas para testamentos públicos e escrituras de revogação em dois volumes, devendo um deles ser utilizado com as restrições constantes do n.º 2 do art. 38.º deste código.

2. Assim, nos cartórios notariais em que o livro de notas para testamentos públicos se encontre desdobrado num outro volume, a cada livro de notas deve corresponder uma letra por ordem alfabética, aposta em seguida à numeração.

3. Não sendo os livros em uso desdobrados, como sucede com o livro de ponto, de registo diário ou de inventário, são numerados sequencialmente, sem menção de qualquer letra.

ARTIGO 21.º
(Encadernação de livros e utilização de folhas soltas)

1 — Os livros devem ser encadernados antes de utilizados.

2 — Os livros de notas e, bem assim, o livro a que se refere a alínea e) do n.º 1 do artigo 7.º podem ser formados por fascículos ou folhas soltas, os quais devem ser encadernados, depois de utilizados, em volume com o máximo de 150 folhas.

3 — Nos livros formados por fascículos ou folhas soltas, os actos podem ser lavrados em papel sem pauta, marginado, observando-se o disposto no Regulamento Geral do Imposto do Selo e respectiva Tabela, quanto ao número de linhas de escrita.

4 — O livro de notas para testamentos públicos e escrituras de revogação, formado por fascículos ou folhas soltas, deve ser encadernado dentro das instalações do cartório, preservando-se a confidencialidade dos actos dele constantes.

5 — O uso de livros de notas para escrituras diversas, formados por folhas soltas, apenas é permitido relativamente a um dos volumes desdobrados nos termos do n.º 2 do artigo 10.º, devendo um deles destinar-se a serviço externo.

6 — Além dos referidos nos números anteriores, outros livros podem ser submetidos a tratamento informático mediante despacho do director-geral dos Registos e do Notariado.

NOTAS

1. Mantém-se o princípio de que todos os livros devem ser encadernados antes de serem utilizados.

2. Apenas são encadernados, depois de utilizados, o livro de registo diário das escrituras e os livros de notas para escrituras diversas formados por folhas soltas ou fascículos, não podendo o volume destes livros ultrapassar o limite de 150 folhas.

3. O livro formado por fascículos caiu em desuso, desde que foi criada a possibilidade do uso de folhas soltas.

4. *Utilização do livro formado por folhas soltas* — Só era permitida quando o notário estivesse em exercício, nos termos do n.º 5 do art. 32.º do anterior código.
Em caso de impedimento do notário, os ajudantes que o substituíssem só podiam utilizar o livro de notas formado por folhas soltas, quando o notário o autorizasse por escrito e caso a caso.
Esta restrição desapareceu do código do notariado.

5. *Encadernação do livro de notas para testamentos públicos e escrituras de revogação, formado por fascículos ou folhas soltas* — Deve ser feita dentro das instalações do cartório.

ARTIGO 22.º
(Legalização de livros)

1 — Nenhum livro pode ser utilizado sem ser previamente legalizado, mediante o preenchimento dos termos de abertura e encerramento, a rubrica das folhas restantes e a numeração de todas elas.

2 — Nos livros formados por folhas soltas, o termo de encerramento pode ser exarado quando o livro se concluir, sendo a numeração e a rubrica feitas à medida que as folhas se forem tornando necessárias ao serviço.

3 — A numeração de cada uma das folhas pode ser feita por qualquer processo mecânico e deve ser acompanhada da indicação do número de ordem e da letra do livro a que respeita.

4 — Excepto nos livros de notas formados por fascículos ou folhas soltas, a rubrica pode ser feita por meio de chancela.

5 — Nos livros de notas formados por folhas soltas, a numeração e a rubrica devem ser manuscritas e lançadas até à assinatura dos actos.

NOTAS

1. A legalização dos livros consiste no preenchimento dos termos de abertura e encerramento, rubrica das folhas restantes e numeração de todas elas.

2. Nos livros de notas formados por folhas soltas, o termo de encerramento é exarado quando o livro se concluir.

3. O termo de encerramento, a exarar em livro de folhas soltas, não tem necessariamente que ser feito no verso da folha em que termine a última escritura desse livro, podendo ser exarado no rosto da última folha do livro.

4. Nos livros formados por folhas soltas a numeração e a rubrica das folhas são feitas à medida que as folhas se forem tornando necessárias ao serviço.

5. Sendo o livro de folhas soltas utilizado pelo notário e seus substitutos, há que referir essa circunstância no termo de enceramento, indicando-se as folhas que se encontram rubricadas pelo notário e as que foram rubricadas pelos seus substitutos.

ARTIGO 23.º
(Termos de abertura e de encerramento)

1 — No termo de abertura deve fazer-se menção do número de ordem, da letra e do destino do livro, bem como do cartório a que pertence.

2 — No termo de encerramento deve mencionar-se o número de folhas do livro e a rubrica usada.

NOTAS

1. A rubrica pode ser feita por meio de chancela, excepto quando se trate de livros de notas formados por fascículos ou folhas soltas.

2. *Termo de abertura* — Há — de servir este livro de notas com o número .... para escrituras diversas e pertence ao 1.º Cartório Notarial de ...
Data ....   O notário ....

3. *Termo de encerramento* — Contém este livro de notas para escrituras diversas .... folhas, numeradas e rubricadas com rubrica ...., que uso, com excepção das folhas ..... a ...., que se encontram numeradas e rubricadas pela ajudante principal, F...
Data ....   O notário ....

ARTIGO 24.º
(Competência para a legalização)

1 — A legalização dos livros compete ao notário ou ao seu substituto.

2 — Nos serviços a que se refere o artigo 3.º, os livros para actos notariais são legalizados pelas entidades a quem competir a legalização dos restantes livros neles existentes.

NOTAS

1. Nenhum livro pode ser utilizado sem ser previamente legalizado pelo notário ou seu substituto, mediante o preenchimento dos termos de abertura e encerramento, a rubrica das folhas restantes e a numeração de todas elas.

Tratando-se de livros constituídos por folhas soltas ou fascículos há que observar as regras dos n.ºs 2, 4 e 5 do art. 22.º.

2. A legalização compreende os seguintes procedimentos:
a) Numeração e identificação do livro;
b) Registo no livro de inventário;
c) Preenchimento dos termos de abertura e de encerramento;
d) Numeração e rubrica de todas as folhas do livro.

No livro de notas formado por folhas soltas, a numeração e rubrica das folhas é feita à medida que o livro for utilizado; e o termo de encerramento é lavrado quando o livro se concluir.

SECÇÃO II
Índices

ARTIGO 25.º
(Elaboração de fichas)

1 — Em cada cartório deve haver índices dos outorgantes, pelo sistema de fichas ou de verbetes onomásticos, que devem ser preenchidos diariamente.

2 — Deve ser organizado um índice privativo de testamentos e de todos os actos que lhes respeitem.

3 — Os verbetes de escrituras que contenham actos relativos a sociedades e outras pessoas colectivas podem referenciar apenas a respectiva firma ou denominação, em substituição dos outorgantes, e os verbetes de escrituras outorgadas conjuntamente por marido e mulher, apenas um dos cônjuges.

4 — Os verbetes de escrituras de justificação, de habilitação ou de partilha e de actos lavrados com intervenção de representantes devem referenciar apenas, respectivamente, os justificantes, o autor da herança e os representados.

5 — A organização dos índices é extensiva aos documentos arquivados a pedido dos interessados, aos demais documentos registados no livro a que se refere a alínea b) do artigo 16º e às procurações apresentadas para integrar ou instruir algum acto, quando os respectivos poderes não sejam limitados à prática do mesmo.

6 — As fichas e os verbetes referidos nos números anteriores podem ser substituídos por registos informáticos, com excepção dos respeitantes ao índice privativo a que se refere o n.º 2.

NOTAS

1. Confrontando o texto deste artigo com o do art. 39.º do anterior código há que registar, como novidade, a possibilidade das fichas e verbetes poderem ser substituídos por registos informáticos, com excepção dos respeitantes ao índice privativo de testamentos e de todos os actos que lhes respeitem.

2. Mantém-se a obrigatoriedade de ser organizado um índice privativo de testamentos e de todos os actos que lhes respeitem, ficheiro que é de natureza confidencial.

3. *Preenchimento das fichas* — Há que referenciar:
— O nome de um dos cônjuges, nas escrituras outorgadas por marido e mulher;
— O nome dos justificantes, nas escrituras de justificação;
— O nome do autor da herança, nas escrituras de partilha e habilitação;
— A firma ou denominação, nas escrituras em que intervenham sociedades e outras pessoas colectivas;
— O nome dos representados, nas escrituras lavradas com intervenção de representantes.

4. *Transformação de sociedades* — Há que abrir uma ficha para a nova sociedade e outra para a antiga, se no cartório não existir verbete da sociedade.

5. *Alteração de firma ou denominação* — Cremos que se justifica a prática referida no ponto 4 , para os actos que produzam alteração da denominação de pessoa colectiva.

ARTIGO 26.º
(Catalogação e elementos das fichas)

As fichas ou verbetes devem catalogar-se por ordem alfabética e conter, pelo menos, o nome dos titulares, a espécie dos actos em que eles outorgaram e a indicação do número do livro e das folhas em que esses actos foram exarados ou do maço em que se encontrem os respectivos documentos, quando arquivados.

NOTAS

1. Com a ab-rogação do acto de abertura de sinal, deixaram de existir as fichas de sinais.

2. Na referência ao nome dos titulares, há que observar as indicações constantes do artigo anterior.

3. Na elaboração das fichas não é permitido o uso de abreviaturas (art. 40.º).

SECÇÃO III
Arquivos

ARTIGO 27.º
(Livros e documentos)

Além dos livros e dos instrumentos avulsos que não devam ser entregues às partes, ficam arquivados nos cartórios os documentos apresentados para integrar ou instruir os actos lavrados nos livros ou fora deles, salvo quando a lei determine o contrário ou apenas exija a sua exibição.

NOTAS

1. Ficam arquivados no cartório os seguintes instrumentos avulsos:
— De abertura de testamentos cerrados e de testamentos internacionais;
— De procuração conferida também no interesse de procurador ou de terceiro;
— De actas de reuniões de órgãos sociais;
— De ratificação de actos notariais.

2. O arquivamento de documentos fora dos casos legalmente previstos, só deve ser determinado por razões plausíveis, designadamente pelo facto de existirem ou não mais exemplares desse documento integrados em arquivo público.

3. Por regra, os documentos apresentados para instruir actos lavrados nos livros ou fora deles, ficam arquivados.
O documento só será exibido, quando a lei assim o determine.

4. O legislador nem sempre utiliza uma terminologia clara para se aferir se o documento apresentado deve ser exibido ou arquivado.
Tem-se, porém, entendido que as expressões — juntar ou apresentar certo documento — significam que o documento apresentado terá de ficar arquivado a instruir o acto.

5. Noutro sentido, tem-se entendido que a referência à obrigatoriedade de menção da existência de certo documento (licença de habitabilidade) ou da ocorrência de um determinado facto não dão lugar ao arquivamento dos documentos que fazem prova desses factos.

6. Sobre arquivo e exibição de documentos ver: artigos 46.º, 57.º, 58.º, 59.º, 63.º, 85.º, 98.º e 99.º.

7. Sobre a desmedida importância que os serviços do Notariado têm dado a esta matéria (exibição ou arquivo de documentos), ver o artigo de Patrício Miguel "O jurista é o menos?", publicado a pág. 991 do BPN, n.º 228, Janeiro/Fevereiro de 2001.

Com a devida vénia, transcrevemos este excerto do referido artigo — "Mas, não é sem motivo que este problema do "exibe-se"/"arquive-se" foi então estrela desta significativa polémica e continua a ter o triste condão de ser discutido, com uma vivacidade tremenda, nas diferentes reuniões da classe".

ARTIGO 28.º
(Maços de documentos)

1 — Os documentos são arquivados em maços distintos e pela ordem cronológica dos actos a que respeitam ou da sua apresentação.

2 — Devem, em especial, ser organizados maços privativos que contenham:

a) Os documentos respeitantes aos actos lavrados em cada livro de notas;

b) Os instrumentos de depósito de testamentos cerrados e de testamentos internacionais e as procurações para a sua restituição;

c) Os instrumentos de abertura de testamentos cerrados e de testamentos internacionais, os testamentos correspondentes, as certidões de óbito a que se referem o n.º 1 do artigo 115.º e n.º 2 do artigo 135.º e os recibos das certidões a que se refere o n.º 5 do artigo 204.º;

d) Os recibos dos registos das notificações e os documentos relativos ao serviço de protesto que devam ficar arquivados;

e) Os requerimentos e documentos que tenham servido de base a averbamentos e os ofícios destinados a idêntico fim;

f) Os instrumentos lavrados nos termos do n.º 3 do artigo 116.º;

g) Os demais instrumentos avulsos registados, documentos que lhes respeitem e os documentos arquivados a pedido das partes;

h) Os duplicados de participações de actos notariais;

i) Os duplicados de guias, folhas, mapas e notas de emolumentos;

j) As escrituras lavradas em folhas soltas que não sejam concluídas ou fiquem sem efeito, por motivo imputável às partes;

l) Os documentos recebidos por telecópia, as respectivas requisições, as notas de remessa e os suportes da transmissão por telecópia.

3 — Os maços são anuais, com excepção dos correspondentes aos documentos referidos na alínea a) do número anterior, e sem prejuízo dos desdobramentos que se mostrem convenientes.

4 — Os documentos complementares de outros actos são arquivados segundo a ordem por que constem do respectivo instrumento.

NOTAS

1. Os maços são anuais, com excepção dos respeitantes a actos lavrados nos livros de notas .
Podem ser desdobrados.

2. *Instrumentos de depósito de testamentos cerrados e de testamentos internacionais* — Ficam também arquivadas as procurações para a restituição destes instrumentos.

3. *Abertura de testamentos cerrados e de testamentos internacionais* — Ficam arquivados no maço constante da alínea c) :
— Os referidos instrumentos;
— Os testamentos correspondentes;
— As certidões de óbito requisitadas pelo notário à conservatória do registo civil, para efeitos de abertura oficiosa de testamento cerrado depositado o cartório, ou de averbamento em testamento público;
— Os recibos comprovativos da recepção da participação de disposições a favor da alma e de encargos de interesse público.

4. *Maço dos demais instrumentos avulsos registados* — Ficam arquivados neste maço, para além dos documentos arquivados a pedido das partes, os instrumentos de ratificação e os instrumentos de actas de reuniões de órgãos sociais, bem como os documentos que lhes respeitem (ver art. 16.º e al. g) deste artigo 28.º).

Os instrumentos de ratificação da gestão de negócios são arquivados neste maço e não no previsto na alínea e), onde ficam os requerimentos, documentos e ofícios que tenham servido de base a averbamentos.

ARTIGO 29.º
(Numeração)

1 — Cada maço de documentos relativo a actos lavrados nos livros de notas tem a letra e o número de ordem do livro a que respeitar.

2 — Os maços anuais são identificados pela menção do ano a que respeitam.

3 — Em caso de desdobramento, a cada maço desdobrado corresponde um número de ordem.

4 — As folhas dos maços são numeradas, sendo também aposto em cada documento, à medida que for incorporado no maço, um número de ordem e uma nota de referência ao número do livro e à primeira folha do acto a que respeitar.

5 — Nos maços deve fazer-se menção do número de documentos e de folhas que neles se contenham.

NOTAS

1. Este texto reproduz o artigo 45.º do Código de Notariado de 1967.

2. Os documentos relativos a actos lavrados nos livros de notas devem ser incorporados no maço correspondente, que terá a mesma letra e número do livro a que respeita.
Os maços podem ser desdobrados quando o seu volume o justifique.

3. Alguns cartórios têm seguido a prática de incorporarem na parte final dos livros de notas para escrituras diversas, constituídos por folhas soltas, os respectivos documentos que instruem os respectivos actos. A encadernação conjunta do livro de notas formado por folhas soltas e dos documentos que instruem os respectivos actos desse livro facilita a consulta dos actos, ao concentrar-se dois corpos num só volume
Esta prática exige especiais cuidados nos procedimentos de encadernação dos livros de notas, especialmente quando os documentos apresentem um tamanho superior ao das folhas das escrituras, como sucede com algumas procurações lavradas em países estrangeiros.
A prática notarial mais usual tem sido a de pregagem dos documentos em pastas de cartolina.

4. É aconselhável a observância de uma certa uniformidade, quer no tamanho como na cor da capa do maço, de modo a facilitar a localização dos respectivos maços.

5. Os maços anuais são inventariados no final de cada ano no livro a que se referem os artigos 8.º e 18.º deste código, com a menção do respectivo ano ou número de ordem e do número de documentos e folhas que contiver o maço.

ARTIGO 30.º
(Correspondência)

1 — Os duplicados dos ofícios expedidos e a correspondência recebida são arquivados, por ordem cronológica, em maços separados e anuais.

2 — Os ofícios, circulares e publicações que contenham despachos ou instruções de serviço, de execução permanente, são reunidos e ordenados em volumes separados.

NOTAS

1. Os duplicados dos ofícios expedidos devem ser assinados, do mesmo modo que os originais.

2. O duplicado do ofício expedido fica arquivado, por ordem cronológica, no maço da correspondência expedida.

O mesmo não sucede com os duplicados de participações obrigatórias que possam acompanhar o ofício, que serão arquivados no maço dos duplicados de participações de actos notariais, previsto na alínea h) do n.º 2 do artigo 28.º deste código.

3. Nem toda a correspondência recebida é arquivada no maço anual da correspondência recebida, como parece sugerir a parte final do número 1 deste artigo.

O código prevê outros maços apropriados para o arquivo de certo tipo de ofícios ou documentos recebidos.

4. São arquivados:
— No maço dos averbamentos, previsto na alínea e) do artigo 28.º, os ofícios, requerimentos e documentos que sirvam de base a averbamentos;
— No maço previsto na alínea c) do n.º 2 do artigo 28.º, os ofícios do ordinário da diocese, previstos no número 5 do artigo 204º, que comprovem o recebimento de participações de disposições a favor da alma e de encargos de interesse público;
— Em volumes separados, os ofícios, circulares e publicações que contenham despachos ou instruções de serviço, de execução permanente.

ARTIGO 31.º
(Destruição de documentos)

1 — Os livros de contas de receitas e despesas do cartório, os respectivos maços de documentos e os de registo de contas de emolumentos

e de selo podem ser destruídos decorrido o prazo de 10 anos sobre a data do último registo lançado.

2 — Podem ser destruídos, desde que tenham mais de cinco anos:
a) Os recibos dos registos das notificações e documentos relativos ao serviço de protestos;
b) Os duplicados de participações de actos notariais;
c) Os duplicados de guias, folhas, mapas e notas de emolumentos;
d) Os duplicados da correspondência expedida;
e) A correspondência recebida;
f) As cadernetas de contas dos actos notariais;
g) As cadernetas de preparos;
h) As matrizes de verbetes estatísticos.

3 — Os livros e documentos referidos nos números anteriores só podem ser destruídos desde que tenham sido objecto de inspecção e após prévia identificação em auto segundo a sua natureza.

NOTAS

1. Confrontando o teor deste artigo com o do artigo 47.º do código de 1967, notam-se substanciais diferenças.

Alargou-se de 5 para 10 anos o decurso do prazo fixado para a destruição da primeira espécie de livros e maços (livros de contas de receitas e despesas do cartório e os respectivos maços de documentos), e reduziu-se de 20 para 10 anos, o decurso do prazo previsto para a destruição dos livros de registo de contas de emolumentos e de selo.

2. O art. 4.º do Decreto-Lei n.º 250/96, de 24 de Dezembro, veio possibilitar a destruição das fichas de sinais, mediante prévia elaboração de auto de destruição, com indicação da natureza dos documentos, faculdade esta que foi posteriormente vedada por despacho superior (V. BRN n.º 1/2003. p. 3).

3. Quanto à destruição dos maços que contêm as folhas de vencimento, notas de receitas e encargos mensais e guias de descontos mensais, foi alterado para sessenta anos o prazo de permanência destes documentos em arquivo, face ao despacho n.º 18/96, de 13/05, do Exm.º Sr. Director-geral.

4. *Destruição do Diário da República* — É permitida, sem necessidade de identificação em auto, quanto aos exemplares da I série a que os serviços possam aceder via Internet (ver despacho n.º 8/2003, do Exm.º Sr. Director-geral, publicado no BRN n.º 2/2003,

No que respeita à destruição dos exemplares da II série, há que acautelar os pareceres da Procuradoria-Geral da República e outras matérias de interesse para os serviços (v. despacho n.º 15/95, publicado no BRN n.º 8/95).

5. *Destruição de bens* — No BRN n.º 2/2001 foi publicada esta minuta de auto de destruição/ remoção:

Aos ... dias ... do mês de ... do ano ..., no (nome e morada do serviço) ..., procedeu-se à destruição/ remoção dos bens relacionados em anexo, que se encontravam fora de uso, não tendo qualquer valor venal.

A citada destruição/ remoção foi autorizada por despacho superior de ... transmitido através do Boletim dos Registos e do Notariado n.º ... de ... (ou através do ofício n.º ... de ...).

E por ser verdade se lavrou o presente auto que vai assinado pelas testemunhas ... (nome e categoria dos funcionários) ... e autenticado com o selo branco em uso nestes serviços.

SECÇÃO IV
Disposições comuns

ARTIGO 32.º
(Segredo profissional e informações)

1 — A existência e o conteúdo dos documentos particulares apresentados aos notários para legalização ou autenticação, bem como os elementos a eles confiados para a preparação e elaboração de actos da sua competência, estão sujeitos a segredo profissional, que só pode ser afastado caso a caso e por motivo de interesse público, mediante despacho do director-geral dos Registos e do Notariado.

2 — Salvo em relação ao próprio autor ou seu procurador com poderes especiais, os testamentos e tudo o que com eles se relacione constituem matéria confidencial, enquanto não for exibida ao notário certidão de óbito do testador.

3 — O notário não é obrigado a mostrar os livros, documentos e índices do cartório, senão nos casos previstos na lei, e deve guardá-los enquanto não forem transferidos para outros arquivos ou destruídos nos termos da lei.

4 — O notário deve prestar verbalmente as informações referentes à existência dos actos, registos ou documentos arquivados que lhe sejam

solicitadas pelos interessados e, a pedido expresso das partes, deve fornecer fotocópias não certificadas dos mesmos, com mero valor de informação, quando deles possa passar certidão.

5 — As informações referentes aos registos lavrados no livro de protestos de título de crédito, desde que sejam solicitadas por instituições de crédito ou seus agentes, podem ser fornecidas sob forma sumária, por escrito.

NOTAS

1. *Segredo profissional* — A marcação de um acto notarial não deve ser revelada a terceiros.

2. Enquanto que a parte final do número 1 deste artigo sujeita a segredo profissional a existência e conteúdo dos elementos confiados ao notário para a preparação e elaboração de actos da sua competência, a regra do seu número 4 já permite que o notário possa prestar verbalmente as informações referentes à existência dos actos, registos ou documentos arquivados e fornecer às partes fotocópias não certificadas dos mesmos, com mero valor de informação, quando deles possa passar certidão.

O segredo profissional imposto reporta-se apenas aos dados ou elementos indispensáveis à realização de um acto que ainda não foi formalizado.

Lavrado que seja o acto, cessa a obrigação de sigilo.

3. As partes ou interessados podem solicitar fotocópias ou certidões dos documentos e actos que fazem parte do espólio do cartório, dentro dos casos legalmente permitidos, já que o cartório é um arquivo público.

Importa, porém, ter presente que o cartório não é uma biblioteca, onde qualquer pessoa possa devassar a situação patrimonial alheia.

4. Sobre o segredo profissional e o dever de prestar informações, consultar o BRN 7/2000, pág. 10.

5. Os testamentos e tudo que com ele se relacione constituem matéria confidencial, enquanto não for exibida ao notário certidão de óbito do testador.

Esta restrição não se aplica ao autor do testamento ou ao seu procurador com poderes especiais.

6. Sobre o *segredo profissional* ver artigos 135.º e 182.º do Código de Processo Penal e art. 433.º do Código Penal.

Os funcionários não podem ser inquiridos sobre factos que constituam segredo e de que tiverem conhecimento no exercício das suas funções (n.º 1 do art. 136.º do C.P.P.).

Havendo ilegitimidade de escusa de depoimento, há que ter em conta o disposto nos números 2, 3 e 5 do art. 135.º do C.P.P..

Sobre o segredo de Estado, ver art. 136.º do C.P.P. e Lei n.º 6/94, de 7 de Abril.

ARTIGO 33.º
(Saída de livros e documentos)

1 — Os livros e documentos só podem sair dos cartórios mediante autorização do notário, dada por escrito e fundamentada, excepto quando se trate de lavrar actos de serviço externo ou quando, por motivo de força maior, haja necessidade de extrair fotocópias no exterior ou de remoção urgente.

2 — Da recusa do notário cabe recurso para o director-geral dos Registos e do Notariado.

NOTAS

1. O notário tem competência para autorizar a saída da repartição de livros e documentos, desde que fundamente o seu consentimento por escrito, exigência esta que não se aplica às situações em que é necessário lavrar actos de serviço externo.

2. Lavrado que seja o acto, há que fazer regressar ao cartório os livros e documentos utilizados em serviço externo.

3. Se os livros tiverem que ser apresentados no tribunal, não é necessária qualquer fundamentação escrita, desde que levados na presença do notário.

4. Sobre o dever de cooperação para a descoberta da verdade, e a recusa de observância desse dever em caso de violação do sigilo profissional, ver art. 519.º do Código de Processo Civil.

5. Os livros de sinais devem ser transferidos para os Arquivos Nacionais/ /Torre do Tombo e para as bibliotecas do Estado e arquivos distritais, nos termos a fixar por despacho do director-geral dos Registos e do Notariado (art. 5.º do Decreto-Lei n.º 250/96, de 24 de Dezembro).

ARTIGO 34.º
(Transferência de livros e documentos para outros arquivos)

1 — Os livros e documentos dos cartórios não podem ser transferi-

dos para outros arquivos antes de decorridos 30 anos, a contar da sua conclusão ou inventariação.

2 — Decorrido o prazo de 30 anos, os livros e documentos podem ser transferidos para os Arquivos Nacionais/Torre do Tombo e para as bibliotecas do Estado e arquivos distritais, nos termos das disposições legais aplicáveis.

3 — A transferência é feita de cinco em cinco anos.

4 — O tempo de permanência mínima dos livros e documentos nos cartórios notariais pode ser ampliado ou reduzido, pela Direcção-Geral dos Registos e do Notariado, mas nunca pode ser inferior a 10 anos.

NOTAS

1. A transferência de livros para os Arquivos Nacionais, bibliotecas do Estado ou arquivos distritais deve ser previamente planificada.

2. Para esse efeito deve ser contactado o respectivo arquivo, o qual deve ser informado do número de livros a transferir e do espaço por eles ocupado.

3. Transferência de livros de sinais — Ver B.R.N., n.º 1/2003, págs. 3.

TÍTULO III
Dos actos notariais

CAPÍTULO I
Disposições gerais

SECÇÃO I
Documentos e execução dos actos notariais

ARTIGO 35.º
(Espécies de documentos)

1 — Os documentos lavrados pelo notário, ou em que ele intervém, podem ser autênticos, autenticados ou ter apenas o reconhecimento notarial.

2 — São autênticos os documentos exarados pelo notário nos res-

pectivos livros, ou em instrumentos avulsos, e os certificados, certidões e outros documentos análogos por ele expedidos.

3 — São autenticados os documentos particulares confirmados pelas partes perante notário.

4 — Têm reconhecimento notarial os documentos particulares cuja letra e assinatura, ou só assinatura, se mostrem reconhecidas pelo notário.

NOTAS

1. Diz-se documento qualquer objecto elaborado pelo homem com o fim de reproduzir ou representar uma pessoa, coisa ou facto (n.º 1 do art. 362.º do C. Civil).

2. Os documentos escritos podem ser autênticos ou particulares.

3. São *autênticos* os instrumentos públicos, quer sejam avulsos, quer sejam lavrados em livro de notas, bem como os certificados e documentos análogos.

São *particulares* os demais documentos, ainda que autenticados ou submetidos à intervenção notarial.

4. O documento que contenha reconhecimento presencial de assinaturas, não deixa por essa circunstância de ser um documento particular, pois apenas se consideram autênticas ou verdadeiras as assinaturas reconhecidas.

O notário não tem que fiscalizar a validade intrínseca, a substância ou perfeição jurídica de um documento particular que lhe seja apresentado, ainda que para efeitos de nele ser aposto um termo de autenticação.

Apenas deve recusar a sua intervenção nos casos assinalados no artigo 157.º.

5. Quando a lei exigir, como forma da declaração negocial, documento autêntico ou autenticado, não pode este se substituído por outro meio de prova ou por outro documento que não seja de força probatória superior.

6. Os documentos autênticos fazem prova plena dos factos que referem como praticados pela autoridade ou oficial público respectivo, assim como dos factos que neles são atestados com base nas percepções da entidade documentadora, nos termos do n.º 1 do art. 371.º do Código Civil.

7. *Espaços em branco* — Devem ser inutilizados por meio de um traço horizontal, quer nos instrumentos, como nos termos de autenticação, certidões, certificados e documentos análogos.

ARTIGO 36.º
(Onde são exarados)

1 — São lavrados nos livros de notas os testamentos públicos e os actos para os quais a lei exija escritura pública ou que os interessados queiram celebrar por essa forma.

2 — Os registos que a lei manda praticar pelo notário são exarados nos livros especiais a esse fim destinados.

3 — São exarados em instrumentos fora das notas os actos que devam constar de documento autêntico, mas para os quais a lei não exija, ou as partes não pretendam, a redução a escritura pública.

4 — Os termos de autenticação e os reconhecimentos são lavrados no próprio documento a que respeitam ou em folha anexa.

NOTAS

Quanto aos actos que devem revestir a forma de escritura pública, remete-se para as notas feitas ao artigo 80.º.

Sobre instrumentos públicos avulsos, termos de autenticação e reconhecimentos, ver artigos 103.º, 150.º e 153.º.

ARTIGO 37.º
(Numeração)

1 — Os averbamentos lavrados nos instrumentos avulsos e nos livros previstos nas alíneas a) e b) do n.º 1 do artigo 7.º e os actos ou termos lavrados nos livros a que se referem as alíneas c) a g) do n.º 1 do mesmo artigo são numerados segundo a ordem por que forem exarados.

2 — A numeração dos averbamentos é seguida e privativa do acto correspondente.

3 — A numeração dos restantes actos é anual, podendo ser adoptada a numeração mensal ou diária para os reconhecimentos, termos de abertura de sinais e registos.

NOTAS

1. Consagra este artigo a regra de que os actos são numerados segundo a ordem por que forem exarados, numeração esta sequencial e, por regra, anual.

2. A numeração dos reconhecimentos pode ser mensal ou diária.

3. Quanto à organização, lançamento, conferência, entrega e registo das contas, ver artigos 193.º a 196.º

ARTIGO 38.º
(Composição)

1 — Os testamentos, as escrituras de revogação de testamentos e os instrumentos de aprovação de testamentos cerrados devem ser manuscritos com grafia de fácil leitura.

2 — Os actos a que se refere o número anterior podem ser dactilografados ou processados informaticamente apenas quando o notário estiver em exercício, devendo o suporte informático ser destruído após terem sido lavrados.

3 — O livro de notas para escrituras diversas deve ser dactilografado ou processado informaticamente mas, sendo desdobrado, um dos volumes ou, em casos fundamentados, dois deles podem ser manuscritos.

4 — Na composição dos restantes actos notariais é permitido o uso de qualquer processo gráfico, devendo os respectivos caracteres ser nítidos.

NOTAS

1. Os artigos 38.º a 43.º tratam da redacção e composição dos actos notariais, estabelecendo algumas regras de escrita, de forma a garantir que os actos notariais ofereçam um elevado grau de rigor técnico-jurídico.

2. *Instrumento de aprovação de testamento cerrado* — Só pode ser dactilografado quando o notário estiver em exercício.

3. Sobre a redacção dos actos, ver notas ao art. 42.º.

ARTIGO 39.º
(Materiais utilizáveis)

1 — Os materiais utilizados na composição dos actos notariais devem ser de cor preta, conferindo inalterabilidade e duração à escrita.

2 — A Direcção-Geral dos Registos e do Notariado pode ordenar a utilização de impressos, de acordo com os modelos que vier a aprovar, para a expedição de actos avulsos, bem como ordenar ou proibir o uso, para a escrita dos actos, de determinados materiais ou processos gráficos.

NOTAS

Impõe-se o uso da cor preta, para os materiais utilizados na composição dos actos, ou seja, para a escrita dos actos, o que não abrange as assinaturas.

ARTIGO 40.º
(Regras a observar na escrita dos actos)

1 — Os actos notariais são escritos com os dizeres por extenso.

2 — Nas traduções, nas certidões de teor e nas públicas-formas não extraídas sob a forma de fotocópia, a transcrição dos originais é feita com as abreviaturas e algarismos que neles existirem.

3 — É permitido o uso de algarismos e abreviaturas:

a) Nos reconhecimentos, averbamentos, extractos, registos e contas;

b) Na indicação da naturalidade e residência;

c) Na menção dos números de polícia dos prédios, respectivas inscrições matriciais e valores patrimoniais;

d) Na numeração de artigos e parágrafos de actos redigidos sob forma articulada;

e) Na numeração das folhas dos livros ou dos documentos;

f) Na referenciação de diplomas legais e de documentos arquivados ou exibidos;

g) Nas palavras usadas para designar títulos académicos ou honoríficos.

4 — Os instrumentos, certificados, certidões e outros documentos análogos e, ainda, os termos de autenticação são lavrados sem espaços em branco, que devem ser inutilizados por meio de um traço horizontal, se alguma linha do acto não for inteiramente ocupada pelo texto.

NOTAS

1. Os actos notariais devem ser escritos em língua portuguesa, sem linhas em branco e com os dizeres por extenso.

Só em casos excepcionais é admitido o uso de algarismos e abreviaturas.

2. *Abreviaturas* — São supressões de letras numa palavra, apenas permitidas nos casos enumerados no n.º 3 deste artigo, onde se doseia esta medida de excepção consoante a espécie do acto (reconhecimentos, registos de contas ....), ou a natureza das menções (números de polícia dos prédios, inscrições matriciais, valores patrimoniais....).

Admite-se de forma genérica o uso de abreviaturas nas palavras que designem títulos académicos ou honoríficos (Dr.).

Já não são lícitas abreviaturas consagradas pelos usos e costumes: D. antes de um nome feminino para significar Dona, ou P. para designar Padre.

3. O disposto no número 1 não exclui o uso de abreviaturas consagradas legalmente com um determinado sentido jurídico, como resulta de algumas normas do direito societário (Lda., S.A, ou & C.ª).

4. O uso de algarismos, quer sejam árabes ou romanos, só é permitido em casos excepcionais.

Não é correcto referenciar-se "8 de Janeiro de 1951", como data de outorga do acto, ou o preço da venda em algarismos.

5. Já no registo diário das escrituras podem ser utilizados algarismos para referenciar valores ou preços, face ao disposto na alínea a) do n.º 3 deste artigo.

6. É permitido o uso de algarismos na indicação do número de polícia dos prédios, inscrições matriciais e valores patrimoniais.

7. A prática notarial tem indiciado a necessidade de acrescentar ao leque das excepções consagradas no número 3 deste artigo algumas outras situações em que não se justifica a escrita de dizeres por extenso, como sucede por exemplo com a indicação dos prolixos números de contas bancárias.

ARTIGO 41.º
(Ressalvas)

1 — As palavras emendadas, escritas sobre rasura ou entrelinhadas devem ser expressamente ressalvadas.

2 — A eliminação de palavras escritas deve ser feita por meio de traços que as cortem e de forma que as palavras traçadas permaneçam legíveis, sendo aplicável à respectiva ressalva o disposto no número anterior.

3 — As ressalvas são feitas antes da assinatura dos actos de cujo texto constem e, tratando-se de actos lavrados em livros de notas, dos respectivos documentos complementares ou de instrumentos de procuração, devem ser manuscritas pelo funcionário que os assina.

4 — As palavras emendadas, escritas sobre rasuras ou entrelinhadas que não forem ressalvadas consideram-se não escritas, sem prejuízo do disposto no n.º 2 do artigo 371º do Código Civil.

5 — As palavras traçadas, mas legíveis, que não forem ressalvadas consideram-se não eliminadas.

NOTAS

1. As ressalvas devem ser feitas antes da assinatura dos actos, logo a seguir ao texto, e manuscritas pelo funcionário que preside ao acto, quando este seja lavrado em livros de notas.

Esta regra aplica-se aos documentos complementares de escrituras e instrumentos de procuração.

2. A lei não impõe qualquer forma sacramental para os dizeres das ressalvas das emendas, rasuras ou entrelinhas. A nossa prática notarial tem usado estas fórmulas apropriadas: Emendei: « ...»; Rasurei: «...»; Tracei: « ...» e Entrelinhei: « ....».

3. *Palavras traçadas ou inutilizadas* — O número 2 deste artigo merece especial atenção, face ao disposto na alínea c) do n.º 1 do art. 70.º, que determina a nulidade do acto por vício de forma, se a eliminação das palavras inutilizadas não for ressalvada, nulidade essa que pode ser sanada nos termos do art. 71.º deste código.

Não havendo ressalva de palavras traçadas, estas assumem o mesmo valor das palavras não traçadas.

4. *Ressalvas em certidões* — Numa certidão ou extracto para publicação, cuja data figure a seguir ao texto, as ressalvas não deverão ser feitas antes da indicação da data, mas a seguir ao seu fecho.

5. *Palavras emendadas, escritas sob rasura ou entrelinhadas* — Se não forem ressalvadas consideram-se não escritas, sem prejuízo do que vem disposto na lei civil.

Se o documento contiver palavras emendadas, truncadas ou escritas sobre rasuras ou entrelinhas, sem a devida ressalva, determinará o julgador livremente a medida em que os vícios externos do documento excluem ou reduzem a sua força probatória (n.º 2 do art. 371.º do C. Civil).

Esta regra do Código Civil aplica-se a qualquer documento escrito, seja ele particular ou autêntico, como se extrai do n.º 3 do art. 376.º do Código Civil.

6. Da leitura das regras dos artigos 40.º a 42.º deste código constata-se que o nosso legislador impôs procedimentos rigorosos quanto à composição e redacção dos actos notarias, exigência que se justifica face à especial força probatória dos documentos autênticos.

A veracidade reconhecida em documentos autênticos vale *erga omnes* e não apenas *inter — partes*, como sucede com os documentos particulares.

ARTIGO 42.º
(Redacção)

1 — Os actos notariais são escritos em língua portuguesa, devendo ser redigidos com a necessária correcção, em termos claros e precisos.

2 — A terminologia a utilizar pelo notário na redacção dos actos é aquela que, em linguagem jurídica, melhor traduza a vontade das partes, manifestada nas suas instruções dadas verbalmente ou através de apontamentos escritos, devendo evitar-se a inserção nos documentos de menções supérfluas ou redundantes.

3 — A mera reprodução de normas contidas em preceitos legais vigentes ou que deles resultem directamente, feita pelo notário no contexto dos actos e por indicação expressa das partes, não deve ser considerada supérflua se for alegado que tais estipulações são essenciais ao melhor esclarecimento da sua vontade negocial.

NOTAS

1. *Terminologia jurídica* — Os actos notariais devem ser redigidos de forma clara, ordenada e concisa, numa linguagem jurídica correcta, evitando-se a inserção de menções supérfluas ou desnecessárias.

Língua — Ver artigos 44.º, n.º 3, 65.º, 119.º, n.º 1 b), 157.º 1, 171.º, n.º 5, 172.º, n.º 1, a) e notas ao art. 111.º.

2. *Linguagem clara e precisa* — O conteúdo do acto deve ser facilmente perceptível e não suscitar quaisquer dúvidas de interpretação.

Não será suficientemente explícito o acto de disposição de última vontade, no qual o testador institua seus herdeiros os filhos de determinada pessoa, sem precisar a sua vontade no sentido de que serão todos os filhos que essa pessoa tenha ou venha a ter.

Na constituição de uma servidão de passagem deve-se particularizar no título constitutivo a configuração, extensão e o modo de exercício da servidão.

Na constituição da propriedade horizontal há que demarcar com rigor as delimitações dos logradouros, quando estas sejam privativas de certas fracções autónomas.

Sobre a interpretação de casos duvidosos, ver art. 237.º do Código Civil.

3. *Acumulação de actos* — Não é aconselhável se entre eles não existir qualquer nexo de ligação, quer quanto aos sujeitos dos diferentes negócios jurídicos, quer quanto à natureza económica do seu objecto.

4. *Arrumação das matérias* — Na execução do acto há que ordenar nos devidos lugares os diversos elementos que compõem o instrumento.

No cabeçalho, será indicada a data e lugar em que é lavrado o acto e o nome do funcionário que o preside.

Segue-se a indicação e identificação dos nomes dos outorgantes, verificação das suas identidades, qualidades e poderes.

Desenvolve-se o objecto do acto, com a exposição do negócio jurídico.

Conclui-se a sua redacção com o arquivo e exibição de documentos, advertências legais, menção da leitura e explicação do acto.

5. *Menções supérfluas* — Evitar a inserção de menções supérfluas ou redundantes significa que se deve escrever o que for necessário, com o menor número de palavras possível.

Assim, será supérfluo referir-se:

Que o usufruto é vitalício, quando não seja temporário;

Que o direito de superfície é vitalício, quando não seja constituído por certo tempo;

Que a doação por conta da quota disponível é feita com dispensa de colação;

Que a doação é feita por conta da quota disponível, quando o donatário não seja presuntivo herdeiro legitimário;

Que uma sociedade se dissolve nos casos legalmente previstos;

Que o arrendatário não pode sublocar o bem arrendado sem autorização do senhorio;

Que ao locador assiste o direito de preferência, em caso de trespasse do local arrendado;

Que no usufruto constituído a favor de várias pessoas funciona o direito de acrescer;

A nacionalidade de outorgante estrangeiro que intervenha na qualidade de representante de pessoa colectiva;

O número da inscrição registral do direito de propriedade, quando o acto não envolva qualquer transmissão ou oneração de direitos sobre prédios.

* O atropelo destes ritos de direito adjectivo não afecta de modo algum a validade do direito substantivo materializado.

6. *Cláusulas nulas* — São todas aquelas que contrariem disposições legais de carácter imperativo.

A estipulação de uma condição ilícita ou contrária à lei pode inquinar o negócio de nulidade, quando este for subordinado a essa condição.

Consideram-se nulas, entre outras, as seguintes cláusulas:

Que o credor hipotecário fará sua a coisa onerada, no caso do devedor não cumprir a obrigação;

Que o arrendatário não poderá trespassar o local arrendado, sem prévia autorização do senhorio;

Que a sociedade poderá exigir dos sócios a realização de prestações suplementares, quando estes sejam menores;

Que as acções de uma sociedade anónima são ao portador, quando o seu capital não se encontre realizado;

Que o herdeiro, nomeado em testamento, celebre ou deixe de celebrar casamento, resida ou não resida em certo local;

Que imponham ao comprador o pagamento de dinheiro, como contrapartida do exercício do direito de resolução que assiste ao vendedor, na venda à retro.

Ver notas ao art. 71.º.

7. *Cláusulas resolutivas* — Numa doação com encargos, o doador só pode pedir a resolução da doação, fundada no não cumprimento de encargos, quando esse direito lhe seja conferido pelo contrato.

8. É boa prática consignar na escritura este direito de resolução, a não ser que o doador declare que prescinde dessa faculdade.

9. *Actos nulos* — A ilicitude imediata do objecto do negócio jurídico determina a nulidade do acto.

Enfermam de nulidade, por contrariarem disposições legais imperativas, os seguintes actos:

A convenção antenupcial que fixe o regime da comunhão geral quando os esposados tenham filhos ou 60 anos de idade;

A doação entre casados se entre eles vigorar o regime da separação de bens;
A doação de bens futuros;
A alienação do direito de habitação;
A hipoteca de bens do devedor sem os especificar;
A alienação do direito à sucessão não aberta;
A venda entre cônjuges não separados judicialmente de pessoas e bens.

9.1. O acto notarial será ainda nulo, por vício de forma: quando falte algum dos requisitos enumerados no art. 70.º deste código; quando seja lavrado por funcionário incompetente, em razão da matéria ou do lugar, ou por funcionário legalmente impedido, sem prejuízo do disposto no n.º 2 do art. 369.º do C. Civil; e em caso dos intervenientes acidentais serem incapazes ou inábeis.

A declaração negocial que careça de forma legalmente prescrita é nula, quando outra não seja a sanção especialmente prevista na lei (art. 220.º do C. Civil).

9.2. Para além das referidas nulidades, resultantes da inidoneidade do objecto, de vícios de forma, da ilegitimidade e incapacidade dos intervenientes, outras existem, que podem ser provocadas por vício de causa, coacção física, falta de consciência da declaração, reserva mental conhecida, indeterminação do objecto e simulação.

9.3. Nulidade — Impede a produção dos efeitos jurídicos, pode ser invocável a todo o tempo por qualquer interessado e opera *ipso jure*.
Ver arts. 286.º e 291.º do C. Civil.

9.4. Anulabilidades — Só podem ser invocadas por determinadas pessoas e são sanáveis mediante confirmação ou decurso do tempo.
Sobre a provisoriedade do registo, ver art. 92.º, n.º 1 al. e) do CRP.
Ver ainda arts. 125.º, 291.º, 877.º, 892.º, n.º 2, 905.º, 1687.º, 1709.º, 1893.º 1940.º do Código Civil .

ARTIGO 43.º
(Minutas)

1 — As partes podem apresentar ao notário minuta do acto.
2 — O notário deve reproduzir a minuta, salvo naquilo em que ela infringir leis de interesse e ordem pública, desde que se mostre redigida em conformidade com o disposto no artigo anterior.

3 — Se a redacção da minuta for imperfeita, o notário deve advertir os interessados da imperfeição verificada e adoptar a redacção que, em seu juízo, mais fielmente exprima a vontade dos outorgantes.

4 — A minuta apresentada, depois de rubricada pelo notário, é restituída ao apresentante, salvo se este solicitar que fique arquivada.

5 — A minuta, quando arquivada, deve ser rubricada, em todas as suas folhas, pelos outorgantes que saibam e possam fazê-lo.

NOTAS

1. A minuta é um projecto do acto que o notário pode e deve aperfeiçoar.
Um esboço ou um conjunto de apontamentos dispersos não configuram uma minuta em sentido técnico.

2. Nem sempre é fácil dar cumprimento ao disposto neste artigo, que manda aplicar às minutas as regras de redacção dos actos notariais, pois raramente surgem minutas perfeitas e quase todas elas têm que ser retocadas para estarem em conformidade com a lei.

Se a minuta estiver correctamente redigida, numa linguagem jurídica clara e precisa que traduza a vontade das partes, deverá o notário reproduzir a minuta, que será rubricada em todas as suas folhas, pelos outorgantes que saibam e possam fazê-lo, quando, a pedido dos interessados, tenha de ser arquivada.

A reprodução da minuta apresentada não exime o notário das responsabilidades devidas por qualquer vício de que enferme o acto.

3. Situações há em que o notário é obrigado a reproduzir fielmente a minuta apresentada. Assim sucede nas minutas dos contratos em que seja parte o Estado, previamente visadas pelo Tribunal de Contas.

Descobrem-se por vezes nestas minutas algumas imperfeições de redacção, que sendo de pormenor (e não influindo na substância do acto) poderão ser corrigidas, com a menção dessa circunstância.

4. Em alguns países da União Europeia, designadamente na França, tem sido bastante controversa a questão de saber se o notário pode recusar o seu ministério quando entenda que a minuta apresentada não está correcta.

Argumenta alguma doutrina que sendo o notário o autor da sua obra, pela qual é responsável, tem a faculdade de redigir os actos a que preside segundo o seu critério, sendo por isso legítima a recusa.

Defendem outros que o notário é apenas chamado a conferir autenticidade às declarações prestadas e que, por isso, não pode desrespeitar o teor das minutas apresentadas. Em caso de discordância, resta-lhe consignar no acto as advertências legais que julgue necessárias para descargo da sua responsabilidade.

5. Reproduzir ou corrigir uma minuta pode relevar para efeitos emolumentares, já que o artigo 14.º da TEN enumera uma série de actos pelos quais é devido o emolumento pessoal de 24,94 €, e exclui o direito à percepção deste emolumento nos casos em que se reproduza minuta apresentada pelas partes.
Pelo estudo e preparação desses actos, há que cobrar o referido emolumento, a não ser que o notário se limite a reproduzir a minuta apresentada.

SECÇÃO II

ARTIGO 44.º
(Documentos passados no estrangeiro)

1 — Os documentos passados no estrangeiro, em conformidade com a lei local, são admitidos para instruir actos notariais, independentemente de prévia legalização.

2 — Se houver fundadas dúvidas acerca da autenticidade do documento apresentado, pode ser exigida a sua legalização, nos termos da lei processual.

3 — O documento escrito em língua estrangeira deve ser acompanhado da tradução correspondente, a qual pode ser feita por notário português, pelo consulado português no país onde o documento foi passado, pelo consulado desse país em Portugal ou, ainda, por tradutor idóneo que, sob juramento ou compromisso de honra, afirme, perante o notário, ser fiel a tradução.

NOTAS

1. Manteve-se a regra de que os documentos passados no estrangeiro servem para instruir actos notariais, independentemente de prévia legalização, segundo o princípio " locus regit actum".

2. Também nesse sentido o n.º 1 do art. 365.º do Código Civil e o art. 97.º do Código do Registo Predial.

3. Levantando-se dúvidas sobre a autenticidade do documento, pode ser exigida a sua legalização.

Quanto à legalização ver a circular n.º 76, de 20 de Outubro de 1969, da DGRN.

4. A legalização dos documentos passados em país estrangeiro vem prevista no art. 540.º do Código de Processo Civil.

Consiste no reconhecimento da assinatura do funcionário estrangeiro, feito por agente diplomático ou consular português sediado no Estado respectivo.

5. As escrituras públicas exaradas em país estrangeiro na conformidade das leis desse país produzem efeitos em Portugal, independentemente de confirmação.

6. Ver B.R.N., n.° 11/2002, p. 15.

ARTIGO 45.º
(Utilização de documentos arquivados)

Os documentos ou actos existentes no cartório podem ser utilizados para integrar ou instruir os actos que nele venham a ser lavrados, enquanto não houver expirado o prazo da sua validade e não se tiverem modificado as condições em que foram exarados, salvo o disposto no n.º 2 do artigo 49.º.

NOTAS

1. Confrontando o texto deste artigo com o do artigo 61.º do anterior código nota-se que foi aberta a possibilidade de serem utilizados documentos arquivados no cartório cujo prazo de validade já tenha expirado, na situação prevista no n.º 2 do artigo 49.º, que se refere às certidões do registo comercial que provam a qualidade e suficiência dos poderes dos representantes de pessoas colectivas.

2. Sobre o arquivo de documentos ver art. 27.º.

3. Sobre prazos de validade de documentos, ver artigos 49.º, 1 (certidões do registo comercial), 54.º, números 4 e 5 (certidões da Conservatória do Registo Predial), 57.º (certidões e outros documentos comprovativos da inscrição matricial ou do pedido dessa inscrição) e 98.º, n.º 2 (certidões para efeitos de justificação notarial).

4. *Instrução de actos e processos* — A instrução de actos e processos dos registos e do notariado pode ser efectuada com fotocópia de documento autêntico

ou autenticado, desde que conferida com o original ou documento autenticado exibido perante funcionário que o receba (art. 1.º do Dec.-Lei n.º 30/2000, de 13 de Março).

SECÇÃO II
Requisitos dos instrumentos notariais

ARTIGO 46.º
(Formalidades comuns)

1 — O instrumento notarial deve conter:

a) A designação do dia, mês, ano e lugar em que for lavrado ou assinado e, quando solicitado pelas partes, a indicação da hora em que se realizou;

b) O nome completo do funcionário que nele interveio, a menção da respectiva qualidade e a designação do cartório a que pertence;

c) O nome completo, estado, naturalidade e residência habitual dos outorgantes, bem como das pessoas singulares por estes representadas, a identificação das sociedades nos termos da lei comercial e as denominações das demais pessoas colectivas que os outorgantes representem, com indicação das suas sedes;

d) A referência à forma como foi verificada a identidade dos outorgantes, das testemunhas instrumentárias e dos abonadores;

e) A menção das procurações e dos documentos relativos ao instrumento que justifiquem a qualidade de procurador e de representante, mencionando-se, nos casos de representação legal e orgânica, terem sido verificados os poderes necessários para o acto;

f) A menção de todos os documentos que fiquem arquivados, mediante a referência a esta circunstância, acompanhada da indicação da natureza do documento, e, ainda, tratando-se de conhecimento do imposto municipal de sisa, a indicação do respectivo número, data e repartição emitente;

g) A menção dos documentos apenas exibidos com indicação da sua natureza, data de emissão e repartição emitente quando esta não constar do próprio acto;

h) O nome completo, estado e residência habitual das pessoas que devam intervir como abonadores, intérpretes, peritos médicos, testemunhas e leitores;

i) A referência ao juramento ou compromisso de honra dos intérpretes, peritos ou leitores, quando os houver, com a indicação dos motivos que determinaram a sua intervenção;

j) As declarações correspondentes ao cumprimento das demais formalidades exigidas pela verificação dos casos previstos nos artigos 65.º e 66.º;

l) A menção de haver sido feita a leitura do instrumento lavrado ou de ter sido dispensada a leitura pelos intervenientes, bem como a menção da explicação do seu conteúdo.

m) A indicação dos outorgantes que não assinem e a declaração, que cada um deles faça, de que não assina por não saber ou por não poder fazê-lo;

n) As assinaturas, em seguida ao contexto, dos outorgantes que possam e saibam assinar, bem como de todos os outros intervenientes, e a assinatura do funcionário, que será a última do instrumento.

2 — Se no acto intervier um substituto legal, no impedimento ou falta do notário, deve indicar-se o motivo da substituição.

3 — Nas escrituras de repúdio de herança ou de legado deve ser mencionado, em especial, se o repudiante tem descendentes.

4 — Se algum dos outorgantes não for português, deve fazer-se constar da sua identificação a nacionalidade, salvo se ele intervier na qualidade de representante, ou na de declarante em escritura de habilitação ou justificação notarial.

5 — O disposto na alínea e) do n.º 1 não é aplicável aos pais que outorguem na qualidade de representantes de filhos menores.

6 — Os instrumentos de actas de reuniões de órgãos sociais são lavrados pelo notário, com base na declaração de quem dirigir a assembleia, devendo ser assinados pelos sócios presentes e pelo notário, quando relativos a sociedades em nome colectivo ou sociedades por quotas, e pelos membros da mesa e pelo notário quanto às demais.

7 — O notário pode inserir, nas actas a que se refere o número anterior, qualquer declaração dos intervenientes que lhe seja requerida para delas constar.

NOTAS

1. Alguns dos requisitos enunciados, nomeadamente, a data do instrumento, o nome do funcionário que presidiu ao acto, o nome e demais elementos de iden-

tificação dos outorgantes, a referência à forma como foi verificada a identidade dos outorgantes, testemunhas e abonadores, a indicação dos outorgantes que não assinem e a declaração, que cada um deles faça, de que não assina por não saber ou por não poder fazê-lo, a menção de haver sido feita aos outorgantes a leitura do instrumento e a explicação do seu conteúdo, são comuns a todo e qualquer instrumento, com excepção do instrumento de protesto.

Há, no entanto, que ter em conta outras formalidades que variam conforme a natureza do instrumento, designadamente as previstas nos números 3 e 6 deste artigo e ainda as consignadas nos artigos 47.º, 69.º, 83.º, 97.º, 108.º, 114.º, 127.º e 174.º, deste código.

2. Os instrumentos notariais podem ser lavrados nos livros de notas ou em papel avulso.

Sendo em papel avulso são lavrados por regra num só exemplar, que é entregue aos outorgantes ou interessados.

Existem, porém, algumas excepções a estas regras.

Assim, são sempre lavrados em duplicado os instrumentos de depósito de testamentos cerrados e de testamentos internacionais, e um dos exemplares, considerado o original, deve ficar arquivado em maço próprio.

Não são entregues às partes e ficam arquivados no cartório os seguintes instrumentos:

a) De abertura de testamentos cerrados e de testamentos internacionais;
b) De procuração conferida também no interesse de procurador ou de terceiro;
c) De actas de reuniões de órgãos sociais;
d) De ratificação de actos notariais.

3. *Actas de reuniões de órgãos sociais* — Estes instrumentos avulsos são lavrados pelo notário, com base na declaração de quem dirigir a assembleia, devendo ser assinados pelos sócios presentes e pelo notário, quando relativos a sociedades em nome colectivo ou sociedades por quotas, e pelos membros da mesa e pelo notário, quanto às demais sociedades.

Devem ser registados no livro de registo de instrumentos avulsos (al. b) do art. 16.º) e são arquivados no maço de instrumentos avulsos (al. g) do n.º 2 do art. 28.º), juntamente com quaisquer outros documentos apresentados para esse efeito.

As actas que titulem actos sujeitos a registo deverão conter as menções especiais assinaladas no citado artigo 47.º.

Há que consignar a hora em que foi encerrada a reunião, para que se possa determinar o respectivo emolumento pessoal.

O notário pode fazer constar da acta qualquer declaração que lhe seja requerida pelos intervenientes.

Sobre alguns procedimentos a ter em conta na feitura deste instrumento, ver números 2, 5 e 6 do art. 63.º e art. 85.º do Código das Sociedades Comerciais. Ver ainda arts. 4.º, n.º 2, i) e 104.º, n.º 2, deste código.

4. *Instrumento de ratificação* — O negócio que uma pessoa, sem poderes de representação, celebre em nome de outrem é ineficaz em relação a este, se não for por ele ratificado. A ratificação está sujeita à forma exigida para a procuração, tem eficácia retroactiva, sem prejuízo dos direitos de terceiro (n.º s 1 e 2 do art. 268.º do C.C.), e distingue-se da aprovação, que não depende da observância de forma especial.

O instrumento de ratificação deve ser arquivado e dá lugar a averbamento, nos termos da al. f) do n.º 1 do art. 131.º.

5. *Representação de pessoas colectivas e sociedades* — A prova documental da qualidade de representante de pessoa colectiva sujeita a registo e da suficiência dos seus poderes faz-se por certidão do registo comercial, válida por um ano, sem prejuízo do notário poder solicitar ainda outros documentos por onde complete a verificação dos poderes invocados.

O notário pode dispensar a prova documental da representação de pessoas colectivas ou de sociedades, quando tenha conhecimento pessoal da qualidade do representante e dos seus poderes, mencionando essa circunstância no texto do documento (ver números 1 e 3 do art. 49.º).

6. *Repúdio* — Artigos 46.º, 3; 80.º, 2, d); 187.º, 1, a) e 188.º a).

7. *Juramento* — Artigos 44.º, 2 e 69.º.

8. *Peritos* — Artigos 67.º, 68.º e 151.º, 2.

SECÇÃO II

SUBSECÇÃO I

ARTIGO 47.º
(Menções especiais)

1 — O instrumento destinado a titular actos sujeitos a registo deve conter, em especial:

a) A menção do nome completo do cônjuge e do respectivo regime matrimonial de bens, se a pessoa a quem o acto respeitar for casada;

b) A advertência de que o registo deve ser requerido no prazo de três meses, se respeitar a actos sujeitos a registo comercial obrigatório que não tenham sido promovidos e dinamizados pelo notário no uso de competência atribuída por lei;

c) A advertência ao representante legal que intervém no acto, se algum dos beneficiários for incapaz ou equiparado, de que deve requerer o respectivo registo no prazo de três meses;

d) A advertência ao doador da obrigatoriedade de requerer o registo a favor do donatário, no prazo de três meses, na escritura de doação que produza efeitos independentemente da aceitação.

2 — O disposto na alínea a) do número anterior é aplicável às escrituras de habilitação, relativamente ao autor da herança e aos habilitandos, e aos instrumentos de procuração com poderes para a outorga de actos sujeitos a registo.

3 — Nos instrumentos de constituição de estabelecimento individual de responsabilidade limitada ou de constituição de pessoa colectiva, de alteração dos respectivos estatutos que determine a modificação da firma, denominação ou objecto social deve ser mencionada a exibição de certificado comprovativo de admissibilidade da firma ou denominação ou da sua manutenção em relação ao novo objecto, com indicação da sua data.

4 — O testamento público, a escritura de revogação de testamento e o instrumento de aprovação de testamento cerrado devem conter, como menção especial, a data de nascimento do testador e os nomes completos dos pais.

NOTAS

1. Este artigo, tal como outros deste código (69.º, n.º 1, 83.º, n.º 2, 97.º, 108.º, n.º 2, 114.º, 127.º e 174.º, n.º 2) consagra o dever de consignar certas menções e advertências legais.

2. *Menções especiais:*
— O instrumento destinado a titular actos sujeitos a registo deve conter a menção do nome completo do cônjuge e do respectivo regime matrimonial de bens, se a pessoa a quem o acto respeitar for casada;

— O testamento público, a escritura de revogação de testamento e o instrumento de aprovação do testamento cerrado devem conter, como menção especial, a data o nascimento do testador e os nomes completos dos pais;
— As escrituras de repúdio de herança ou de legado devem referir se o repudiante tem descendentes;
— Quando algum dos outorgantes não compreenda a língua portuguesa e o notário não domine a língua desse outorgante, a ponto de lhe fazer a tradução verbal do instrumento, deverá intervir um intérprete, para que possa transmitir, verbalmente, a tradução do instrumento ao outorgante e a declaração de vontade deste ao notário;
— O outorgante que, por motivo de surdez, não puder ouvir a leitura do instrumento deve lê-lo em voz alta, e, se não souber ou não puder ler, tem a faculdade de designar uma pessoa que, na presença de todos os intervenientes, proceda a segunda leitura e lhe explique o conteúdo (art. 66.º n.º 1);
— O mudo (ou surdo-mudo) que souber e puder ler e escrever deve declarar, por escrito, no próprio instrumento e antes das assinaturas, que o leu e reconheceu conforme à sua vontade. Não podendo fazer essa declaração deve manifestar a sua vontade por sinais que o notário e os demais intervenientes entendam. Se nem isso for possível, intervirá no acto um intérprete para os fins atrás indicados.
— Os intérpretes, peritos e leitores devem prestar, perante o notário, *o juramento ou o compromisso de honra de bem desempenharem as suas funções.*

3. *Advertências legais* :
— De que o registo deve ser promovido no prazo de três meses, sempre que o instrumento titule actos sujeitos a registo comercial obrigatório que não tenham sido promovidos e dinamizados pelo notário no uso da competência atribuída por lei;
— De que o representante legal deve requerer o respectivo registo no prazo de três meses, se algum dos beneficiários for incapaz ou equiparado;
— De que o doador deve requerer o registo a favor do donatário, no prazo de três meses, na escritura de doação que produza efeitos independentemente de aceitação;
— De que o justificante e testemunhas incorrem nas penas aplicáveis ao crime de falsas declarações perante oficial público se, dolosamente e em prejuízo de outrem, tiverem prestado ou confirmado declarações falsas (art. 97.º);
— De que o cabeça-de-casal, incorre nas mesmas penas de falsas declarações, nas escrituras de habilitação (art. 83.º, n.º 2);
— Das consequências de não registarem os direitos adquiridos, quando os interessados transmitam ou partilhem os seus direitos, com dispensa de menção do registo prévio, nos casos previstos no artigo 55.º deste código (al. b) do art. 56.º);

— De que o acto é anulável ou ineficaz, quando enferme desse vício (art. 174.º).

4. *Certificado de admissibilidade da firma ou denominação* — As escrituras públicas e outros instrumentos destinados à constituição de pessoas colectivas ou de estabelecimentos individuais de responsabilidade limitada devem mencionar a data do certificado de admissibilidade da firma ou denominação adoptada, emitido em conformidade com a lei e dentro do seu prazo de validade, sem cuja exibição não podem ser lavrados.

O instrumento de alteração do contrato de sociedade ou estatutos que determine a modificação da firma ou denominação, a modificação do objecto ou a alteração de sede para concelho diferente não pode ser lavrado sem que se exiba certificado comprovativo da admissibilidade da nova firma ou denominação ou da sua manutenção em relação ao novo objecto e sede, nos termos do número anterior.

Nos instrumentos a que se referem os números anteriores, o objecto social não pode ser ampliado a actividades não contidas no objecto declarado no certificado de admissibilidade.

O disposto nos números anteriores não prejudica a especificação ou restrição das actividades contidas no objecto declarado desde que estas não estejam reflectidas na denominação, nem as alterações de redacção que não envolvam a sua ampliação.

A actividade resultante da participação no capital de outras entidades não é considerada actividade autónoma para efeitos deste artigo (art. 54.º do Regime do Registo Nacional de Pessoas Colectivas, constante do Dec.-Lei n.º 129/98, de 13/5, alterado pelo Dec.-Lei n.º 12/2001, de 25/1).

ARTIGO 48.º
(Verificação da identidade)

1 — A verificação da identidade dos outorgantes pode ser feita por alguma das seguintes formas:

a) Pelo conhecimento pessoal do notário;

b) Pela exibição do bilhete de identidade, de documento equivalente ou da carta de condução, se tiverem sido emitidos pela autoridade competente de um dos países da União Europeia;

c) Pela exibição do passaporte;

d) Pela declaração de dois abonadores cuja identidade o notário tenha verificado por uma das formas previstas nas alíneas anteriores, consignando-se expressamente qual o meio de identificação usado.

2 — Não deve ser aceite, para verificação da identidade, documento cujos dados não coincidam com os elementos de identificação fornecidos pelo interessado ou cujo prazo de validade tenha expirado, admitindo-se a alteração da residência e do estado civil, se, quanto a este, for exibido documento comprovativo da sua alteração não ocorrida há mais de seis meses.

3 — Nos actos notariais devem ser mencionados o número e a data dos documentos exibidos para a identificação de cada outorgante, bem como o respectivo serviço emitente.

4 — As testemunhas instrumentárias podem servir de abonadores.

NOTAS

1. A verificação da identidade dos outorgantes é aferida, por regra, pela apresentação de documento comprovativo dessa identidade.

2. Os documentos que podem ser aceites para comprovação da identidade são:
a) O bilhete de identidade;
b) Documento equivalente ao bilhete de identidade;
c) Carta de condução,
d) Passaporte;
Os documentos referidos nas alíneas b) e c) só podem ser aceites quando emitidos pela autoridade competente de um dos países da União Europeia.

3. Os dados constantes do documento apresentado devem coincidir com os elementos de identificação fornecidos pelo interessado, excepto quanto à residência e estado civil, se, quanto a este, for exibido documento comprovativo da sua alteração não ocorrida há mais de seis meses.

4. Título de residência — Ver art. 90.º do Dec.-Lei n.º 244/98, de 8/8.

5. Protecção de dados pessoais — Ver Lei n.º 33/99, de 18 de Maio.

ARTIGO 49.º
(Representação de pessoas colectivas e sociedades)

1 — A prova documental da qualidade de representante de pessoa colectiva sujeita a registo e da suficiência dos seus poderes faz-se por

certidão do registo comercial, válida por um ano, sem prejuízo de o notário poder solicitar ainda outros documentos por onde complete a verificação dos poderes invocados.

2 — As certidões arquivadas, cujo prazo tiver expirado, podem ser aceites desde que os representantes e seus poderes de representação se mantenham inalterados, ficando consignada no instrumento ou arquivada no cartório, em documento autêntico ou autenticado, uma declaração proferida nesse sentido por todos os membros da gerência ou da administração, sob sua inteira responsabilidade, a qual pode ser renovada anualmente.

3 — O notário pode dispensar a prova documental da representação de pessoas colectivas ou de sociedades, quando tenha conhecimento pessoal da qualidade que se arroga o representante e dos poderes que legitimam a sua intervenção, fazendo expressa menção do facto no texto do documento.

NOTAS

1. *Pessoa colectiva sujeita a registo* — A verificação da qualidade de representante de pessoa colectiva sujeita a registo e da suficiência dos seus poderes faz-se por prova documental ou por conhecimento pessoal do notário.

A prova documental é feita pela apresentação de certidão do registo comercial, válida por um ano, que fica arquivada.

No sentido de que o prazo de validade de um ano é apenas exigível para a verificação da qualidade de representante de pessoa colectiva e da suficiência dos seus poderes, ver o parecer da DSJ da DGRN publicado no BRN n.º 2/2001, a pág. 19.

Expirado que seja o prazo de validade da certidão arquivada, está só pode servir de prova documental da qualidade e poderes, desde que todos os membros da gerência ou da administração declarem que não ocorreu qualquer alteração quanto aos representantes e seus poderes de representação.

A declaração pode ser consignada no próprio instrumento ou em documento autêntico ou autenticado, que ficará arquivado.

2. *Poderes* — A certidão do registo comercial é documento bastante para justificar a qualidade de representante de pessoa colectiva.

Mas pode não ser suficiente para comprovar os poderes desses representantes, já que qualidade e poderes são realidades distintas.

Se a certidão do registo comercial não provar a suficiência dos poderes, há que exigir outros documentos, designadamente actas de assembleia geral ou do conselho de administração, por onde se complete a verificação dos poderes invocados.

3. *Execução de deliberações* — Qualquer membro da administração tem o dever de outorgar a escritura de alteração do contrato de sociedade deliberada pelos sócios em reunião de assembleia geral (n.º 4 do art. 85.º do CSC).

4. *Pessoa colectiva não sujeita a registo* — A verificação da qualidade invocada e da suficiência dos poderes dos representantes de pessoas colectivas não sujeitas a registo pode ser feita por conhecimento pessoal do notário ou por documentos idóneos, designadamente pelo título constitutivo, estatutos ou actas (ver art. 163.º do Código Civil).

5. *Gestão de negócios* — Na falta de poderes, pode o órgão de administração assumir a direcção do negócio da sociedade, no interesse e por conta dela, na qualidade de gestor de negócios, sendo o acto ineficaz em relação à sociedade, enquanto não for ratificar a gestão de negócios.

6. *Autarquias locais* — Sobre a competência dos respectivos órgãos ver Lei n.º 169/99, de 18 de Setembro.

7. *Fábrica da Igreja* — O fenómeno representativo deve ser provado por credencial passada pelo respectivo ordinário donde conste ter sido feita a participação ao Governo Civil da existência jurídica da Fábrica da Igreja (art. III da Concordata aprovada pela Lei n.º 1984, de 30 de Maio de 1940).

8. *Pessoas morais canonicamente erectas* — Para prova da qualidade e poderes do representante das pessoas morais canonicamente erectas é suficiente uma credencial passada pelo Vigário Geral do Patriarcado de Lisboa, na qual se confirme o nome e qualidade do representante dessa pessoa colectiva, sua existência jurídica e a devida autorização para a prática do acto.

9. *Misericórdias* — O artigo 23.º do Estatuto das Instituições Particulares de Solidariedade Social aplica-se às Misericórdias, nos termos do artigo 69.º do Decreto-Lei n.º 119/83, de 25 de Fevereiro.

10. *Representação orgânica* — Diz respeito à representação das pessoas colectivas e sociedades (art. 38.º do Código Civil e 21.º do Código de Processo Civil).
Enquanto que os poderes dos representantes legais emanam da lei e por ela estão minuciosamente regulamentados, os dos representantes orgânicos não derivam da lei, ainda que esta estabeleça alguns ditames condicionantes (artigos 162.º a 164.º, 985.º a 987.º e 996.º do Código Civil).

Os titulares dos órgãos representativos das sociedades comerciais (artigos 191.º, 252.º 278.º, 470.º do Código das Sociedades Comerciais) desfrutam de ampla margem de liberdade de actuação (artigos 192.º, 259.º, 405.º, 406.º e 431.º do Código das Sociedades Comerciais).

10.1 *Duração dos mandatos* — O período das funções dos administradores das sociedades anónimas não cessa com o termo indicado no acto da designação, mas, não ocorrendo outra causa de cessação, quando ocorre nova designação (dos mesmos ou de outros administradores).

— O registo dessas funções, nesse caso, apenas caduca com o registo da nova designação.

— Está sujeita a registo a renúncia dos administradores ocorrida em qualquer momento do período assim balizado (Ver despacho do Ex.mo Sr. director-geral, de 29/9/98 no processo R. co.-23/98 DSJ, publicado no B.R.N., n.º 3/99, a págs. 27).

11. *Representação legal* — Ver art. 46.º, n.º 1, al. e).

Esta espécie de fenómeno representativo serve para tutelar os interesses de certas pessoas singulares que, padecendo de incapacidades naturais, se vêm impossibilitadas de constituir uma representação voluntária, para o exercício dos seus direitos.

Para suprir a incapacidade dos menores, interditos e inábeis, prevêem os artigos 124.º, 143.º, 154.º do Código Civil a representação legal, quer através do exercício do poder paternal, quer da tutela, ainda que este poder representativo seja condicionado na prática de inúmeros actos (artigos 1878.º, 1881.º 1889.º 1937.º e 1938.º do C. Civil).

Os representantes legais dos incapazes não podem fazer doações em nome destes (art. 949.º, n.º 2), nem aceitar herança, doação ou legado com encargos, sem prévia autorização do tribunal (art. 1889.º, n.º 1, al. l), sob pena de anulabilidade do acto.

Sem autorização do tribunal não podem os pais tomar de arrendamento ou adquirir, directamente ou por interposta pessoa, ainda que em hasta pública, bens ou direitos do filho sujeito ao poder paternal (ver n.º 1 do art. 1892.º). A representação de filhos menores cabe a ambos os pais (art. 1878.º do C. C.).

Na ausência, incapacidade ou outro impedimento de um dos pais, cabe ao outro progenitor o exercício do poder paternal, bem como o direito de representar os seus filhos menores, nos termos do artigo 1903.º do C. Civil.

Neste caso, deve o representante legal declarar no instrumento o motivo porque intervém isoladamente.

Em caso de divórcio, deve o outorgante fazer prova de que lhe incumbe o exercício do poder paternal.

Em caso de viuvez, não tem o cônjuge sobrevivo que fazer prova de que lhe pertence o poder paternal (art. 1904.º do C. Civil).

Sendo o menor representado por um tutor, há que fazer prova documental da qualidade de tutor.

12. *Representação voluntária* — É aquela em que a atribuição dos poderes representativos depende da vontade das partes.

Ver notas ao art. 116.º.

ARTIGO 50.º
(Leitura e explicação dos actos)

1 — A leitura prevista na alínea l) do n.º 1 do artigo 46.º é feita pelo notário, ou por oficial perante o notário, em voz alta e na presença simultânea de todos os intervenientes.

2 — A leitura do instrumento lavrado pode se dispensada se todos os intervenientes declararem que a dispensam, por já o terem lido ou por conhecerem o seu conteúdo, e se o notário não vir inconveniente.

3 — A explicação do conteúdo dos instrumentos e das suas consequências legais é feita pelo notário, antes da assinatura, em forma resumida, mas de modo que os outorgantes fiquem a conhecer, com precisão, o significado e os efeitos do acto.

NOTAS

1. *Leitura do instrumento* — Deve ser feita em voz alta e na presença simultânea de todos os intervenientes.

Não é contudo obrigatório consignar-se no acto que a leitura foi feita em voz alta e na presença conjunta de todos os intervenientes.

Bastará a seguinte menção: *"Este instrumento foi lido aos outorgantes e explicado o seu conteúdo"*.

2. *Dispensa da leitura* — É permitida se todos os intervenientes declararem que prescindem da leitura do instrumento.

Neste caso, atento o disposto na alínea l) do n.º 1 do artigo 46.º, poder-se-á consignar esta menção: *"Foi explicado o conteúdo deste instrumento, cuja leitura foi dispensada pelos intervenientes"*.

Cremos que a prática notarial não tem feito grande uso desta faculdade de dispensa de leitura do instrumento.

Quanto aos documentos complementares ver n.º 4 do art. 64.º.

3. *Explicação do instrumento* — Consiste na exposição sucinta do seu conteúdo (tipo de negócio, sua natureza, designadamente, se é oneroso ou gratuito, seu objecto, valores, recebimento do preço), explanação das condições, se as houver, e elucidação das consequências legais do acto.

Esta aclaração deve reportar-se ao conteúdo do acto exarado, não competindo ao notário interpelar as partes no sentido de tentar desvendar as razões do negócio formalizado ou indagar se por detrás desse negócio existe algo de simulado.

Se o vendedor é pai do comprador e declara que vende determinado prédio a um seu filho, o notário apenas tem que perguntar se o vendedor tem outros filhos (para efeitos de consignar no acto a advertência legal da anulabilidade), e se foi efectivamente pago o preço declarado.

ARTIGO 51.º
(Impressões digitais)

1 — Os outorgantes que não saibam ou não possam assinar devem apor, à margem do instrumento, segundo a ordem por que nele foram mencionados, a impressão digital do indicador da mão direita.

2 — Os outorgantes que não puderem apor a impressão do indicador da mão direita, por motivo de doença ou de defeito físico, devem apor a do dedo que o notário determinar, fazendo-se menção do dedo a que corresponde junto à impressão digital.

3 — Quando algum outorgante não puder apor nenhuma impressão digital, deve referir-se no instrumento a existência e a causa da impossibilidade.

4 — A aposição da impressão digital a que se referem os números anteriores pode ser substituída pela intervenção de duas testemunhas instrumentárias, excepto nos testamentos públicos, instrumentos de aprovação ou de abertura de testamentos cerrados e internacionais e nas escrituras de revogação de testamentos.

NOTAS

1. O art. 67.º do anterior código do notariado (na redacção que lhe foi dada pelo Dec.-Lei n.º 67/90, de 1 de Março) impunha a aposição das impressões digi-

tais apenas para os seguintes actos : testamentos, escrituras de revogação de testamentos e instrumentos de aprovação de testamentos cerrados.

2. Vigora agora a regra de que é obrigatória a aposição da impressão digital do indicador da mão direita, para todo e qualquer acto, sempre que as pessoas não saibam ou não possam assinar, salvo para as situações previstas no n.º 4 deste artigo.

3. A impressão digital é aposta à margem do instrumento, regra esta que nos parece ser também aplicável aos *certificados de vida e de identidade*, previstos no artigo 161.º deste código, ainda que nesta disposição não se preveja qualquer local para a aposição da impressão digital.

4. Face ao disposto na al. m) do n.º 1 do art. 46.º há que referenciar no instrumento quais os outorgantes que não assinam e a razão dessa impossibilidade (por não saberem ou por não poderem fazê-lo).

5. Quando a aposição da impressão digital não corresponda à do indicador da mão direita, há que referir essa circunstância.

Neste caso poder-se-á mencionar: *"Não assina o primeiro outorgante, por não poder fazê-lo, respeitando a sua impressão digital à do indicador da mão esquerda"*.

Não sendo possível a aposição de qualquer impressão digital, há que consignar no instrumento a causa dessa impossibilidade.

Servirá a seguinte fórmula: *"Não assina o segundo outorgante, por o não poder fazer, não apondo qualquer impressão digital, por impossibilidade resultante de defeito físico"*.

6. A impressão digital das pessoas que não saibam ou não possam assinar corresponde de certo modo à assinatura dos que podem assinar.

Mas permite o n.º 5 deste artigo a dispensa da aposição da impressão digital, quando intervenham no acto duas testemunhas instrumentárias, excepção esta que não se aplica aos testamentos públicos, instrumentos de aprovação ou de abertura de testamentos cerrados e internacionais e nas escrituras de revogação de testamentos.

ARTIGO 52.º
(Rubrica das folhas não assinadas)

As folhas dos instrumentos lavrados fora dos livros, com excepção das que contiverem as assinaturas, são rubricadas pelos outorgantes que saibam e possam assinar, pelos demais intervenientes e pelo notário.

NOTAS

Face ao disposto neste artigo não têm os outorgantes que rubricar as folhas dos instrumentos lavrados em livros de notas.

ARTIGO 53.º
(**Continuidade dos actos**)

1 — A leitura, explicação, outorga e assinatura dos instrumentos devem realizar-se em acto continuado.

2 — Se a leitura, explicação e outorga se não concluírem no dia em que tiverem início, deve consignar-se no instrumento, antes das assinaturas, o dia e a hora da sua conclusão.

NOTAS

1. Para efeitos de se precisar a data da celebração do acto prevê este artigo quatro etapas juridicamente relevantes : A leitura, explicação, outorga e assinatura.

Pode verificar-se, por vezes, uma interrupção na sequência destas fases.

O acto foi explicado mas não se concluiu por falta de outorga ou assentimento. O negócio não chegou a ser aprovado por ter surgido qualquer ponto de discórdia.

Assim sucede quando o comprador entrega, para pagamento do preço, um cheque que não é aceite pelo vendedor, ficando por esse motivo a escritura adiada para o dia seguinte.

Não terminando no mesmo dia a leitura, explicação e outorga do acto, há que consignar antes das assinaturas o dia e a hora da conclusão do acto.

Servirá para esse efeito a seguinte menção: " *A celebração deste acto foi concluída no dia ....., pelas ... horas* ".

2. A determinação da data da conclusão do acto pode ser relevante para efeitos de contagem e caducidade dos prazos, a que se referem os artigos 296.º e 328.º do Código Civil.

SUBSECÇÃO II
Requisitos especiais

ARTIGO 54.º
(Menções relativas ao registo predial)

1 — Nenhum instrumento respeitante a factos sujeitos a registo pode ser lavrado sem que no texto se mencionem os números das descrições dos respectivos prédios na conservatória a que pertençam ou hajam pertencido, ou sem a declaração de que não estão descritos.

2 — Os instrumentos pelos quais se partilhem ou transmitam direitos sobre prédios, ou se contraiam encargos sobre eles, não podem ser lavrados sem que também se faça referência à inscrição desses direitos em nome do autor da herança, ou de quem os aliena, ou à inscrição de propriedade do prédio em nome de quem o onera.

3 — O disposto no número anterior não é aplicável:

a) Nos actos de transmissão ou de constituição de encargos outorgados por quem, no mesmo dia e com conhecimento pessoal do notário, que será expressamente mencionado, tenha adquirido os bens partilhados, transmitidos ou onerados;

b) Nos casos de urgência, devidamente comprovada, motivada por perigo de vida dos outorgantes ou por extravio ou inutilização do registo causados por incêndio, inundação ou outra calamidade como tal reconhecida por despacho do Ministro da Justiça.

4 — A prova dos números das descrições e das referências relativas às inscrições na conservatória é feita pela exibição de certidão de teor, passada com antecedência não superior a seis meses, ou do título de registo ou, ainda, quanto a prédios situados em concelho onde tenha vigorado o registo obrigatório, pela exibição da respectiva caderneta predial, desde que qualquer destes últimos documentos se encontre actualizado.

5 — A não descrição dos prédios prova-se mediante a exibição de certidão válida por três meses.

NOTAS

1. *Factos sujeitos a registo* — O artigo 2.º do Código do Registo Predial enumera os factos que estão sujeitos a registo.

Na sua alínea a) diz-nos que estão sujeitos a registo os factos jurídicos que determinem a constituição, o reconhecimento, a aquisição ou a modificação dos direitos de propriedade, usufruto, uso e habitação, superfície ou servidão.

Disposição análoga consta do n.º 1 do artigo 80.º deste código. Os actos que importem reconhecimento, constituição, aquisição, modificação, divisão ou extinção dos direitos de propriedade, usufruto, uso e habitação, superfície ou servidão *sobre coisas imóveis* estão sujeitos a escritura pública.

O conceito de coisas imóveis vem consagrado no n.º 1 do artigo 204.º do Código Civil.

São coisas imóveis os prédios rústicos e urbanos, as águas, as árvores, os arbustos, os frutos naturais enquanto estiverem ligados ao solo, bem como as partes integrantes dos prédios rústicos e urbanos.

Todas as demais coisas são, por exclusão, coisas móveis.

1.1. *Menção de descrições e inscrições prediais* — Nos instrumentos respeitantes a factos sujeitos a registo há que consignar:

— Os números das descrições dos respectivos prédios na conservatória a que pertençam ou hajam pertencido, ou a declaração de que não estão descritos;

— Os números das inscrições, para prova dos respectivos direitos de propriedade sobre os prédios identificados no instrumento.

Para além destas menções, há que referir o número da inscrição do regime da propriedade horizontal, nas situações previstas no artigo 62.º.

1.2. Se o instrumento versar sobre *factos não sujeitos a registo* (trespasse de estabelecimento, cessão de exploração, arrendamento de prédios por um prazo de duração não superior a 6 anos), será redundante consignar-se no instrumento o número da descrição ou da inscrição do prédio na competente conservatória.

1.3. *Inscrições* — Visam definir a situação jurídica dos prédios, mediante extracto dos factos a eles referentes.

Inscrições no registo predial — art. 91.º e seguintes do Código do Registo Predial; inscrições no registo comercial — art. 63.º do C.R.C..

1.4. Do extracto das inscrições constarão obrigatoriamente as seguintes convenções ou cláusulas acessórias:

As convenções de reserva de propriedade e de venda a retro estipuladas em contrato de alienação;

As cláusulas fideicomissárias, de pessoa a nomear, de reserva de dispor de bens doados ou de reversão deles e, em geral, outras cláusulas suspensivas ou resolutivas que condicionem os efeitos de actos de disposição ou oneração;

As cláusulas que excluam da responsabilidade por dívidas o beneficiário de bens doados ou deixados;

A convenção de indivisão da compropriedade, quando estipulada no título de constituição ou aquisição (art. 94.º do C.R.P.).

2. O bem a transmitir, a onerar ou a partilhar deve encontrar-se registado a favor dos respectivos proprietários.

Em caso de partilha admite-se, porém, que os prédios possam estar registados a favor do autor da herança.

3. *Dispensa do registo prévio* — É admissível nas situações enumeradas no n.º 3 deste artigo e nas alíneas a) e b) do artigo 55.º, a saber:

a) Nos actos de transmissão ou de constituição de encargos outorgados por quem, no mesmo dia e com conhecimento pessoal do notário, que será expressamente mencionado, tenha adquirido os bens partilhados, transmitidos ou onerados;

b) Nos casos de urgência, devidamente comprovada, motivada por perigo de vida dos outorgantes ou por extravio ou inutilização do registo causados por incêndio, inundação ou outra calamidade como tal reconhecida por despacho do Ministro da Justiça.

c) Nos actos de partilha de herança ou de transmissão de prédios que dela façam parte, quando não descritos ou sem inscrição de aquisição, se os partilhantes ou transmitentes se encontrarem habilitados como únicos herdeiros, ou for feita, simultaneamente, a respectiva habilitação;

d) Nos instrumentos relativos a prédios situados em concelho onde não tenha vigorado o registo obrigatório, que titulem o primeiro acto de transmissão ocorrido após 1 de Outubro de 1984, se for exibido documento comprovativo ou feita justificação simultânea do direito da pessoa de quem se adquire.

4. *Perigo de vida* — Estar em perigo de vida significa que o outorgante corre risco eminente de morte.

Cremos que os médicos são as pessoas mais indicadas para emitirem um juízo desta natureza.

Do instrumento deve constar o modo como foi comprovada a urgência (al. a) do art. 56.º).

Servirá a seguinte fórmula: *"Este acto foi lavrado com dispensa de menção do registo prévio, por motivo de urgência, devidamente comprovada por um atestado médico que se arquiva"*.

5. *Prova dos números das descrições* — Faz-se pela exibição de certidão de teor, passada com antecedência não superior a seis meses, do título de registo ou,

ainda, quanto a prédios situados em concelho onde tenha vigorado o registo obrigatório, pela respectiva caderneta predial, desde que qualquer destes últimos documentos se encontre actualizado.

6. *Prova da não descrição dos prédios* — Faz-se pela exibição de certidão válida por três meses.

ARTIGO 55.º
(Dispensa de menção do registo prévio)

A exigência prevista no n.º 2 do artigo anterior é dispensada:

a) Nos actos de partilha de herança ou de transmissão de prédios que dela façam parte, quando não descritos ou sem inscrição de aquisição, se os partilhantes ou transmitentes se encontrarem habilitados como únicos herdeiros, ou for feita, simultaneamente, a respectiva habilitação;

b) Nos instrumentos relativos a prédios situados em concelho onde não tenha vigorado o registo obrigatório, que titulem o primeiro acto de transmissão ocorrido após 1 de Outubro de 1984, se for exibido documento comprovativo ou feita justificação simultânea do direito da pessoa de quem se adquire.

NOTAS

1. O número 1 deste artigo estabelece um regime de excepção, de dispensa de menção de registo prévio, para os actos de transmissão e partilha de prédios não descritos ou sem inscrição de aquisição que façam parte de uma herança indivisa, desde que os partilhantes ou transmitentes se encontrem habilitados como únicos herdeiros.

2. A dispensa da menção do registo prévio, prevista neste artigo, não se aplica aos actos pelos quais se contraiam encargos sobre prédios.

3. A dispensa de registo prévio constante da alínea b) depende da verificação de três requisitos:

a) Situarem-se os prédios em concelho onde não tenha vigorado o registo obrigatório;

b) Tratar-se do primeiro acto de transmissão ocorrido após 1 de Outubro de 1984;

c) Ser exibido documento comprovativo do direito do transmitente, se a constituição deste direito não resultar de justificação simultânea.

4. Quando o acto for lavrado ao abrigo do disposto neste artigo, deve consignar-se a advertência prevista na alínea b) do artigo 56.º, ou seja, das consequências dos interessados não registarem os direitos adquiridos.

ARTIGO 56.º
(Menções obrigatórias)

Dos instrumentos que contenham factos sujeitos a registo deve constar:

a) O modo como foi comprovada a urgência prevista na alínea b) do n.º 3 do artigo 54.º;

b) A expressa advertência, aos interessados, das consequências de não registarem os direitos adquiridos, nos casos previstos no artigo anterior.

NOTAS

1. *Advertência aos interessados das consequências de não registarem os direitos adquiridos* — Não há que consignar esta advertência nos actos de transmissão ou de constituição de encargos outorgados por quem, no mesmo dia e com conhecimento pessoal do notário tenha adquirido os bens partilhados, transmitidos ou onerados, nem nos casos de urgência, devidamente comprovada, motivada por perigo de vida dos outorgantes ou por extravio ou inutilização do registo causados por incêndio, inundação ou outra calamidade como tal reconhecida por despacho do Ministro da Justiça.

2. Sobre a obrigatoriedade de inclusão nos instrumentos de outras menções, ver os artigos 46.º (formalidades comuns dos instrumentos), 47.º (menções especiais), 54.º (menções relativas ao registo predial), 51.º, n.º 3 (impressões digitais), 57.º (menções relativas à matriz), 62.º, n.º 1 (menção da inscrição registral do título constitutivo da propriedade horizontal), 185.º n.º 2 (menção dos verbetes estatísticos), 194.º, n.º 2 (menção do número da conta).

3. Para além das menções obrigatórias previstas em alguns artigos do título III deste código, no qual se regulamenta a execução dos actos notariais, há ainda que ter em conta outras menções que resultam de legislação extravagante bem

como o teor de certos dispositivos legais que condicionam a execução e redacção dos actos notariais.

4. Por força do disposto no artigo 2.º da Lei n.º 14/2003, de 30 de Maio, há que apensar aos contratos de compra e venda de bens imóveis os documentos comprovativos da promessa de celebração desses contratos.
<u>Na falta dessa promessa, há que consignar no acto de compra e venda que o mesmo não foi precedido de contrato-promessa.</u>

5. *Compropriedade* — A celebração de quaisquer actos ou negócios jurídicos entre vivos de que resulte ou possa vir a resultar a constituição de compropriedade ou a ampliação do número de compartes **de prédios rústicos** carece de parecer favorável da câmara municipal do local da situação dos prédios, sob pena de nulidade (ver n.ºs 1 e 4 do art. 54.º da Lei n.º 91/95, de 2/9, na redacção que lhes foi dada pelo Dec.-Lei n.º 64/2003, DE 23/8).

Assim, na celebração dos referidos actos (nos quais se inclui o contrato de partilha), há que arquivar a respectiva certidão camarária e <u>mencionar-se no instrumento que foi emitido parecer favorável à constituição da compropriedade ou ampliação de número de compartes.</u>

6. *Ficha técnica de habitação* — Não pode ser celebrada escritura pública que envolva a aquisição da propriedade de prédio ou fracção destinada a habitação sem que o notário se certifique da existência da ficha técnica da habitação e de que a mesma é entregue ao comprador (n.º 1 do art. 9.º do Dec.-Lei n.º 68/2004, de 25 de Março).
<u>A certificação do recebimento dessa ficha técnica da habitação deve ser referenciada na escritura.</u>

7. *Licença de habitabilidade* — Não podem celebrar-se escrituras públicas que envolvam a transmissão de prédios urbanos ou de suas fracções autónomas sem que se faça perante o notário prova suficiente da existência da correspondente licença de utilização, <u>de cujo alvará se fará sempre menção no documento.</u>

Nos prédios submetidos ao regime de propriedade horizontal essa menção deve ainda especificar se a licença foi atribuída ao prédio na sua totalidade ou apenas à fracção autónoma a transmitir (v. art. 1.º do Dec.-Lei n.º 281/99, de 26 de Julho).

O citado Decreto-Lei n.º 281/99, admite, no entanto, algumas excepções ao princípio atrás enunciado.

É suficiente a exibição de licença de construção em vigor, para a transmissão de prédios urbanos não concluídos, que não sejam moradias unifamiliares.

É admissível a exibição de licença de construção, independentemente do seu prazo de validade, para a transmissão de prédios urbanos concluídos ou de suas fracções autónomas — se o alvará de licença de utilização já tiver sido requerido e não emitido, verificados que sejam os pressupostos enunciados no artigo 2.º do referido diploma.

A justificação para os efeitos do art. 116.º do Código do Registo Predial que tiver por objecto prédios urbanos fica sujeita à disciplina do referido Decreto-Lei n.º 281/99, na parte que lhe for aplicável (art. 4.º).

8. *Certificado de admissibilidade da firma ou denominação* — Ver nota 4 ao art. 47.º.

9. *Fraccionamento de prédios rústicos* — O n.º 1 do artigo 1376.º do Código Civil proíbe o fraccionamento de terrenos aptos para cultura em parcelas de área inferior a determinada superfície mínima, correspondente à unidade de cultura fixada pela Portaria n.º 202/70, de 21 de Abril.

O Dec.-Lei n.º 384/88, de 25 de Outubro, também proíbe a divisão em substância de prédio rústico ou conjunto de prédios rústicos que formem uma exploração agrícola economicamente viável, embora admita algumas excepções a este princípio (v. art. 20.º).

O n.º 1 do art. 45.º do Dec.-Lei n.º 103/90, de 22 de Março, impõe a obrigatoriedade de parecer favorável da competente direcção regional da agricultura para o fraccionamento de explorações agrícolas.

Assim, e no sentido de se tentar salvaguardar a observância destes dispositivos legais, <u>importa consignar, nos actos que titulem a transmissão de prédios rústicos, uma menção demonstrativa que desse facto não advém fraccionamento proibido</u>.

10. *Transmissão de lotes* — Nos instrumentos notariais relativos a actos ou negócios jurídicos de que resulte, directa ou indirectamente, a transmissão de lotes legalmente constituídos, <u>há que mencionar o número do alvará, a data da sua emissão pela câmara municipal e a certidão do registo predial</u> (v. arts. 2.º, 4.º e 49.º do Dec.-Lei n.º 555/99, de 16/12).

11. *Primeira transmissão de imóveis ou de suas fracções autónomas* — Nos actos que titulem a primeira transmissão de imóveis ou se suas fracções autónomas edificados em lotes constituídos por alvará emitido ao abrigo do Dec.-Lei n.º 448/91, de 29 de Novembro, <u>há que referenciar a exibição de certidão</u>

emitida pela competente Câmara Municipal, comprovativa da recepção provisória das obras de urbanização ou de que a caução prestada é suficiente para assegurar a boa e regular execução das obras (art. 49.º, n.º 2 do RJUE).

12. *Venda de habitações construídas ao abrigo de CDH* — Neste tipo de escrituras deve-se mencionar que a transmissão está sujeita ao ónus de inalienabilidade pelo prazo de 5 anos e que a segunda transmissão do fogo ocorrida dentro do referido prazo depende do reembolso do valor suportado pelo Estado a título de bonificação, acrescido de a 10% (v. art. 6.º do Dec.-Lei n.º 109/97, de 8 de Maio).

13. *Averbamento da isenção do imposto do selo* — Sempre que haja lugar a qualquer isenção, deve averbar-se no documento ou título a disposição legal que a prevê (art. 8.º do CIS).

Nos documentos, títulos e livros sujeitos a imposto, são mencionados o valor do imposto e a data da liquidação (n.º 4 do art. 23.º do CIS).

14. *Menção do documento comprovativo da liquidação do IMT* — A verificação e menção dessa circunstância é feita sempre que a liquidação deva preceder a transmissão de bens imóveis (art. 49.º, n.º 1 do CIMT).

Em caso de isenção de IMT, sujeita a reconhecimento automático, ver al. a) do n.º 6 do art. 7.º do CIMT.

ARTIGO 57.º
(Menções relativas à matriz)

1 — Nos instrumentos em que se descrevam prédios rústicos, urbanos ou mistos deve indicar-se o número da respectiva inscrição na matriz ou, no caso de nela estarem omissos, consignar-se a declaração de haver sido apresentada na repartição de finanças a participação para a inscrição, quando devida.

2 — A prova dos artigos matriciais é feita pela exibição de caderneta predial actualizada ou da certidão de teor da inscrição matricial, passada com antecedência não superior a um ano.

3 — A participação para a inscrição na matriz, quando se trate de prédio omisso que nela deva ser inscrito, prova-se pela exibição de duplicado que tenha aposto o recibo da repartição de finanças, com antecedência não superior a um ano, ou pela exibição de outro documento dela emanado, autenticado com o respectivo selo branco.

NOTAS

1. *Prazo de validade das certidões* — Ver artigos 31.º e 32.º do Código do Registo Predial.

2. *Prova da inscrição matricial* — Faz-se pela exibição de caderneta predial actualizada (prazo de validade de 1 ano), ou de certidão de teor da inscrição matricial, com o prazo de validade de 1 ano.

3. *Prova da participação para inscrição matricial* — Faz-se pela exibição do duplicado que tenha aposto o recibo da repartição de finanças (com a antecedência não superior a 1 ano), ou de outro documento emitido pela repartição de finanças.

4. *Prova dos números das descrições e das inscrições na conservatória* — A não descrição dos prédios prova-se mediante a exibição de certidão válida por três meses; a descrição pela exibição de certidão de teor, passada com antecedência não superior a seis meses, ou do título de registo actualizado.
Tratando-se de prédios situados em concelho onde tenha vigorado o registo obrigatório, pode também ser exibida a caderneta predial, devidamente actualizada.

5. *Matrizes prediais* — São registos que referem a caracterização dos prédios, a localização e o seu valor patrimonial tributário, a identidade dos proprietários e, sendo caso disso, dos usufrutuários e superficiários.
Existem duas matrizes, uma para a propriedade rústica e outra para a propriedade urbana.
Cada andar ou parte de prédio susceptível de utilização independente é considerado separadamente na inscrição matricial, a qual discrimina também o respectivo valor patrimonial tributário (v. art. 12.º do CIMI).

6. *Inscrição nas matrizes* — Só para efeitos tributários configuram presunção de propriedade.
A inscrição de prédios na matriz e a actualização desta são efectuadas com base em declaração apresentada pelo sujeito passivo, no prazo de 60 dias contados a partir da ocorrência de qualquer dos seguintes factos: uma dada realidade física passar a ser considerada como prédio; verificar-se um evento susceptível de determinar uma alteração da classificação de um prédio; modificarem-se os limites de um prédio; concluírem-se obras de edificação, de melhoramento ou outras alterações que possam determinar variação do valor patrimonial tributário do pré-

dio; verificarem-se alterações nas culturas praticadas num prédio rústico; ter-se conhecimento da não inscrição de um prédio na matriz; verificarem-se eventos determinantes da cessação de uma isenção; ser ordenada uma actualização geral das matrizes; ter-se verificado uma mudança de proprietário, por ter ocorrido uma transmissão onerosa ou gratuita de um prédio ou parte de prédio; verificar-se a ocorrência prevista no n.º 2 do artigo 9.º do CIMI; iniciar-se a construção ou concluir-se a plantação, no caso de direito de superfície (v. n.º1 do art. 13.º do CIMI).

ARTIGO 58.º
(Harmonização com a matriz e o registo)

1 — Nos instrumentos respeitantes a factos sujeitos a registo, a identificação dos prédios não pode ser feita em termos contraditórios com a inscrição da matriz e com a respectiva descrição predial, salvo se for exibido documento comprovativo de ter sido pedida a rectificação matricial e se os outorgantes afirmarem que a divergência relativa à descrição resulta de alteração superveniente ou, tratando-se de matriz não cadastral, de simples erro de medição.

2 — Relativamente a prédios rústicos situados em concelho onde não vigore o cadastro geométrico, bem como a prédios urbanos, a exigência da harmonização com a matriz é limitada aos números dos artigos matriciais, às suas alterações e à área dos prédios.

3 — Em qualquer caso, é dispensada a harmonização quanto à área se a diferença entre a descrição predial e a inscrição na matriz não exceder, em relação à área maior, 10% nos prédios rústicos e 5% nos prédios urbanos ou terrenos para construção, devendo, porém, os outorgantes fixar a área que consideram correcta.

NOTAS

1. *Identificação de prédio descrito* — Nas escrituras que tenham por objecto prédios descritos não é necessária a indicação da área do prédio e das suas confrontações.

Sendo o prédio parte duma descrição predial há que referir a sua área e confrontações.

2. *Divergência de áreas* — Os interessados devem fixar a área que consideram correcta e justificar eventuais divergências, declarando que resultam de alte-

ração superveniente ou, tratando-se de matriz não cadastral, de simples erro de medição.

3. *Prédios rústicos situados em concelho onde não vigore o cadastro geométrico, bem como prédios urbanos* — A harmonização circunscreve-se aos números dos artigos matriciais, às suas alterações e à área dos prédios.

4. *Prédios rústicos submetidos ao cadastro geométrico* — Os elementos da descrição predial não podem divergir dos da inscrição matricial, salvo quanto às áreas, nos termos fixados no n.º 3 deste artigo e n.º 3 do art. 28.º do C.R.P.

5. *Divergência resultante de erro de medição em prédio de matriz não cadastral* — Os interessados devem juntar planta do prédio e declaração assinada por todos os proprietários confinantes de que não houve alterações na configuração do prédio (n.º 2 do art. 30.º do C.R.P.).

As divergências de áreas, confrontações e de outros elementos de composição dos prédios podem também resultar de outros factores, designadamente de erro cadastral.

6. *Correspondência das matrizes* — Se as matrizes do concelho da situação do prédio foram alteradas e não for possível estabelecer a necessária correspondência não há que exigir documento comprovativo dessa impossibilidade.

7. *Prédio omisso ou parte de uma descrição predial* — Há que referenciar no instrumento, para além da natureza do prédio, situação, descrição, artigo e valor patrimonial (quando os hajam) a área e confrontações.

ARTIGO 59.º
(Constituição de propriedade horizontal)

1 — Os instrumentos de constituição da propriedade horizontal só podem ser lavrados se for junto documento, passado pela câmara municipal, comprovativo de que as fracções autónomas satisfazem os requisitos legais.

2 — Tratando-se de prédio construído para transmissão em fracções autónomas, o documento a que se refere o número anterior pode ser substituído pela exibição do respectivo projecto de construção e, sendo caso disso, dos posteriores projectos de alteração aprovados pela câmara municipal.

3 — O documento autêntico que se destine a completar o título constitutivo da propriedade horizontal, quanto à especificação das partes do edifício correspondentes às fracções autónomas ou ao seu valor relativo, expresso em percentagem ou permilagem, não pode ser lavrado sem a observância do disposto nos números anteriores.

NOTAS

1. ***Regime da propriedade horizontal*** — Tem por escopo a individualização das várias unidades independentes de um edifício em fracções autónomas, de forma a permitir que estas fracções possam pertencer a proprietários diversos.

Instituído o regime da propriedade horizontal estão reunidas as condições para o surgimento de um direito real composto em que a propriedade singular concorre com uma compropriedade forçada, e para a multiplicação de direitos de propriedade, distintos e individuais, sobre as várias partes autónomas de um mesmo prédio.

2. *Constituição* — O regime da propriedade horizontal pode ser instituído por negócio jurídico, usucapião ou decisão judicial (art.1417.º, n.º 1 do Código Civil).

3. *Documentos* — O acto constitutivo deve ser instruído com certidão, passada pela câmara municipal, comprovativa de que as fracções autónoma satisfazem os requisitos legais.

Sendo o prédio construído para transmissão em fracções autónomas, é suficiente a exibição do respectivo projecto de construção e, sendo caso disso, dos posteriores projectos de alteração aprovados pela câmara municipal.

Não é exigível a apresentação de qualquer dos referidos documentos, na propriedade horizontal instituída por testamento (art. 75.º do C. do Notariado).

4. *Projecto de construção* — Sendo instituído o regime da propriedade horizontal com base em projecto de construção aprovado pela Câmara Municipal, há que fazer constar do instrumento que o prédio foi construído para transmissão em fracções autónomas.

O projecto deve ser cuidadosamente analisado, para que não surjam dúvidas sobre o número de fracções, sua composição e destino, por regra identificadas em documento complementar apresentado pelas partes.

5. *Propriedade horizontal instituída em prédio que é parte de uma descrição predial* — Sendo o prédio a destacar de uma descrição predial, há que atender às regras da lei dos loteamentos, salvo quando o edifício tenha sido edificado antes da

vigência do Decreto- Lei n.º 289/73, de 6 de Outubro, e dessa descrição predial não façam parte outros prédios urbanos edificados após a vigência deste diploma.

Sendo o solo do prédio constituído por várias descrições prediais a anexar, há que ter em conta a viabilidade desta anexação, em sede de registo.

Situações há em que esta anexação só será possível com a remoção de certos obstáculos, designadamente quando um dos prédios está hipotecado e o outro não, quando incide um direito de usufruto sobre um dos prédios ou recaem diferentes ónus sobre diferentes prédios a anexar.

6. *Objecto* — Só podem ficar sujeitas ao regime de propriedade horizontal as fracções autónomas que constituam unidades distintas e isoladas entre si com saída própria para uma parte comum do prédio ou via pública (artigos 1414.º e 1415.º do C. Civil).

Deve fixar-se no título que institui o regime de propriedade horizontal o valor relativo de cada fracção, expresso em percentagem ou permilagem do valor total do prédio.

O valor fixado releva para efeitos de voto nas assembleias dos condóminos, pagamento das despesas de condomínio e quota parte da propriedade do prédio, em caso de nulidade do título de propriedade horizontal, ou do terreno caso se verifique destruição do prédio (art. 1416.º e 1428.º do C.C.).

7. *Numeração das fracções* — Cada uma das fracções será pormenorizadamente descrita e individualizada pela letra maiúscula que lhe competir segundo a ordem alfabética. Ver n.º 2 do art. 82.º do C.R.P.

8. *Registo* — Ver artigos 2.º 1. b); 81.º a 83.º, 92.º. 1, b), 95.º, 1, p) do CRP.

ARTIGO 60.º
(Modificação de propriedade horizontal)

1 — Os instrumentos de modificação do título constitutivo da propriedade horizontal que importem alteração da composição ou do destino das respectivas fracções só podem ser lavrados se for junto documento camarário comprovativo de que a alteração está de acordo com os correspondentes requisitos legais.

2 — No caso de a modificação exigir obras de adaptação, a exibição do projecto devidamente aprovado dispensa o documento a que se refere o número anterior.

NOTAS

1. *Escritura pública* — A alteração do título constitutivo da propriedade horizontal está sujeita a escritura pública, que pode ser outorgada:
Pelo dono do prédio, se ainda não tiver sido alienada qualquer fracção;
Por todos os condóminos, se estes estiverem de acordo na alteração do regime instituído e optarem por comparecer à outorga do acto;
Pelo administrador do condomínio, se o acordo para a modificação do título constar de acta assinada por todos os condóminos;
Por um ou mais condóminos, nos casos de junção e divisão de fracções autónomas ou quando o título constitutivo da propriedade horizontal lhes confira o direito de alterar o regime instituído em relação a uma ou mais fracções de que sejam proprietários.

2. *Junção de fracções* — A alteração que tenha por objecto a junção, numa só, de duas ou mais fracções contíguas do mesmo edifício, não necessita de qualquer autorização dos demais condóminos.
Mexendo o acto de alteração da propriedade horizontal com o destino das fracções, já é necessário o consentimento dos demais condóminos.

3. *Divisão* — A alteração que importe a divisão de fracções em novas fracções autónomas depende de autorização da assembleia de condóminos, aprovada sem qualquer oposição.
Não se exige para esta espécie de alteração o acordo de todos os condóminos.

4. *IMT* — Se da alteração da propriedade horizontal resultar que parte de uma fracção é integrada na fracção de outro condómino, haverá uma transmissão onerosa sujeita a IMT.
Da mesma forma se uma parte comum do prédio passar a constituir uma fracção autónoma e esta ficar a pertencer a um dos condóminos. Neste caso, o adquirente da fracção deverá pagar IMT correspondente à percentagem que adquire dos demais condóminos na parte que era comum.

ARTIGO 61.º
(Regime especial para os testamentos)

O disposto nos artigos 54.º a 58.º e nos dois primeiros números do artigo 59.º não é aplicável aos testamentos.

NOTAS

1. Dispensa-se para o acto testamentário a apresentação de quaisquer documentos, designadamente os comprovativos das descrições ou inscrições matriciais dos prédios.

2. Também não é obrigatório mencionar no testamento a descrição predial ou artigo matricial do prédio, face à dispensa das menções previstas nos artigos 54.º a 58.º deste código.

Do expendido se conclui que os números dos artigos matriciais eventualmente referenciados nos actos testamentários resultam da indicação do testador, que não necessita de os comprovar documentalmente.

3. *Acto testamentário* — Procedimentos a ter em conta :

a) Deve ser lavrado num livro de notas para testamentos públicos e escrituras de revogação de testamentos (art. 11.º);

b) Não tem que ser instruído com quaisquer documentos, ainda que verse sobre disposições patrimoniais;

c) É registado num livro próprio (al. d) do n.º 1 do art. 7.º);

d) Deve ser manuscrito com uma grafia de fácil leitura e quando processado informaticamente há que destruir o suporte informático (n.ºs 1 e 2 do art. 8.º);

e) Para além dos requisitos genéricos dos instrumentos públicos, deve conter a data do nascimento do testador e os nomes completos dos pais (n.º 4 do art. 47.º);

f) Dá lugar, em matéria de ficheiros, a um índice privativo (n.º 2 do art. 25.º);

g) Reveste natureza confidencial, quanto à sua existência e conteúdo, enquanto não for exibida ao notário certidão de óbito do testador, salvo quando se trate do próprio testador ou de um seu procurador com poderes especiais (n.º 2 do art. 32.º);

h) Deve ser comunicado à Conservatória dos Registos Centrais, dentro do prazo fixado no n.º 1 do artigo 187.º, através do preenchimento de fichas de modelo aprovado;

i) Requer a intervenção de duas testemunhas instrumentárias, que só podem ser dispensadas no caso de haver urgência e dificuldade em as conseguir, devendo fazer-se menção expressa desta circunstância no acto (al. a) do n.º 1 e n.º 2 do art. 67.º);

j) Em caso de falecimento do testador, há que averbar no instrumento esse facto, através da menção do número do registo de óbito e da conservatória onde foi lavrado (al. a) do n.º 1 do art. 131.º e n.º 3 do art. 135.º);

l) O registo deste averbamento deve ser comunicado à Conservatória dos Registos Centrais (al. b) do n.º 1 do art. 187.º);

m) Contendo disposições a favor da alma ou encargos de interesse público, devem ser enviadas certidões dos respectivos actos às entidades incumbidas da sua fiscalização, até ao dia 15 do mês imediato àquele em que tenha sido lavrado o averbamento do falecimento do testador (n.º 4 do art. 204.º) ;

n) Quando utilizado para instruir actos notariais, deve encontrar-se selado nos termos do número 15. 6 da TGIS;

o) As repartições públicas devem comunicar aos cartórios notariais onde tiverem sido lavrados os respectivos actos o falecimento dos testadores, sempre que nelas seja apresentada certidão de testamento público sem o respectivo averbamento de óbito (al. a) do art. 202.º);

p) O Ministério dos Negócios Estrangeiros deve enviar ao Ministério da Justiça cópia dos testamentos públicos e dos testamentos internacionais (n.º 3 do art. 206.º);

q) A Conservatória dos Registos Centrais só deve prestar informações sobre a existência dos testamentos a pedido do testador, de seu procurador com poderes especiais ou de qualquer interessado que junte certidão comprovativa do óbito do testador (n.ºs 1 e 2 do art. 207.º).

ARTIGO 62.º
(Prédios sob regime de propriedade horizontal)

1 — Nenhum instrumento pelo qual se transmitam direitos reais ou contraiam encargos sobre fracções autónomas de prédios em regime de propriedade horizontal pode ser lavrado sem que se exiba documento comprovativo da inscrição do respectivo título constitutivo no registo predial.

2 — O disposto no número anterior não se aplica sempre que os actos de transmissão de direitos ou de constituição de encargos sejam lavrados no mesmo dia e com o conhecimento pessoal do notário de que foi lavrada a escritura de constituição da propriedade horizontal, circunstância que deve ser expressamente mencionada.

NOTAS

1. Não se podem transmitir direitos ou contrair encargos sobre fracções autónomas de prédios em regime de propriedade horizontal, sem que se exiba documento comprovativo da inscrição do respectivo título constitutivo no registo predial.

2. Não é admissível a dispensa deste registo, mesmo em caso de urgência, por perigo de vida dos outorgantes.

3. É dispensável o referido registo da inscrição se os actos de transmissão de direitos ou de constituição de encargos sobre fracções autónomas forem lavrados no dia em que for outorgada a escritura de constituição da propriedade horizontal, circunstância que deve ser expressamente mencionada.

Não se compreende bem o alcance desta medida de excepção, válida por um dia, quando os artigos 54.º e 55.º deste código admitem dispensas de registo prévio bem mais permissivas, sem imposição de qualquer prazo.

ARTIGO 63.º
(Valor dos bens)

1 — Nos actos sujeitos a registo predial deve indicar-se o valor de cada prédio, da parte indivisa ou do direito a que o acto respeitar, devendo também mencionar-se o valor global dos bens, descritos ou relacionados, sempre que dele dependa a determinação do valor do acto.

2 — O valor dos bens, quando não seja determinado com base em simples declaração das partes ou em publicação oficial, deve ser comprovado pela exibição dos documentos necessários ou do título do registo actualizado ou de caderneta predial visada pela repartição de finanças, com antecedência não superior a um ano, mencionando-se no instrumento o valor patrimonial indicado no documento apresentado.

NOTAS

1. *Menção do valor de cada prédio* — Para efeitos do disposto no n.º 1 do art. 28.º do RERN, considera-se como valor do acto o preço global ou o valor total atribuído aos imóveis ou a soma dos seus valores patrimoniais, se superior.

2. *Valor global dos bens* — Há que consignar não só o atribuído como o patrimonial, quer para efeitos de liquidação do imposto do selo, quer para os casos em que se aplique a regra emolumentar do n.º 1 do art. 28.º do RERN.

3. *Valor patrimonial tributário dos prédios* — O valor patrimonial tributário dos prédios urbanos com partes enquadráveis em mais de uma das clas-

sificações do n.º 1 do artigo 6.º do CIMI determina-se: caso uma das partes seja principal e a outra ou outras meramente acessórias, por aplicação das regras de avaliação da parte principal, tendo em atenção a valorização resultante da existência das partes acessórias; caso as diferentes partes sejam economicamente independentes, cada parte é avaliada por aplicação das correspondentes regras, sendo o valor do prédio a soma dos valores das suas partes.

O valor patrimonial tributário dos prédios mistos corresponde à soma dos valores das suas partes rústica e urbana determinados por aplicação das correspondentes regras do presente Código (v. art. 7.º do CIMI).

4. *Valor patrimonial tributário dos prédios rústicos* — Corresponde ao produto do seu rendimento fundiário pelo factor 20, arredondado para a dezena de euros imediatamente superior (art. 17.º do CIMI).

O rendimento fundiário de um prédio apura-se a partir da soma dos rendimentos das suas parcelas com os das árvores dispersas nelas existentes, quando pertencentes ao titular do direito ao rendimento do prédio e se, no seu conjunto, tiverem interesse económico.

5. *Valor tributável dos estabelecimentos comerciais, industriais ou agrícolas sem contabilidade organizada* — A determinação do valor tributável, para efeitos de liquidação do imposto do selo, quando seja devido, é feita através da utilização de factores de capitalização do rendimento fixados em função do zonamento dos imóveis onde esses estabelecimentos se encontram instalados, utilizando regras estabelecidas no artigo 16.º do CIS.

6. *Valor tributável dos bens imóveis relevante para efeitos de liquidação do imposto do selo nas transmissões gratuitas* – Atende-se ao valor patrimonial tributário constante da matriz à data da transmissão, ou o determinado por avaliação nos casos de prédios omissos ou inscritos sem valor patrimonial.

No caso de imóveis e direitos sobre eles incidentes cujo valor não seja determinado por aplicação do disposto no artigo 13.º do CIS e no caso do artigo 14.º do CIMT, é o valor declarado ou o resultante de avaliação, consoante o que for maior.

Na determinação dos valores patrimoniais tributários de bens imóveis ou de figuras parcelares do direito de propriedade, observam-se as regras previstas no CIMT para as transmissões onerosas (v. art. 13.º do CIS).

7. *Valor patrimonial tributário dos direitos de superfície e do solo* — O valor patrimonial tributário do direito de propriedade do solo, quando o direito de superfície for perpétuo, será o correspondente a 20% do valor do terreno; o do direito de superfície perpétuo será igual ao valor da propriedade plena do

imóvel, deduzido o valor da propriedade do solo, calculado nos termos da regra anterior.

O valor do terreno de prédio rústico sujeito a direito de superfície será o correspondente a 20% do valor patrimonial tributário.

8. *Valor patrimonial da propriedade do solo e do direito de superfície temporários* — O valor patrimonial tributário da propriedade do solo, quando o direito de superfície for temporário, obtém-se deduzindo ao valor da propriedade plena 10% por cada período completo de cinco anos, conforme o tempo por que aquele direito ainda deva durar, não podendo, porém, a dedução exceder 80%.

O valor do direito de superfície temporário obtém-se descontando ao valor da propriedade plena o valor da propriedade do solo, calculado nos termos da regra anterior (v. art. 12.º e alíneas f), g) e j) do art. 13.º do CIMT).

9. *Valor tributável da propriedade, separada do usufruto, uso ou habitação vitalício, a considerar para feitos de IMT* - Obtém-se deduzindo ao valor da propriedade plena as seguintes percentagens, de harmonia com a idade da pessoa de cuja vida dependa a duração daqueles direitos ou, havendo várias, da mais velha ou da mais nova, consoante eles devam terminar pela morte de qualquer ou da última que sobreviver:

Idade	Percentagens a deduzir
Menos de 20 anos	80
Menos de 25 anos	75
Menos de 30 anos	70
Menos de 35 anos	65
Menos de 40 anos	60
Menos de 45 anos	55
Menos de 50 anos	50
Menos de 55 anos	45
Menos de 60 anos	40
Menos de 65 anos	35
Menos de 70 anos	30
Menos de 75 anos	25
Menos de 80 anos	20
Menos de 85 anos	15
85 ou mais anos	10

(v. alínea a) do art. 13.º do CIMT)

10. *Valor do usufruto vitalício* — Obtém-se descontando ao valor da propriedade plena o valor da propriedade, calculado nos termos da regra anterior, sendo o valor actual do uso e habitação igual a esse valor do usufruto, quando os direitos sejam renunciados, e a esse valor menos 30%, nos demais casos.

11. *Valor do usufruto, uso ou habitação temporários* — Deduz-se ao valor da propriedade plena 10% por cada período indivisível de cinco anos, conforme o tempo por que esses direitos ainda devam durar, não podendo, porém, a dedução exceder a que se faria no caso de serem vitalícios (al. b) do art. 13.º do CIMT).

12. *Valor tributável dos bens móveis, para efeitos de liquidação do imposto do selo nas transmissões gratuitas* — O valor dos bens móveis de qualquer natureza que não seja determinado por aplicação de regras específicas previstas no CIS é o dos valores oficiais, quando existam, ou o declarado pelo cabeça-de-casal ou pelo beneficiário, consoante o que for maior, devendo, tanto quanto possível, aproximar-se do seu valor de mercado (V. art. 14.º do CIS).

O valor das quotas ou partes em sociedades que não sejam por acções e o dos estabelecimentos comerciais, industriais ou agrícolas com contabilidade organizada determina-se pelo último balanço, ou pelo valor atribuído em partilha ou liquidação dessas sociedades, salvo se, não continuando as sociedades com o herdeiro, legatário ou donatário do sócio falecido ou doador, o valor das quotas ou partes tiver sido fixado no contrato social.

Se esse último balanço precisar de ser corrigido, o valor do estabelecimento ou das quotas e partes sociais determinar-se-á pelo balanço resultante das correcções feitas (v. n.ºs 1 e 2 do art. 15.º CIS).

ARTIGO 64.º
(Documentos complementares)

1 — Os bens que constituam objecto do acto titulado pelo instrumento notarial podem ser descritos em documento separado, com observância do disposto nos n.ºs 1, 3 e 4 do artigo 40.º, na parte que lhe for aplicável.

2 — Os estatutos das associações, fundações e sociedades e as cláusulas contratuais dos actos em que sejam interessadas as instituições de crédito ou em que a extensão do clausulado o justifique podem ser lavra-

dos em documento separado, observando-se igualmente o disposto nos n.ºs 1, 3 e 4 do artigo 40.º.

3 — Os documentos a que se referem os números anteriores devem ser lidos juntamente com o instrumento e rubricados e assinados pelos outorgantes a quem directamente respeitem, que possam e saibam fazê--lo, e pelo notário, sem prejuízo do disposto no artigo 51.º.

4 — A leitura dos documentos a que se referem os números anteriores é dispensada se os outorgantes declararem que já os leram ou que conhecem perfeitamente o seu conteúdo, o que deve ser consignado no texto do instrumento.

5 — O disposto nos números anteriores é igualmente aplicável aos cadernos de encargos ou à descrição da obra a que respeitem os instrumentos, excepto quanto ao disposto nos n.ºs 1 e 4 do artigo 40.º.

NOTAS

1. Os bens podem ser relacionados em documento separado, com observância do disposto nos números 1, 3 e 4 do artigo 40.º, na parte que lhes for aplicável.

2. Também os estatutos das associações, fundações e sociedades e as cláusulas contratuais dos actos em que sejam interessadas instituições de crédito podem constar de documento complementar.

3. A leitura do documento complementar é dispensada se os outorgantes declararem que conhecem perfeitamente o seu conteúdo, o que deve ser consignado no texto do instrumento.

4. Sobre documentos complementares, ver artigos 28.º n.º 4, 41.º, n.º 3, 105.º e 168.º, n.º 1.

SUBSECÇÃO III
Intervenientes acidentais

ARTIGO 65.º
(Actos com intervenção de outorgantes que não compreendam a língua portuguesa)

1 — Quando algum outorgante não compreenda a língua portuguesa, intervém com ele um intérprete da sua escolha, o qual deve transmitir, verbalmente, a tradução do instrumento ao outorgante e a declaração de vontade deste ao notário.

2 — Se houver mais de um outorgante, e não for possível encontrar uma língua que todos compreendam, intervêm os intérpretes que forem necessários.

3 — A intervenção de intérprete é dispensada, se o notário dominar a língua dos outorgantes a ponto de lhes fazer a tradução verbal do instrumento.

NOTAS

1. O intérprete é da escolha do outorgante e deve prestar juramento nos termos da lei de processo civil.

2. O teor desse juramento não tem que constar do acto, sendo suficiente a referência de que o intérprete prestou o juramento legal.

3. Sendo o intérprete de nacionalidade estrangeira, há que referir a sua nacionalidade, face ao disposto no n.º 4 do art. 46.º.

4. No instrumento há que exarar o cumprimento de certas formalidades, designadamente as previstas nas alíneas d), h) e i) do n.º 1 do art. 46.º deste código.
Servirá, para esse efeito, a seguinte fórmula: *"Em virtude do primeiro outorgante não compreender a língua portuguesa, interveio neste acto F..., casado, residente..., cuja identidade verifiquei por ...., que, depois de prestar juramento legal, transmitiu verbalmente o conteúdo deste instrumento àquele outorgante e me declarou que o mesmo exprime a sua vontade"*.

5. Os estrangeiros podem exprimir-se em juízo em língua diferente da língua portuguesa (ver art. 139.º do Código de Processo Civil).

6. Se o notário dominar a língua dos outorgantes, não é necessária a intervenção de qualquer intérprete.

7. Ver arts. 68.º, 70.º, n.º 1 d) e 151.º, n.º 2.

ARTIGO 66.º
(Actos com intervenção de surdos e mudos)

1 — O outorgante que, por motivo de surdez, não puder ouvir a leitura do instrumento deve lê-lo em voz alta, e, se não souber ou não puder ler, tem a faculdade de designar uma pessoa que, na presença de todos os intervenientes, proceda a segunda leitura e lhe explique o conteúdo.

2 — O mudo que souber e puder ler e escrever deve declarar, por escrito, no próprio instrumento e antes das assinaturas, que o leu e reconheceu conforme à sua vontade e, se não souber ou não puder escrever, deve manifestar a sua vontade por sinais que o notário e os demais intervenientes compreendam e, se nem isso for possível, deve intervir no acto um intérprete, nas condições previstas no artigo anterior.

3 — O disposto no número anterior é igualmente aplicável no caso de algum outorgante ser surdo-mudo.

NOTAS

1. Se o surdo-mudo não souber escrever e o notário o não entender por sinais, deverá intervir no acto um intérprete, para efeitos de lhe transmitir o conteúdo do instrumento e, de seguida, ao notário a sua declaração de vontade.

2. Neste caso, há que consignar no instrumento o cumprimento das formalidades referidas nas notas do artigo anterior.

Servirá, para esse efeito, a seguinte fórmula: *"Em virtude do primeiro outorgante ser surdo- mudo, não saber escrever e eu não o entender por sinais, interveio neste acto como intérprete, F ..., solteiro, maior, residente ... cuja identidade verifiquei por ..., o qual, depois de prestar juramento legal, transmitiu por sinais àquele outorgante o conteúdo deste instrumento, e a mim, notário, a sua declaração de vontade"*.

3. Se outorgante for mudo ou surdo-mudo e souber ler e escrever, deve declarar, por escrito, no próprio instrumento e antes das assinaturas, que o leu e reconheceu conforme à sua vontade.

4. Se isso não for possível, só pode ser dispensada intervenção de um intérprete, desde que o notário e demais intervenientes compreendam a vontade do mudo ou surdo-mudo, manifestada através de sinais.

5. Sobre os meios de expressão e comunicação dos surdos e mudos, ver art. 141.º do Código de Processo Civil.

ARTIGO 67.º
(Intervenção de testemunhas e de peritos médicos)

1 — A intervenção de testemunhas instrumentárias apenas tem lugar nos casos seguintes:

a) Nos testamentos públicos, instrumentos de aprovação ou de abertura de testamentos cerrados e internacionais e nas escrituras de revogação de testamentos;

b) Nos casos previstos no n.º 4 do artigo 51.º;

c) Nos outros instrumentos, com excepção dos protestos de títulos de crédito, quando o notário ou alguma das partes reclame essa intervenção.

2 — A intervenção de testemunhas nos actos a que se refere a alínea a) do número anterior pode ser dispensada pelo notário, no caso de haver urgência e dificuldade em as conseguir, devendo fazer-se menção expressa desta circunstância no texto.

3 — As testemunhas instrumentárias, quando haja lugar à sua intervenção, são em número de duas e a sua identidade deve ser verificada por uma das formas previstas nas alíneas a), b) e c) do n.º 1 do artigo 48.º, consignando-se no instrumento o processo de identificação utilizado.

4 — Podem ainda intervir nos actos peritos médicos para abonarem a sanidade mental dos outorgantes, a pedido destes ou do notário.

NOTAS

1. *Testemunhas instrumentárias* — Nos testamentos públicos, instrumentos de aprovação ou de abertura de testamentos cerrados e internacionais e nas escrituras de revogação de testamentos, só pode ser dispensada a intervenção das testemunhas instrumentárias, no caso de haver urgência e dificuldade em as conseguir, devendo fazer-se menção expressa desta circunstância no texto.

2. A intervenção de peritos médicos, para abonarem a sanidade mental dos outorgantes, pode ser requerida pelas partes.

Neste caso consignar-se-á no instrumento: *"Intervieram neste acto, a pedido das partes, os peritos médicos F..., casado, residente .... e F ..., casado, residente, cujas identidades verifiquei por ..., os quais, depois de prestarem juramento legal, me garantira a sanidade mental do outorgante F......"*

3. A intervenção de peritos médicos deve ser exigida pelo notário, quando lhe surjam dúvidas sobre a sanidade mental de qualquer outorgante.

Neste caso consignar-se-á no instrumento: *"Intervieram neste acto, por me terem surgido dúvidas sobre a sanidade mental do primeiro outorgante, os peritos médicos F..., casado, residente .... e F ..., casado, residente, cujas identidades verifiquei por ..., os quais, depois de prestarem juramento legal, me garantiram a sanidade mental do referido outorgante"*

ARTIGO 68.º
(Casos de incapacidade ou de inabilidade)

1 — Não podem ser abonadores, intérpretes, peritos, tradutores, leitores ou testemunhas:

a) Os que não estiverem no seu perfeito juízo;

b) Os que não entenderem a língua portuguesa;

c) Os menores não emancipados, os surdos, os mudos e os cegos;

d) Os funcionários e o pessoal contratado em qualquer regime em exercício no cartório notarial;

e) O cônjuge, os parentes e afins, na linha recta ou em 2.º grau da linha colateral, tanto do notário que intervier no instrumento como de qualquer dos outorgantes, representantes ou representados;

f) O marido e a mulher, conjuntamente;

g) Os que, por efeito do acto, adquiram qualquer vantagem patrimonial;

h) Os que não saibam ou não possam assinar.

2 — Não é permitida a intervenção de qualquer interveniente acidental em mais de uma qualidade, salvo o disposto no n.º 4 do artigo 48.º.

3 — Ao notário compete verificar a idoneidade dos intervenientes acidentais.

4 — O notário pode recusar a intervenção do abonador, intérprete, perito, tradutor, leitor ou testemunha que não considere digno de crédito, ainda que ele não esteja abrangido pelas proibições do n.º 1.

NOTAS

1. *Os que não estiverem no seu perfeito juízo* — Todos aqueles que padeçam de grave anomalia psíquica.

Não podem ser abonadores, intérpretes, peritos, tradutores, leitores ou testemunhas as pessoas que aparentem deficiências de intelecto ou de discernimento e que, por isso, não possam compreender o sentido e alcance do acto praticado.

Podem, no entanto, surgir situações melindrosas, em que não é fácil para o notário ajuizar, com segurança, se um interveniente acidental é ou não mentecapto, já que o estado anormal de alienação mental só pelo tribunal pode ser decretado, mediante prévio parecer de médicos psiquiatras.

Um acentuado déficit de inteligência (ignorância excessiva, limitações de raciocínio ou de percepção) não significa que haja incapacidade por anomalia psíquica.

A moléstia mental do interveniente deve ser notória.

Diz-se que um facto é notório, quando uma pessoa de normal diligência o teria podido notar (art. 257.º, n.º 2 do C. Civil).

Sobre prova preliminar e exame pericial ver art. 949.º e ss. do Código de Processo Civil.

Ver ainda art. 138.º do Código Civil.

2. *Os que não entenderem a língua portuguesa* — Apenas podem intervir em actos notariais, na qualidade de outorgantes.

3. *Menores* — É menor quem não tiver ainda completado dezoito anos de idade (art. 122.º do C. Civil).

O menor é, de pleno direito, emancipado pelo casamento (art. 132.º do C. Civil).

4. *Impedimento de funcionários e contratados* — A alínea d) do artigo 82.º do código antigo referenciava: os funcionários, assalariados e praticantes da repartição notarial.

Embora a lei não o diga, cremos que o impedimento previsto na alínea d) deste artigo é extensível a todos os que prestam serviço nos cartórios, aplicando-se também aos trabalhadores que exerçam funções ao abrigo dos programas ocupacionais.

5. *Parentes afins* — Ver notas ao art. 5.º.

6. *Marido e mulher* — Não podem ser intervenientes acidentais: marido e mulher conjuntamente, ainda que se encontrem separados judicialmente de pessoas e bens.

7. *Vantagem patrimonial* — O benefício tem que ser material, ainda que não seja directo.

8. *Os que não saibam ou não possam assinar* — O disposto no artigo 51.º deste código (aposição de impressões digitais) aplica-se somente aos outorgantes.

9. *Pessoas dignas de crédito* — Em princípio, toda e qualquer pessoa é digna de crédito. Só razões concretas e muito fortes podem levar o notário a arriscar um juízo ético que reprove a idoneidade de alguém. O estado de embriaguez do interveniente pode ser uma dessas razões.

ARTIGO 69.º
(Juramento legal)

1 — Os intérpretes, peritos e leitores devem prestar, perante o notário, o juramento ou o compromisso de honra de bem desempenharem as suas funções.

2 — É aplicável ao juramento ou compromisso de honra o disposto nas leis de processo.

NOTAS

1. A fórmula do juramento vem prevista no n.º 2 do artigo 559.º do Código de Processo Civil, e é a seguinte: «Juro pela minha honra que hei-de dizer toda a verdade e só a verdade».

2. Do instrumento deve constar que foi prestado juramento ou compromisso de honra.

3. Não é, porém, necessário constar do instrumento a referida fórmula do juramento, bastando consignar-se que o interveniente acidental (intérprete, perito ou leitor) declarou sob compromisso de honra desempenhar bem as suas funções.

SECÇÃO III
Nulidades e revalidação dos actos notariais

SUBSECÇÃO I
Nulidades

ARTIGO 70.º
(Casos de nulidade por vícios de forma e sua sanação)

1 — O acto notarial é nulo, por vício de forma, apenas quando falte algum dos seguintes requisitos:

a) A menção do dia, mês e ano ou do lugar em que foi lavrado;

b) A declaração do cumprimento das formalidades previstas nos artigos 65.º e 66.º;

c) A observância do disposto na primeira parte do n.º 2 do artigo 41.º;

d) A assinatura de qualquer intérprete, perito, leitor, abonador ou testemunha;

e) A assinatura de qualquer dos outorgantes que saiba e possa assinar;

f) A assinatura do notário.

2 — As nulidades previstas nas alíneas a), b), d), e) e f) do número anterior consideram-se sanadas, conforme os casos:

a) Se, em face da omissão do dia, mês, ano ou lugar da celebração do acto, for possível proceder ao averbamento nos termos previstos no n.º 7 do artigo 132.º;

b) Se as partes declararem, por forma autêntica, que foram cumpridas as formalidades previstas nos artigos 65.º e 66.º;

c) Se os intervenientes acidentais, cujas assinaturas faltam, se encontrarem devidamente identificados no acto e declararem, por forma autêntica, ter assistido à sua leitura, explicação e outorga e que não se recusaram a assiná-lo;

d) Se os outorgantes, cujas assinaturas faltam, declararem, por forma autêntica, que estiveram presentes à leitura e explicação do acto, que este representa a sua vontade e que não se recusaram a assiná-lo;

e) Se o notário cuja assinatura está em falta declarar expressamente, através de documento autêntico, que esteve presente no acto e que, na sua realização, foram cumpridas todas as formalidades legais.

NOTAS

1. *Omissão do dia, mês e ano ou do lugar em que o acto foi lavrado* — Esta omissão é suprível por averbamento, nos termos do n.º 7 do artigo 132.º.

Do mesmo modo a rectificação da data, se pelo texto do instrumento ou pelos elementos existentes no cartório for possível determinar a data correcta.

2. *Falta da declaração do cumprimento das formalidades previstas nos artigos 65.º e 66.º* — A nulidade por inobservância destas formalidades pode ser sanada se as partes declararem, por forma autêntica, que foram observadas as referidas formalidades.

O acto pode também ser revalidado nos temos da al. b) do art. 73.º.

3. *Palavras traçadas* — Este vício pode ser sanado desde que as partes declarem, por forma autêntica, que as palavras inutilizadas não podiam alterar o conteúdo essencial do acto. Pode também ser revalidado nos temos da al. c) do art. 73.º.

4. *Falta das assinaturas de qualquer intérprete, perito, leitor, abonador ou testemunha* — Para a sanação deste vício é necessário que os intervenientes acidentais se encontrarem devidamente identificados no acto e declarem, por forma autêntica, ter assistido à sua leitura, explicação e outorga e que não se recusaram a assiná-lo.
Pode também ser revalidado nos temos da al. d) do art. 73.º.

5. *Falta das assinaturas de qualquer dos outorgantes que saiba e possa assinar* — Para a sanação deste vício é necessário que os outorgantes declarem, por forma autêntica, que estiveram presentes à leitura e explicação do acto, que este representa a sua vontade e que não se recusaram a assiná-lo.
Pode também ser revalidado nos temos da al. e) do art. 73.º.

6. Ver art. 184.º.

ARTIGO 71.º
(Outros casos de nulidade)

1 — É nulo o acto lavrado por funcionário incompetente, em razão da matéria ou do lugar, ou por funcionário legalmente impedido, sem prejuízo do disposto no n.º 2 do artigo 369.º do Código Civil.

2- Determina também a nulidade do acto a incapacidade ou a inabilidade dos intervenientes acidentais.

3 — O acto nulo por violação das regras de competência em razão do lugar, por falta do requisito previsto na alínea c) do n.º 1 do artigo anterior ou por incapacidade ou inabilidade de algum interveniente acidental pode ser sanado por decisão do respectivo notário, nas seguintes situações:

a) Quando for apresentada declaração, passada pelo notário competente, comprovativa da sua ausência na data em causa e as partes justificarem, por escrito, o carácter urgente da celebração do acto;

b) Quando as partes declararem, por forma autêntica, que as palavras inutilizadas, quaisquer que elas fossem, não podiam alterar os elementos essenciais ou o conteúdo substancial do acto;

c) Quando o vício se referir apenas a um dos abonadores ou a uma das testemunhas e possa considerar-se suprido pela idoneidade do outro interveniente.

NOTAS

1. *Incompetência em razão da matéria* — Ver art. 4.º que regula as atribuições dos notários.

2. *Incompetência em razão do lugar* — ver notas aos artigos 2.º, 3.º e 4.º, n.º 3, deste código e art. 13.º, n.º 3, da LORN.

3. *Incapacidade* — Ver artigos 122.º, 139.º 257.º, 951.º, 2034.º, 2199.º e 2198.º, do Código Civil

4. *Inabilidade* — Ver art. 152.º e ss. do Código Civil e art. 944.º do C. P. Civil.

5. *Impedimento* — Ver artigos 5.º e 6.º deste código.

6. *Actos nulos* — O acto pode se nulo, por ilicitude imediata do objecto do negócio jurídico que contrarie disposições legais imperativas.

Será o caso da venda de bens alheios, da substituição fideicomissária em mais de um grau, da convenção antenupcial que fixe o regime da comunhão geral quando os esposados tenham filhos ou 60 anos de idade, da doação de bens futuros, da alienação do direito de habitação ou do direito à sucessão não aberta.

O acto notarial será ainda nulo, por vício de forma, quando lhe falte algum dos requisitos enumerados no art. 70.º deste código, quando seja lavrado por funcionário incompetente, em razão da matéria ou do lugar, ou por funcionário legalmente impedido, sem prejuízo do disposto no n.º 2 do art. 369.º do C. Civil, e em caso dos intervenientes acidentais serem incapazes ou inábeis.

Para além das nulidades resultantes da inidoneidade do objecto, de vícios de forma, da ilegitimidade e incapacidade dos intervenientes, outras existem:

As provocadas por vício de causa, coacção física, falta de consciência da declaração, reserva mental conhecida, indeterminação do objecto e simulação.

A declaração negocial que careça de forma legalmente prescrita é nula, quando outra não seja a sanção especialmente prevista na lei (art. 220.º do C. Civil).

7. *Efeitos da nulidade* — A nulidade impede a produção dos efeitos jurídicos. Pode ser invocável a todo o tempo por qualquer interessado e opera *ipso jure*.

Salvo prescrição legal em contrário, a nulidade apresenta a particularidade de ser incurável, perpétua e insusceptível de ratificação.

Dir-se-á total se contamina todo o negócio jurídico; parcial, se apenas afecta uma das suas partes ou determinadas cláusulas do negócio.

Difere da anulabilidade, que só pode ser invocada por determinadas pessoas e é sanável mediante confirmação ou pelo decurso do tempo.

A anulabilidade apresenta, por regra, as seguintes características: é deferida, relativa e sanável.

8. *Sanação* — Esta competência era atribuída ao Conselho Técnico da DGRN, secção do notariado — n.º 3 do art. 85.º do antigo Código do Notariado.

ARTIGO 72.º
(Limitação de efeitos de algumas nulidades)

Nos actos com disposições a favor de algumas das pessoas mencionadas no n.º 1 do artigo 5.º ou dos respectivos intervenientes acidentais, incluindo os que figurem nos instrumentos de aprovação de testamentos cerrados e internacionais, a nulidade é restrita a essas disposições.

NOTAS

Contempla este artigo casos de nulidade parcial.

A nulidade ou anulação parcial não determina a invalidade de todo o negócio, salvo quando se mostre que este não teria sido concluído sem a parte viciada (art. 292.º do C.C.).

Quanto a disposições testamentárias, dispõe o artigo 2197.º do Código Civil: «É nula a disposição a favor do notário ou entidade com funções notariais que lavrou o testamento público ou aprovou o testamento cerrado, ou a favor da pessoa que escreveu este, ou das testemunhas, abonadores ou intérpretes que intervieram no testamento ou na sua aprovação».

SUBSECÇÃO II
Revalidação

ARTIGO 73.º
(Casos de revalidação notarial)

O acto nulo, por violação das regras de competência territorial ou por falta de qualquer dos requisitos previstos nas alíneas b) a f) do n.º 1 do artigo 70.º, que não seja susceptível de sanação nos termos dos artigos precedentes, pode ser revalidado a pedido dos interessados, por decisão do notário que exerça funções no cartório notarial em que o acto foi lavrado, quando:

   a) Se prove a ausência do notário competente e a natureza urgente do acto;

   b) Se prove que foram cumpridas as formalidades devidas;

   c) Se mostre que as palavras eliminadas, quaisquer que elas fossem, não podiam alterar os elementos essenciais ou o conteúdo substancial do acto;

   d) Se prove que os intervenientes acidentais, cujas assinaturas faltam, assistiram à sua leitura, explicação e outorga e não se recusaram a assiná-lo;

   e) Se prove que os outorgantes, cujas assinaturas estão em falta, assistiram à leitura e explicação do acto, deram a este o seu acordo e não se recusaram a assiná-lo;

   f) Se prove que o acto não assinado pelo notário é conforme à lei, representa fielmente a vontade das partes e foi presidido pelo notário, que não se recusou a assiná-lo.

NOTAS

O acto nulo é por regra incurável.

Este artigo admite a revalidação do acto por decisão do notário que exerça funções no cartório notarial em que o acto foi lavrado, verificados os condicionalismos estabelecidos neste artigo.

Preteriu-se a necessidade de uma convalidação judicial, diferentemente do que dispunha o artigo 87.º do antigo Código do Notariado.

Ver artigos 131.º, n.º 1 als. d) e e) e 184.º.

ARTIGO 74.º
(**Formulação do pedido**)

O pedido de revalidação pode ser apresentado por qualquer interessado e é dirigido ao notário competente para o efeito.

NOTAS

Pedido — Deve ser uma pretensão concreta e determinada, fundamentada nos termos do art. 75.º, com vista a obter a tutela de interesses jurídicos.

Interessados — Por regra, os outorgantes que intervieram no acto como partes. Eventualmente, terceiros que fundamentem um interesse credível na revalidação do acto.

ARTIGO 75.º
(Conteúdo do pedido)

1 — O pedido especifica o acto a sanar, o objecto da sanação, as circunstâncias subjacentes em que a mesma se fundamente e a identidade das pessoas nele interessadas.

2 — O pedido é acompanhado da junção da prova documental e da indicação dos restantes meios de prova.

NOTAS

Junção de prova — Esta pode ser documental, pericial ou testemunhal — ver artigos 362.º a 387.º, 388.º e 392.º do Código Civil.

ARTIGO 76.º
(Notificação e audição dos interessados)

1 — O notário ordena a notificação dos interessados para, no prazo de 10 dias, deduzirem oposição e oferecerem os meios de prova.

2 — O notário decide de imediato, caso considere suficientes os meios de prova apresentados.

3 — Se considerar que a prova apresentada não é suficiente e for indicada prova testemunhal, o notário procede a inquirição de testemunhas, cujo depoimento é reduzido a escrito, após a qual decide.

NOTAS

Ónus da prova — Àquele que invocar um direito cabe fazer a prova dos factos constitutivos do direito alegado (n.º 1 do art. 342.º do C.C.).

Exclusão da prova testemunhal — Não é admitida prova por testemunhas, quando o facto estiver plenamente provado por documento ou por outro meio com força probatória plena — n.º 2 do art. 393.º do C. Civil.

ARTIGO 77.º
(Execução e averbamento da decisão)

1 — Depois de proferida a decisão e após a notificação desta aos interessados, a respectiva execução é sustada pelo prazo de dez dias, durante o qual qualquer das partes pode interpor recurso.

2 — Não sendo interposto recurso durante o prazo referido no número anterior, o notário procede à execução da decisão e averba-a ao acto revalidado.

NOTAS

Ver artigos 28.º, 2, e) e 131.º, 1, d).

ARTIGO 78.º
(Recurso)

1 — Qualquer interessado pode recorrer da decisão do notário para o tribunal de 1.ª instância competente na área da circunscrição a que pertence o cartório em que o processo se encontra pendente.

2 — O prazo para a interposição do recurso, que é processado e julgado como o de agravo em matéria cível e tem efeito suspensivo, é o do artigo 685.º do Código de Processo Civil.

3 — Caso a decisão do juiz não coincida com a decisão recorrida, o notário, qualquer interessado e o Ministério Público podem recorrer da sentença proferida para o tribunal da Relação.

NOTAS

Agravo — Cabe das decisões, susceptíveis de recurso, de que não pode apelar-se (art. 733.º do CPC).

Prazo — O prazo para a interposição dos recursos é de dez dias, contados da notificação da decisão (n.º 1 do art. 685.º do CPC).

ARTIGO 79.º
(Isenções)

Os recurso interpostos estão isentos de custas, quando os recorrentes sejam o próprio notário ou o Ministério Público.

NOTAS

Isenção subjectiva — Consultar o n.º 1 do art. 2.º do Código das Custas Judiciais (Dec.-Lei n.º 224-A/96, de 26 de Novembro).

CAPÍTULO II
Actos notariais em especial

SECÇÃO I
Escrituras públicas em geral

ARTIGO 80.º
(Exigência de escritura)

1 — Celebram-se, em geral, por escritura pública, os actos que importem reconhecimento, constituição, aquisição, modificação, divisão ou extinção dos direitos de propriedade, usufruto, uso e habitação, superfície ou servidão sobre coisas imóveis.

2 — Devem especialmente celebrar-se por escritura pública:

a) As justificações notariais;

b) Os actos que importem revogação, rectificação ou alteração de negócios que, por força da lei ou por vontade das partes, tenham sido celebrados por escritura pública, sem prejuízo do disposto nos artigos 221.º e 222.º do Código Civil;

c) Os actos de constituição, alteração e distrate de consignação de rendimentos e de fixação ou alteração de prestações mensais de alimentos, quando onerem coisas imóveis;

d) As habilitações de herdeiros e os actos de alienação, repúdio e renúncia de herança ou legado, de que façam parte coisas imóveis;

e) Os actos de constituição, dissolução e liquidação de sociedades comerciais, sociedades civis sob a forma comercial e sociedades civis das quais façam parte bens imóveis, bem como os actos de alteração dos respectivos contratos sociais;

f) Os actos de constituição de associações e de fundações, bem como os respectivos estatutos e suas alterações;

g) Os actos de constituição, de modificação e de distrate de hipotecas, a cessão destas ou do grau de prioridade do seu registo e a cessão ou penhor de créditos hipotecários;

h) A divisão e a cessão de participações sociais em sociedades por quotas, bem como noutras sociedades titulares de direitos reais sobre coisas imóveis, com excepção das anónimas;

i) O contrato-promessa de alienação ou oneração de coisas imóveis ou móveis sujeitas a registo e o pacto de preferência respeitante a bens da mesma espécie, quando as partes lhes queiram atribuir eficácia real;

j) As divisões de coisa comum e as partilhas de patrimónios hereditários, societários ou outros patrimónios comuns de que façam parte coisas imóveis.

NOTAS

1. *Escritura pública* — Estão sujeitos a escritura pública todos os actos que, respeitando a bens imóveis, importem reconhecimento, constituição, aquisição, modificação, divisão ou extinção dos direitos de propriedade, usufruto, uso e habitação, superfície ou servidão.

Do mesmo modo, os actos que importem revogação, rectificação ou alteração de negócios que, por força da lei ou vontade das partes, tenham sido celebrados por escritura pública, sem prejuízo do disposto nos artigos 221.º e 222.º do Código Civil.

1.1 — O número 2 deste artigo reedita alguns princípios de forma que emanam do código civil, numa tipificação que não é taxativa, já que deixa de fora alguns outros actos que também devem revestir a forma da escritura pública, designadamente:

— O contrato de mútuo, quando de valor superior a 20 000 euros (art. 1143.º do C.C);

— A convenção antenupcial que consagre um regime legal atípico (art. 1710.º do C.C.);

— A constituição de renda vitalícia, se a coisa ou o direito alienado for de valor superior a 20000 euros (art. 1239.º do C. Civil);

— A constituição de um EIRL, se forem efectuadas entradas em bens para cuja transmissão seja necessária escritura pública;

— A constituição de um agrupamento complementar de empresas, quando tenha capital próprio e este for realizado com a entrada de bens para cuja transmissão seja necessária escritura pública;
— A revogação de testamento (art. 2312.º do C. Civil).

2. *Deixaram de estar sujeitos a escritura pública*, por força das alterações introduzidas pelos Decretos-Leis números 36/2000, de 14 de Março, 64-A/2000, de 22 de Abril, 108/2001, de 6 de Abril, e 237/2001, de 30 de Agosto, os seguintes actos:

a) O arrendamento para comércio, indústria ou exercício de profissão liberal (art. 7.º, n.º 1, do RAU);

b) O trespasse (n.º 3 do art. 115.º do RAU);

c) A cessão de exploração do estabelecimento comercial (n.º 3 do art. 111.º do RAU);

d) A cessão de posição contratual prevista no art. 122.º do Regime de Arrendamento Urbano;

e) A modificação do contrato de sociedade, quando a deliberação conste de acta lavrada pelo secretário da sociedade e não respeite a alteração do montante do capital ou do objecto da sociedade (al. b) do n.º 3 do art. 85.º do C.S.C.);

f) A constituição de um estabelecimento individual de responsabilidade limitada, com entradas em dinheiro ou outros bens para cuja transmissão não seja necessária escritura pública (art. 2.º do Dec.-Lei n.º 248/86, de 25 de Agosto);

g) O aumento do capital de um EIRL, realizado com entradas em dinheiro (art. 16.º, n.º 1 do Dec.-Lei n.º 248/86);

h) A redução do capital do EIRL (art. 19.º , n.º 1, do cit. Dec.-Lei 248/86);

i) A constituição do agrupamento complementar de empresas, quando não tenha capital próprio ou, quando o tenha, se for realizado em dinheiro ou com a entrada de bens para cuja transmissão não seja necessária escritura pública (n.º 2 da Base III da Lei n.º 4/73, de 4 de Junho);

j) A dissolução de sociedade, quando a deliberação tomada em assembleia geral conste de acta lavrada por notário ou pelo secretário da sociedade (n.º 1 do art. 145.º do C. S. C.);

l) A transformação da sociedade comercial por quotas em sociedade unipessoal por quotas, se da sociedade não fizerem parte bens para cuja transmissão seja necessária escritura pública (al. b) do n.º 3 do art. 270.º-A do C.S. C.);

m) A transformação de um EIRL em sociedade unipessoal por quotas, se do património do estabelecimento não fizerem parte bens para cuja transmissão seja necessária escritura pública (n.º 6 do cit. art. 270.º-A);

n) A modificação de estatutos de uma cooperativa, quando essa alteração não verse sobre o montante do capital social mínimo ou do objecto da cooperativa (art. 13.º do Código Cooperativo, aprovado pela Lei n.º 51/96, de 7 de Setembro, na redacção que lhe foi dada pelo Dec.-Lei n.º 108/ 2001, de 6 de Abril);

o) A dissolução de cooperativas deliberada em assembleia geral (art. 77.º do Código Cooperativo, na redacção que lhe foi dada pelo citado Dec.-Lei n.º 108/2001);

p) A transmissão entre vivos de parte social de uma sociedade em nome colectivo, quando a sociedade não tiver bens imóveis (art. 182.º, n.º 2 do C.S.C.);

q) A unificação de quotas (art. 219.º, n.º 5, do C.S.C.);

r) A divisão de quotas em consequência de partilha ou divisão de coisa comum entre contitulares (art. 221º, n.º 2 do C.S.C.);

s) O penhor de participações sociais (art. 23.º, n.º 3 do C.S.C.);

t) A constituição de sociedades de advogados, quando não haja entradas de bens imóveis (n.º 2 do art. 3.º do Decreto-Lei n.º 513-Q/79, de 26 de Dezembro).

3. *Especificidades* — Na execução dos instrumentos notariais há que ter em conta certas especificidades que dimanam deste código, do código civil, do código das sociedades comerciais e de outros diplomas legais.

Assim, nos actos de *transmissão de bens imóveis* há que observar:

a) As regras dos artigos 54.º a 56.º deste código (necessidade do *registo prévio,* ou, excepcionalmente, a sua dispensa);

b) A regra do artigo 62.º deste código, quando a transmissão tenha por objecto *fracções autónomas* (inscrição no registo do título constitutivo da propriedade horizontal, a não ser que o acto de transmissão seja lavrado no próprio dia em que foi constituída a propriedade horizontal);

c) A consignação de certas advertências legais, designadamente, quando o acto esteja sujeito a registo obrigatório, for lavrado com dispensa de menção do registo prévio, seja anulável ou ineficaz (ver artigos 47.º, n.º 1, alíneas b), c) e d); 56.º b), 83.º, n.º 2; 97.º e 174.º, deste código).

3.1. Importa ainda ter em conta que a liberdade de disposição de bens imóveis nem sempre é absoluta.

É proibida a venda:

Entre cônjuges, a não ser que estes se encontrem separados judicialmente de pessoas e bens (sob pena de nulidade — art. 1714.º n.º 2, do C.C.);

A filhos ou netos, se os outros filhos ou netos não consentirem na venda (sob pena de anulabilidade — art. 877.º, n.º 1, do C.C.);

De fracções autónomas e moradias em construção (arts. 1.º e 2.º, n.º 1, do DL n.º 281/99, de 26 de Julho;

De fogos de habitação social arrendados, a pessoa que não seja o arrendatário ou cônjuge e, a pedido destes, aos seus parentes ou afins ou a outras pessoas que com eles coabitem há mais de um ano (sob pena de nulidade — art. 19.º do Dec.-Lei n.º 141/88, de 22 de Abril) ;

De habitações sujeitas ao ónus de inalienabilidade, enquanto não for levantado ou cancelado esse ónus (art. 12.º, n.º 1, do Dec.-Lei n.º 349/98, de 11 de Novembro, na redacção que lhe foi dada pelo Dec.-Lei n.º 320/2000, de 15 de Dezembro).

ARTIGO 81.º
(Legislação especial)

São praticados nos termos da legislação especial respectiva:

a) Os actos em que intervenham como outorgantes pessoas colectivas de direito público ou qualquer outra entidade pública;

b) Os actos entre as caixas de crédito agrícola mútuo e os seus sócios;

c) Os actos a que se refere o decreto-lei n.º 32 765, de 29 de Abril de 1943;

d) Os actos a que se refere o decreto-lei n.º 255/93, de 15 de Julho;

e) Os actos a que se refere o decreto-lei n.º 267/93, de 31 de Julho;

f) Outros actos regulados na lei.

NOTAS

1. *Decreto-Lei n.º 32765, de 29 de Abril de 1943* — Estabelece a suficiência de documento particular como meio de prova de contratos de mútuo ou usura de estabelecimentos bancários, tenham ou não a natureza de mercantis, sejam ou não comerciantes as outras partes contratantes.

2. *Decreto-Lei n.º 255/93, de 15 de Julho* — Permite que sejam formalizados por documento particular, com reconhecimento de assinaturas, os contratos de compra e venda, com mútuo, garantido ou não por hipoteca, de prédios urbanos destinados a habitação, ou fracção autónoma para o mesmo fim, desde que o mutuante seja uma instituição de crédito autorizada a conceder crédito a habitação.

O modelo deste documento consta da Portaria n.º 669-A/93, de 16 de Julho.

3. *Decreto-Lei n.º 267/93, de 31 de Julho* — Atribui competência aos notários para promover processos de constituição de sociedades comerciais e civis sob forma comercial, sempre que a sua constituição dependa de escritura pública.

Os notários têm competência para apresentar o pedido de certificado de admissibilidade de firma, requerer actos sujeitos a registo comercial e cobrar os emolumentos devidos por tais actos, destinados ao Registo Nacional de Pessoas Colectivas e à conservatória do registo comercial competente.

SECÇÃO II
Escrituras especiais

SUBSECÇÃO I
Habilitação notarial

ARTIGO 82.º
(Admissibilidade)

A habilitação de herdeiros pode ser obtida por via notarial.

NOTAS

1. *Noção* — Consta do art. 83.º.

Na vigência do código do notariado de 1967 não era admissível a habilitação de herdeiros quando houvesse lugar a inventário obrigatório e da herança fizessem parte bens situados em território português.

Hoje pode ser lavrada habilitação de herdeiros, ainda que os herdeiros sejam menores ou pessoas colectivas.

2. *Habilitação judicial* — É promovida contra as partes sobrevivas e contra os sucessores do falecido que não forem requerentes ((ver art. 371 do CPC).

O art. 376.º do CPC prevê ainda a habilitação do adquirente ou cessionário da coisa ou direito em litígio.

Havendo inventário, ter-se-ão por habilitados como herdeiros os que tiverem sido indicados pelo cabeça-de-casal, se todos estiverem citados para o inventário e nenhum tiver impugnado a sua legitimidade ou a dos outros dentro do prazo legal ou se, tendo havido impugnação, esta tiver sido julgada improcedente.

Apresentada certidão do inventário, pela qual se provem os factos indicados, observar-se-á o que fica disposto neste artigo (n.º 4 do art. 373 do CPC).

3. *Herdeiro* — É aquele que sucede no *universum ius* do autor da herança e que, por força da sucessão, adquire a qualidade de *dominus* da globalidade do seu património, tanto no activo como no passivo (ver art. 2030.º do C.C).

O usufrutuário, ainda que o seu direito incida sobre a totalidade do património, é havido como legatário (n.º 4 do art. 2030.º do C.C.).
Sobre o conceito de legatário ver notas ao art. 88.º.

4. *Lei reguladora da sucessão* — A sucessão por morte é regulada pela lei pessoal do autor da herança ao tempo do seu falecimento (ver arts. 31.º e 62.º do C. Civil).

5. *Morte* — Ver notas ao art. 85.º.

6. *Justificação da ausência* — Vem regulada nos artigos 1103.º a 1107.º do CPC. Quanto á justificação da ausência em caso de morte presumida ver art. 1110.º do mesmo código de processo civil.

ARTIGO 83.º
(Definição)

1 — A habilitação notarial consiste na declaração, feita em escritura pública, por três pessoas, que o notário considere dignas de crédito, de que os habilitandos são herdeiros do falecido e não há quem lhes prefira na sucessão ou quem concorra com eles.

2 — A declaração referida no número anterior pode ser feita, em alternativa, por quem desempenhar o cargo de cabeça-de-casal, devendo, nesse caso, ser-lhe feita a advertência prevista no artigo 97.º.

3 — A declaração deve conter a menção do nome completo, do estado, da naturalidade e da última residência habitual do autor da herança e dos habilitandos e, se algum destes for menor, a indicação dessa circunstância.

NOTAS

1. *Cargo de cabeça de casal* — É deferido pela ordem fixada do no n.º 1 do art. 2080.º do Código Civil.
O art. 2084.º do código civil admite que o cargo de cabeça-de-casal possa ser atribuído, por acordo de todos os interessados, a pessoa diferente da legalmente prevista.
Na falta deste acordo, só por via judicial pode ser encabeçada neste cargo pessoa que não seja a legalmente prevista.

2. *Advertência prevista no art. 97.º* — A de que o outorgante incorre nas penas aplicáveis ao crime de falsas declarações perante oficial público se, dolosamente e em prejuízo de outrem, tiver prestado declarações falsas.

3. *Estado civil do habilitando* — Deve mencionar-se o estado civil que o habilitando tinha à data da abertura da sucessão, bem como qualquer alteração posteriormente ocorrida.

4. *Sucessão de irmãos* — Deve referir-se a qualidade de irmãos germanos ou unilaterais, porque tal menção é determinante para o cálculo dos respectivos quinhões, a operar-se na partilha.
Sobre a sucessão dos irmãos e seus descendentes ver arts. 2145.º e 2146.º do Código Civil.

ARTIGO 84.º
(Incapacidade e inabilidade dos declarantes)

Não são admitidos como declarantes, para efeito do n.º 1 do artigo anterior, aqueles que não podem ser testemunhas instrumentárias, nem os parentes sucessíveis dos habilitandos, nem o cônjuge de qualquer deles.

NOTAS

1. Sobre casos de incapacidade ou inabilidade das testemunhas instrumentárias, ver art. 68.º deste código.

2. O parente sucessível do habilitando não pode servir de declarante, ainda que lhe caiba o cargo de cabeça-de-casal.

ARTIGO 85.º
(Documentos necessários)

1 — A escritura de habilitação deve ser instruída com os seguintes documentos:
 a) Certidão narrativa de óbito do autor da herança;
 b) Documentos justificativos da sucessão legítima, quando nesta se fundamente a qualidade de herdeiro de algum dos habilitandos;

c) Certidão de teor do testamento ou da escritura de doação por morte, mesmo que a sucessão não se funde em algum desses actos.

2 — Quando a lei reguladora da sucessão não for a portuguesa e o notário a não conhecer, a escritura deve ser instruída com documento idóneo comprovativo da referida lei.

NOTAS

1. *Óbito* — A personalidade perde-se com a morte (art. 68.º, n.º 1 do C.C.).
A sucessão abre-se no momento da morte do seu autor e no lugar do último domicílio dele (art. 2031.º do C.C.) .

2. *Morte presumida* — A declaração de morte presumida produz os mesmos efeitos que a morte, mas não dissolve o casamento (ver art. 115.º do C.C.).

3. *Morte cerebral* — ver Lei n.º 12/93, de 22 de Abril.

4. *Participação de óbito* — O falecimento de qualquer indivíduo ocorrido em território português deve ser declarado, verbalmente, dentro de 48 horas, na conservatória do registo civil competente (n.º 1 do art. 192.º do CRC).

5. *Sucessão legítima* — As categorias de herdeiros legítimos constam do art. 2133.º do código civil.
A ordem de chamada fixada neste artigo aplica-se à sucessão aberta a partir de 1 de Abril de 1978.

6. *Lei reguladora da sucessão* — Sendo a sucessão por morte regulada pela lei pessoal do autor da sucessão ao tempo do seu falecimento, há que atender, para além da nacionalidade, à data do falecimento, para se saber quais as disposições legais aplicáveis.

7. *Cônjuge sobrevivo* — No domínio do Código Civil de 1867, em vigor até 31 de Maio de 1967, só sucedia na falta de descendentes, ascendentes, irmãos e seus descendentes (art. 1969.º).
Idêntica posição sucessória foi-lhe atribuída pelo código civil de 1966, com salvaguarda da qualidade de usufrutuário, nos termos do art. 2146.º.
Porém, a partir de 1 de Abril de 1978, passou a ocupar a primeira classe dos sucessíveis, a par dos descendentes, e, na falta destes, a segunda classe, ao lado dos ascendentes, face à actual redacção do artigo 2133.º (introduzida pelo Dec.--Lei n.º 496/77, de 25 de Novembro).

Na falta de descendentes e ascendentes o cônjuge sobrevivo, ainda que separado de facto, é o único herdeiro legítimo.

Não é chamado à herança se à data da morte do autor da sucessão se encontrar divorciado ou separado judicialmente de pessoas e bens, por sentença que já tenha transitado ou venha a transitar em julgado, ou ainda se a sentença de divórcio ou separação vier a ser proferida posteriormente àquela data, nos termos do n.º 3 do art. 1785.º do código civil (n.º 4 do art. 2133.º do C.C.).

8. *Colaterais* — A lei anterior (art. 1969.º do C. Civil de 1867, que vigorou até 31 de Maio de 1967, e o citado art. 2133.º, na primitiva redacção que vigorou até 31 de Março de 1978) admitia a sucessão de transversais até ao sexto grau, quando o autor da herança não deixasse descendentes, ascendentes, irmãos e seus descendentes ou cônjuge sobrevivo.

A alínea d) do artigo 2133.º só admite nesta classe os colaterais até ao quarto grau, excepto quando descendentes de irmãos.

9. *Direito de representação* — Sendo os habilitandos herdeiros por direito de representação bastará instruir a escritura de habilitação com certidão de nascimento do herdeiro, não sendo necessária a apresentação de certidão de óbito do ascendente pré-falecido.

10. *Documentos comprovativos da sucessão legítima* — Apenas são necessários os que possam fundamentar a qualidade de herdeiros e as relações de parentesco entre o autor da sucessão e o habilitando.

Não há, pois, que exigir documentos justificativos de factos negativos, designadamente sobre a exclusão de sucessíveis já falecidos.

11. *Sucessão testamentária* — Quando a habilitação tenha por fundamento, simultaneamente, a sucessão testamentária e a legítima não basta referir que o autor da herança deixou testamento, e instruir a habilitação com certidão deste.

É necessário identificar esse testamento e fazer a prova de que foi pago o selo devido.

Há que arquivar a certidão de teor do testamento ou da escritura de doação por morte, mesmo que a sucessão não se funde em algum desses actos.

12. *Sucessão regulada por lei estrangeira* — A habilitação pode ser instruída com documento emitido por agente diplomático ou consular do país que estabelece a lei pessoal do autor da herança.

O notário pode dispensar a apresentação desse documento se conhecer a lei aplicável.

ARTIGO 86.º
(Efeitos da habilitação)

1 — A habilitação notarial tem os mesmos efeitos da habilitação judicial e é título bastante para que se possam fazer em comum, a favor de todos os herdeiros e do cônjuge meeiro, os seguintes actos:

a) Registos nas conservatórias do registo predial;
b) Registos nas conservatórias do registo comercial e da propriedade automóvel;
c) Averbamentos de títulos de crédito;
d) Averbamentos da transmissão de direitos de propriedade literária, científica, artística ou industrial;
e) Levantamentos de dinheiro ou de outros valores.

2 — Os actos referidos nas alíneas a) a d) do número anterior podem ser requeridos por qualquer dos herdeiros habilitados ou pelo cônjuge meeiro.

NOTAS

1. *Registos* — O meeiro ou qualquer dos herdeiros pode pedir, a favor de todos os titulares, o registo de aquisição de bens e direitos que façam parte da herança indivisa — n.º 1 do art. 37.º do CRP.

O registo de aquisição em comum e sem determinação de parte ou direito é feito com base em documento comprovativo da habilitação e em declaração que identifique os bens a registar como fazendo parte da herança (art. 49.º do CRP).

Sendo vários os herdeiros, é lícito a qualquer deles praticar os actos urgentes de administração (ver n.º 2 do art. 2047.º do C.C.).

2. *Prédios omissos no registo* — Cremos que a admissibilidade de um registo de propriedade por simples declaração que identifique os bens a registar como fazendo parte da herança, contraria o princípio da segurança jurídica.

3. *Habilitação judicial* — Ver art. 373.º do C. P. Civil.

4. *Dispensa de menção do registo prévio* — Ver art. 55.º, alínea a).

ARTIGO 87.º
(Impugnação da habilitação)

O herdeiro preterido que pretenda impugnar a habilitação notarial, além de propor a acção nos termos da lei de processo civil, deve solicitar ao tribunal a imediata comunicação da pendência do processo ao respectivo cartório notarial.

NOTAS

Sobre a contestação da legitimidade de herdeiros reconhecida em habilitação notarial, ver art. 373.º do C.P.Civil.

Averbamentos — Ver al. c) do n.º 1 do art. 131.º.

Nos termos da alínea d) do n.º 1 do art. 131.º deste código são ainda averbadas as decisões judiciais de declaração de nulidade e de anulação de actos notariais, as decisões notariais de revalidação dos mesmos actos e as decisões judiciais proferidas nas acções a que se referem os artigos 87.º e 101.º, bem como a menção de ter sido sanado qualquer vício de que o acto enferma.

ARTIGO 88.º
(Habilitação de legatários)

O disposto nos artigos anteriores é aplicável, com as necessárias adaptações, à habilitação de legatários, quando estes forem indeterminados ou instituídos genericamente ou quando a herança for toda distribuída em legados.

NOTAS

1. *Legatário* — É aquele que sucede em bens determinados, a subtrair à universalidade da herança.

No nosso direito o usufrutuário é legatário (n.º 4 do art. 2030.º do C.C.).

Um *universum ius* pode constituir um bem determinado desde que integre a globalidade maior dos bens da herança.. Assim se do património global do "de cuius" faz parte uma quota ideal sobre uma herança de outrem.

2. *Habilitação de legatários* — É possível desde que o testador distribua toda a sua herança por legados, não referencie o nome do legatário e nomeie de forma genérica um conjunto de legatários.

3. *Legatário indeterminado* — Será o caso da deixa testamentária de um determinado bem ao parente que assistir o testador nos últimos anos da sua vida.

Para que o beneficiário dessa disposição testamentária possa registar o bem que lhe foi legado, há que determinar na habilitação quem foi a pessoa que cuidou do testador nos últimos anos da sua vida.

Ver art. 2185.º do C. Civil.

4. *Nomeação genérica* — Será o caso de um legado a favor dos filhos de determinada pessoa.

Neste caso há que determinar pela habilitação de herdeiros a identificação dos filhos dessa pessoa

Se o testador institui seus herdeiros todos os filhos que José ... tenha ou venha a ter, e este José .... ainda não faleceu, a habilitação tem que ser instruída com certidão judicial comprovativa de que o José ... já não pode ter mais filhos.

SUBSECÇÃO II
Justificações notariais

ARTIGO 89.º
**(Justificação para estabelecimento
do trato sucessivo no registo predial)**

1 — A justificação, para os efeitos do n.º 1 do artigo 116.º do Código do Registo Predial, consiste na declaração, feita pelo interessado, em que este se afirme, com exclusão de outrem, titular do direito que se arroga, especificando a causa da sua aquisição e referindo as razões que o impossibilitam de a comprovar pelos meios normais.

2 — Quando for alegada a usucapião baseada em posse não titulada, devem mencionar-se expressamente as circunstâncias de facto que determinam o início da posse, bem como as que consubstanciam e caracterizam a posse geradora da usucapião.

NOTAS

1. *Noção* — A justificação notarial tem por escopo concertar a situação jurídica com a registral e publicitar os direitos inerentes a coisas móveis e imóveis.

É um instrumento imprescindível para a concretização dos interesses dos particulares, sempre que pretendam formalizar certos negócios jurídicos e não disponham de título bastante para prova do seu direito, ou quando, embora possuindo documento comprovativo do se direito de propriedade, deparam com uma inscrição registral a favor de pessoa da qual não proveio o direito adquirido.

2. *Espécies de justificação* — A justificação pode ser obtida por via notarial ou registral.

Admite-se ainda a justificação administrativa para inscrição de direitos sobre imóveis a favor do Estado (ver Dec.-Lei n.º 34565, de 2 de Maio de 1945).

3. *Justificação judicial* — O Decreto-Lei n.º 284/84, de 22 de Agosto, que disciplinava a justificação judicial, foi revogado pelo Dec.-Lei n.º 273/2001, de 13 de Outubro.

4. *Processo especial de reatamento de trato sucessivo* — Os artigos 3.º a 11.º do Dec.-Lei n.º 312/90, de 2 de Outubro (onde se previa o processo especial de suprimento da prova do registo, para efeitos de reatamento de trato sucessivo), foram revogados pelo citado Decreto- Lei n.º 273/2001.

5. *Processo registral de justificação* — Consta dos artigos 117.º — A a 117.º-P do Código do Registo Predial , e do artigo 79.º e seguintes do Código do Registo Comercial, na redacção que lhes foi dada pelo citado Dec.-Lei n.º 273/2001.

6. *Início da posse* — O n.º 2 do art. 100.º do antigo código do notariado não exigia a especificação das circunstâncias que determinaram o início dessa posse, para a justificação em que se alegasse usucapião baseada em posse não titulada.

7. *Usucapião* — A usucapião por um compossuidor relativamente ao objecto da posse comum aproveita igualmente aos demais compossuidores (art. 1291.º do C.C.).
Havendo título de aquisição e registo deste, a usucapião tem lugar:
Quando a posse, sendo de boa fé, tiver durado por dez anos, contados desde a data do registo;
Quando a posse, ainda que de má fé, houver durado quinze anos, contados da mesma data (art. 1294.º do C.C.).
Não havendo registo do título nem da mera posse, a usucapião só pode dar--se no termo de quinze anos, se a posse for de boa fé, e de vinte anos, se for de má fé (art. 1296.º do C.C.).

8. *Modos de aquisição* — O justificante pode invocar qualquer dos modos legalmente previstos de aquisição do direito de propriedade: o contrato, a sucessão, a usucapião, a ocupação e a acessão.

9. *Conteúdo da declaração* — Da escritura de justificação deve constar:
— A afirmação de que o justificante é titular do direito com exclusão de outrem;

— A especificação da causa de aquisição e quais as razões que impossibilitam o justificante de comprovar o seu direito pelos meios normais;

— A menção das circunstâncias que permitem a verificação da usucapião, baseada em posse não titulada;

— A reconstituição das sucessivas transmissões, a partir do titular da última inscrição, na dedução do trato sucessivo;

— A indicação das razões que impossibilitam o justificante de apresentar os títulos das transmissões intermediárias;

— A advertência, por escrito, de que os outorgantes incorrem nas penas aplicáveis ao crime de falsas declarações perante oficial público se, dolosamente, e em prejuízo de outrem, prestarem ou confirmarem declarações falsas.

ARTIGO 90.º
(Justificação para reatamento do trato sucessivo no registo predial)

1 — A justificação, para os efeitos do n.º 2 do artigo 116.º do Código do Registo Predial, tem por objecto a dedução do trato sucessivo a partir do titular da última inscrição, por meio de declarações prestadas pelo justificante.

2 — Na escritura de justificação devem reconstituir-se as sucessivas transmissões, com especificação das suas causas e identificação dos respectivos sujeitos.

3 — Em relação às transmissões a respeito das quais o interessado afirme ser-lhe impossível obter o titulo, devem indicar-se as razões de que resulte essa impossibilidade.

NOTAS

1. Esta modalidade de justificação, prevista também no número 2 do artigo 116.º do Código do Registo Predial, tem por objecto a dedução do trato sucessivo a partir do titular da última inscrição, por meio de declarações prestadas pelo justificante e confirmadas por três declarantes.

O justificante deve explicitar as sucessivas transmissões, com a especificação da suas causas e identificação dos respectivos sujeitos, e, se invocar transmissões a respeito das quais afirme ser-lhe impossível obter o título, deve indicar as razões que justifiquem essa impossibilidade.

2. *Restrições à admissibilidade da justificação* — A justificação de direitos que, nos termos da lei fiscal, devam constar da matriz só é admissível em relação

aos direitos nela inscritos ou relativamente aos quais esteja pedida, à data da instauração do processo, a sua inscrição na matriz.

Além do pretenso titular do direito, tem legitimidade para pedir a justificação quem demonstre ter legítimo interesse no registo do respectivo facto aquisitivo, incluindo, designadamente, os credores do titular do direito justificando (n.ºs 1 e 2 do art. 117.º-A do CRP).

ARTIGO 91.º
(Justificação para estabelecimento de novo trato sucessivo no registo predial)

1 — A justificação, nos termos do n.º 3 do artigo 116.º do Código do Registo Predial, consiste na afirmação, feita pelo interessado, das circunstâncias em que se baseia a aquisição originária, com dedução das transmissões que a tenham antecedido e das subsequentes.

2 — A esta justificação é aplicável o disposto no n.º 2 do artigo 89.º e nos n.º s 2 e 3 do artigo anterior.

NOTAS

1. Este artigo regula uma terceira espécie de escritura de justificação notarial: a que deve ser feita nos termos do número 3 do artigo 116.º do Código do Registo Predial, norma que postula o princípio de que a usucapião implica um novo trato sucessivo a partir do titular do direito assim justificado.

Por isso, quando se invoque a usucapião para estabelecimento do trato sucessivo, não se verifica reatamento do trato sucessivo, mas sim constituição de um novo trato sucessivo.

2. Na justificação para estabelecimento de novo trato sucessivo no registo predial, o interessado deve referir as circunstâncias em que baseia a aquisição originária, com dedução das transmissões que a tenham antecedido e das subsequentes.

ARTIGO 92.º
(Restrições à admissibilidade da justificação)

1 — A justificação de direitos que, nos termos da lei fiscal, devam constar da matriz, só é admitida em relação aos direitos nela inscritos.

2 — Além do pretenso titular do direito, tem legitimidade para outorgar como justificante quem demonstre ter legítimo interesse no registo do respectivo facto aquisitivo, incluindo, designadamente, os credores do titular do direito justificando.

NOTAS

Inscrição matricial — Esta disposição tem sido interpretada no sentido de que não é admissível a justificação de prédios participados à matriz, a aguardar inscrição matricial.

Nesse sentido, os pareceres do Conselho Técnico da DGRN, de 4 de Outubro de 1994, e de 29/11/96, publicados nos B.R.N. n.º 2/95, a p. 7, e 6/99, p. 22, onde se conclui que a violação desta exigência acarreta a nulidade da escritura.

ARTIGO 93.º
(Justificação simultânea)

A justificação pode ser feita no próprio título pela qual se adquire o direito, competindo ao alienante fazer previamente as declarações previstas nos artigos anteriores, se o negócio jurídico for de alienação.

ARTIGO 94.º
(Justificação para fins do registo comercial)

1 — A justificação, para os efeitos de registo da transmissão da propriedade ou do usufruto de quotas ou de partes do capital social ou da divisão ou unificação de quotas de sociedades comerciais, ou civis sob forma comercial, tem por objecto a dedução do trato sucessivo a partir da última inscrição, ou o estabelecimento de novo trato sucessivo, por meio de declarações prestadas pelos respectivos gerentes ou administradores da sociedade ou pelos titulares dos respectivos direitos.

2 — A justificação a que se refere o n.º 2 do artigo 141.º do Código das Sociedades Comerciais tem por objecto a declaração de dissolução da sociedade.

3 — À justificação a que se refere o n.º 1 é aplicável o disposto nos n.ºs 2 e 3 do artigo 90.º, bem como o disposto no n.º 2 do artigo 89.º, quando for caso disso.

NOTAS

Dispõe o n.º 1 do art. 79.º do C.R.C. — Os adquirentes da propriedade ou do usufruto de quotas ou de partes do capital social que não disponham de documento para a prova do seu direito, bem como os gerentes ou administradores da sociedade, podem, para fins de registo, suprir a intervenção dos titulares inscritos mediante escritura de justificação notarial ou processo de justificação, ao qual é aplicável o regime previsto no Código do Registo Predial com as necessárias adaptações.

ARTIGO 95.º
(Apreciação das razões invocadas)

Compete ao notário decidir se as razões invocadas pelos interessados os impossibilitam de comprovar, pelos meios extrajudiciais normais, os factos que pretendem justificar.

NOTAS

Várias são as situações que podem impossibilitar o justificante de comprovar o seu direito pelos meios normais: falta, extravio, destruição ou ignorância do paradeiro do título.

ARTIGO 96.º
(Declarantes)

1 — As declarações prestadas pelo justificante são confirmadas por três declarantes.

2 — É aplicável aos declarantes o disposto no artigo 84.º.

NOTAS

Não podem ser declarantes as testemunhas instrumentárias, nem os parentes sucessíveis dos habilitandos, nem o cônjuge de qualquer deles.

ARTIGO 97.º
(Advertência)

Os outorgantes são advertidos de que incorrem nas penas aplicáveis ao crime de falsas declarações perante oficial público se, dolosamente e em prejuízo de outrem, prestarem ou confirmarem declarações falsas, devendo a advertência constar da escritura.

NOTAS

Ver art. 360.º do C. Penal.

ARTIGO 98.º
(Documentos)

1 — A escritura de justificação para fins do registo predial é instruída com os seguintes documentos:

a) Certidão comprovativa da omissão dos prédios no registo predial ou, estando descritos, certidão de teor da respectiva descrição e de todas as inscrições em vigor;

b) Certidão de teor da correspondente inscrição matricial.

2 — As certidões previstas no número anterior são passadas com antecedência não superior a três meses e, sendo de teor, podem ser substituídas pela exibição do título de registo e caderneta predial, desde que tais documentos se mostrem conferidos dentro do prazo fixado para a validade das certidões.

3 — Se a justificação se destinar ao reatamento ou estabelecimento de novo trato sucessivo são ainda exibidos os documentos comprovativos das transmissões anteriores e subsequentes ao facto justificado, se não se afirmar a impossibilidade de os obter.

4 — A escritura de justificação para fins do registo comercial é instruída com certidão de teor da matrícula da sociedade e das respectivas inscrições em vigor, devendo, ainda, ser exibidos os documentos referenciados no número anterior.

NOTAS

Prazo de validade das certidões — Três meses, quer para a certidão da Conservatória do Registo Predial, comprovativa da omissão ou da descrição dos prédios, quer para a certidão de teor da correspondente inscrição matricial.

Regularidade fiscal — No caso de justificação para primeira inscrição, presume-se a observância das obrigações fiscais, por parte do justificante, se o direito estiver inscrito em seu nome na matriz (n.º 1 do art. 117.º do CRP).

ARTIGO 99.º
(Notificação prévia)

1– No caso de reatamento do trato sucessivo ou de estabelecimento de novo trato, quando se verificar a falta de título em que tenha intervindo o titular inscrito, a escritura não pode ser lavrada sem a sua prévia notificação, efectuada pelo notário, a requerimento, escrito ou verbal, do interessado na escritura.

2 — Quando o pedido referido no número anterior seja formulado verbalmente é reduzido a auto.

3 — O requerimento e os documentos que o instruam são apresentados em duplicado e, tendo de ser notificada mais de uma pessoa, apresentam-se tantos duplicados quantas sejam as pessoas que vivam em economia separada; no caso de ser lavrado auto-requerimento, os documentos que o instruam são igualmente apresentados em duplicado, nos termos referidos, cabendo ao notário extrair cópia daquele.

4 — Verificada a regularidade do requerimento e da respectiva prova documental, o notário profere despacho a ordenar a notificação do titular inscrito, devendo, desde logo, ordenar igualmente a notificação edital daquele ou dos seus herdeiros, independentemente de habilitação, para o caso de se verificar a sua ausência em parte incerta ou o seu falecimento.

5 — As notificações são feitas nos termos gerais da lei processual civil, aplicada com as necessárias adaptações.

6 — Nas situações em que a notificação deva ser efectuada de forma pessoal e o notificando residir fora da área do cartório, a diligência pode ser requisitada por meio de ofício precatório dirigido ao notário competente.

7 — A notificação edital é feita pela simples afixação de editais, pelo prazo de 30 dias, na conservatória competente para o registo, na sede da junta de freguesia da situação do prédio ou da sede da sociedade e, quando se justifique, na sede da junta de freguesia da ultima residência conhecida do ausente ou falecido.

8 — A notificação prevista no presente artigo não admite qualquer oposição.

9 — O despacho que indeferir a notificação pode ser impugnado nos termos previstos neste Código para a impugnação de recusa do notário em praticar qualquer acto que lhe seja requisitado.

10 — Da escritura deve constar a menção de que a notificação foi efectuada.

NOTAS

Fórmula de requerimento para notificação prévia — Exm.º Sr. Notário do Cartório Notarial de .....
F ..... vem requerer a V. Ex.ª , para efeitos do disposto no n.º 1 do art. 99.º do código do Notariado, a notificação dos de F ...., com última residência ...., de que vai ser outorgada escritura de justificação notarial, com base na usucapião, de um prédio sito ..., descrito na Conservatória do Registo Predial de ... sob o número ...., registado a favor de F.... pela inscrição ....., inscrito na matriz sob o artigo ...., em virtude do dono deste prédio não possuir documento que lhe permita estabelecer o trato sucessivo o registo predial.

A notificação deverá ser feita por meio de editais, sem necessidade de qualquer indagação prévia, em virtude do titular daquela inscrição predial já ter falecido, como se prova com uma certidão de óbito que se junta.

Afixação dos editais — É feita pelo prazo de 30 dias, na conservatória competente para o registo, na sede da junta de freguesia da situação do prédio ou da sede da sociedade e, quando se justifique, na sede da junta de freguesia da ultima residência conhecida do ausente ou falecido.

Quanto ao conteúdo dos editais, ver art. 249.º do C.P.C..

Notificações — A citação e as notificações são sempre acompanhadas de todos os elementos e de cópias legíveis dos documentos e peças do processo necessárias à plena compreensão do seu objecto (n.º 3 do art. 228.º do C.P.C.).

Sobre a notificação de incapazes e pessoas colectivas, v. art. 231.º do C.P.C..

Oposição à notificação — Não é admissível nos termos do n.º 8 deste artigo, tal como se prevê, para as notificações judiciais avulsas, no n.º 1 do art. 262.º do C.P.Civil.

Emolumentos — ver n.º 3 do art. 20.º do RERN.

ARTIGO 100.º
(Publicidade)

1 — A escritura de justificação é publicada por meio de extracto do seu conteúdo, a passar no prazo de cinco dias a contar da sua celebração.

2 — A publicação é feita num dos jornais mais lidos do concelho da situação do prédio ou da sede da sociedade, ou, se aí não houver jornal, num dos jornais mais lidos da região.

NOTAS

1. *Averbamento* — Na escritura de justificação deve ser averbada a publicação prevista neste artigo.
Servirá, para o efeito, a seguinte fórmula: *O extracto desta justificação foi publicado aos....... no jornal ....., da cidade de ......*
Data ....
O notário.........

2. *Jornais mais lidos do concelho* — Não deve ser aceite para publicação do extracto da justificação um jornal de âmbito regional de concelho diferente daquele em que se situa o prédio justificado.
Prazo para a emissão do extracto — 5 dias.

ARTIGO 101.º
(Impugnação)

1 — Se algum interessado impugnar em juízo o facto justificado deve requerer simultaneamente ao tribunal a imediata comunicação ao notário da pendência da acção.

2 — Só podem ser passadas certidões de escritura de justificação decorridos 30 dias sobre a data em que o extracto for publicado, se dentro desse prazo não for recebida comunicação da pendência da impugnação.

3 — O disposto no número anterior não prejudica a passagem de certidão para efeito de impugnação, menção que da mesma deve constar expressamente.

4 — Em caso de impugnação, as certidões só podem ser passadas depois de averbada a decisão definitiva da acção.

5 — No caso de justificação simultânea, nos termos do artigo 93.º, não podem ser extraídas quaisquer certidões da escritura sem observância do prazo e das condições referidos nos números anteriores.

NOTAS

1. Em caso de ser recebida notificação de impugnação judicial da justificação, servirá o seguinte averbamento: "*Recebido nesta data um ofício do tribunal de ...., certificativo de que nesse tribunal foi proposta por F ... acção de impugnação do direito justificado.*

Data .... O notário ....

2. Em caso de impugnação, as certidões só podem ser passadas depois de averbada a decisão definitiva da acção.

Para se registar esse facto servirá o seguinte averbamento : " *Averbamento n.º ... — Recebido nesta data um ofício do tribunal de ...., certificativo de que foi julgada procedente (... ou improcedente) a acção de impugnação do direito justificado, a que se refere o averbamento n.º ...*"
Data .... O notário ....

SUBSECÇÃO III
Escrituras diversas

ARTIGO 102.º
(Extinção da responsabilidade da emissão de títulos)

1 — A extinção total ou parcial da responsabilidade proveniente da emissão de acções, obrigações, cédulas ou escritos de obrigação geral das sociedades pode ser objecto de escritura pública, mediante declaração feita pelos interessados e confirmada pelo notário, perante o qual são exibidos os títulos com as notas de amortização ou de pagamento, bem como a escrituração ou outros documentos donde conste terem sido realizados os pagamentos ou feitas as amortizações.

2 — O notário deve lavrar a escritura, mencionando nela os factos comprovativos da extinção da responsabilidade, podendo o registo da emissão ser cancelado, no todo ou em parte, à vista do documento lavrado.

NOTAS

1. Ver artigos 298.º e 346.º do CSC, que tratam da emissão e amortização de acções.

2. Sobre a emissão de obrigações ver art. 348.º do CSC.

SECÇÃO III
Instrumentos públicos avulsos

SUBSECÇÃO I
Disposições gerais

ARTIGO 103.º
(Número de exemplares a lavrar)

1 — Os instrumentos avulsos são lavrados num só exemplar.

2 — Exceptuam-se os instrumentos de depósito de testamentos cerrados e de testamentos internacionais, que devem ser sempre lavrados em duplicado, fazendo-se no texto menção desta circunstância.

NOTAS

1. *Instrumentos lavrados em duplicado* — Os instrumentos de depósito de testamentos cerrados e de testamentos internacionais.

Um dos exemplares, considerado o original, deve ficar arquivado em maço próprio.

2. *Instrumentos a arquivar no cartório* — Para além dos instrumentos referidos no número 2 deste artigo ficam sempre arquivados no cartório os instrumentos:

a) De abertura de testamentos cerrados e de testamentos internacionais;

b) De procuração conferida também no interesse de procurador ou de terceiro;

c) De actas de reuniões de órgãos sociais;

d) De ratificação de actos notariais.

O arquivo dos demais instrumentos avulsos não é obrigatório e depende da vontade dos interessados .

3. *Registo* — São registados no livro de registo previsto na alínea g) do número 1 do artigo 7.º deste código: os documentos que forem entregues na repartição para ficarem arquivados, os instrumentos de abertura de testamentos cerrados e de testamentos internacionais, os instrumentos de actas de reunião de órgãos sociais, as procurações lavradas nos termos do número 3 do art. 116.º deste código.

4. *Actas de reuniões de órgãos sociais* — Estes instrumentos são lavrados pelo notário, com base na declaração de quem dirigir a assembleia, devendo ser assinados pelos sócios presentes e pelo notário, quando relativos a sociedades em nome colectivo ou sociedades por quotas, e pelos membros da mesa e pelo notário, quanto às demais sociedades.

As actas que titulem actos sujeitos a registo deverão conter as menções especiais assinaladas no artigo 47.º deste código.

Há que consignar a hora em que foi encerrada a reunião, para que se possa determinar o respectivo emolumento pessoal.

Sobre alguns procedimentos a ter em conta na feitura deste instrumento, ver números 2, 5 e 6 do art. 63.º e art. 85.º do Código das Sociedades Comerciais.

5. *Fórmula de acta de reunião de assembleia geral* — Aos ...., pelas ... horas, no lugar de......, freguesia de....., concelho de....., onde eu F ....., ajudante principal do Cartório Notarial de..., vim, por ter sido solicitada a minha presença, a fim de lavrar este instrumento, reuniu a assembleia geral da sociedade comercial por quotas sob a firma ....., com sede...., capital de...., matriculada na Conservatória do Registo Comercial de...., sob o número...., pessoa colectiva número ....

Compareceram os sócios A..., B.... e C..... (referir estado, nome do cônjuge, regime de bens e residência, se o instrumento se destinar a titular um acto sujeito a registo), cada um titular de uma quota de...., tendo servido de presidente à reunião o sócio .... que declarou estar representada a totalidade do capital

O presidente da mesa declarou aberta a sessão e procedeu à leitura dos pontos de ordem, constantes da convocatória para esta reunião, respectivamente:

1. ....
2. ....

Posto à apreciação o ponto número um, disseram os sócios ....
Submetido este assunto a deliberação foi aprovado por unanimidade.
Posto à discussão o ponto número dois, interveio, apenas, o sócio A...., que declarou ....

Porque mais nenhum sócio pretendeu usar da palavra, ordenou o presidente desta assembleia que se passasse à votação deste ponto de ordem.

Votaram a favor os sócios .... e contra o sócio .... (ou referir a abstenção de qualquer dos sócios na votação).

Seguidamente declarou o presidente que mais nada havia a tratar nesta reunião de assembleia geral.

Lavrado este instrumento, procedi à leitura e explicação do seu conteúdo, pelas .... horas.

Assinaturas ....

6. *Instrumento de ratificação* — O negócio que uma pessoa, sem poderes de representação, celebre em nome de outrem é ineficaz em relação a este, se não for por ele ratificado.

A ratificação está sujeita à forma exigida para a procuração e tem eficácia retroactiva, sem prejuízo dos direitos de terceiro

O instrumento de ratificação deve ser arquivado e dá lugar a averbamento, nos termos da al. f) do n.º 1 do art. 131.º.

ARTIGO 104.º
(Destino dos exemplares)

1 — Os instrumentos lavrados são entregues aos outorgantes ou aos interessados.

2 — Exceptuam-se os instrumentos de abertura de testamentos cerrados e de testamentos internacionais, os de actas de reuniões de órgãos sociais e os de procuração conferida também no interesse do procurador ou de terceiro, bem como os instrumentos de ratificação de actos notariais, que ficam sempre arquivados.

3 — Dos instrumentos de depósito de testamentos cerrados e de testamentos internacionais, um dos exemplares, considerado o original, fica arquivado, sendo o outro entregue ao depositante.

NOTAS

Ficam arquivados no cartório:
— Os instrumentos de abertura de testamentos cerrados e de testamentos internacionais;
— As actas de reuniões de órgãos sociais;
— O instrumento de procuração conferida também no interesse do procurador ou de terceiro;
— O instrumento de ratificação de actos notariais;
— O original do instrumento de depósito de testamentos cerrados e de testamentos internacionais.

ARTIGO 105.º
(Documentos complementares)

Os documentos necessários para integrar ou instruir o acto têm o mesmo destino do original do instrumento.

NOTAS

Ver arts. 28.º, n.º 4, 41.º, n.º 3, 64.º e 168.º, n.º 1.

Os documentos complementares são aqueles que integram ou inteiram o acto.

Não se confundem com os documentos que apenas o instruem, documentam, ou se mostrem necessários à sua elaboração.

Os documentos complementares são rubricados e assinados pelos outorgantes a quem directamente respeitem e transcritos ou fotocopiados nas certidões que se extraírem do instrumento (v. art. 168.º, n.º 1).

Os documentos que instruem o acto podem ser, por exemplo, as procurações, as certidões do registo comercial comprovativas da qualidade e suficiência dos poderes dos intervenientes, os documentos necessários à verificação das identidades dos intervenientes.

De entre os documentos apresentados há que distinguir os que ficam arquivados dos que apenas são exibidos.

Ficam arquivados no cartório os documentos apresentados para integrar ou instruir os actos lavrados nos livros ou fora deles, salvo quando a lei determine o contrário ou apenas exija a sua exibição (ver art. 27.º).

Ressalvas — São feitas antes da assinatura dos actos de cujo texto constem e devem ser manuscritas pelo funcionário que os assina (n.º 3 do art. 41.º).

SUBSECÇÃO II
Aprovação de testamentos cerrados

ARTIGO 106.º
(Composição do testamento cerrado)

1 — O testamento cerrado deve ser manuscrito pelo próprio testador ou por outrem a seu rogo.

2 — No testamento cerrado, a ressalva de emendas, rasuras, traços, entrelinhas, borrões ou notas marginais é feita exclusivamente por quem o tiver escrito ou pelo próprio testador.

3 — A ressalva faz-se antes da assinatura ou em aditamento seguido e novamente assinado.

NOTAS

1. *Inabilidade* — Os que não sabem ou não podem ler são inaptos para fazer testamento cerrado (art. 2208.º do C. Civil).

No caso do testamento cerrado não ter sido escrito pelo testador, deve este declarar ao notário no instrumento de aprovação que conhece o seu conteúdo por o haver já lido e há que fazer prova de que o testador sabe ler (n.º 3 do art. 108.º do C.N.).

Não contendo o testamento cerrado a assinatura do testador, por este não saber ou não poder fazê-lo, deve consignar-se no instrumento de aprovação a razão dessa impossibilidade (n.º 2 do art. 2206.º do C.Civil).

2. *Formas comuns do testamento* — O testamento público e o testamento cerrado.

Público, é o testamento escrito ou dactilografado pelo notário no seu livro de notas;

Cerrado é o testamento escrito e assinado pelo testador ou por outra pessoa a seu rogo, ou escrito por outra pessoa a rogo do testador e por este assinado.

O testamento cerrado deve ser aprovado pelo notário por instrumento, nos termos do art. 108.º do Código do Notariado, sob pena de nulidade (n.ºs 4 e 5 do art. 2206.º do Código Civil).

O testamento verbal ou nuncupativo e o escrito pelo testador, sem a aprovação do notário, não são válidos por falta de forma legal.

3. *Elaboração de fichas* — Deve ser organizado um índice privativo dos seguintes actos: testamentos públicos e escrituras de revogação de testamentos, instrumentos de aprovação ou depósito de testamentos cerrados e de testamentos internacionais, instrumentos de abertura de testamentos cerrados e de testamentos internacionais (ver n.º 2 do art. 25.º do C. Not.).

4. *Averbamentos* — Devem ser averbados no respectivo instrumento o falecimento do testador e a restituição de testamento depositado.

O averbamento do falecimento do testador deve conter a menção da data do falecimento do testador, o número do respectivo registo de óbito e a menção da conservatória onde foi lavrado.

5. *Composição* — Os testamentos, as escrituras de revogação de testamentos e os instrumentos de aprovação de testamentos cerrados podem ser dactilografados ou processados informaticamente apenas quando o notário estiver em exercício, devendo o suporte informático ser destruído após terem sido lavrados (ver n.º 2 do art. 38.º deste código).

6. *Informações* — As informações referentes a testamentos só podem ser prestadas sobre requerimento acompanhado da certidão de óbito do testador, ou a

pedido do próprio testador ou do seu procurador com poderes especiais (art. 207.º, n.º 2 do C. Not.).

7. *Segredo profissional* — Os testamentos e tudo o que com eles se relacione constituem matéria confidencial, enquanto não for exibida ao notário certidão de óbito do testador, salvo quando se trate do próprio testador ou de um seu procurador com poderes especiais (ver n.º 2 do art. 32.º do C. Not.).
Ver comentários ao artigo 4.º deste código.

ARTIGO 107.º
(Leitura do testamento)

1 — Só a pedido do testador o testamento cerrado pode ser lido pelo notário que lavrar o instrumento de aprovação.

2 — A leitura pode ser feita em voz alta, na presença de algum dos intervenientes, alem do próprio testador se este o autorizar.

NOTAS

A exigência legal da necessidade de aprovação notarial, para validar o testamento cerrado, não confere ao notário o direito de ler ou de examinar o conteúdo de um testamento cerrado.

Só a pedido do testador pode o notário proceder à leitura do testamento cerrado.

Fora desta situação, deve o notário limitar-se a apurar irregularidades de ordem formal, designadamente de escrita, e a registar no auto de aprovação as palavras emendadas, rasuradas, truncadas e entrelinhadas que tenha encontrado bem como quaisquer outros vícios que detecte.

ARTIGO 108.º
(Formalidades)

1 — Apresentado pelo testador o seu testamento cerrado, para fins de aprovação, o notário deve lavrar o respectivo instrumento, que principia logo em seguida à assinatura aposta no testamento.

2 — O instrumento de aprovação deve conter, em especial, as seguintes declarações, prestadas pelo testador:

a) Que o escrito apresentado contém as suas disposições de última vontade;

b) Que está escrito e assinado por ele, ou escrito por outrem, a seu rogo, e somente assinado por si, ou que está escrito e assinado por outrem, a seu rogo, visto ele não poder ou não saber assinar;

c) Que o testamento não contém palavras emendadas, truncadas, escritas sobre rasuras ou entrelinhas, borrões ou notas marginais, ou, no caso de as ter, que estão devidamente ressalvadas;

d) Que todas as folhas, à excepção da assinada, estão rubricadas por quem assinou o testamento.

3 — O instrumento de aprovação deve ainda conter, no caso de o testamento não ter sido escrito pelo testador, a declaração, feita por este, de que conhece o seu conteúdo por o haver já lido.

4 — O notário também faz constar do instrumento o número de páginas completas, e de linhas de alguma página incompleta, ocupadas pelo testamento.

5 — As folhas do testamento são rubricadas pelo notário e, se o testador o solicitar, o testamento, com instrumento de aprovação, é ainda cosido e lacrado pelo notário, que apõe sobre o lacre o seu sinete.

6 — Na face exterior da folha que servir de invólucro é lançada uma nota com a indicação da pessoa a quem o testamento pertence.

NOTAS

1. *Data* — A data da aprovação do testamento cerrado é a que releva para todos os efeitos legais (art. 2207.º do C. Civil).

Assim, há que considerar válido o testamento cerrado redigido por um menor se à data em que este apresenta o testamento para aprovação tiver atingido a maioridade.

A capacidade do testador determina-se pela data do testamento (art. 2191.º do C. Civil).

2. *Fórmula do auto de aprovação* — Aos... no Cartório Notarial de..., perante mim ...... notário deste Cartório, compareceu como outorgante F..... casado, nascido aos ...... natural da freguesia de ...., concelho de....., filho de .... e de ...., residente .....,

E por ele me foi apresentado, para fins de aprovação, o escrito que antecede, declarando que o mesmo contém as suas disposições de última vontade e que foi escrito e assinado por si.

Que este escrito não contém palavras emendadas, truncadas, traçadas, rasuradas, entrelinhadas, borrões ou notas marginais (ou no caso de as ter, que estão devidamente ressalvadas), e que todas as folhas, à excepção da assinada, estão rubricadas pelo testador.

Eu notário verifiquei que o testamento ocupa .... páginas completas e mais .... linhas da última página, incluindo a da assinatura.

Foram testemunhas: A ... e B ..., casados, residentes ....

Verifiquei a identidade do testador e a das testemunhas por conhecimento pessoal.

Este instrumento foi lido ao testador e ao mesmo explicado o seu conteúdo. Por solicitação do testador vai ser cosido e lacrado este testamento.

....

3. *Conta* — É lançada no próprio instrumento.

4. *Sinete* — Chancela, marca ou emblema pessoal do notário

5. *Registo* — O instrumento de aprovação é registado no livro de registo de testamentos.

SUBSECÇÃO III
Depósito de testamentos e sua restituição

ARTIGO 109.º
(Instrumento de depósito)

1 — Se o testador quiser depositar no cartório notarial o seu testamento cerrado ou o seu testamento internacional, deve entregá-lo ao notário, para que seja lavrado o instrumento de depósito.

2 — O testamento entregue para depósito é sempre cosido e lacrado pelo notário, caso ainda o não esteja.

NOTAS

1. *Conservação de testamento cerrado* — O testador pode conservar o testamento cerrado em seu poder, cometê-lo à guarda de terceiro ou depositá-lo em qualquer repartição notarial.

A pessoa que tiver em seu poder o testamento é obrigada a apresentá-lo ao notário em cuja área o documento se encontre, dentro de três dias contados desde o conhecimento do falecimento do testador; se o não fizer, incorre em responsabilidade pelos danos que der causa, sem prejuízo da sanção especial da alínea d) do artigo 2034.º, onde se enumeram os actos ilícitos que geram incapacidade sucessória por indignidade (ver art. 2209.º do C. Civil).

Nos termos da referida alínea d) carece de capacidade sucessória (entre outras situações) o que dolosamente ocultou ou inutilizou o testamento, antes ou depois da morte do autor da sucessão. Não releva para esse efeito a data em que tenha sido cometido qualquer desses actos ilícitos.

2. *Instrumento de depósito de testamento cerrado* — Aos...., no Cartório Notarial de..., perante mim F....., notário deste Cartório, compareceu A.... casado, natural da freguesia de.... concelho de,,,, residente nesta cidade, no lugar de....

Verifiquei a sua identidade por ....

E por ele me foi apresentado o seu testamento cerrado, para ficar depositado neste Cartório Notarial, o qual se encontra cosido e lacrado.

Foi lido ao depositante e ao mesmo explicado o conteúdo deste instrumento, feito em duplicado.

Assinatura do depositante ....
O notário ....
Conta registada ....

3. *Procedimentos* — O instrumento de depósito é lavrado em duplicado. O original fica depositado no cartório e o duplicado entregue ao depositante.

O testamento deverá ser cosido e lacrado, se ainda o não estiver.

Na face exterior da folha que servir de invólucro é anotado o nome do testador.

4. *Termo de entrega* — Sobre o depósito de testamentos confiados às autoridades consulares ou militares ver os artigos 2213.º e 2218.º do Código Civil.

ARTIGO 110.º
(Restituição do testamento)

1 — O testador pode retirar o testamento que haja depositado.

2 — A restituição só pode ser feita ao testador ou a procurador com poderes especiais.

NOTAS

1. *Averbamento de restituição* — A pedido do testador, F...., cuja identidade verifiquei por ...., foi-lhe restituído nesta data o seu testamento cerrado, a que se refere este instrumento de depósito.

Data ....
Assinatura do testador ....
O notário ....

2. O averbamento de restituição é exarado no instrumento de depósito *e não está sujeito a conta.*

3. Se o testador não souber ou não puder assinar deverão intervir no acto duas testemunhas (ver art. 136.º deste código) .

SUBSECÇÃO IV
Abertura de testamentos cerrados e de testamentos internacionais

ARTIGO 111.º
(Cartório competente)

1 — Qualquer cartório notarial tem competência para a abertura de testamentos cerrados e de testamentos internacionais.

2 — Se o testamento estiver depositado, a abertura deve ser feita no cartório notarial onde o documento se encontra depositado.

NOTAS

1. A abertura do testamento cerrado faz-se através do respectivo instrumento de abertura, pelo qual se dá publicidade ao conteúdo do testamento.

2. Se o testamento cerrado estiver depositado num cartório, será essa a repartição competente para proceder à sua abertura.
Encontrando-se o testamento em poder dos interessados há que fazer ingressá-lo no arquivo de um cartório notarial.

3. *Validad*e — No acto da abertura não tem o notário que apreciar eventuais vícios que possam determinar a nulidade do testamento cerrado. Só numa fase posterior, se o testamento cerrado for necessário para instruir determinado acto, designadamente, habilitação de herdeiros ou partilha, é que deve controlar a sua validade.

4. Se o testamento for apresentado fora do prazo legal, há que observar o disposto no artigo 2209.º, do C. Civil.

A pessoa que tiver em seu poder o testamento é obrigada a apresentá-lo ao notário em cuja área o documento se encontre, dentro de três dias contados desde o conhecimento do falecimento do testador (ver n.º 2 do art. 2209.º do C.C.).

5. *Testamentos internacionais* — A Lei Uniforme sobre a forma de um Testamento Internacional, consta do Decreto n.º 252/75, de 23 de Maio.

O testamento poderá ser escrito em qualquer língua, à mão ou mediante outros meios (n.º 3 do art. 3.º).

O testador deverá declarar na presença de duas testemunhas e de uma pessoa habilitada a tratar das matérias relativas ao testamento internacional que o documento constitui o seu testamento e que conhece as disposições nele contidas (n.º 1 do art. 4.º).

Se o testador estiver impossibilitado de assinar comunicará a razão do facto à pessoa habilitada que disso tomará nota no testamento. Poderá ainda ser permitido ao testador, nos termos da lei ao abrigo da qual foi designada a pessoa habilitada, indicar uma outra pessoa para assinar em seu nome (n.º 2 do art. 5.º).

Na ausência de qualquer norma imperativa sobre a guarda e conservação do testamento, a pessoa habilitada perguntará ao testador se deseja fazer alguma declaração acerca disso.

Em caso afirmativo, e a pedido expresso do testador, o lugar em que deseje manter depositado o testamento será mencionado no certificado previsto no artigo 9.º (art. 8.º).

A pessoa habilitada deverá juntar ao testamento um certificado segundo a forma prescrita no artigo 10.º, em que se declare que as disposições contidas nesta lei uniforme foram cumpridas.

O certificado elaborado pela pessoa habilitada terá a forma a seguir indicada ou outra substancialmente semelhante:

Certificado
(Convenção de 26 de Outubro de 1973)

Eu ... (nome, morada e qualidade), pessoa habilitada a tratar das matérias relativas ao testamento internacional, certifico que aos ... (data), em ... (lugar), compareceu como (Testador) ... (nome, morada, data e lugar do nascimento), na presença das testemunhas. a) ... (nome, residência, data e lugar do nascimento), b) ... (nome, residência, data e lugar do nascimento).

Declaro que o documento junto constitui o seu testamento e que conhece o seu conteúdo e certifico que na minha presença e na das testemunhas, o testador assinou o testamento (...ou reconheceu a sua assinatura previamente aposta; ou que estando impossibilitado de assinar o testamento pelas seguintes razões .... a assinatura foi aposta por ... (nome, direcção.....)

As testemunhas e eu próprio assinámos o testamento e cada página do testamento foi assinada por ... e numerada.
Verifiquei a identidade do testador e das testemunhas acima designadas por ....
As testemunhas reuniam as condições requeridas para actuarem como tal, segundo as disposições da lei ao abrigo da qual desempenho as minhas funções.
O testador desejou fazer a declaração seguinte, acerca da guarda e conservação do seu testamento: ....
Lugar ....
Data ....
Assinatura e, se necessário, selo.

ARTIGO 112.º
(Documentos necessários)

O instrumento de abertura do testamento deve ser lavrado mediante a exibição da certidão de narrativa do registo de óbito, no caso de falecimento do testador, ou da certidão da decisão judicial que tenha ordenado a abertura, no caso de esta ser consequência de justificação de ausência do testador.

NOTAS

Decorridos dois anos sem se saber do ausente, se este não tiver deixado representante legal nem procurador bastante, ou cinco anos, no caso contrário, pode o Ministério Público ou algum dos interessados requerer a justificação da ausência, nos termos do art. 99.º do C.Civil.
O processo especial de justificação de ausência vem previsto no artigo 1103.º e seguintes do código de processo civil.

ARTIGO 113.º
(Formalidades do acto)

1 — A abertura compreende os seguintes actos:

a) A abertura material do testamento, se estiver cosido, lacrado ou encerrado em qualquer invólucro;

b) A verificação do estado em que o testamento se encontra, nomeadamente da existência de alguma viciação, emenda, rasura, entrelinha, borrão ou nota marginal não ressalvada;

c) A leitura do testamento pelo notário, em voz alta e na presença simultânea do apresentante ou interessado e das testemunhas.

2 — O testamento, depois de aberto, é rubricado em todas as folhas pelo apresentante ou interessado, pelas testemunhas e pelo notário, sendo arquivado em seguida.

NOTAS

Constatação do estado do documento — Se o testamento cerrado aparecer dilacerado ou feito em pedaços, considerar-se-á revogado, excepto quando se prove que o facto foi praticado por pessoa diversa do testador, ou que este não teve intenção de o revogar ou se encontrava privado do uso da razão (n.º 1 do art. 2315.º do C. Civil).

Ainda que seja legível o conteúdo do testamento, deve-se presumir que este foi revogado pelo seu autor, salvo quando o testamento não se encontre no espólio do testador à data da sua morte.

Idêntica leitura se impõe para os casos em que o testamento se encontre queimado.

Obliteração — Não se considera revogado o testamento que venha a ser obliterado ou cancelado pelo testador, desde que possa ler-se a primitiva disposição (ver n.º 3 do art. 2315.º do C. Civil).

Revogação — Será expressa, quando surge uma declaração de vontade nesse sentido; real, quando se torna inviável o cumprimento da vontade do testador; tácita, quando testador faz um novo testamento, sem qualquer alusão ao anterior, e as novas disposições são incompatíveis com as do anterior.

Roboração — Para que um testamento revogado recobre a sua força é necessário que o testador, ao revogar o testamento revogatório, declare ser sua vontade que revivam as disposições do testamento revogado.

ARTIGO 114.º
(Instrumento de abertura)

Da abertura é lavrado um instrumento, no qual se consignarão, em especial, o cumprimento das formalidades previstas no artigo anterior e a data do óbito do testador ou a data da decisão judicial que mandou proceder à abertura.

NOTAS

Fórmula de instrumento de abertura de testamento cerrado

Aos...., no Cartório Notarial de..., perante mim F....., notário deste Cartório, compareceu A.... casado, natural da freguesia de.... concelho de,,,, residente nesta cidade, no lugar de....

Por ele me foi apresentado, para ser aberto, o testamento cerrado de B ....., falecido aos...., no estado de ....., natural da freguesia de ...., deste concelho, residente que foi no lugar de...., desta cidade.

Verifiquei o óbito do testador por uma certidão expedida aos..... pela Conservatória do Registo Civil de ...., que me foi exibida.

O testamento apresentado não se encontra cosido nem lacrado e foi aprovado aos ..., data em que foi exarado.

Não contém sinais de viciação, rasuras, emendas, borrões, notas marginais ou entrelinhas.

Na presença do apresentante e das testemunhas, C...... e D......., solteiros, maiores, residentes .... foi lido o testamento, assim como este instrumento, e feita a explicação do seu conteúdo.

O testamento foi rubricado e selado na forma legal.

Verifiquei a identidade do apresentante e das testemunhas por conhecimento pessoal.

Assinaturas ....
O notário ....
Conta n.º ....

ARTIGO 115.º
(Abertura oficiosa)

1 — Quando tiver conhecimento do falecimento de alguma pessoa cujo testamento cerrado ou internacional esteja depositado no respectivo cartório notarial, desde que nenhum interessado se apresente a solicitar a sua abertura, nos termos do n.º 2 do artigo 2209.º do Código Civil, o notário deve requisitar à conservatória do registo civil certidão de óbito do testador, a qual é passada com urgência e sem dependência do pagamento do emolumento devido.

2 — Recebida a certidão de óbito, o notário procede à abertura do testamento, lavrando o respectivo instrumento, comunicando em seguida a existência do testamento, por carta registada, aos herdeiros e aos testamenteiros nele mencionados e aos parentes sucessíveis mais próximos, quando conhecidos.

3 — O notário não pode fornecer qualquer informação ou certidão do conteúdo do testamento enquanto não estiver satisfeita a conta do instrumento, na qual são incluídos o selo do testamento e o emolumento correspondente à certidão de óbito requisitada.

NOTAS

Apresentação do testamento — A pessoa que tiver em seu poder o testamento é obrigada a apresentá-lo ao notário em cuja área o documento se encontre, dentro de três dias contados desde o conhecimento do falecimento do testador; se o não fizer, incorre em responsabilidade pelos danos a que der causa, podendo ainda carecer de incapacidade sucessória, por motivo de indignidade, nos casos previstos na al. d) do art. 2034.º do C.C. (ver n.º 3 do art. 2209.º).

Arquivo — São arquivados em maços próprios, por ordem cronológica, os instrumentos de abertura de testamentos cerrados e de testamentos internacionais, os testamentos correspondentes, as certidões de óbito a que se referem o n.º 1 deste artigo 115.º e n.º 2 do artigo 135.º e os recibos das certidões a que se refere o n.º 5 do artigo 204.º (ver alínea c) do n.º 1 do art. 28.º deste código).

Estes maços são anuais.

SUBSECÇÃO V
Procurações, substabelecimentos e consentimento conjugal

ARTIGO 116.º
(Procurações e substabelecimentos)

1 — As procurações que exijam intervenção notarial podem ser lavradas por instrumento público, por documento escrito e assinado pelo representado com reconhecimento presencial da letra e assinatura ou por documento autenticado.

2 — As procurações conferidas também no interesse de procurador ou de terceiro devem ser lavradas por instrumento público cujo original é arquivado no cartório notarial.

3 — Os substabelecimentos revestem a forma exigida para as procurações.

NOTAS

1. *Noção de procuração* — É o acto pelo qual alguém confere a outrem, voluntariamente, poderes representativos.

2. *Substituição* — O procurador só pode fazer-se substituir por outrem se o representado o permitir ou se a faculdade de substituição resultar do conteúdo da procuração ou da relação jurídica que a determina (n.º 1 do art. 264.º do C.C.).

3. *Pluralidade de mandatários* — Se alguém incumbir duas ou mais pessoas da prática dos mesmos actos, haverá tantos mandatos quanto as pessoas designadas, salvo se o mandante declarar que devem agir conjuntamente (art. 1160.º do C.C.).

4. *Procurações conferidas também no interesse de procurador ou de terceiro* — Devem ser lavradas por instrumento público. O original é arquivado no cartório notarial.

Ver arts. 16.º.1, b) e 139.º, 1, d), (registo); art. 104.º, 2, (arquivo) e 186.º, 1, a), (obrigação de comunicação à direcção de finanças da área do cartório).

Se a procuração tiver sido conferida também no interesse do procurador ou de terceiro, não pode ser revogada sem acordo do interessado, salvo ocorrendo justa causa (n.º 3 do art. 265.º do C.C.).

A invocação da justa causa deve ser apreciada judicialmente.

5. *Morte, interdição ou inabilitação do mandante* — Não faz caducar o mandato, quando este tenha sido conferido também no interesse do mandatário ou de terceiro; nos outros casos, só o faz caducar a partir do momento em que seja conhecida do mandatário, ou quando da caducidade não posam resultar prejuízos para o mandante ou seus herdeiros (art. 1175.º do C.C.).

6. *Procuração lavrada no estrangeiro* — Não tem que obedecer aos requisitos de forma da lei portuguesa.

Assim, não deve ser recusada a aceitação de uma procuração conferida no interesse do mandatário, ainda que o mandato não seja conferido por instrumento público.

7. *Amplitude dos poderes* — A procuração conferida para a prática de certo acto compreende também os poderes necessários para a execução desse acto (art. 1159.º C.C).

O procurador pode rectificar uma escritura por si outorgada nessa qualidade, a não ser que se altere o tipo de negócio e este não esteja compreendido nos poderes da procuração.

Sobre a extensão do mandato, ver art. 1159.º do C. Civil.

8. *Representação perfeita* — O nosso código civil distingue o mandato da representação. Não obstante prever o mandato representativo, que se rege pelas

regras da representação, trata da representação legal e voluntária no capítulo do negócio jurídico.

Dá-nos a imagem da representação perfeita no artigo 258.º: «O negócio jurídico realizado pelo representante em nome do representado, nos limites dos poderes que lhe competem, produz os seus efeitos na esfera jurídica deste último».

9. *Representação imperfeita* — Para além da representação perfeita e imediata, em que o representante age em nome de outrem, com os necessários poderes (legais, orgânicos ou voluntários), pode existir uma representação imperfeita ou mediata, quando, por falta de poderes, a eficácia do negócio fica dependente de uma futura ratificação do representado.

Temos neste caso uma representação não originária: o negócio celebrado sem poderes de representação fica a aguardar que o dono do negócio ratifique o fenómeno representativo.

10. *Representação legal* — Para suprir a incapacidade dos menores, interditos e inábeis, prevê a lei nos artigos 124.º, 143.º, 154.º do Código Civil a representação legal, quer através do exercício do poder paternal, quer da tutela, ainda que este poder representativo seja condicionado na prática de inúmeros actos (artigos 1878.º, 1881.º 1889.º 1937.º e 1938.º).

11. *Representação orgânica* — Diz respeito à representação das pessoas colectivas e sociedades.

Ver notas ao art. 49.º deste código.

12. *Mandatários e procuradores da sociedade* — Os gerentes não podem fazer-se representar no exercício do seu cargo, mas podem delegar nalgum ou nalguns deles competência para determinados negócios ou espécie de negócio, bem como nomear mandatários ou procuradores da sociedade para a prática de determinados actos ou categoria de actos (ver n.ºs 5 e 6 do art. 252.º e n.º 2 do art. 261.º do CSC).

A delegação de poderes é específica e só pode ser constituída a favor de outro gerente.

O mandato da gerência para determinados negócios ou espécie de negócio pode ser conferido a não gerente, desde que os mandantes tenham poderes para representar a sociedade.

13. *Negócio consigo mesmo* — É anulável o negócio jurídico celebrado pelo representante consigo mesmo, seja em nome próprio, seja em representação de terceiro, a não ser que o representado tenha especificadamente consentido na cele-

bração do negócio ou que este exclua por sua natureza a possibilidade de um conflito de interesses (n.º 1 do art. 261.º do C.C.).

14. *Substabelecimento* — O procurador pode fazer-se substituir por outrem se o representado o permitir ou se a faculdade de substituição resultar do conteúdo da procuração ou da relação jurídica que a determina.

15. *Revogação* — A procuração é livremente revogável pelo representado.

Sendo o mandato conferido por várias pessoas e para assunto de interesse comum, a revogação só produz efeito se for realizada por todos os mandantes (art. 1173.º do C.C.).

16. *Extinção* — O fenómeno representativo extingue-se por renúncia do procurador, ou quando cessa a relação jurídica que lhe serve de base, excepto se outra for, neste caso, a vontade do representado.

ARTIGO 117.º
(Consentimento conjugal)

São aplicáveis à forma do consentimento conjugal as regras estabelecidas para as procurações.

NOTAS

Formas — São as previstas no artigo 116.º

Especificação — O consentimento deve ser especial para cada um dos actos e revestir a forma das procurações (n.ºs 1 e 2 do art. 1684.º do C. Civil).

A necessidade desta concretização impõe-se apenas para os casos em que a lei exija o consentimento de ambos os cônjuges (ver artigo 1682.º do C. Civil).

Situações existem em que não é necessário esse consentimento, como, por exemplo, na assunção de uma dívida por um dos cônjuges.

Tanto o marido como a mulher têm legitimidade para contrair dívidas sem o consentimento do outro cônjuge (n.º 1 do art. 1690.º do C.C.).

A regra deste artigo não se aplica ao consentimento dos irmãos, cunhados, genros e noras, na venda a filhos ou netos, prevista no art. 877.º do C. Civil.

ARTIGO 118.º
(Procurações telegráficas e por telecópia)

1 — É permitida a representação por meio de procurações e de substabelecimentos que, obedecendo a algumas das formas prescritas no

artigo 116º, sejam transmitidos por via telegráfica ou por telecópia, nos termos legais.

2 — As procurações ou substabelecimentos devem estar devidamente selados.

NOTAS

1. Ver art. 27.º do RERN.

2. *Procedimentos* — Quanto aos documentos que podem ser transmitidos por telecópia, seus encargos e procedimentos a adoptar, ver o parecer do Conselho Técnico de 26 de Janeiro de 1996, divulgado no BRN n.º 2/96, a pág. 14.

Nos termos desse parecer, os documentos recebidos por telecópia que se destinem a instruir actos lavrados nos livros de notas devem ser arquivados nos maços correspondentes a esses livros.

Sobre esta matéria, ver: arts. 28.º, n.º 2, al. l), e 194.º n.º 4 deste Código.

3. *Procurações transmitidas por telecópia* — São arquivadas em maço próprio e devem estar devidamente seladas (arts. 28.º, 2, al. l) e 118.º, n.º 2 do C. Not.).

Ver números 2 e 3 do art. 160.º, n.º 4 do art. 164.º e n.º 4 do art. 194.º deste código.

4. *Valor dos documentos transmitidos por telecópia* — Os documentos recebidos por telecópia, nos termos da alínea l) do n.º 2 do artigo 4.º, têm o valor probatório das certidões, desde que obedeçam ao disposto no artigo 160.º (n.º 4 do art. 164.º do C. Not.).

Devem conter os requisitos comuns dos certificados e uma nota de encerramento com as menções exigidas para a emissão de certidões de teor.

Quando recebidos, são imediatamente arquivados no maço próprio (al. l) do n.º 2 do art. 28.º), após terem sido numeradas e rubricadas todas as folhas, e lavrada a nota de recebimento com a indicação do número de folhas efectivamente recebidas, local, data, categoria e assinatura do funcionário competente do serviço receptor.

5. *Transmissão de documentos por telecópia* — Considerando o disposto no artigo 2.º, n.º 3, e no artigo 8º do Decreto-Lei nº 461/99, de 5 de Novembro, esclareço e determino o seguinte:

1 — Os serviços dos registos e do notariado continuam a poder trans-

mitir entre si, por meio de telecópia, todos os documentos de que possam ser extraídas certidões.

Os cartórios notariais podem também transmitir documentos por telecópia a outros serviços públicos.

2 — O pedido de transmissão de documentos por telecópia pode ser feito directamente no serviço emissor.

3 — Os serviços dos registos e do notariado podem ainda servir de intermediários em pedidos de certidões, a emitir por telecópia, de actos notariais e de registo, bem como de documentos arquivados em conservatórias ou cartórios notariais.

Assim, pode um daqueles serviços requisitar a outro a transmissão por telecópia de uma certidão para, de acordo com o requerido pelo interessado, a este ser entregue.

4 — O pedido de emissão de certidões, nos termos do número anterior, é efectuado por telecópia, por intermédio dos seguintes serviços:

a) De qualquer conservatória do registo civil quando o pedido se destine a uma conservatória da mesma espécie;

b) De qualquer conservatória do registo predial ou comercial quando o pedido se destine, respectivamente, a uma conservatória do registo predial ou a uma conservatória do registo comercial;

c) De qualquer conservatória do registo automóvel ou de qualquer conservatória do registo predial com competência para a recepção de requerimentos para actos de registo automóvel quando o pedido se destine a uma conservatória do registo automóvel;

d) De qualquer cartório notarial quando o pedido se destine a um serviço da mesma espécie.

5 — A nota de remessa, o documento transmitido e o respectivo pedido, se o houver, devem ficar arquivados pelo prazo de cinco anos.

6 — Os emolumentos devidos pela utilização do serviço de telecópia não são abrangidos pelas isenções ou reduções emolumentares legalmente previstas, salvo naturalmente nos casos de isenção a favor do Estado ou das autarquias locais.

7 — Na transmissão de documentos requisitada por serviço público, a solicitação dos interessados, devem observar-se os seguintes procedimentos contabilísticos:

a) No acto do pedido de emissão, o serviço requisitante deve cobrar a quantia provável do total da conta, emitindo o respectivo recibo;

b) No prazo de 48 horas, o serviço requisitante remete ao serviço emissor, por cheque, vale de correio ou depósito em conta, a quantia correspondente aos encargos devidos.

c) O serviço a quem for solicitada a transmissão do documento procede ao registo dos encargos correspondentes e, caso não tenha ainda recebido as quantias destinadas ao seu pagamento, deve anotar que o pagamento fica pendente da remessa do valor correspondente pelo serviço requisitante.

8 — As conservatórias do registo comercial que estão ligadas informaticamente à base de dados do RNPC, com acesso a pesquisa, podem requisitar e receber por meio de telecópia certificados de admissibilidade de firma ou denominação.

9 — O original do pedido de certificado de admissibilidade deve ficar arquivado na conservatória do registo comercial, pelo prazo de cinco anos.

10 — O certificado de admissibilidade é emitido na respectiva telecópia, devendo constar no próprio certificado ou em papel avulso, a transmitir na continuidade daquele, a referência à aposição do selo branco.

11 — O certificado de admissibilidade e a respectiva nota de remessa permanecem arquivados no RNPC pelo prazo referido no ponto 9.

12 — As conservatórias do registo comercial e o RNPC devem ainda observar os procedimentos já definidos por despacho de 28 de Julho último (Despacho n.º 26/99 do Ex.mo Sr. director-geral dos Registos e Notariado).

SUBSECÇÃO VI
Protestos

ARTIGO 119.º
(Letras não admitidas a protesto)

1 — Não são admitidas a protesto:

a) As letras a que falte algum dos requisitos do artigo 1.º da Lei Uniforme Relativa às Letras e Livranças, quando a falta não possa ser suprida nos termos do artigo 2.º do mesmo diploma;

b) As letras escritas em língua que o notário não domine, quando o apresentante não as fizer acompanhar de tradução.

2 — A tradução das letras deve ser devolvida ao apresentante, não se aplicando à mesma o disposto no n.º 3 do artigo 44.º.

NOTAS

1. *Noção* — O instrumento de protesto é o acto pelo qual se fundamenta o não cumprimento de uma obrigação cambiária.

A falta de aceite ou de pagamento de certos títulos deve ser certificada por um instrumento de protesto, no qual o notário indica, para além dos elementos enumerados no artigo 127.º do Código do Notariado, qual o fundamento do protesto e quem são as pessoas a requerimento de quem e contra quem ele é feito.

2. *Validade do título* — Para que um escrito produza efeitos como letra e possa ser admitida a protesto, há que verificar se ele respeita os requisitos estipulados no artigo 1.º da Lei Uniforme Relativa às Letras e Livranças, que são:

a) A palavra «letra» inserta no próprio texto do título;
b) O mandato puro e simples de pagar uma quantia determinada;
c) O nome daquele que deve pagar;
d) A indicação do lugar em que se deve efectuar o pagamento; o nome da pessoa a quem ou à ordem de quem deve ser paga;
e) A indicação da data e lugar onde a letra é passada;
f) A assinatura de quem passa a letra .

3. *Protesto de títulos de crédito* — Ver artigos 43.º e 77.º da Lei Uniforme Relativa às Letras e Livranças, 40.º da Lei Uniforme sobre o Cheque, 10.º do Decreto n.º 19490, de 21 de Março de 1931 (extracto de factura), e 417.º do Código Comercial (protesto da cautela de penhor).

4. *Cautela de penhor* — Pode ser protestada, quando não paga na época do seu vencimento, do mesmo modo que as letras (ver art. 417.º do C. Comercial).

5. *Cheques* — O protesto ou a declaração equivalente deve ser feito antes de expirar o prazo para a apresentação, que é de oito dias. Se o cheque for apresentado no último dia do prazo, o protesto ou a declaração equivalente pode ser feito no primeiro dia útil (art. 41.º da Lei Uniforme Relativa ao Cheque).

6. *Extracto de factura* — Título de crédito à ordem que representa uma dívida resultante de um contrato de compra e venda mercantil a prazo realizado entre comerciantes.

Nos contratos de compra e venda mercantil a prazo, sempre que o preço não seja representado por letras, deve passar-se uma conta que será acompanhada de um extracto que refira os requisitos enunciados no artigo 3.º do Decreto n.º 19490, de 21 de Março de 1931.

O extracto pode ser protestado:
Por falta de aceite ou devolução;
Por falta de pagamento.

7. *Tradução* — A tradução de qualquer título de crédito deve ser devolvida ao apresentante e não está sujeita às exigências de tradução consignadas no n.º 3 do artigo 44.º do Código do Notariado.

8. *Valor em conta* — A cláusula «valor em conta», aposta no endosso de uma letra de câmbio, não corresponde a um endosso por mandato.

9. *Valor recebido* — O protesto de uma letra endossada ao banco, com a declaração de «valor recebido», deve ser feito contra o aceitante e sacador endossante.

10. *Warrants* — São uma espécie de livrança ou cautela de penhor de mercadorias depositadas que não ficam na posse do credor.

Quando não pagos no dia do vencimento são susceptíveis de protesto como as letras comerciais (ver nesse sentido, o artigo 36.º do Decreto n.º 206, de 7 de Novembro de 1913, e o art. 13.º do Decreto n.º 766, de 18 de Agosto de 1914.

Feito o protesto do warrant, se este não for pago no prazo de dez dias, a contar da data do protesto, o portador poderá pedir à administração do armazém geral agrícola a venda em leilão da mercadoria depositada, nos termos do § 1.º do citado artigo 36.º.

Sobre as menções que devem conter os conhecimentos de depósito e warrants, ver o artigo 408.º do Código Comercial, o artigo 24.º do Regulamento dos Armazéns Gerais Agrícolas, constante do citado Decreto n.º 206 e o artigo 21.º do Regulamento dos Armazéns Gerais Industriais, constante do Decreto n.º 783, de 21 de Agosto de 1914.

ARTIGO 120.º
(Lugar de protesto)

1 — A letra deve ser protestada no cartório notarial da área do domicílio nela indicado para o aceite ou pagamento ou, na falta dessa indicação, no cartório notarial do domicílio da pessoa que a deve aceitar ou pagar, incluindo a que for indicada para aceitar em caso de necessidade.

2 — Se for desconhecido o sacado ou o seu domicílio, a letra deve ser protestada no cartório a cuja área pertença o lugar onde se encontre o

apresentante ou portador no momento em que devia ser efectuado o aceite ou o pagamento.

3 — Nos casos previstos nos artigos 66.º e 68.º da Lei Uniforme Relativa às Letras e Livranças, a letra deve ser protestada no cartório do domicílio da pessoa que for indicada como detentora do original.

NOTAS

A letra deve ser protestada na repartição notarial da área do domicílio nela indicado para o aceite ou pagamento.

Na falta desta indicação, a letra será protestada na repartição do domicílio da pessoa que a deva aceitar ou pagar, incluindo a que for indicada para aceitar em caso de necessidade.

Se for desconhecido o domicílio do sacado, a letra deve ser protestada na repartição a cuja área pertença o lugar onde se encontre o apresentante ou portador no momento em que devia ser efectuado o aceite ou o pagamento.

No caso de pluralidade de exemplares, a letra deve ser protestada na repartição do domicílio da pessoa que for indicada como detentora do original.

ARTIGO 121.º
(Prazo)

1 — A apresentação para protesto deve ser feita até uma hora antes do termo do último período regulamentar de serviço, nos prazos seguintes:

a) Por falta de aceite de letras pagáveis em dia fixo ou a certo termo da data, ou de letras sacadas a certo termo de vista, até ao dia em que podem ser apresentadas ao aceite;

b) Por falta de data no aceite de letras pagáveis a certo termo de vista ou que, por estipulação especial, devam ser apresentadas ao aceite no prazo determinado, até ao fim do prazo para a apresentação a protesto por falta de aceite;

c) Por falta de pagamento de letras nas condições da alínea a), num dos dois dias úteis seguintes àquele ou ao último daqueles em que a letra é pagável;

d) Por falta de pagamento de letras pagáveis à vista, dentro do prazo em que podem ser apresentadas a pagamento;

e) Nos casos dos artigos 66.º e 68.º da Lei Uniforme Relativa às Letras e Livranças, quando o portador quiser.

2 — Os protestos produzem efeitos desde a data da apresentação.

NOTAS

1. **Aceite** — Acto pelo qual o sacado se obriga a pagar a letra na data do seu vencimento.

O aceite, escrito na própria letra, é assinado pelo sacado que se obriga a pagar a letra na data do vencimento.

No protesto por falta de aceite, deve a letra ser apresentada até ao vencimento ao aceite do sacado.

O protesto por falta de aceite dispensa a apresentação a pagamento e o protesto por falta de pagamento.

O portador de uma letra pode exercer os seus direitos de acção contra os endossantes, sacador e outros co-obrigados no vencimento, se o pagamento não for efectuado; antes do vencimento, se houve recusa total ou parcial do aceite e nos casos de falência do sacado ou falência do sacador de uma letra não aceitável. Para esse efeito, deve a letra ser submetida a protesto e proceder-se à sua apresentação até uma hora antes do termo do último período regulamentar de serviço, dentro dos prazos fixados neste artigo, tendo-se ainda em conta o disposto no artigo seguinte.

2. **Vencimento** — Data em que o portador da letra pode exigir o seu pagamento.

Formas do vencimento de uma letra:

a) À vista, quando pagável à apresentação e dentro do prazo de um ano, a contar da data;

b) A certo termo de vista, quando pagável no prazo nela indicado, contado a partir da data do aceite ou da data do protesto por falta de aceite;

c) A termo de data, quando se vence decorrido o prazo nela estabelecido, contado a partir da data do saque;

d) Em dia fixo, quando se vence no dia estipulado.

O portador de uma letra pagável em dia fixo ou a certo termo de data ou de vista deve apresentá-la a pagamento no dia em que ela é pagável ou num dos dois dias úteis seguintes (art. 38.º da Lei Uniforme de Letras e Livranças).

ARTIGO 122.º
(Diferimento do prazo)

1 — Nos casos previstos na primeira alínea do artigo 24.º e na parte final da terceira alínea do artigo 44.º da Lei Uniforme Relativa às Letras

e Livranças, se a apresentação da letra para aceite ou pagamento tiver sido feita no último dia do prazo, a apresentação a protesto pode fazer-se ainda no dia imediato.

2 — O fim do prazo para apresentação e protesto é transferido para o dia útil imediato, sempre que coincida com dia em que estejam encerrados os cartórios notariais ou as instituições de crédito.

3 — O fim de todos os prazos a que se reportam o presente artigo e o artigo anterior é diferido, para os estabelecimentos bancários e respectivos correspondentes nacionais, até ao dia imediato.

NOTAS

O artigo 24.º da Lei Uniforme Relativa às Letras e Livranças trata da segunda apresentação da letra e o art. 44.º do protesto por falta de aceite ou de pagamento.

ARTIGO 123.º
(Recusa de protesto)

A apresentação de letras depois de expirado o prazo legal não é fundamento de recusa de protesto.

NOTAS

O protesto feito fora do prazo legal não tem os mesmos efeitos do lavrado dentro do prazo estipulado.
Na falta do protesto, o portador da letra perde o direito de accionar o sacador. Conferir art. 53.º da Lei Uniforme de Letras e Livranças.

ARTIGO 124.º
(Apresentação de letras)

1 — O apresentante deve entregar a letra acompanhada das cartas-aviso necessárias às notificações a efectuar, devidamente preenchidas e estampilhadas.

2 — As cartas-aviso a que se refere o número anterior obedecem a modelo aprovado.

3 — A apresentação das letras é registada no livro próprio, segundo a ordem da sua entrega no cartório notarial.

4 — Apresentada a letra, nela devem ser anotados o número e a data da apresentação e aposta a rubrica do notário.

NOTAS

1. *Selagem* — As letras e livranças em branco têm de ser tributadas no momento em que possam ser preenchidas, nos termos previstos na convenção de preenchimento, como decorre da alínea f) do art. 5.º do CIS.

2. *Apresentação da letra* — Deve ser acompanhada das cartas-aviso necessárias às notificações a efectuar.

3. *Registo da apresentação* — É feito num livro próprio, segundo a ordem da sua entrega na repartição notarial, anotando-se na letra o número e a data da apresentação e aposta a rubrica do notário.

4. *Registo* — As entidades que emitam letras e editem livranças devem possuir registo onde conste o número sequencial, a data de emissão e o valor da letra ou livrança, bem como o valor e a data de liquidação do imposto (n.º 8 do art. 65.º do CIS).

ARTIGO 125.º
(Notificações)

1 — No dia da apresentação ou no 1.º dia útil imediato, o notário deve notificar o facto a quem deva aceitar ou pagar a letra, incluindo todos os responsáveis perante o portador.

2 — As notificações são feitas mediante a expedição, sob registo do correio, das cartas-aviso que tiverem sido entregues juntamente com a letra, sendo arquivados no maço próprio os talões dos registos.

NOTAS

Sacador — É garante tanto da aceitação como do pagamento da letra. Pode exonerar-se da garantia da aceitação mas não do pagamento (ver art. 9.º da Lei Uniforme de Letras e livranças).

Endossante — Salvo cláusula em contrário, é garante tanto da aceitação como do pagamento da letra (ver art. 15.º da Lei Uniforme de Letras e Livranças).

Maço próprio — Art. 28.º, 1, d).
Cartas-aviso — O modelo das cartas aviso vem previsto na Portaria n.º 886/85, de 22/11.

ARTIGO 126.º
(Prazo e ordem dos protestos)

1 — Decorridos cinco dias sobre a expedição da carta para notificação, e até ao 10.º dia a contar da apresentação, devem ser lavrados, pela ordem da apresentação, os instrumentos de protesto das letras que não tenham sido retiradas pelos apresentantes.

2 — O notário deve lavrar o protesto contra todos os obrigados cambiários.

NOTAS

Retiro da letra — Ver art. 128.º
Aval — O dador de aval é responsável da mesma maneira que a pessoa por ele afiançada.

ARTIGO 127.º
(Instrumento de protesto)

1 — O instrumento de protesto deve conter os seguintes elementos:

a) Identificação da letra mediante a menção da data de emissão, nome do sacador e montante;

b) Anotação das notificações a que se refere o artigo 125.º ou a menção das que não foram efectuadas por falta de cumprimento do disposto no n.º 1 do artigo 124.º;

c) Menção da presença ou da falta das pessoas notificadas e, bem assim, das razões que tenham dado para não aceitar ou não pagar;

d) Declaração do notário, relativamente ao fundamento do protesto, e indicação das pessoas a requerimento de quem e contra quem ele é feito;

e) Data da apresentação da letra;

f) Assinatura das pessoas notificadas que tenham comparecido, ou declaração de que não assinam por não saberem, não poderem ou não quererem fazê-lo.

2 — As razões da falta de aceite ou de pagamento podem ser indicadas em declaração escrita, que os notificados devem remeter ao notário, ficando arquivada.

3 — Os declarantes podem requerer pública-forma do instrumento de protesto, sendo igual faculdade conferida aos notificados que tenham declarado verbalmente as razões da falta de aceite ou de pagamento.

4 — O instrumento de protesto deve ser expedido mediante o preenchimento de impresso de modelo aprovado por despacho do director-geral dos Registos e do Notariado, podendo ser submetido a tratamento informático, mediante despacho da mesma entidade.

NOTAS

1. *Instrumento de protesto* — As razões da falta de aceite ou de pagamento de título de crédito podem ser indicadas em declaração escrita, que os notificados devem remeter ao notário e que fica arquivada (art. 127.º, n.º 2, do C.N.).

Desta apresentação deverá ser extraída certidão gratuita que acompanhará o respectivo instrumento de protesto, indicando-se no instrumento que as mencionadas razões constam de documento arquivado no cartório (despacho n.º 28/95, de 15 de Novembro, do Exm.º Sr. director-geral da DGRN, publicado no BRN n.º 10/95, a pág. 5.

2. Fórmula de i*nstrumento de protesto (por falta de pagamento)*

F......, ajudante do Cartório......, faço saber que no dia .... de .... de .... F......, residente ...., apresentou neste Cartório Notarial, para protesto por falta de pagamento a letra (ou outro título sujeito a protesto) emitida aos ... no montante de...., em que foi sacador F......, e a que coube a apresentação número....,

A requerimento do apresentante, e com fundamento na falta de pagamento, lavro o presente instrumento de protesto contra o aceitante..... e demais obrigados cambiários.

O responsável para com o portador foi notificado .... (ou referir que não foi notificado por falta do cumprimento do disposto no n.º 1 do art. 124.º do Código do Notariado), não tendo comparecido neste Cartório (ou caso compareça, observar o disposto na alínea *f)* do n.º 1 do art. 127.º do C. Not.).

Data e assinatura ....
Estatística ....
Conta ....

3. *Fórmula de instrumento de protesto (por falta de aceite)*

F......, ajudante do Cartório......, faço saber que no dia .... de .... de .... F....., residente ...., apresentou neste Cartório Notarial, para protesto por falta de aceite a letra (ou outro título sujeito a protesto) emitida aos ... no montante de...., em que foi sacador F......, e a que coube a apresentação número....,

A requerimento do apresentante, e com fundamento na falta de aceite, lavro o presente instrumento de protesto contra o sacado F ....

O sacado foi notificado.... (ou referir que não foi notificado por falta do cumprimento do disposto no n.º 1 do art. 124.º do Código do Notariado), não tendo comparecido neste Cartório (ou caso compareça, observar o disposto na alínea *f)* do n.º 1 do art. 127.º do Código do Notariado).

Data e assinatura ....
Estatística ....
Conta ....

ARTIGO 128.º
(Letras retiradas)

Se a letra for retirada pelo apresentante antes de protestada deve mencionar-se o levantamento e a respectiva data, ao lado do registo da apresentação.

NOTAS

Se a letra for retirada pelo apresentante antes de protestada, far-se-á menção do levantamento e da respectiva data, ao lado do registo da apresentação, devendo-se, quando da restituição da letra, exigir a devolução do recibo de entrega, que será inutilizado.

ARTIGO 129.º
(Recibo de entrega e devolução de letras)

1 — Da entrega das letras apresentadas a protesto deve ser entregue um recibo ao apresentante, em impresso de modelo aprovado, por ele preenchido.

2 — A restituição das letras é feita contra a devolução do recibo de entrega, que é inutilizado.

3 — No caso de extravio do recibo entregue, a devolução da letra deve fazer-se contra recibo do apresentante, que fica arquivado.

NOTAS

Recibo de entrega — Deve ser inutilizado no momento da restituição da letra.
Recibo do apresentante — É arquivado no maço indicado no artigo 28.º, 1, d).

ARTIGO 129.º-A
(Estabelecimento bancário)

1 — Quando a apresentação para protesto seja efectuado por estabelecimento bancário em cartório privativo do protesto de letras, deve ser entregue uma relação dos títulos a protestar, elaborada em duplicado, da qual conste o nome e a residência ou sede do apresentante, do aceitante ou sacado e do sacador bem como a indicação de espécie do título, do respectivo montante e do fundamento do protesto.

2 — A relação referida no número anterior pode ser elaborada por processo informático e deve conter espaços reservados para a anotação do número de ordem e da data da apresentação, data do protesto ou do levantamento da letra e da respectiva data.

3 — O original da relação, que se destina a ser arquivado no cartório privativo, substitui, para todos os efeitos, o registo da apresentação dos títulos a protesto.

4 — O duplicado da relação é devolvido ao apresentante, após nele ter sido aposta nota do recebimento do original, e substitui o recibo referido no n.º 1 do artigo 129.º.

ARTIGO 129.º-B
(Notificações a efectuar pelos estabelecimentos bancários)

1 — Incumbe ao estabelecimento bancário promover a notificação de quem deve aceitar ou pagar a letra, incluindo todos os responsáveis perante o portador, no dia em que a letra foi apresentada ou no 1.º dia útil imediato.

2 — As notificações são efectuadas mediante expedição, sob registo do correio, de cartas-aviso contendo os elementos essenciais do modelo referido no n.º 2 do artigo 124.º.

3 — No prazo de três dias a contar da expedição das cartas-aviso, o estabelecimento bancário deve apresentar no cartório privativo cópias das mesmas, acompanhadas dos respectivos talões de registo.

4 — Sempre que tal se justifique, pode ser efectuado registo colectivo das cartas- aviso referidas no n.º 2.

ARTIGO 129.º-C
(Urgência)

Em caso de urgência fundamentada, o instrumento de protesto pode ser lavrado sem subordinação à ordem referida no n.º 1 do artigo 126.º.

ARTIGO 130.º
(Protesto de outros títulos)

Ao protesto de livranças, cheques, extractos de factura, ou de outros títulos que a lei sujeite a protesto, é aplicável o disposto nos artigos anteriores, em tudo o que não seja contrário à natureza desses títulos e à disciplina especial a que estão sujeitos.

NOTAS

Ver comentários ao artigo 119.º.

SECÇÃO IV
Averbamentos

ARTIGO 131.º
(Factos a averbar)

1 — São averbados aos instrumentos a que respeitam:

a) O falecimento do testador e do doador;
b) Os instrumentos de revogação e de renúncia de procuração;
c) As comunicações e publicações previstas nos artigos 87.º, 100.º e 101.º;
d) As decisões judiciais de declaração de nulidade e de anulação de actos notariais, as decisões notariais de revalidação dos mesmos actos e ainda as decisões judiciais proferidas nas acções a que se referem os artigos 87.º e 101.º, bem como a menção de ter sido sanado qualquer vício de que o acto enferma;
e) As decisões dos recursos interpostos nos processos de revalidação notarial;
f) A restituição de testamento depositado;
g) Os actos notariais que envolvam aceitação, ratificação, rectificação, aditamento ou revogação de acto anterior.

2 — O averbamento do falecimento do doador só se realiza no caso de a doação haver sido feita com encargos a favor da alma ou de interesse público, que devam ser cumpridos após a morte do doador.

NOTAS

1. *Averbamento*s — Consiste na anotação sucinta do último acto ao primeiro, nela se compreendendo a menção do acto averbado e a identificação do respectivo título.

2. *Aposição* — Em primeiro lugar é anotado no alto da página respectiva. Esgotado este espaço, é lançado na parte reservada ao texto do acto que não esteja ocupada, e, de seguida, na margem exterior da página correspondente.

3. *Numeração* — Segundo a ordem porque forem exarados, podendo conter algarismos e abreviaturas (art. 40.º, n.º 3).

4. Averbamentos a fazer no livro de testamentos :
— Revogação, alteração, validação e rectificação de acto testamentário;
— Falecimento do testador;
— As decisões judiciais de declaração de nulidade, de anulação e de revalidação e a menção de ter sido sanado qualquer vício de que o acto enferme;
— O suprimento e rectificação de omissões e inexactidões previstas no artigo 132.º deste código;
— A liquidação do imposto de selo previsto no art. 15.6 da TGIS.

5. *Falecimento do testador* — Serve a seguinte fórmula: "O testador faleceu aos ...., como consta do registo de óbito n.º ..... efectuado na Conservatória do Registo Civil de ...."

Lançado que seja o averbamento há que enviar à Conservatória dos Registos Centrais um boletim do averbamento realizado, em impresso de modelo aprovado.

6. *Revogação ou renúncia de procuração* — Estes actos só dão lugar a averbamento se as procurações estiverem arquivadas no cartório.

7 — Os artigos 87.º, 100.º e 101.º, dizem respeito, respectivamente, à impugnação de habilitação, à publicidade da justificação e impugnação da justificação.

8. *Sanação de qualquer vício de que o acto enferme* — Os instrumentos de sanação previstos nos artigos 70.º e 71.º deste código, dão lugar averbamento.

9. *Restituição de testamento depositado* — Serve a seguinte fórmula "O testamento de F.... a que se refere este instrumento de depósito, foi nesta data restituído ao testador (ou ao seu procurador F....).

10. *Averbamento do falecimento do doador* — Só se realiza no caso de a doação haver sido feita com encargos a favor da alma ou de interesse público, que devam ser cumpridos após a morte do doador.

ARTIGO 132.º
(Suprimento e rectificação de omissões e inexactidões)

1 — As omissões e inexactidões verificadas em actos lavrados nos livros de notas, devidas a erro comprovado documentalmente, podem ser supridas ou rectificadas, a todo o tempo, por meio de averbamento, desde que da rectificação não resultem dúvidas sobre o objecto a que o acto se reporta ou sobre a identidade dos intervenientes.

2 — O averbamento a que se refere o número anterior só pode ser lavrado quando as omissões ou inexactidões respeitem:

a) À menção de documentos anteriores;

b) À indicação dos números das descrições e inscrições prediais e matrículas de entidades sujeitas a registo comercial, bem como das conservatórias a que se refiram;

c) À menção da freguesia, rua e número de polícia da situação dos prédios;

d) À menção das inscrições matriciais e valores patrimoniais;

e) À identificação e regime matrimonial dos intervenientes nos actos, ou habilitados;

f) Aos simples erros de cálculo ou de escrita revelados pelo contexto do acto.

3 — Os interessados devem comprovar que foi paga a diferença do imposto municipal de sisa, se este for devido e, tratando-se de rectificação que envolva aumento de valor do acto, é feita nova conta, para pagamento dos emolumentos e do selo correspondentes ao acréscimo verificado.

4 — Os averbamentos a que se refere o n.º 2, tratando-se de actos exarados em livros transferidos para o Arquivo Nacional e para as bibliotecas do Estado e arquivos distritais, podem ser exarados em certidão de teor da escritura arquivada, a pedido dos interessados.

5 — As omissões ou inexactidões verificadas em actos lavrados em livros de notas, relativas ao cumprimento de normas fiscais cuja verificação caiba ao notário, face ao conteúdo do acto, podem por este ser corrigidas oficiosamente mediante averbamento.

6 — Nos actos lavrados em livros de notas em que tenha sido omitida a menção de documentos arquivados pode a falta ser oficiosamente suprida pela referida menção, feita por averbamento.

7 — A omissão do dia, mês e ano ou do lugar em que o acto foi lavrado ou a inexactidão da sua data podem ser oficiosamente supridas ou rectificadas por averbamento se, pelo texto do instrumento ou pelos elementos existentes no cartório, for possível determinar a data ou o lugar da sua celebração.

8 — Os averbamentos previstos neste artigo devem ser rubricados pelo próprio notário.

NOTAS

1. *Omissões e inexactidões devidas a erro comprovado documentalmente* — Podem ser supridas ou rectificadas, a todo o tempo, por meio de averbamento, desde que da rectificação não resultem dúvidas sobre o objecto a que o acto se reporta ou sobre a identidade dos intervenientes.

2. *IMT* — Os interessados devem comprovar que foi paga a diferença do IMT, se este for devido.

3. *Conta* — Tratando-se de rectificação que envolva aumento de valor do acto, é feita nova conta, para pagamento dos emolumentos e do selo correspondentes ao acréscimo verificado.

ARTIGO 133.º
(Forma)

1 — O averbamento é a anotação sucinta do último acto ao primeiro, nela se compreendendo a menção do acto averbado e a identificação do respectivo título.

2 — O averbamento, devidamente datado e rubricado, é aposto no alto das páginas ou à margem do acto.

3 — Tratando-se de livros de notas, não são exarados averbamentos na margem interior das páginas, devendo utilizar-se em primeiro lugar o alto das mesmas, depois, a parte reservada ao texto dos actos que porventura não se encontre ocupada e, seguidamente, a sua margem exterior.

4 — Esgotado o espaço reservado aos averbamentos, é o averbamento lavrado na primeira página disponível de um dos livros de notas, fazendo-se as necessárias remissões.

5 — O averbamento é feito oficiosamente quando o acto a averbar identifique devidamente o anterior.

6 — Quando não seja oficiosamente efectuado, o averbamento pode realizar-se a pedido de qualquer interessado, depois de se verificar que os dois actos estão nas condições previstas nos artigos 131.º e 132.º.

NOTAS

1 — Não podem ser exarados averbamentos na margem interior das páginas, devendo utilizar-se em primeiro lugar o alto das mesmas, depois, a parte reservada ao texto dos actos que porventura não se encontre ocupada e, seguidamente, a sua margem exterior.

2. O averbamento é a anotação sucinta do último acto ao primeiro, nela se compreendendo a menção do acto averbado e a identificação do respectivo título.
Para esse efeito servirá a seguinte fórmula : Averbamento n.º .... — *Este acto foi rectificado por escritura lavrada no dia de hoje, a folhas... do livro de notas para escrituras diversas com o n.º .... deste cartório. Data e assinatura.*

ARTIGO 134.º
(**Comunicação dos factos a averbar**)

1 — Quando o averbamento deva ser feito oficiosamente em cartório notarial diferente daquele onde foi lavrado o acto a averbar, o notário que lavrou este último deve facultar ao cartório notarial competente os elementos necessários ao averbamento.

2 — A remessa dos elementos destinados a averbamento, se não puder ser feita pessoalmente, deve ser feita por ofício, expedido sob registo, ou por telecópia, sujeita a confirmação de recepção.

NOTAS

Ofício — É expedido sob registo.
Remessa — Pode ser feita pessoalmente. Do duplicado do ofício deve constar a nota da data do recebimento.

ARTIGO 135.º
(**Falecimento de testadores e doadores**)

1 — O averbamento do falecimento do testador, quer ao testamento quer à escritura de revogação deste, pode ser lavrado, a pedido de qualquer pessoa, mediante a exibição da certidão de narrativa do registo de óbito.

2 — Se o notário receber de alguma repartição pública a comunicação oficial de falecimento ainda não averbado, deve requerer a certidão de óbito do testador à conservatória competente, a qual deve passá-la gratuitamente, e, recebida a certidão, o averbamento é lavrado oficiosamente.

3 — O averbamento deve conter a menção da data do falecimento do testador, do número do respectivo registo de óbito e da conservatória onde foi lavrado.

4 — O disposto neste artigo é aplicável, com as necessárias adaptações, ao averbamento do falecimento do doador.

NOTAS

1. Ver artigos 137.º e 202.º deste código.

2. A certidão de óbito deve ser requerida no prazo de 3 dias.

3. *Falecimento do testador* — Serve a seguinte fórmula: "O testador faleceu aos ...., como consta do registo de óbito n.º ..... efectuado na Conservatória do Registo Civil de ...."
Lançado que seja o averbamento há que enviar à Conservatória dos Registos Centrais um boletim do averbamento realizado, em impresso de modelo aprovado.

4. O averbamento do falecimento do doador só se realiza no caso de a doação haver sido feita com encargos a favor da alma ou de interesse público, que devam ser cumpridos após a morte do doador.

5. Os instrumentos de abertura de testamentos cerrados e de testamentos internacionais, os testamentos correspondentes, as certidões de óbito a que se referem o n.º 1 do artigo 115.º e n.º 2 do artigo 135.º e os recibos das certidões a que se refere o n.º 5 do artigo 204.º deste código ficam arquivados num maço privativo, nos termos da al. c) do n.º 2 do art. 28.º deste código.

ARTIGO 136.º
(Restituição de testamentos depositados)

No averbamento de restituição de testamento cerrado ou de testamento internacional, que se encontre depositado, deve ser aposta a assinatura da pessoa a quem a restituição é feita ou, se esta não souber ou não puder assinar, devem intervir duas testemunhas.

NOTAS
Ver art. 110.º deste código.

ARTIGO 137.º
(Prazos)

Os deveres fixados nos artigos anteriores devem ser cumpridos pelo cartório notarial, no prazo de três dias.

ARTIGO 138.º
(Arquivamento dos documentos)

Os documentos que instruam averbamentos ficam sempre arquivados, com excepção das certidões de óbito do testador ou do doador, quando não requisitadas oficiosamente.

NOTAS

Ver al. e) do n.º 2 do art. 28.º deste código.

SECÇÃO V
Registos

ARTIGO 139.º
(Objecto)

1 — Estão sujeitos a registo, nos livros a esse fim destinados:

a) Os instrumentos lavrados nos livros indicados nas alíneas a) e b) do n.º 1 do artigo 7.º;

b) Os instrumentos de aprovação, depósito e abertura de testamentos cerrados e internacionais;

c) A apresentação e o levantamento de títulos a protesto e os respectivos instrumentos de protesto;

d) As actas das reuniões dos órgãos sociais, os instrumentos de procuração lavrados nos termos do n.º 3 do artigo 116.º, e os de ratificação de actos notariais;

e) Os documentos que as partes pretendem arquivar nos cartórios notariais.

2 — Os registos referentes a cada dia devem ser encerrados, com um traço horizontal, no início do primeiro período de trabalho do dia útil imediato.

NOTAS

Ver artigos 15.º e 16.º deste código.

ARTIGO 140.º
(Registo de testamentos públicos e escrituras)

1 — O registo de testamentos públicos e de escrituras de revogação de testamentos deve conter os seguintes elementos:

a) O número do livro e da primeira folha onde o acto foi lavrado;

b) A denominação do acto e a sua data;

c) O nome completo do testador ou do outorgante.

2 — O registo de escrituras diversas, além dos elementos a que se referem as alíneas a) e b) do número anterior, deve conter os seguintes elementos:

a) O objecto do acto e o seu valor;

b) A firma ou a denominação de estabelecimento individual de responsabilidade limitada ou de pessoa colectiva a que o acto respeita, a sede e o respectivo número de identificação fiscal;

c) O nome completo e a residência dos sujeitos activos e passivos, respectivos números fiscais se a natureza do acto o exigir, podendo, relativamente a todos os que sejam casados, ser indicados apenas os elementos de um dos cônjuges com a menção dessa qualidade;

d) As indicações necessárias à fiscalização do pagamento de contribuições ou impostos devidos pelo acto.

NOTAS

Registo de testamentos públicos e de escrituras de revogação de testamentos — Há que referir: o número do livro e da primeira folha onde o acto foi lavrado, a denominação do acto e a sua data e o nome completo do testador ou do outorgante.

Menções do registo de escrituras:

— O número do livro e da primeira folha onde o acto foi lavrado;

— A denominação do acto e a sua data;

— O objecto do acto e o seu valor (valor fiscal);

— A firma ou a denominação de estabelecimento individual de responsabilidade limitada ou de pessoa colectiva, com indicação da sede e do respectivo número de identificação fiscal;

— O nome completo e a residência dos sujeitos activos e passivos, respectivos números fiscais se a natureza do acto o exigir (sendo casados, basta referenciar os elementos de um dos cônjuges com a menção dessa circunstância);

— As indicações necessárias à fiscalização do pagamento de contribuições ou impostos devidos pelo acto (número do conhecimento de sisa, data e repartição emitente; em caso de isenção, menção da disposição legal que a concede).

Encerramento — É feito diariamente, com um traço horizontal, no início do primeiro período de trabalho do dia útil imediato.

ARTIGO 141.º
**(Registo dos instrumentos
relativos aos testamentos cerrados e internacionais)**

1 — O registo dos instrumentos de aprovação de testamentos cerrados e de testamentos internacionais é feito antes da restituição destes e dele devem constar os seguintes elementos:
a) A designação do acto e a sua data;
b) O nome completo, a filiação, a data de nascimento, a naturalidade, o estado e a residência do testador;
c) A indicação de o testamento haver ou não sido cosido e lacrado.

2 — O registo de instrumentos de depósito ou de abertura de testamentos cerrados e internacionais deve conter os elementos exigidos na alínea a) do número anterior, o nome completo do testador e o número de ordem do instrumento dentro do maço.

NOTAS

Registo dos instrumentos de aprovação de testamentos cerrados e de testamentos internacionais — Há que mencionar, para além da designação do acto, da sua data e nome do testador, a filiação, a data de nascimento, a naturalidade, o estado e a residência do testador e ainda a circunstância de o testamento haver ou não sido cosido e lacrado.

Este registo é sempre lançado antes da restituição dos referidos instrumentos.

ARTIGO 142.º
(Registo relativo ao protesto de títulos)

1 — Do registo de apresentação de títulos a protesto devem constar a data da apresentação, os nomes e a residência ou sede do apresentante, do aceitante ou sacado e do sacador e, ainda, a espécie do título e o montante da obrigação nele contida.

2 — O registo dos instrumentos de protesto consiste na anotação, junto ao registo da apresentação, do fundamento e da data de protesto.

NOTAS

Ver art. 14.º.

ARTIGO 143.º
(Registo de outros actos)

1 — O registo de documentos ou de instrumentos avulsos diversos daqueles a que se referem os artigos anteriores consiste na indicação da data em que foi apresentado o documento ou lavrado o instrumento e na sua identificação, mediante a menção da sua espécie ou natureza, do nome completo dos interessados e do número de ordem dentro do respectivo maço.

2 — Os documentos registados não podem ser restituídos.

NOTAS

Ver art. 16.º.

ARTIGO 144.º
(Ordem dos registos)

Os registos são efectuados diariamente, segundo a ordem por que tenham sido lavrados os instrumentos ou apresentados os documentos.

SECÇÃO VI
Abertura de sinal

Artigos 145.º a 149.º (Revogados pelo Dec.-Lei n.º 250/96, de 24 de Dezembro)

SECÇÃO VII
Autenticação de documentos particulares

ARTIGO 150.º
(Documentos autenticados)

1 — Os documentos particulares adquirem a natureza de documentos autenticados desde que as partes confirmem o seu conteúdo perante o notário.

2 — Apresentado o documento para fins de autenticação, o notário deve reduzir esta a termo.

NOTAS

1. Os documentos particulares autenticados nos termos da lei notarial têm a força probatória dos documentos autênticos, mas não os substituem quando a lei exija documento desta natureza para a validade do acto (art. 377.º do C. Civil).

2. Fórmula : *No dia .....no cartório Notarial de ... compareceu perante mim F ......, ajudante principal, F ...., solteiro, maior, natural da freguesia de ... concelho de ..., pessoa cuja identidade verifiquei por ...., o qual, para fins de autenticação, me apresentou o presente documento, que disse haver lido e assinado e que o mesmo exprime a sua vontade.*
Este termo foi lido e explicado ao signatário.
Assinatura do interveniente......................
Assinatura do ajudante............................

3. Escriturários superiores — Podem assinar termos de autenticação (ver B.R.N., n.º 10/2002, p. 15).

ARTIGO 151.º
(Requisitos comuns)

1 — O termo de autenticação, além de satisfazer, na parte aplicável e com as necessárias adaptações, o disposto nas alíneas a) a n) do n.º 1 do artigo 46.º, deve conter ainda os seguintes elementos:
a) A declaração das partes de que já leram o documento ou estão perfeitamente inteiradas do seu conteúdo e que este exprime a sua vontade;
b) A ressalva das emendas, entrelinhas, rasuras ou traços contidos no documento e que neste não estejam devidamente ressalvados.
2 — É aplicável à verificação da identidade das partes, bem como à intervenção de abonadores, intérpretes, peritos, leitores ou testemunhas, o disposto para os instrumentos públicos.

NOTAS

Ver art. 46.º deste código.

ARTIGO 152.º
(Requisitos especiais)

Se o documento que se pretende autenticar estiver assinado a rogo, devem constar, ainda, do termo o nome completo, a naturalidade, o estado e a residência do rogado e a menção de que o rogante confirmou o rogo no acto da autenticação.

NOTAS

Caso o interessado não saiba ler nem assinar, servirá a seguinte fórmula : *No dia .....no cartório Notarial de ... compareceu perante mim F ...., ajudante principal, F ...., solteiro, maior, natural da freguesia de ... concelho de ..., pessoa cuja identidade verifiquei por ...., o qual, para fins de autenticação, me apresentou o presente documento, de cujo conteúdo está perfeitamente inteirado e que exprime a sua vontade, mas que não assina por o não saber fazer, estando a seu rogo assinado por F ...., casado, natural ... residente ..., cuja identidade verifiquei por ....*
Este termo foi lido e explicado ao signatário
Assinatura do interveniente......................
Assinatura do ajudante............................
Conta registada sob o n.º ....

SECÇÃO VIII
Reconhecimentos

ARTIGO 153.º
(Espécies)

1 — Os reconhecimentos notariais podem ser simples ou com menções especiais.

2 — O reconhecimento simples respeita à letra e assinatura, ou só à assinatura, do signatário de documento.

3 — O reconhecimento com menções especiais é o que inclui, por exigência da lei ou a pedido dos interessados, a menção de qualquer circunstância especial que se refira a estes, aos signatários ou aos rogantes e que seja conhecida do notário ou por ele verificada em face de documentos exibidos e referenciados no termo.

4 — Os reconhecimentos simples são sempre presenciais; os reconhecimentos com menções especiais podem ser presenciais ou por semelhança.

5 — Designa-se por presencial o reconhecimento da letra e assinatura, ou só da assinatura, em documentos escritos e assinados ou apenas assinados, na presença dos notários, ou o reconhecimento que é realizado estando o signatário presente ao acto.

6 — Designa-se por semelhança o reconhecimento com a menção especial relativa à qualidade de representante do signatário feito por simples confronto da assinatura deste com a assinatura aposta no bilhete de identidade, em documento equivalente emitido pela autoridade competente de um dos países da União Europeia, ou no passaporte ou com a respectiva reprodução constante de pública-forma extraída por fotocópia.

NOTAS

1. As câmaras de comércio e indústria, reconhecidas nos termos do Decreto-Lei n.º 244/92, de 29 de Outubro, os advogados e os solicitadores podem fazer reconhecimentos com menções especiais, por semelhança, nos termos previstos no Código do Notariado (ver n.º 1 do art. 5.º do Dec.-Lei n.º 237/2001, de 30 de Agosto).

Os reconhecimentos efectuados por estas entidades conferem ao documento a mesma força probatória que teria se tais actos tivessem sido realizados com intervenção notarial (art. 6.º do citado D.L 237/2001).

2. Os reconhecimentos notariais podem ser simples ou com menções especiais.

Os reconhecimentos simples são sempre presenciais; os reconhecimentos com menções especiais podem ser presenciais ou por semelhança.

O reconhecimento da assinatura por semelhança pode ser feito por simples confronto da assinatura aposta: no bilhete de identidade; em documento equivalente emitido pela autoridade competente de um dos países da União Europeia; no passaporte.

3. Se estiverem reconhecidas presencialmente, nos termos das leis notariais, a letra e a assinatura do documento, ou só a assinatura, têm-se por verdadeiras (n.º 1 do art. 375.º do Código Civil).

4. A lei impõe, para a validade de certos actos, a necessidade do reconhecimento presencial.

Ver art. 12.º, n.1 do Dec.-Lei n.º 275/93, de 5 de Agosto (alienação ou oneração do direito real de habitação periódica; art. 3.º do Dec.-Lei n.º 149/95, de 24 de Junho (locação financeira de bens imóveis).

ARTIGO 154.º
(Assinatura a rogo)

1 — A assinatura feita a rogo só pode ser reconhecida como tal por via de reconhecimento presencial e desde que o rogante não saiba ou não possa assinar.

2 — O rogo deve ser dado ou confirmado perante o notário, no próprio acto do reconhecimento da assinatura e depois de lido o documento ao rogante.

NOTAS

1. *Rogo* — Deve ser dado ou confirmado perante o notário, depois de lido o documento ao rogante (n.º 4 do art. 373.º do C. Civil).

2. *Exequibilidade* — Nos escritos particulares com assinatura a rogo, o documento só goza de força executiva se a assinatura estiver reconhecida por notário, nos termos da lei notarial (art. 51.º do C.P.Civil).

3. *Fórmula* — *Reconheço a assinatura supra de F... feita na minha presença, a rogo de F..., que declarou não saber assinar (ou não poder assinar), rogo esse que me foi confirmado pelo rogante após lhe ter lido este documento, tendo verificado a identidade do rogante pelo seu B.I. ....emitido aos ... pelo SIC de ... e a do rogado por conhecimento pessoal.*

ARTIGO 155.º
(Requisitos)

1 — O reconhecimento deve obedecer aos requisitos constantes da alínea a) do n.º 1 do artigo 46.º e ser assinado pelo notário.

2 — Os reconhecimentos simples devem mencionar o nome completo do signatário e referir a forma por que se verificou a sua identidade, com indicação de esta ser do conhecimento pessoal do notário, ou do número, data e serviço emitente do documento que lhe serviu de base.

3 — Os reconhecimentos com menções especiais devem conter, além dos requisitos exigidos no número anterior, a menção dos documentos exibidos e referenciados no termo.

4 — O reconhecimento da assinatura a rogo deve fazer expressa menção das circunstâncias que legitimam o reconhecimento e da forma como foi verificada a identidade do rogante.

5 — É aplicável à verificação da identidade do signatário ou rogante o disposto no artigo 48.º.

6 — Os abonadores que intervierem em reconhecimentos presenciais devem assiná-los antes do notário.

NOTAS

Ver arts. 36.º, n.º 4, 40.º, n.º 3, al a), deste código.

ARTIGO 156.º
(Revogado pelo Dec.-Lei n.º 250/96, de 24/12)

ARTIGO 157.º
(Assinaturas que não podem ser reconhecidas)

1 — É insusceptível de reconhecimento a assinatura aposta em documento cuja leitura não seja facultada ao notário, ou em papel sem nenhuns dizeres, em documento escrito em língua estrangeira que o notário não domine, ou em documento escrito ou assinado a lápis.

2 — Tratando-se de documento escrito em língua estrangeira que o notário não domine, o reconhecimento pode ser feito desde que o documento seja traduzido, ainda que verbalmente, por perito da sua escolha.

3 — O notário deve recusar o reconhecimento da letra ou assinatura em cuja feitura tenham sido utilizados materiais que não ofereçam garantias de fixidez e, bem assim, da letra ou assinatura apostas em documentos que contenham linhas ou espaços em branco não inutilizados.

4 — Não é permitido o reconhecimento de assinaturas em documentos não selados que titulem actos ou contratos abrangidos pela Tabela Geral do Imposto do Selo, mas que beneficiem de isenção ou

redução do imposto, se no documento não estiver mencionada a disposição legal que confere o benefício.

NOTAS

1. As restrições deste artigo têm essencialmente por escopo garantir a liquidação do imposto do selo devido e evitar a adulteração da escrita nos documentos.

2. Num apanhado das situações enumeradas neste artigo pode dizer-se que não é possível o reconhecimento de assinaturas apostas em documentos:
— cuja leitura não seja facultada ao notário;
— sem nenhuns dizeres;
— escritos a lápis ou em língua estrangeira que o notário não domine;
— assinados a lápis;
— em tenham sido utilizados materiais que não ofereçam garantias de fixidez;
— que contenham linhas ou espaços em branco não inutilizados;
— não selados que titulem actos ou contratos abrangidos pela Tabela Geral do Imposto do Selo, mas que beneficiem de isenção ou redução do imposto, se no documento não estiver mencionada a disposição legal que confere o benefício.

3. As câmaras de comércio e indústria, reconhecidas nos termos do Decreto-Lei n.º 244/92, de 29 de Outubro, os advogados e os solicitadores, com competência para fazer reconhecimentos com menções especiais, por semelhança, nos termos do n.º 1 do art. 5.º do Dec.-Lei n.º 237/2001, de 30 de Agosto, devem observar as disposições deste artigo 157.º.

SECÇÃO IX
Certificados, certidões e documentos análogos

SUBSECÇÃO I
Disposições gerais

ARTIGO 158.º
(Requisições)

1 — A requisição, feita por autoridade ou serviço público, de certificados, certidões ou documentos análogos que devam ser passados pelo

notário, deve ser endereçada ao cartório notarial competente, com referência expressa ao fim a que se destina o documento requisitado.

2 — Os documentos requisitados são expedidos, sem dependência do pagamento da conta, neles se mencionando o fim a que se destinam.

3 — Fora dos casos previstos nos números anteriores, por cada requisição de certificado, certidão, telecópia ou documento análogo, deve ser preenchida, com o correspondente número de ordem, uma ficha do modelo aprovado, cujo original fica arquivado, entregando-se o duplicado ao requisitante.

NOTAS

1. *Fins a que se destinam* — Devem constar do pedido ou requisição.

2. *Encargos* — Os documentos requisitados oficiosamente pelas autoridades ou repartições públicas levam aposta a conta e a menção de que esta deve entrar em regra de custas, se as houver, e a ser, oportunamente, paga ao cartório, sempre que se destinem à instrução de processos.
Ver art. 191.º deste código.

2. As certidões de teor extraídas de documentos arquivados nas repartições notariais ou noutras repartições pública, quando expedida pelo notário ou por outro depositário público autorizado, têm a força probatória dos originais (n.º 1 do art. 383.º do C. Civil).

3. As certidões de certidões, expedidas na conformidade da lei, têm a força probatória das certidões de que foram extraídas (art. 384.º do C. Civil).

4. Sobre públicas-formas, ver art. 385.º do Código Civil.

5. Ver artigos 4.º, n.º 2, al. g).

ARTIGO 159.º
(Prazos)

1 — Os certificados, certidões e documentos análogos devem ser passados dentro do prazo de três dias úteis, a contar da data em que forem pedidos ou requisitados.

2 — Os documentos pedidos ou requisitados com urgência são passados com preferência sobre o restante serviço, dentro do prazo máximo de vinte e quatro horas.

3 — No caso de a passagem do documento ser pedida com urgência, deve advertir-se o interessado de que o emolumento correspondente é elevado ao dobro.

NOTAS

Emolumentos — São elevados para o dobro os emolumentos das certidões passadas com urgência nos termos deste artigo.

Enquanto as contas dos actos não estiverem pagas, não podem ser emitidas certidões dos actos (ver n.º 4 do art. 133.º do Regulamento).

ARTIGO 160.º
(Requisitos comuns)

1 — Os certificados, as certidões e os documentos análogos devem conter a designação do serviço emitente, a numeração das folhas, a menção da data e do lugar em que foram passados e, ainda, a rubrica e assinatura do funcionário competente.

2 — Nos documentos transmitidos por telecópia, nos termos da alínea l) do n.º 2 do artigo 4.º, além dos requisitos referidos no número anterior, deve incluir-se uma nota de encerramento contendo as menções exigidas para a emissão de certidões de teor.

3 — Os documentos recebidos por telecópia nos cartórios devem ser imediatamente arquivados no maço próprio, após terem sido numeradas e rubricadas todas as folhas e lavrada a nota de recebimento com indicação do número de folhas efectivamente recebidas, local, data, categoria e assinatura do funcionário competente do serviço receptor.

NOTAS

1. *Procedimentos* — Na nota de recebimento há que indicar do número de folhas efectivamente recebidas, local, data, categoria e assinatura do funcionário competente do serviço receptor.

2. *Valor probatório* — Os documentos recebidos por telecópia, nos termos da alínea j) do n.º 2 do artigo 4.º, têm o valor probatório das certidões, desde que obedeçam ao disposto no artigo 160.º (n.º 4 do art. 164.º deste código).

2. *Requisitos das telecópias* — Devem conter os requisitos comuns dos certificados e uma nota de encerramento com as menções exigidas para a emissão de certidões de teor.

Quando recebidos, são imediatamente arquivados no maço próprio (al. *l)* do n.º 2 do art. 28.º), após terem sido numeradas e rubricadas todas as folhas, e lavrada a nota de recebimento com a indicação do número de folhas efectivamente recebidas, local, data, categoria e assinatura do funcionário competente do serviço receptor.

Quanto aos documentos que podem ser transmitidos por telecópia, seus encargos e os procedimentos a adoptar, ver o parecer do Conselho Técnico de 26 de Janeiro de 1996, divulgado no BRN n.º 2/96, a pág. 14.

Nos termos deste parecer, os documentos recebidos por telecópia que se destinem a instruir actos lavrados nos livros de notas devem ser arquivados nos maços correspondentes a esses livros.

Sobre esta matéria, ver ainda artigos 28.º, n.º 2, al. *l)* , 194.º n.º 4 deste Código e art. 3.º do Decreto- Lei n.º 54/90, de 13 de Fevereiro.

SUBSECÇÃO II
Certificados

ARTIGO 161.º
(Certificados de vida e de identidade)

1 — O certificado de vida e de identidade deve conter, em especial, os elementos de identificação do interessado, a forma como a sua identidade foi verificada, a sua assinatura ou a declaração de que não sabe ou não pode assinar e a respectiva impressão digital.

2 — No certificado pode ser colada a fotografia do interessado, devendo o notário apor sobre ela o selo branco do cartório.

NOTAS

1. *Certificados* — São documentos autênticos exarados pelo notário em papel avulso, ao abrigo da competência que lhe é conferida nos termos das alíneas d), e) e f) do número 2 do artigo 4.º.

Distinguem-se dos instrumentos públicos avulsos, porque:

a) Não estão sujeitos às formalidades dos instrumentos, (previstas nos artigos 46.º e 47.º), mas sim aos requisitos fixados nos artigos 158.º a 163.º do Código do Notariado, aplicáveis às certidões e documentos análogos;

b) Servem para comprovar determinados factos de que o notário teve conhecimento, mas não têm por escopo a formalização de negócios jurídicos.

2. *Modalidades* — O Código do Notariado referencia nos artigos 161.º a 163.º algumas modalidades de certificados, designadamente os de vida e de identidade, de desempenho de cargos e os comprovativos de outros factos.

Os certificados devem conter a designação da repartição emitente, a numeração das folhas, a menção da data e do lugar em que foram passados e, ainda, a rubrica e assinatura do funcionário competente.

Nos certificados deve consignar-se com precisão o facto certificado e, em especial, a forma como ele veio ao conhecimento do notário (art. 163.º).

3. *Certificado de identidade* — Deve conter:
Os elementos de identificação do interessado (estado, naturalidade, residência);
A verificação da identidade;
A assinatura ou a declaração de que o interessado não sabe ou não pode assinar;
A respectiva impressão digital, ainda que o interessado saiba assinar.

Apesar de não ser obrigatório, pode ainda conter a fotografia do interessado e, neste caso, o selo branco do cartório aposto na fotografia.

ARTIGO 162.º
(Certificado de desempenho de cargos)

No certificado de desempenho de cargos públicos e de administração ou gerência de pessoas colectivas ou de sociedades deve declarar-se se o facto certificado é do conhecimento pessoal do notário ou se apenas foi provado por documento, devendo fazer-se, neste caso, a identificação do documento exibido.

NOTAS

Exibição — No certificado de desempenho de cargos públicos e de administração ou gerência de pessoas colectivas ou de sociedades comprovado por um ou mais documentos, há que identificar os documentos apresentados (sua natureza, data de expedição e entidade emitente), apreciar a sua regularidade e prazos de validade, que são restituídos às partes.

ARTIGO 163.º
(Certificados de outros factos)

Nos restantes certificados deve consignar-se com precisão o facto certificado e, em especial, a forma como ele veio ao conhecimento do notário.

NOTAS

1. *Menções* — Há que precisar, com o maior rigor possível, o facto certificado, e a forma como ele veio ao conhecimento do notário.

Precisar significa particularizar o facto constatado por observação directa.

Como exemplos de certificados de constatação de factos temos, entre outros, a verificação do estado de uma obra, o teor das votações dos sócios numa reunião de assembleia geral, as razões expostas ao notário como fundamento de recusa de outorga de um acto.

A narração dessa constatação, ainda que circunstanciada, deve ser feita de forma *concisa e abreviada*, sem emissão de juízos opinativos.

2. *Vantagens* — Este tipo de certificado tem a virtualidade de proporcionar aos interessados grandes vantagens em termos de prova processual, pois sendo o certificado um documento autêntico faz prova plena dos factos nele atestados com base nas percepções da entidade documentadora (ver n.º 1 do art. 371.º do C. P. Civil).

3. *Certificados de conta* — Os certificados de conta elaborados nos termos do art. 133.º do Decreto Regulamentar n.º 55/88, de 8 de Outubro, remetidos à DGRN para confirmação, devem ser acompanhados de fotocópia de todos os documentos que se revelem necessários à apreciação da correcção da conta em dívida e ainda de fotocópia das notificações efectuadas, incluindo-se no certificado as despesas de correio efectuadas com essas notificações bem como as com eventuais devoluções de cheques sem provisão (V. desp. n.º 21/97, do Exm.º Sr. director-geral, publicado no BRN n.º 4/97).

SUBSECÇÃO III
Certidões e públicas-formas

ARTIGO 164.º
(Certidões)

1 — O conteúdo dos instrumentos, registos e documentos arquivados nos cartórios prova-se por meio de certidões, as quais podem ser

requeridas por qualquer pessoa, com excepção das que se refiram aos seguintes actos:

a) Testamentos públicos, escrituras de revogação de testamentos, instrumentos de depósito de testamentos cerrados e internacionais e dos respectivos registos, dos quais só podem ser extraídas certidões, sendo vivos os testadores, quando estes ou procuradores com poderes especiais as requeiram e, depois de falecidos os testadores, quando esteja averbado o falecimento deles;

b) Termos de abertura de sinal, dos quais só podem ser extraídas certidões a pedido das pessoas a quem respeitam ou por requisição das autoridades judiciais ou policiais.

2 — As certidões referidas na primeira parte da alínea a) e na alínea b) do número anterior só podem ser entregues ao próprio requisitante ou a quem se mostrar autorizado por este a recebê-las.

3 — (Revogado pelo Dec.-Lei n.º 194/03, de 23 de Agosto).

4 — Os documentos recebidos por telecópia, nos termos da alínea l) do n.º 2 do artigo 4.º, têm o valor probatório das certidões, desde que obedeçam ao disposto no artigo 160.º.

NOTAS

1. *Certidões* — As certidões extraídas dos instrumentos e dos documentos existentes nos cartórios devem ser de teor e reproduzir literalmente o original (n.º 1 do art. 165.º).

2. *Custos* — Pela primeira certidão emitida após celebração de qualquer testamento ou escritura é devido o emolumento de € 5, previsto no ponto 4.2 do artigo 20.º do RERN.

3. *Documentos manuscritos* — Devem ser dactilografadas as certidões de narrativa e as certidões de instrumentos e documentos arquivados que se achem manuscritos quando se destinem a fazer fé no estrangeiro ou quando a sua leitura não seja facilmente revelada pelo contexto (n.º 2 do art. 166.º).

ARTIGO 165.º
(Espécies)

1 — As certidões extraídas dos instrumentos e dos documentos

existentes nos cartórios devem ser de teor e reproduzir literalmente o original.

2 — As certidões de registos e as destinadas a publicação ou comunicação dos actos notariais podem ser de narrativa e reproduzem, por extracto, o conteúdo destes.

3 — A certidão de teor ou de narrativa pode ser integral ou parcial, conforme se reporte a todo o conteúdo do original ou apenas a parte dele.

NOTAS

1. Prevalece a regra de que as certidões extraídas dos instrumentos e dos documentos existentes nos cartórios devem ser de teor e reproduzir literalmente o original.

Quando destinadas a publicação ou comunicação dos actos notariais podem ser de narrativa, reproduzindo-se nestes casos, por extracto, o conteúdo dos documentos.

2. A certidão de teor pode ainda ser parcial, quando se reporte a parte do conteúdo do original.

Nestes casos há que ter certas cautelas, de modo a evitar que, com a supressão de trechos essenciais, se deturpe ou dificulte a compreensão do conteúdo do documento.

3. O n.º 2 do artigo 180.º do antigo código do notariado dispunha o seguinte: "A certidão incluirá não só a parte do instrumento que se reporte ao acto ou ao interessado indicado pelo requisitante, mas tudo quanto se refira ao contexto e requisitos gerais do instrumento e aos documentos que o instruíram, com omissão apenas do que respeite a outros actos jurídicos nele contidos ou a outros interessados".

4. Ver artigo 169.º deste código.

ARTIGO 166.º
(Forma das certidões)

1 — As certidões de teor são extraídas por meio de fotocópia ou outro modo autorizado de reprodução fotográfica e, se tal não for possível, podem ser dactilografadas ou manuscritas.

2 — Devem ser dactilografadas as certidões de narrativa e as certidões de instrumentos e documentos arquivados que se achem manuscritos quando se destinem a fazer fé no estrangeiro ou quando a sua leitura não seja facilmente revelada pelo contexto.

NOTAS

1. Consagra este artigo duas regras. A primeira, é a de que as certidões serão dactilografadas ou manuscritas, para o caso de não ser possível a produção de certidões por meio de fotocópia; a segunda, é a de que serão dactilografadas as certidões de narrativa e as de instrumentos e documentos arquivados que se achem manuscritos quando se destinem a fazer fé no estrangeiro ou quando a sua leitura não seja facilmente revelada pelo contexto.

2. *Reproduções mecânicas* — ver art. 368.º do C. Civil.

3. Dispõe o n.º 1 do artigo 541.º do Código de Processo Civil " Se a letra do documento for de difícil leitura, a parte é obrigada a apresentar uma cópia legível".

ARTIGO 167.º
(**Requisitos**)

A certidão deve conter, em especial:

a) A identificação do livro ou do maço de documentos do qual é extraída, segundo o seu número de ordem e a sua denominação;

b) A indicação dos números da primeira e da última folha que o original ocupa no livro ou no maço;

c) A declaração de conformidade com o original;

d) A menção da sua gratuitidade, se for extraída nos termos do n.º 3 do artigo 164.º.

NOTAS

Outros requisitos — Para além dos requisitos enunciados neste artigo, a certidão deve conter as menções previstas no n.º 1 do artigo 160.º deste código: a designação do serviço emitente, a numeração das folhas, a menção da data e do lugar em que foram passados e, ainda, a rubrica e assinatura do funcionário competente.

ARTIGO 168.º
(Certidões de teor integral)

1 — Na certidão de teor integral deve ser reproduzido, além do conteúdo do instrumento, o texto dos testamentos, incluindo a aprovação e a abertura dos testamentos cerrados e internacionais, bem como o texto das escrituras de doação por morte e os documentos complementares referidos no artigo 64.º, salvo os indicados no seu n.º 5, que hajam integrado ou instruído o acto.
2 — Da certidão de teor integral devem constar os averbamentos, as cotas de referência e as contas dos instrumentos e documentos a que respeitem.
3 — A pedido dos interessados, podem ainda ser reproduzidos na certidão outros documentos que serviram de base ao acto certificado.

NOTAS

O n.º 5 do artigo 64.º refere-se aos cadernos de encargos e à descrição da obra, documentos que podem instruir uma escritura e que a pedido dos interessados podem ser reproduzidos na certidão.
A regra do n.º 2 só faz sentido para as certidões dactilografadas ou manuscritas.

ARTIGO 169.º
(Certidões de teor parcial)

1 — Quando o instrumento notarial contiver diversos actos jurídicos, ou um só acto de que resultem direitos e obrigações respeitantes a diferentes pessoas ou entidades, se for apenas requisitada certidão da parte relativa a algum dos actos ou a algum dos interessados deve observar-se o disposto nos números seguintes.
2 — A certidão deve incluir a parte do instrumento que se reporte ao acto ou ao interessado indicado pelo requisitante e, ainda, tudo o que se refira ao contexto e requisitos gerais do instrumento e aos documentos que o instruíram.
3 — A certidão deve, ainda, incluir outras referências, feitas por forma narrativa, quando sejam essenciais à boa compreensão do seu con-

teúdo e, bem assim, todas as estipulações que ampliem, restrinjam, modifiquem ou condicionem a parte certificada.

4 — O disposto no artigo anterior é aplicável aos documentos que serviram de base à parte certificada do instrumento.

NOTAS

Ver comentários ao art. 165.º.

ARTIGO 170.º
(Elementos compreendidos nas certidões de teor)

1 — As certidões devem revelar ou fazer menção dos selos e demais legalizações, estampilhas e verbas de pagamento do imposto do selo constantes dos originais, devendo também nelas ser assinaladas, de forma bem visível, todas as irregularidades ou deficiências reveladas pelo texto e que viciem o acto ou o documento.

2 — Os originais são certificados em conformidade com as ressalvas que neles foram feitas, podendo estas ser incluídas a pedido dos interessados.

NOTAS

1. As irregularidades ou deficiências de texto que viciem o acto ou o documento devem ser assinalas de forma bem visível.

2. Ver artigos 41.º e 70.º, n.º 1, al. c).

ARTIGO 171.º
(Públicas-formas)

1 — A pública-forma é uma cópia de teor, total ou parcial, extraída pelo notário, nos termos do n.º 1 do artigo 166.º, de documentos estranhos ao seu arquivo, que lhe sejam presentes para esse efeito.

2 — A pública-forma deve conter a declaração de conformidade com o original, sendo-lhe, ainda, aplicável o disposto no n.º 1 do artigo anterior.

3 — A pública-forma de bilhete de identidade e de passaporte só pode ser extraída por meio de fotocópia e deve conter, ainda, a menção do número, data de emissão e entidade emitente do original do documento.

4 — A pública-forma de bilhete de identidade e de passaporte não pode ser extraída de documento cujo prazo de validade se mostre ultrapassado ou se encontre em mau estado de conservação, salvo se for requerida pelo tribunal.

5 — É permitida a reprodução, por meio de pública-forma, de documento escrito em língua estrangeira que o notário domine, se o interessado alegar que não é exigível a sua tradução, nos termos do n.º 3 do artigo 44.º, pela entidade perante a qual vai fazer fé.

NOTAS

1. *Noção* — A pública-forma é uma cópia de documentos avulsos exibidos ao notário para esse efeito, ou seja, de documentos estranhos ao arquivo do cartório.

2. *Menções* — Deve conter a declaração de conformidade com o original e a menção de todas as irregularidades ou deficiências reveladas pelo texto e que viciem o acto ou o documento.

Estas irregularidades devem ser assinaladas de forma bem visível, designadamente com a letra sublinhada ou a bold.

3. *Pública-forma de bilhete de identidade ou de passaporte* — Deve conter, ainda, a menção do número, data de emissão e entidade emitente do original do documento.

Sobre o valor probatório deste documentos, ver art. 386.º do Código Civil.

ARTIGO 171.º-A
(Conferência de fotocópias)

1 — O notário pode conferir fotocópias que tenham sido extraídas de documentos não arquivados no cartório, desde que tanto a fotocópia como o documento lhe sejam apresentados para esse fim.

2 — Quando a natureza ou a extensão desses documentos implique

uma conferência excessivamente demorada, pode o notário exigir que a fotocópia seja extraída no próprio cartório.

3 — É aplicável às fotocópias de documentos não arquivados o disposto nos n.ºs 2 e 4 do artigo 171.º.

NOTAS

1. O Decreto-Lei n.º 28/2000, de 13 de Março, atribui competência para conferência de fotocópias a outras entidades, a saber:
— Juntas de freguesia;
— Operador de serviço público de Correios, CTT-Correios de Portugal, SA.;
— Advogados;
— Solicitadores;
— Câmaras de comércio e indústria.

2. Em concretização das faculdades previstas nos números anteriores, é aposta ou inscrita no documento fotocopiado a declaração de conformidade com o original, o local e a data de realização do acto, o nome e assinatura do autor da certificação, bem como o carimbo profissional ou qualquer outra marca identificativa da entidade que procede à certificação (n.º 4 do art. 1.º do cit. DL n.º 28/2000).

3. As entidades referidas no artigo anterior fixam o preço que cobram pelos serviços de certificação de fotocópias que, constituindo sua receita própria, não pode exceder o preço resultante da tabela em vigor nos cartórios notariais (n.º 3 do art. 2.º do citado DL n.º 28/2000).

4. *Instrução de processos administrativos graciosos* — Para a instrução de processos administrativos graciosos é suficiente a simples fotocópia de documento autêntico ou autenticado (n.º 1 do artigo 32.º do Decreto-Lei n.º 135/99, de 22 de Abril, na redacção que lhe foi dada pelo Decreto-Lei n.º 29/2000, de 13 de Março).

As fotocópias que podem ser extraídas ou conferidas pelos serviços dos registos e do notariado no âmbito do disposto no .º 1 do art. 1.º do Dec.-Lei n.º 30/2000 são não só as que respeitem a documentos autênticos ou autenticados, mas ainda as que respeitem a documentos particulares (não autenticados), bem como as cópias autênticas de uns e outros (certidões/ fotocópias autenticadas) pois que não obstante a literalidade do preceito, razões de coerência e de unidade do sistema jurídico o impõem (ver despacho n.º 19/2000 do Ex.mo Sr. director-geral dos Registos e do Notariado, publicado no BRN n.º 8/2000).

5. *Isenção de emolumentos* — As fotocópias de documentos conferidas para efeitos de instrução de actos e processos de registos e do notariado são isentas de emolumentos nos termos do n.º 4 do DL n.º 30/2000, de 13 de Março.

6. *Fotocópias de actas de assembleia geral das sociedades* — É obrigatória a legalização dos livros das actas da assembleia geral das sociedades pela conservatória dos registo comercial competente, em conformidade com o disposto nos artigos 32.º, n.º 1, do Código Comercial e 112-A do Código do Registo Comercial.

Nas públicas-formas e fotocópias certificadas daquelas actas, há que referir a circunstância de o livro de que as mesmas são extraídas se encontrar legalizado e de se mostrar pago o imposto do selo devido — cfr. artigos 170.º a 171.º-A do Código do Notariado.

7. *Valor probatório* — Ver art. 387.º do Código Civil.

SUBSECÇÃO IV
Traduções

ARTIGO 172.º
(Em que consistem e como se fazem)

1 — A tradução de documentos compreende:

a) A versão para a língua portuguesa do seu conteúdo integral, quando escritos numa língua estrangeira;

b) A versão para uma língua estrangeira do seu conteúdo integral, quando escritos em língua portuguesa.

2 — A tradução deve conter a indicação da língua em que está escrito o original e a declaração de que o texto foi fielmente traduzido.

3 — Se a tradução for feita por tradutor ajuramentado em certificado aposto na própria tradução ou em folha anexa, deve mencionar-se a forma pela qual foi feita a tradução e o cumprimento das formalidades previstas no n.º 3 do artigo 44.º

4 — É aplicável às traduções o disposto na alínea c) do artigo 167.º, no n.º 2 do artigo 168.º e no artigo 170.º.

NOTAS

1. *Atribuição de competência a outras entidades* — As câmaras de comércio e indústria, reconhecidas nos termos do Decreto-Lei n.º 244/92, de 29 de

Outubro, os advogados e os solicitadores podem certificar, ou fazer certificar, traduções de documentos — n.º 2 do art. 5.º do Dec.-Lei n.º 237/2001, de 30 de Agosto).

Sobre o valor probatório das traduções feitas por tais entidades, ver art. 6.º do citado Dec.-Lei n.º 237/2001.

2. *Escolha dos tradutores ajuramentados* — É feita pelos interessados, não sendo obrigatório que recaia sobre tradutores oficiais.

3. *Menções* — O certificado de tradução deverá referir os averbamentos, as cotas de referência e as contas dos documentos traduzidos.
Ver artigos 4.º, n.º 2 al. f), 44.º, n.º 3, 65.º, 69.º, 157.º, n.º 2.

4. *Tradução feita pelo notário* — F .... notário do Cartório Notarial de ....certifico que me foi apresentado um documento escrito em língua ..., composto de .... folhas, cuja versão para a língua portuguesa é a seguinte: ....
Certifico ainda que no canto superior esquerdo do documento se encontra um carimbo a óleo com os seguintes dizeres .... e que nele estão apostas as seguintes estampilhas ......
Está conforme o original que foi fielmente traduzido.
Data .... O notário .... conta registada sob o n.º ....

5. *Certificado de tradução* — F .... notário do Cartório Notarial de .... certifico que compareceu perante mim F ..., casado, natural da freguesia de ... concelho de ..., residente ....., pessoa cuja identidade verifiquei por ..., o qual me apresentou a tradução do documento que fica anexo a este certificado, composto de ... folhas, escrito em língua ... e versado para a língua ...
O tradutor afirmou sob compromisso de honra que o texto foi por ele fielmente traduzido e está conforme o original .
Data .... O tradutor...... O notário .... conta registada sob o n.º ....

TÍTULO III
Das recusas e recursos

CAPÍTULO I
Recusas

ARTIGO 173.º
(Casos de recusa)

1 — O notário deve recusar a prática do acto que lhe seja requisitado, nos casos seguintes:

a) Se o acto for nulo;

b) Se o acto não couber na sua competência ou ele estiver pessoalmente impedido de o praticar;

c) Se tiver dúvidas sobre a integridade das faculdades mentais dos intervenientes;

d) Se as partes não fizerem os preparos devidos.

2 — As dúvidas sobre a integridade das faculdades mentais dos intervenientes deixam de constituir fundamento de recusa, se no acto intervierem dois peritos médicos que garantam a sanidade mental daqueles.

3 — Quando se trate de testamento público ou de instrumento de aprovação de testamento cerrado ou internacional, a falta de preparo não constitui fundamento de recusa.

NOTAS

1. *Nulidade do acto* — Ver notas aos arts. 42.º, 71.º e 73.º.

2. *Competência* — ver art. 4.º deste código.

Os cartórios notariais são competentes para praticar, dentro do concelho onde se situem, quaisquer actos notariais, ainda que respeitem a pessoas domiciliadas ou a bens situados fora da área do respectivo concelho (n.º 3 do art. 13.º da Lei Orgânica).

3. *Impedimento* — ver artigos 5.º e 6.º deste código.

4. *Dúvidas sobre a integridade das faculdades mentais dos intervenientes* — Não constitui motivo de recusa se no acto intervierem dois peritos médicos que garantam a sanidade mental dos intervenientes.

Ver n.º 4 do art. 67.º.

5. *Preparos devidos* — Os conservadores e notários podem exigir como preparo, mediante recibo, a quantia provável do total da conta a pagar pelos actos requeridos, incluindo as despesas de correio (n.º 1 do art. 129.º do Decreto Regulamentar n.º 55/80, de 8 de Outubro).

No mesmo sentido o artigo 8.º do RERN : "Os conservadores e notários podem exigir, a título de preparo, o pagamento antecipado do custo provável dos actos a praticar nos respectivos serviços".

Havendo restituição de excedente de preparo, deverá o interessado escrever por extenso, na nota de recebimento, a quantia que lhe foi devolvida, assinando em seguida (n.º 6 do art. 131.º do Regulamento)

6. *Encargos dos documentos requisitados pelos interessados* — São cobrados:
a) Pelo cartório notarial requisitante que, no prazo de quarenta e oito horas, deve remeter ao serviço requisitado, por cheque ou depósito em conta, o valor respeitante ao seu custo e despesas de expedição;
b) Pelos outros serviços requisitantes que, nos mesmos termos, devem remeter ao cartório requisitado as quantias respectivas (alíneas a) e b) do n.º 3 do art. 191.º deste código).

ARTIGO 174.º
(Actos anuláveis e ineficazes)

1 — A intervenção do notário não pode ser recusada com fundamento de o acto ser anulável ou ineficaz.

2 — Nos casos previstos no número anterior, o notário deve advertir as partes da existência do vicio e consignar no instrumento a advertência que tenha feito.

NOTAS

Ineficácia — Imperfeição existente num negócio jurídico que não produz no todo ou em parte os efeitos que tenderia a produzir.

Exemplo paradigmático é o do negócio em que outorgue um gestor de negócios.

Anulabilidade — Sanção estabelecida para um acto que se conclui sem a observância de certos comandos legais que visam proteger somente interesses de ordem particular.

A anulabilidade é sanável pelo decurso do tempo ou confirmação dos interessados e só pode ser invocada por determinadas pessoas.

Ver notas ao art. 71.º deste código e artigos 261.º, n.º 1, 287.º, 877.º, 1379.º, 1687.º e 1889.º do código civil.

Recusa — Em caso de nulidade do acto, designadamente, nos negócios simulados, (art. 240.º, n.º 1), contrários à lei (art. 294.º), que contenham condições ilícitas ou impossíveis (art. 271.º), em que o objecto seja impossível, indeterminável, contrário à ordem pública ou ofensivo dos bons costumes (art. 280.º). Os referidos artigos são do código civil.

Ver nota 6 ao art. 71.º.

CAPÍTULO II
Recursos

ARTIGO 175.º
(Admissibilidade de recurso)

Quando o notário se recusar a praticar o acto, pode o interessado interpor recurso para o tribunal de 1.ª instância da sede do cartório notarial, sem prejuízo do recurso hierárquico para o director-geral dos Registos e do Notariado, nos termos da lei orgânica dos serviços.

NOTAS

I. *Reclamação hierárquica*

1. Os interessados que pretendam exercer o direito de reclamar hierarquicamente contra a recusa de conservador ou notário de efectuar algum registo nos termos requeridos ou de praticar qualquer acto da sua competência devem, em petição dirigida ao director-geral dos Registos e do Notariado, requerer que este determine a realização do registo ou acto recusado.

2. O prazo para reclamar é de sessenta dias a contar da data em que o interessado tiver conhecimento do despacho dado no seu requerimento. O despacho deve ser comunicado ao interessado no prazo de três dias após a decisão, por notificação pessoal ou por carta registada.

3. A reclamação será apresentada ao conservador ou notário reclamado com os documentos que o reclamante pretenda oferecer.

4. Se não reparar a sua decisão dentro do prazo de quarenta e oito horas, depois de observar, se for caso disso, o n.º 2 do artigo 153.º do Código do Registo

Predial, deve o funcionário reclamado enviar à Direcção-Geral a reclamação e os respectivos documentos acompanhados de informação em que especificará e esclarecerá os motivos da decisão e manutenção desta (art. 138.º do Regulamento).

II. *Recurso*

1. Das decisões proferidas pelos conservadores e notários sobre reclamações contra erros de conta, bem como da sua recusa a efectuar algum registo nos termos requeridos ou a praticar qualquer acto da sua competência, podem os interessados reclamar para o director-geral dos Registos e do Notariado.

2. Se a decisão do conservador ou notário admitir recurso para o tribunal da comarca, a faculdade de reclamação só pode ser exercida antes de interposto o recurso a que haja lugar, nos termos das disposições legais aplicáveis.

3. A reclamação deve ser interposta no prazo de sessenta dias a contar do recebimento da comunicação do despacho dado ao requerido.

4. Do despacho proferido pelo director-geral sobre a reclamação não há recurso; mas quando for desfavorável ao reclamante pode este, no prazo de oito dias, a contar da notificação daquele despacho, interpor o recurso que couber da decisão inicial do conservador ou notário.

5. Se forem postos, simultaneamente, recurso para o tribunal e reclamação hierárquica ou, sucessivamente, mas intentado o recurso contencioso antes de julgada a reclamação hierárquica, apenas poderá prosseguir seus termos o recurso contencioso, considerando-se prejudicada a reclamação (art. 69.º da Lei Orgânica).

ARTIGO 176.º
(Especificação dos motivos da recusa)

Se o interessado declarar, verbalmente ou por escrito, que pretende recorrer, o notário deve entregar-lhe, dentro de quarenta e oito horas, uma exposição datada, na qual se especifiquem os motivos da recusa.

NOTAS

Fixa-se um prazo de quarenta e oito horas para o notário elaborar a exposição que indique os fundamentos da sua recusa.

ARTIGO 177.º
(Petição de recurso)

1 — Dentro dos 15 dias subsequentes à entrega da exposição deve o recorrente apresentar na repartição notarial a petição do recurso, diri-

gida ao juiz de direito e acompanhada da exposição do notário e dos documentos que o interessado pretende oferecer.

2 — Na petição, o recorrente deve procurar demonstrar a improcedência dos motivos da recusa, concluindo por pedir que seja determinada a realização do acto.

NOTAS

A petição do recurso, dirigida ao juiz de direito e acompanhada da exposição do notário, é apresentada na respectiva repartição notarial.

Só segue para o tribunal se o notário entender que não é de reparar a recusa.

ARTIGO 178.º
(Sustentação da recusa e remessa do processo a juízo)

1 — Autuada a petição e os respectivos documentos, o notário recorrido lavra despacho, dentro de quarenta e oito horas, a sustentar ou a reparar a recusa.

2 — Se o notário mantiver a recusa, deve remeter o processo a juízo, completando a sua instrução com os documentos que julgue necessários.

NOTAS

Se o notário mantiver a recusa, pode completar a instrução do processo com a junção dos documentos que julgue necessários.

ARTIGO 179.º
(Decisão de recurso)

Independentemente de despacho, o processo vai, logo que seja recebido em juízo, com vista ao Ministério Público, a fim de este emitir parecer, sendo em seguida julgado por sentença, no prazo de oito dias.

NOTAS

Da referida sentença pode ser interposto recurso de agravo.

ARTIGO 180.º
(Recorribilidade da decisão)

1 — Da sentença podem interpor recurso para a Relação, com efeito suspensivo, a parte prejudicada pela decisão, o notário ou o Ministério Público, sendo o recurso processado e julgado como o de agravo em matéria cível.

2 — Do acórdão da Relação não cabe o recurso para o Supremo Tribunal de Justiça, sem prejuízo dos casos em que o recurso é sempre admissível.

NOTAS

1. *Legitimidade para este recurso* — A parte prejudicada pela decisão; o notário; o Ministério Público.

2. *Agravo interposto na 1.ª instância* — Ver art. 733.º e seguintes do C. P. Civil.

3. *Agravos com efeito suspensivo* — ver art. 740.º do C. P. Civil.

4. *Supremo Tribunal de Justiça* — Noutro sentido dispunha o n.º 2 do art. 197.º do anterior Código do Notariado: « Do acórdão da Relação que decidir o recurso cabe agravo, nos termos gerais da lei do processo, para o Supremo Tribunal de Justiça».

ARTIGO 181.º
(Termos posteriores à decisão do recurso)

1 — Julgado procedente o recurso por decisão definitiva, deve o chefe da secretaria judicial remeter oficiosamente ao notário recorrido a certidão da decisão proferida.

2 — Da decisão deve enviar-se cópia à Direcção- Geral dos Registos e do Notariado, sempre que o tribunal o julgue conveniente.

NOTAS

Decisão definitiva — Equivale a trânsito em julgado da decisão.

ARTIGO 182.º
(Cumprimento do julgado)

O acto recusado cuja realização for determinada no julgamento do recurso deve ser efectuado pelo notário recorrido, logo que as partes o solicitem, com referência à decisão transitada.

NOTAS

A outorga do acto poderá, no entanto, ser recusada por outro motivo que não seja aquele que primitivamente determinou a sua recusa.

ARTIGO 183.º
(Isenção de custas)

O notário recorrido é isento de custas, ainda que o recurso haja sido julgado procedente, salvo quando se prove que agiu com dolo ou contra disposição expressa da lei.

NOTAS

Ver al. r) do n.º 1 do art. 6.º do Código das Custas Judiciais.

TÍTULO IV
Disposições diversas

CAPÍTULO I
Responsabilidade dos funcionários notariais

ARTIGO 184.º
(Responsabilidade em casos de revalidação e sanação)

A revalidação ou sanação dos actos notariais não exime os funcionários da responsabilidade pelos danos que hajam causado.

NOTAS

1. *Sanação e revalidação* — Ver artigos 70.º e 73.º deste código.

2. *Responsabilidade civil por actos ilícitos* — Aquele que, com dolo ou mera culpa, violar ilicitamente o direito de outrem ou qualquer disposição legal destinada a proteger interesses alheios fica obrigado a indemnizar o lesado pelos danos resultantes da violação.

Só existe obrigação de indemnizar independentemente de culpa nos casos especificados na lei (art. 483.º do C. Civil).

Os danos podem ser materiais e não patrimoniais.

3. *Responsabilidade das entidades públicas* — O Estado e as demais entidades públicas são civilmente responsáveis, em forma solidária com os titulares dos seus órgãos, funcionários ou agentes, por acções ou omissões praticadas no exercício das suas funções e por causa desse exercício, de que resulte violação dos direitos, liberdades e garantias ou prejuízo para outrem (art. 22.º da Constituição da República Portuguesa).

O Estado e demais pessoas colectivas, quando haja danos causados a terceiro pelos seus órgãos, agentes ou representantes no exercício de actividades de gestão privada, respondem civilmente por esses danos nos termos em que os comitentes respondem pelos danos causados pelos seus comissários (art. 501.º do C. Civil).

4. *Direito de regresso* — O cofre dos Conservadores, Notários e Funcionários de Justiça assume a responsabilidade solidária que caiba ao Estado pelos danos que os funcionários dos serviços do registo e do notariado causem a terceiros no exercício das suas funções.

O direito de regresso contra os funcionários directamente responsáveis é exercido pelo Cofre, representado, para o efeito, pelo Ministério Público (Lei Orgânica dos Serviços dos Registos e do Notariado, art. 71.º do Dec.-Lei n.º 519-F2/79, de 29 de Dezembro).

5. *Responsabilidade disciplinar* — As faltas injustificadas, para além das consequências disciplinares a que possam dar lugar, determinam sempre a perda das remunerações correspondentes aos dias de ausência, não contam para efeitos de antiguidade e descontam nas férias.

O funcionário ou agente que invocar motivos falsos para a justificação das faltas pode ainda incorrer em infracção criminal nos termos da respectiva legislação (n.ºs 2 e 3 do art. 71.º do Dec.-Lei n.º 100/99, de 31 de Março) — diploma que estabelece o regime de férias, faltas e licenças dos funcionários e agentes da administração central, regional e local, incluindo os institutos públicos que revistam a natureza de serviços personalizados ou de fundos públicos).

6. *Responsabilidade disciplinar na Lei dos Loteamentos* — Os funcionários e agentes da Administração Pública que deixem de participar infracções às entidades fiscalizadoras ou prestem informações falsas ou erradas sobre as infracções à lei e aos regulamentos de que tenham conhecimento no exercício das suas funções incorrem em responsabilidade disciplinar, punível com pena de suspensão a demissão (art. 101.º do Dec.-Lei n.º 555/99, republicado em anexo ao Dec.--Lei n.º 177/2001, de 4 de Junho).

7. *Responsabilidade tributária na cobrança do imposto do selo* — Sem prejuízo do disposto no artigo 23.º do código do selo, são solidariamente responsáveis com o sujeito passivo pelo pagamento do imposto as pessoas que, por qualquer outra forma, intervierem nos actos, contratos e operações, ou receberem ou utilizarem os livros, papéis e outros documentos, desde que tenham colaborado dolosamente na falta de liquidação ou arrecadação do imposto.

Esta regra aplica-se aos funcionários públicos que tenham sido condenados disciplinarmente pela não liquidação ou falta de entrega dolosas da prestação tributária, ou pelo não cumprimento da exigência prevista na parte final do n.º 1 do artigo 42.º do CIS

8. *Transferência da responsabilidade para entidades seguradoras* — A responsabilidade dos trabalhadores dos serviços dos registos e do notariado pode ser transferida para entidades seguradoras (art. 71.º, n.º 2 da Lei Orgânica).

CAPÍTULO II
Estatística e participação de actos

ARTIGO 185.º
(Verbetes estatísticos)

1 — O notário deve preencher e assinar os verbetes estatísticos a remeter à entidade competente, até ao dia 10 do mês seguinte àquele a que se reportam.

2 — Em cada instrumento do qual deva ser extraído verbete estatístico lança-se, por algarismos, a indicação do verbete ou dos verbetes que lhe correspondam, rubricando-se tal nota.

NOTAS

1. *Actos que dão lugar ao preenchimento de verbetes :*
a) Compra e venda de prédios e de fracções autónomas de prédios, excepto tratando-se de venda de frutos pendentes, águas, jazigos e usufruto;
b) Mútuo com hipoteca voluntária;
c) Constituição de Pessoas Colectivas e Entidades Equiparadas;
d) Dissolução de sociedades sob forma comercial, cooperativas, estabelecimentos individuais de responsabilidade limitada, agrupamentos complementares de empresas e agrupamentos europeus de interesse económico;
e) Protesto de efeitos comerciais de letras, livranças e extractos de factura.

2. *Mapa mensal de actividade* — É descrito no modelo 283/GEPMJ/DEJ, e deve ser remetido ao GEPMJ até ao dia 10 do mês seguinte àquele a que respeita a informação, acompanhado dos respectivos verbetes.

3. *Sistema Estatístico Nacional* — As bases gerais do SEN constam da Lei n.º 6/89, de 15 de Abril.

Todos os serviços públicos que devam ou possam fornecer informação estatística têm o dever de cooperar com os órgãos do Instituto de Estatística, com vista ao funcionamento eficiente do Sistema Estatístico Nacional e à observância dos seus princípios orientadores (art. 7.º da citada Lei).

4. *Sanções e contra-ordenações* — A recusa de prestação de informações ou da exibição de livros e documentos bem como a falsidade daquelas são punidas, respectivamente com as penas aplicáveis aos crimes de desobediência e de falsas declarações (n.º 3 do art. 19.º).

Será punido com coima de 29, 93 a 29 927,87 € quem não fornecer as informações estatísticas devidas, no prazo legal, pelos actos realizados, quem prestar informações inexactas, insuficientes, susceptíveis de induzirem em erro, ou que não obedeçam à forma regularmente definida (n.º 1 do art. 21.º da citada Lei n.º 6/89).

ARTIGO 186.º
(Participação de actos)

1 — Os notários devem enviar até ao dia 15 de cada mês:
a) À Direcção-Geral dos Impostos, em suporte informático, uma relação dos registos de escrituras diversas, uma relação das procurações que confiram poderes de alienação de bens imóveis em que por renúncia ao direito de revogação ou cláusula de natureza semelhante o representado

deixe de poder revogar a procuração, bem como dos respectivos substabelecimentos, referentes ao mês anterior, documentos estes que substituem, para todos os efeitos, as relações e participações dos actos exarados que, por lei, devam ser enviados às repartições dependentes da Direcção-Geral dos Impostos;

b) Às conservatórias competentes, relações de todos os instrumentos lavrados no mês anterior, para prova dos factos sujeitos a registo comercial obrigatório;

c) Ao Registo Nacional de Pessoas Colectivas, fotocópias dos títulos de constituição, modificação ou extinção de pessoas colectivas não sujeitas a registo comercial, lavrados no mês anterior.

2 — A obrigatoriedade, não emergente deste Código, de remessa a quaisquer entidades de relações, participações, notas, mapas ou informações só pode reportar-se a elementos do arquivo dos cartórios e ser imposta aos notários por portaria do Ministro da Justiça.

NOTAS

1. Quadro sucinto das principais obrigações a cumprir:

I — DIÁRIAS

Depósito das receitas arrecadadas — Após o encerramento da repartição, não podem permanecer nesta quaisquer quantias, salvo se a mesma for dotada de cofre que garanta a necessária segurança e as quantias em causa não excedam 498,80 €.

A obrigatoriedade do depósito diário pode ser dispensada por despacho do Sr. director-geral desde que os montantes habitualmente arrecadados em numerário não sejam elevados, haja condições de segurança para a sua guarda e não se situe nas proximidades da repartição qualquer agência bancária.

O pedido de dispensa deve indicar os elementos atrás referidos, bem como a periodicidade com que se pretende que o depósito seja efectuado e o montante médio diário da receita arrecadada (despacho do Exm.º Sr. director-geral n.º 26/97, de 15/7/97, publicado no BRN, n.º 7/97).

Fichas ou verbetes — Seu preenchimento e catalogação por ordem alfabética, nos termos previstos nos artigos 25.º e 26.º deste código.

II — SEMANAIS

A cumprir nos 3 primeiros dias úteis

À Conservatória dos Registos Centrais — Enviar ofício em duplicado, acompanhado de uma ficha de modelo aprovado, de cada testador ou outorgante, relativo aos seguintes actos:

Testamentos públicos, instrumentos de aprovação, depósito ou abertura de testamentos cerrados e de testamentos internacionais;

Escrituras de revogação de testamentos e de renúncia ou repúdio de herança ou legado, que hajam sido lavrados na semana anterior, com a respectiva discriminação.

Depósito do imposto do selo — Os pagamentos são feitos semanalmente, nos três primeiros dias úteis da semana seguinte à da cobrança mas, se o último dia do mês não for domingo, deve efectuar-se nos três primeiros dias úteis do mês seguinte o pagamento do imposto do selo referente aos dias decorridos entre o último domingo e o fim do mês (n.º 2 do art. 200.º deste código).

O selo cobrado nos termos do número 26.º da TGIS constitui receita própria do Instituto de Gestão Financeira e Patrimonial da Justiça (n.º 1 do art. 4.º do Dec.-Lei n.º 322-B/2001, de 14/12), a enviar no final de cada mês ao IGFPJ.

O montante cobrado deve ser referenciado no rosto da nota mensal de receitas e encargos.

III — MENSAIS

Até ao dia 8

Ao Instituto de Gestão Financeira — Enviar guia de depósito das receitas do IGFPMJ (ver circular n.º 3417, de 8/9/81, do GGF), acompanhada do original da nota de receita e encargos e da folha de pagamentos.

O depósito das receitas deve ser feito até ao dia 5 de cada mês.

À Direcção – Geral dos Registos e do Notariado — Remeter duplicado da folha de pagamentos, bem como da nota de receitas e encargos mensais, nos termos da circular n.º 6/90, de 4 de Julho, da DGRN.

Os notários devem remeter mensalmente à Direcção-Geral dos Registos e do Notariado, de harmonia com as instruções por esta emitidas, nota detalhada de todas as importâncias arrecadadas, despesas efectuadas e saldos depositados.

Até ao dia 10

Ao Gabinete de Estudos e Planeamento do Ministério da Justiça — Enviar os verbetes estatísticos dos actos a eles sujeitos lavrados no mês anterior, acompanhado do mapa mensal de actividade, modelo 283 do GEPMJ (art. 185.º, n.º 1).

Até ao dia 15

Às conservatórias competentes — Enviar uma relação de todos os instrumentos lavrados no mês anterior, para prova dos factos sujeitos a registo comercial obrigatório;

À Conservatória dos Registos Centrais — Remeter cópia do registo das escrituras diversas celebradas no mês anterior;

À Direcção-Geral dos Impostos — Enviar, em suporte informático, uma relação dos actos ou contratos sujeitos a IMT, ou dele isentos, exarados nos livros de notas no mês antecedente, indicando, relativamente a cada um desses actos, o número, data e importância dos documentos de cobrança ou os motivos da isenção, nomes dos contratantes, artigos matriciais e respectivas freguesias, ou menção dos prédios omissos (al. a) do n.º 4 do art. 49.º do CIMT), ou, em alternativa, cópia do registo diário das escrituras lavradas nesse mês;

— Cópia das procurações que confiram poderes de alienação de bens imóveis em que por renúncia ao direito de revogação ou cláusula de natureza semelhante o representado deixe de poder revogar a procuração, bem como dos respectivos substabelecimentos, referentes ao mês anterior (al. b) do citado n.º 4);

— Cópia das escrituras de divisões de coisa comum e de partilhas de que façam parte bens imóveis (al. c) do cit. n.º 4);

— Um exemplar dos contratos de arrendamento, subarrendamento, respectivas promessas, bem como das suas alterações (art. 60.º do CIS).

Às Câmaras Municipais — Cópia das escrituras de compra e venda que envolvam a transmissão de bens imóveis, lavradas no mês anterior, para efeitos desta entidade poder exercer o direito de preferência estatuído no n.º 1 do artigo 55.º do CIMT, no qual se dispõe: "Se, por indicação inexacta do preço, ou simulação deste, o imposto tiver sido liquidado por valor inferior ao devido, o Estado, as autarquias locais e demais pessoas colectivas de direito público, representados pelo Ministério Público, poderão preferir na venda, desde que assim o requeiram perante os tribunais comuns e provem que o valor por que o IMT deveria ter sido liquidado excede em 30% ou em (euro) 5000, pelo menos, o valor sobre que incidiu".

Sobre o conceito de transmissões onerosas de bens imóveis, sujeitas a IMT, ver n.ºs 1, 2, 3 e 5 do art. 2.º do CIMT.

— Cópia dos instrumentos de trespasses de estabelecimento comercial, industrial ou agrícola (n.º 2 do art. 70.º do CIS).

À Direcção-Geral do Orçamento — Enviar impresso próprio com a indicação do número de horas extraordinárias prestado por cada funcionário ou agente, o respectivo fundamento legal e as correspondentes remunerações.

Do registo de horas extraordinárias deverá ser enviado um exemplar ao IGFPMJ e outro ao Serviço de Auditoria e Inspecção da DGRN.

Na nota de Receitas e Encargos Mensais, há que indicar, em Observações e na coluna 5, o número de horas extraordinárias e as respectivas remunerações (ver art. 31.º do Dec.- Lei n.º 259/98, de 18 de Agosto e o BRN n.º 5/2000, pág. 5).

Ao Registo Nacional de Pessoas Colectivas — Remeter fotocópias dos títulos de constituição, modificação ou extinção de pessoas colectivas não sujeitas a registo comercial, lavrados no mês anterior.

IV — TRIMESTRAIS

Saldo das taxas de reembolso — No fim de cada trimestre o saldo positivo que vier a ser apurado é depositado a favor dos Serviços Sociais do Ministério da Justiça, constituindo este saldo receita dos SSMJ (ver n.ºs 4 e 5 do art. 67.º da LORN).

V — ANUAIS

Até 5 de Janeiro

Mapa das faltas — Remessa à DGRN de um mapa, em duplicado, com o número total das faltas e licenças dos funcionários, e indicação das suas espécies e fundamentos (ver art. 94.º, n.º 3 do Regulamento e circular n.º 483, de 15/1/60, da DGRN).

Até 20 de Janeiro

Declaração de rendimentos — Entrega aos sujeitos passivos de uma declaração comprovativa dos rendimentos auferidos e das retenções de IRS (art. 114.º, n.º 1, al. b) do CIRS);

Rendimento do Cartório — Comunicação aos Serviços de Auditoria e Inspecção do rendimento da repartição verificado no ano anterior (circular n.º 10/93, de 1 de Outubro).

Até 15 de Fevereiro

À *Conservatória dos Registos Centrais* — Enviar nota certificada de testamentos públicos, autos de aprovação, autos de abertura de testamentos cerrados e escrituras de revogação de testamentos, em impresso de modelo n.º 544 (circular n.º 23, de 15 de Dezembro de 1956, da CRC).

Notação dos oficiais — Os senhores notários devem preencher anualmente, até ao dia 15 de Fevereiro, uma ficha de informação, em modelo aprovado, relativamente a cada um dos oficiais que no decurso do ano anterior tenham prestado serviço no cartório notarial e com os quais naquele período, tenham mantido contacto funcional durante, pelo menos, 6 meses (despacho n.º 10/98, de 19/2, do Exm.º Sr. director-geral dos Registos e do Notariado, publicado no BRN n.º 2/98, pág. 4).

Até ao final do mês de Fevereiro

Entregar à Direcção-Geral dos Impostos uma declaração de modelo oficial dos rendimentos e retenções processados aos funcionários (art. 119.º, n.º 1 al. c) do CIRS, na redacção que lhe foi dada pelo Dec.-Lei n.º 17/2004, de 15 de Janeiro).

Até 30 de Abril

Mapa de Férias — Até 30 de Abril de cada ano, os serviços devem elaborar o mapa de férias e dele dar conhecimento aos respectivos funcionários e agentes (n.º 1 do art. 6.º do Dec.-Lei n.º 100/99, de 31 de Março, alterado pela Lei n.º 117/99, de 11 de Agosto, pelo Dec.-Lei n.º 503/99, de 20 de Novembro e pelo Dec.-Lei n.º 70-A/2000, de 5 de Maio).

Informações sobre notação dos oficiais — Os senhores notários devem enviar ao Serviço de Auditoria e Inspecção (SAI), até ao dia 30 de Abril, cópias das informações relativas ao serviço prestado pelos oficiais durante o ano anterior, sempre que:

a) A qualquer um dos *items* "qualidade de trabalho, quantidade de trabalho ou conhecimentos profissionais" seja atribuída menção não superior a B;

b) A qualquer um dos *items* "responsabilidade, relações humanas no trabalho ou aperfeiçoamento profissional" seja atribuída a menção A (despacho n.º 10/98, do Exm.º Sr. Director-geral dos Registos e do Notariado, publicado no BRN n.º 2/98, p. 4).

Mês de Outubro

Abono de família — Fazer prova da situação escolar dos descendentes com idade superior a 16 anos (n.º 1 do art. 44.º do Dec.-Lei n.º 176/2003, de 2 de Agosto).

Nos documentos escolares apresentados pelos funcionários deverá constar a respectiva data de entrada nos respectivos serviços.

O artigo 11.º do citado diploma estabelece os limites etários do subsídio familiar a crianças e jovens.

Este subsídio é concedido, nos termos do n.º 21 deste artigo, aos descendentes com mais 16 anos, nas seguintes situações:

Dos 16 aos 18 anos, se estiverem matriculados no ensino básico, em curso equivalente ou de nível subsequente, ou se frequentarem estágio curricular indispensável à obtenção do respectivo diploma;

Dos 18 aos 21 anos, se estiverem matriculados no ensino secundário, curso equivalente ou de nível subsequente, ou se frequentarem estágio curricular indispensável a obtenção do respectivo diploma;

Dos 21 aos 24 anos, se estiverem matriculados no ensino superior ou curso equivalente, ou se frequentarem estágio curricular indispensável à obtenção do respectivo diploma.

Quanto ao montante das prestações ver Portaria n.º 1299/2003, de 20 de Novembro.

VI — SEM CALENDARIZAÇÃO

Associações — O notário deve, oficiosamente, a expensas da associação, comunicar a constituição e estatutos, bem como as alterações destes, à autoridade administrativa e ao Ministério Público e remeter ao jornal oficial um extracto para publicação (n.º 2 do art. 168.º do C.C.).

Licença de férias — Os notários são obrigados a comunicar à Direcção-Geral dos Registos e do Notariado o dia em que iniciam a licença, ou a reiniciam, quando interrompida, o local onde vão residir, no caso de se ausentarem da sede do lugar, e o dia em que retomam o serviço (n.º 3 do art. 60.º do Regulamento).

Falecimento do notário — O seu substituto legal deve participar o facto à DGRN, no prazo de três dias (art. 63.º do Regulamento).

Óbito de testador — Imediatamente após o lançamento do averbamento de óbito de um testador, enviar à Conservatória dos Registos Centrais boletim com a respectiva comunicação.

Testamentos e escrituras de doação que contenham disposições a favor da alma e de encargos de interesse público — Enviar certidões dos referidos actos às entidades incumbidas de fiscalizar o cumprimento de disposições dessa natureza.

Quando se trate de disposições a favor da alma, a remessa é feita ao ordinário da diocese a que pertencer o lugar de abertura da herança e, tratando-se de encargos de interesse público, à câmara municipal do respectivo concelho.

A remessa das certidões é feita até ao dia 15 do mês imediato àquele em que tenha sido lavrado o averbamento do falecimento do testador ou do doador.

Instituto Nacional do Ambiente — Enviar ao Instituto Nacional do Ambiente cópia da escritura de constituição de associação cujo objecto seja a defesa do ambiente, nos termos do art. 15.º da Lei n.º 10/87, de 14/4.

Aquisição de bens imóveis situados em território nacional efectuada por não residentes — Com a revogação do Dec.-Lei n.º 321/95, de 28 de Novembro, os serviços notariais já não têm que participar ao ICEP as escrituras que concretizem esta espécie de operações de investimento estrangeiro (art. 12.º do DL 203/03, de 10/9).

Combate ao branqueamento de vantagens de proveniência ilícita — Se do exame dos negócios jurídicos submetidos à intervenção notarial resultar que existem operações susceptíveis de integrar os tipos legais do crime de branqueamento, a entidade que detectou essa situação tem o dever de informar de imediato o Procurador-Geral da República (art. 7.º do Dec.-Lei n.º 11/2004, de 27 de Março).

Sobre as sanções previstas para a violação dos deveres de identificação, exame e conservação dos documentos, previstos nos artigos 3.º, 6.º e 5.º do citado Dec.-Lei, ver os artigos 45.º, 46.º e 47.º do mesmo diploma.

Nos termos do n.º 1 do artigo 5.º do citado diploma, se não forem referenciados os documentos comprovativos da identificação dos intervenientes, há que extrair cópias dos respectivos documentos de identificação que deverão ser conservados em arquivo por um período de 10 anos a contar do momento em que a identificação se processa.

Esta obrigação de supervisão aplica-se às entidades referenciadas no artigo 20.º do citado diploma, nomeadamente aos notários e conservadores que intervenham ou assistam, por conta de um cliente ou noutras circunstâncias, em certas operações, entre as quais importa destacar: a compra e venda de bens imóveis, estabelecimentos comerciais e participações sociais; a criação, exploração ou gestão de empresas, fundos fiduciários ou estruturas análogas; a alienação e aquisição de direitos sobre praticantes de actividades desportivas profissionais, sempre que os montantes envolvidos nessas operações sejam iguais ou superiores a € 15 000 (v. al. f) do art. 20.º e art. 28.º).

ARTIGO 186.º-A
(Requisição do registo)

1 — Incumbe ao notário, a pedido dos interessados, preencher a requisição de registo em impresso de modelo aprovado e remetê-la à competente conservatória do registo predial ou comercial, acompanhada dos respectivos documentos e preparo.

2 — A requisição é preenchida imediatamente após a outorga da escritura pública e assinada pelos interessados e pelo notário.

3 — A remessa à conservatória é efectuada por carta registada, no prazo estabelecido para a emissão da certidão do acto, podendo ser substituída pela apresentação directamente na própria conservatória, sempre que não resulte prejuízo para os serviços.

4 — A fotocópia da requisição é devolvida ao notário, após ser nela lançada nota de recebimento na conservatória.

5 — Pela requisição a que se refere o presente artigo é devido o emolumento constante do n.º 1 do artigo 24.º da tabela.

6 — O regime previsto nos números anteriores é apenas aplicável aos actos a indicar em portaria do Ministro da Justiça.

NOTAS

1. *Requisição de registo* — Consagra este artigo o princípio da instância, pelo que o pedido do registo deve ser solicitado pelos interessados.

Salvo nos casos excepcionados na lei, a actividade registral requer um acto de manifestação de vontade.

Ver art. 41.º e seguintes do C.R.P..

2. *Apresentação por notário* — O pedido de registo, subscrito pelos interessados, pode ser remetido ou apresentado directamente pelo notário na conservatória competente, acompanhado dos respectivos documentos e preparo, nos termos previstos na lei notarial (n.º 1 do art. 41.º-A, 65.º n.º 4, e 71.º, n.º 1 do C.R.P.).

3. Ver art. 28.º — A do Código do Registo Comercial.

ARTIGO 187.º
**(Remessa de fichas e cópias de registos
à Conservatória dos Registos Centrais)**

1 — Os notários remetem à Conservatória dos Registos Centrais:

a) Nos três primeiros dias úteis da semana, ofício em duplicado, acompanhado de uma ficha de modelo aprovado, de cada testador ou outorgante, relativo a testamentos públicos, instrumentos de aprovação, depósito ou abertura de testamentos cerrados e de testamentos internacionais e, ainda, a escrituras de revogação de testamentos e de renúncia ou repúdio de herança ou legado, que hajam sido lavrados na semana anterior, com a respectiva discriminação;

b) Imediatamente após o lançamento do averbamento de óbito de um testador, boletim com a respectiva comunicação;

c) Até ao dia 15 de cada mês, cópia do registo das escrituras diversas celebradas no mês anterior.

2 — A remessa a que se refere a alínea c) do número anterior passará a fazer-se em suporte informático, por determinação do director--geral dos Registos e do Notariado.

NOTAS

1. *Preenchimento das fichas* — As fichas devem ser dactilografadas com fita preta.

A letra que serve de base ao índice organizado na Conservatória dos Registos Centrais será o último apelido do testador.

Exemplificando: Se o testador tiver o nome de "Mário da Silva Correia Matos", deverá lançar-se na ficha: como *último apelido* — Matos; *outros apelidos*- Silva Correia; *nome próprio* — Mário da.

Quando o último apelido for composto, considerar-se-á sempre o último elemento como último apelido.

Constando do acto que o testador usa dois nomes, há que preencher duas fichas, uma por cada nome.

Consultar a circular da Conservatória dos Registos Centrais de 3 de Dezembro de 1954.

2. *Averbamento do óbito* — Poderá servir a seguinte fórmula: "O testador faleceu aos ...., como consta do registo de óbito número ... da Conservatória do Registo Civil de ....

Cartório Notarial de ..... data .... O notário ....

3. *Boletim de averbamento de ó*bito — A comunicação é feita à Conservatória dos Registos Centrais, em ofício de modelo aprovado, e destina-se a completar o preenchimento da respectiva ficha.

Após o lançamento do averbamento de óbito, cessa a confidencialidade do acto testamentário.

ARTIGO 188.º
(Índice e relação organizados pela Conservatória dos Registos Centrais)

Na Conservatória dos Registos Centrais deve existir:

a) Índice geral de testamentos, escrituras de revogação destes e de renúncia e repúdio de herança ou legado, organizado por ordem alfabética dos nomes dos testadores e outorgantes, com base nas fichas recebidas dos cartórios;

b) Relação anual das escrituras diversas lavradas em cada cartório, segundo a sua ordem cronológica, que pode ser substituída por microfilme dos documentos enviados pelos cartórios para a sua elaboração.

NOTAS

1. Ver comentários aos artigos 7.º, 131.º, 187.º , 206.º e 207.º.

2. Na Conservatória dos Registos Centrais existe um índice geral dos testamentos, organizado por ordem alfabética dos nomes dos testadores e dos outorgantes das escrituras de revogação de testamentos, renúncia e repúdio de herança ou legado.

CAPÍTULO III
Encargos dos actos notariais

ARTIGO 189.º
(Emolumentos, taxas e despesas)

1 — Pelos actos praticados nos cartórios são cobrados os emolumentos constantes da respectiva tabela, salvo os casos de gratuitidade, redução ou isenção previstos na lei.

2 — Aos encargos previstos no número anterior acrescem, quanto aos actos realizados fora dos cartórios notariais, as despesas efectuadas com o transporte dos funcionários.

3 — A gratuitidade dos actos notariais e, bem assim, a redução ou isenção dos respectivos encargos não abrangem os emolumentos devidos

pela saída do notário e pela celebração de actos fora das horas regulamentares.

4 — Pelo acto de transformação ou de modificação de um estabelecimento individual de responsabilidade limitada em sociedade unipessoal por quotas, a todo o tempo, ou de uma sociedade por quotas em sociedade unipessoal por quotas no caso previsto no n.º 2 do artigo 270.º-A do Código das Sociedades Comerciais, neste caso, durante os 12 meses seguintes à data da concentração das quotas, os emolumentos a cobrar nos termos do n.º 1 deste artigo são reduzidos a um quinto.

NOTAS

1. *Actos gratuitos* — Os de rectificação resultante de erro imputável ao notário ou de inexactidão proveniente de deficiência de título emitido pelos serviços dos registos e notariado, de sanação e revalidação de actos notariais e conferência de fotocópias nos termosndo Dec.-Lei n.º 30/2000, de 3 de Março.
Ver art. 12.º do RERN.

2. *Isenções e reduções emolumentares* — As normas que prevêem isenções ou reduções emolumentares vigoram por um período de quatro anos, a contar da data da vigência do RERN, se não tiverem previsto outro mais curto, salvo quando, tendo em consideração a sua natureza, tenham carácter estrutural.
Considera-se que revestem carácter estrutural, nomeadamente, as isenções ou reduções contidas:
No regime das contas poupança-habitação;
No regime da Zona Franca da Madeira e de Santa Maria;
Nos processos especiais de recuperação de empresas;
Nas operações do emparcelamento.

3. *Participação emolumentar* — As isenções e reduções emolumentares estabelecidas na lei não abrangem os emolumentos pessoais nem as importâncias correspondentes à participação emolumentar normalmente devida aos notários, conservadores e oficiais do registo e do notariado pela sua intervenção nos actos.
(Ver n.º 2 do art. 1.º do RERN).
Os notários e oficiais não podem ser prejudicados na sua participação emolumentar. Têm direito à parte emolumentar que receberiam se o acto não beneficiasse de isenção ou redução emolumentar.

4. *Estado, Regiões Autónomas, autarquias locais, fundos e serviços autónomos* — Passaram a estar sujeitos a tributação emolumentar (art. 2.º do RERN).

5. *Limite de vencimento* — Não podendo o notário receber a participação emolumentar a que tem direito, face ao limite do seu vencimento, fixado pela Lei n.º 102/88, de 25 de Agosto, os montantes cobrados em excesso revertem a favor do Serviço Social do Ministério da Justiça, nos termos do despacho ministerial de 24/7/98, publicado a pág. 3 do BRN n.º 8/98.

6. *Dúvidas sobre regras emolumentares* — Em caso de dúvida sobre qual seja o emolumento devido, cobrar-se-á sempre o menor (n.º 2 do art. 5.º do RERN).

7. *Actos sujeitos a inscrição no Registo Nacional de Pessoas Colectivas* — Quando beneficiem de redução ou isenção emolumentar, devem as Conservatórias do Registo Comercial cobrar a percentagem de 8,22% sobre o valor emolumentar que seria devido se não fora a redução ou isenção emolumentar (Despacho n.º 12/2000, do Ex.mo Sr. director-geral dos Registos e do Notariado, publicado no BRN n.º 6/2000, a pág. 3).

ARTIGO 190.º
(Imposto do selo e imposto municipal de sisa)

1 — Além dos encargos referidos no artigo anterior, o notário deve cobrar dos interessados o imposto do selo previsto na respectiva tabela correspondente aos diversos actos notariais e às folhas dos livros de notas, salvo os casos de forma especial de pagamento ou de isenção.

2 — O imposto municipal de sisa devido pelas transmissões de bens imóveis operadas em partilha ou divisão extrajudicial é liquidado em face de guias passadas pelo notário, nos termos previstos pelo artigo 48.º do Código do Imposto Municipal de Sisa e do Imposto sobre as Sucessões e Doações, aprovado pelo Decreto-Lei n.º 41 969, de 24 de Novembro de 1958.

NOTAS

1. *Selo* — Os notários devem proceder à liquidação do imposto de selo devido por actos, contratos e outros factos em que sejam intervenientes, com excepção do relativo a crédito e garantias concedidos por instituições de crédito, sociedades financeiras ou outras entidades a elas legalmente equiparadas e por quaisquer outras instituições financeiras, e quando, nos termos da alínea n) do

artigo 5.º do C.I.S., os contratos ou documentos lhes seja apresentados para qualquer efeito legal (al. a) do n.º 1 do art. 2.º do C.I.S.).

2. *Liquidação do imposto do selo devido pelas transmissões gratuitas* — Compete aos serviços centrais da DGCI, sendo promovida pelo serviço de finanças da residência do autor da transmissão ou do usucapiente, sempre que os mesmos residam em território nacional (art. 25.º, n.º 1 do CIS).

3. *Isenções subjectivas em sede do imposto do selo* — São isentos de imposto do selo, quando este constitua seu encargo: a) O Estado, as Regiões Autónomas, as autarquias locais e as suas associações e federações de direito público e quaisquer dos seus serviços, estabelecimentos e organismos, ainda que personalizados, compreendidos os institutos públicos, que não tenham carácter empresarial; b) As instituições de segurança social; c) As pessoas colectivas de utilidade pública administrativa e de mera utilidade pública; d) As instituições particulares de solidariedade social e entidades a estas legalmente equiparadas; e) O cônjuge, descendentes e ascendentes, nas transmissões gratuitas de que forem beneficiários (art. 6.º do CIS).

4. *Transmissões gratuitas a favor de cônjuge, descendentes e ascendentes* — A isenção prevista na alínea e) do citado artigo 6.º apenas se aplica aos casos de aquisição gratuita por força do fenómeno sucessório. Assim, nas transmissões gratuitas de bens imóveis decorrentes de um contrato de doação, há que cobrar o selo previsto no ponto 1.1 da TGIS, ainda que o donatário seja descendente ou ascendente do doador.

5. *Isenções objectivas* — Constam do artigo 7.º do Código do Imposto do Selo. Nos termos da alínea r) do seu n.º 1, estão isentas do imposto do selo a constituição e o aumento do capital social das sociedades gestoras de participações sociais (SGPS) e das sociedades de capital de risco (SCR).

6. *Averbamento da isenção* — Sempre que haja lugar a qualquer isenção, deve averbar-se no documento ou título a disposição legal que a prevê (art. 8.º do CIS).

7. *Selo devido em acto de partilha* — O selo é liquidado pelo valor de cada um dos excessos verificados na adjudicação de bens imóveis.
Quando se descreva activo e passivo não se desconta o valor do passivo para efeitos de determinação da taxa de selo prevista no ponto 1.1 da TGIS, devida pelo valor reposição de tornas.

8. *Imposto municipal sobre transmissões onerosas* — O Código do Imposto Municipal de Sisa e do Imposto sobre as Sucessões e Doações foi revogado pelo Dec.-Lei n.º 287/2003, de 12 de Novembro, passando a designar-se de Código do Imposto Municipal sobre transmissões onerosas de imóveis.

O imposto municipal sobre as transmissões onerosas de imóveis (IMT), veio substituir o imposto municipal de sisa, continuando a incidir sobre as transmissões, a título oneroso, do direito de propriedade sobre imóveis e das figuras parcelares desse direito, podendo estes direitos transmitir-se sob diversas formas ou ocorrer na constituição ou extinção de diversos tipos de contratos.

9. *Âmbito de incidência do IMT* — Estão sujeitas a IMT as transmissões, a título oneroso, do direito de propriedade ou de figuras parcelares desse direito, sobre bens imóveis situados no território nacional, nomeadamente:

a) *As promessas de aquisição e de alienação, logo que verificada a tradição para o promitente adquirente, ou quando este esteja usufruindo os bens, excepto se se tratar de aquisição de habitação para residência própria e permanente do adquirente ou do seu agregado familiar e não ocorra qualquer das situações previstas no n.º 3 do artigo 2.º do CIMT.*

Por tradição dos bens deve entender-se a transferência da posse dos mesmos.

São cinco as situações enumeradas no citado número 3, que dão lugar a IMT: Celebração de contrato-promessa de aquisição e alienação de bens imóveis em que seja clausulado no contrato ou posteriormente que o promitente adquirente pode ceder a sua posição contratual a terceiro; Cessão da posição contratual no exercício do direito conferido por contrato-promessa referido na alínea anterior; Outorga de procuração que confira poderes de alienação de bem imóvel ou de partes sociais a que se refere a alínea d) do n.º 2 do artigo 2.º do CIMT, em que, por renúncia ao direito de revogação ou cláusula de natureza semelhante, o representado deixe de poder revogar a procuração; Outorga de instrumento com substabelecimento de procuração com os poderes e efeitos previstos na alínea anterior; Cedência de posição contratual ou ajuste de revenda, por parte do promitente adquirente num contrato-promessa de aquisição e alienação, vindo o contrato definitivo a ser celebrado entre o primitivo promitente alienante e o terceiro.

b) *O arrendamento com a cláusula de que os bens arrendados se tornam propriedade do arrendatário depois de satisfeitas todas as rendas acordadas.*

O valor dos bens imóveis ou do direito de superfície constituído sobre os imóveis locados, adquiridos pelo locatário, através de contrato de compra e venda, no termo da vigência do contrato de locação financeira e nas condições nele estabelecidas, será o valor residual determinado ou determinável, nos termos do respectivo contrato (regra 14.ª do n.º 4 do art. 12.º do CIMT).

c) *Os arrendamentos ou subarrendamentos a longo prazo, considerando-se como tais os que devam durar mais de 30 anos, quer a duração seja estabelecida no início do contrato, quer resulte de prorrogação, durante a sua vigência, por acordo expresso dos interessados, e ainda que seja diferente o senhorio, a renda ou outras cláusulas contratuais.*

O CIMT ficciona como transmissões sujeitas a imposto, determinadas operações que directa ou indirectamente implicam a transmissão de bens imóveis. É o caso das promessas de aquisição e alienação acompanhadas da tradição dos bens, do contrato de locação em que seja desde logo clausulada a posterior venda do imóvel, dos arrendamentos a longo prazo e da aquisição de partes sociais que confiram ao titular uma participação dominante em determinadas sociedades comerciais se o seu activo for constituído por bens imóveis.

d) *A aquisição de partes sociais ou de quotas nas sociedades em nome colectivo, em comandita simples ou por quotas, quando tais sociedades possuam bens imóveis, e quando por aquela aquisição, por amortização ou quaisquer outros factos, algum dos sócios fique a dispor de, pelo menos, 75% do capital social, ou o número de sócios se reduza a dois, sendo marido e mulher, casados no regime de comunhão de bens ou de adquiridos.*

Ficam de fora as sociedade anónimas e as sociedades em comandita por acções. A norma em apreço fala de comunhão de bens, quando certamente quer dizer o regime da comunhão geral.

A aquisição a que se refere esta norma pode decorrer de diversos contratos: compra e venda, permuta, dação em pagamento ou partilha. De entre outros factos, que ainda podem concorrer para que um sócio fique a deter uma percentagem igual ou superior a 75% do capital social, há que ter em conta o acto de aumento de capital.

e) *A celebração de contrato-promessa de aquisição e alienação de bens imóveis em que seja clausulado no contrato ou posteriormente que o promitente adquirente pode ceder a sua posição contratual a terceiro.*

Enquadra-se na previsão deste normativo a cláusula que confere ao promitente-comprador o direito de indicar outra pessoa para ocupar a sua posição de promitente-comprador

f) *A cessão da posição contratual no exercício do direito conferido por contrato-promessa referido na regra anterior*

A cessão da posição contratual é o contrato pelo qual um dos contraentes de um contrato com prestações recíprocas transmite a uma terceira pessoa a sua posição contratual. O cessionário fica investido na posição contratual do cedente que sai da relação anteriormente constituída. A sucessão na posição contratual não afecta a primitiva relação contratual que subsiste intocável na sua estrutura.

g) *A outorga de procuração que confira poderes de alienação de bem imóvel ou de partes sociais, em que, por renúncia ao direito de revogação ou cláusula de natureza semelhante, o representado deixe de poder revogar a procuração.*

Esta previsão diz respeito às ditas procurações irrevogáveis. Se a procuração tiver sido conferida no interesse do procurador ou de terceiro, não pode ser revogada sem acordo do interessado, salvo ocorrendo justa causa (n.º 3 do art. 265.º do C.C). A determinação da justa só pela via judicial pode ser apreciada. Estas procurações devem ser lavradas por instrumento público, cujo original fica depositado no cartório. Não poderá ser considerada como irrevogável a procuração que não obedeça a esta forma.

h) *A outorga de instrumento com substabelecimento de procuração com os poderes e efeitos previstos na regra anterior.*

Os substabelecimentos revestem a forma exigida para as procurações. O procurador só pode fazer-se substituir por outrem se o representado o permitir ou se a faculdade de substituição resultar do conteúdo da procuração ou da relação jurídica que a determina (n.º 1 do art. 264.º do C.C.).

i) *A cedência de posição contratual ou ajuste de revenda, por parte do promitente adquirente num contrato-promessa de aquisição e alienação, vindo o contrato definitivo a ser celebrado entre o primitivo promitente alienante e o terceiro;*

j) *A resolução, invalidade ou extinção, por mútuo consenso, do contrato de compra e venda ou troca de bens imóveis e as do respectivo contrato-promessa, quando, neste último caso, ocorrerem depois de passados 10 anos sobre a tradição ou posse.*

Sobre a possibilidade de revogação ou resolução de certos actos e contratos, ver arts. 461.º, n.º 1, 891.º, 927.º do Código Civil.

O distrate é o acto pelo qual as partes revogam o contrato que anteriormente celebrado. Os contraentes desfazem o negócio entre si celebrado, que fica anulado nos seus efeitos.

l) *As permutas, pela diferença declarada de valores ou pela diferença entre os valores patrimoniais tributários, consoante a que for maior.*

O IMT será pago pelo permutante que receber os bens de maior valor.

m) *O excesso da quota-parte que ao adquirente pertencer, nos bens imóveis, em acto de divisão ou partilhas, bem como a alienação da herança ou quinhão hereditário.*

Ao excesso verificado na adjudicação de bens imóveis não há que deduzir quaisquer dívidas consideradas no acto da partilha.

Sendo a partilha precedida de alienação de quinhões hereditários, há que ter em conta a regra do art. 26.º do CIMT.

n) *A venda ou cessão do direito a determinadas águas, ainda que sob a forma de autorização para as explorar ou para minar em terreno alheio.*

Cremos que já não está sujeito a IMT o simples reconhecimento ou confirmação de que o direito a determinadas águas já pertence a determinada pessoa, pois neste caso não se verifica a constituição de qualquer direito ou o pagamento de qualquer preço.

o) *As entradas dos sócios com bens imóveis para a realização do capital das sociedades comerciais ou civis sob a forma comercial ou das sociedades civis a que tenha sido legalmente reconhecida personalidade jurídica e, bem assim, a adjudicação dos bens imóveis aos sócios, na liquidação dessas sociedades.*

Tais entradas já não estão sujeitas a IMT sempre que o contrato definitivo seja celebrado com terceiro nomeado ou com sociedade em fase de constituição no momento em que o contrato-promessa é celebrado e que venha a adquirir o imóvel, desde que o promitente adquirente seja titular do seu capital social (v. art. 2.º do CIMT).

Nas entradas dos sócios com bens imóveis para a realização do capital das sociedades comerciais ou civis sob a forma comercial ou das sociedades civis a que tenha sido legalmente reconhecida personalidade jurídica, há que cobrar o imposto do selo previsto no ponto 1.1. da TGIS (taxa de 8%) que incide sobre o valor relevante para efeitos de liquidação de IMT, e que constitui receita da DGI.

No entanto, há ainda que considerar o selo previsto no ponto 26.1 da TGIS que incide sobre o valor real dos bens entregues ou a entregar pelos sócios após dedução das obrigações assumidas e dos encargos suportados pela sociedade em consequência de cada entrada, selo este que constitui receita própria do IGFPMJ.

Resultando do relatório de verificação das entradas, elaborado pelo revisor oficial de contas, que o valor atribuído aos bens, para efeitos de realização da quota de capital de um sócio, é superior ao valor nominal da quota subscrita e que a diferença para mais deverá ser levada à conta de suprimentos desse sócio, o valor a considerar, para efeitos de liquidação do imposto do selo, é o da avaliação fixado no referido relatório.

Cremos que nestas situações não se aplica a regra que proíbe a acumulação de taxas, prevista no n.º 2 do art. 22.º do CIS, já que o acto de transmissão dos bens não perde a sua autonomia em relação à formação do capital da sociedade a constituir.

p) *As entradas dos sócios com bens imóveis para a realização do capital das restantes sociedades civis, na parte em que os outros sócios adquirirem comunhão, ou qualquer outro direito, nesses imóveis, bem como, nos mesmos termos, as cessões de partes sociais ou de quotas ou a admissão de novos sócios;*

q) *As transmissões de bens imóveis por fusão ou cisão das sociedades comerciais ou civis sob a forma comercial ou das sociedades civis a que tenha sido legalmente reconhecida personalidade jurídica, ou por fusão de tais sociedades entre si ou com sociedade civil.*

A fusão pode operar-se mediante a transferência global do património de uma ou mais sociedades para outra (fusão por incorporação), ou mediante a constituição de uma nova sociedade (fusão simples).

r) *As transmissões de benfeitorias e as aquisições de bens imóveis por acessão.*

10. São simultaneamente sujeitas a IMT e a imposto do selo, nos termos do respectivo Código, as transmissões de bens imóveis: a) Por meio de doações com entradas ou pensões a favor do doador, ou com o encargo de pagamento de dívidas ao donatário ou a terceiro, nos termos do artigo 964.º do Código Civil; b) Por meio de sucessão testamentária com o encargo expresso do pagamento de dívidas ou de pensões devidas ao próprio herdeiro ou legatário, ou a terceiro, tenham-se ou não determinado os bens sobre que recai o encargo e desde que, quanto ao herdeiro, o seu valor exceda a respectiva quota nas dívidas (art. 3.º do CIMT).

11. *Momento da liquidação do IMT* — Deve preceder o acto ou facto translativo dos bens, ainda que a transmissão esteja subordinada a condição suspensiva, haja reserva de propriedade, bem como nos casos de contrato para pessoa a nomear nos termos previstos na alínea b) do artigo 4.º, salvo quando o imposto deva ser pago posteriormente, nos termos do artigo 36.º do CIMT.

Nas transmissões previstas nas alíneas a), b), c) e d) do n.º 3 do artigo 2.º do CIMT, o imposto é liquidado antes da celebração do contrato-promessa, antes da cessão da posição contratual, da outorga notarial da procuração ou antes de ser lavrado o instrumento de substabelecimento. Nestas situações se o contrato definitivo for celebrado com um dos contraentes previstos nas alíneas a), b), c) e d) do n.º 3 do artigo 2.º, que já tenha pago parte ou a totalidade do imposto, só há lugar a liquidação adicional quando o valor que competir à transmissão definitiva for superior ao que serviu de base à liquidação anterior, procedendo-se à anulação parcial ou total do imposto se o adquirente beneficiar de redução de taxa ou de isenção.

Não se realizando dentro de dois anos o acto ou facto translativo por que se pagou o IMT, fica sem efeito a liquidação. (v. art. 22.º do CIMT).

O IMT deve ser pago no próprio dia da liquidação ou no 1.º dia útil seguinte, sob pena de esta ficar sem efeito, sem prejuízo do disposto nos números seguintes. Esta regra, constante do n.º 1 do art. 36.º do CIMT, admite algumas excepções. Se os bens se transmitirem por arrematação e venda judicial ou administrativa, adjudicação, transacção e conciliação, o imposto será pago dentro de 30 dias contados da assinatura do respectivo auto ou da sentença que homologar a transacção.

12. *Actos de partilha, divisão, arrematação, venda judicial ou administrativa, adjudicação, transacção ou conciliação* — A liquidação é feita posteriormente à celebração do acto, servindo de base à liquidação os correspondentes instrumentos legais e deve efectivar-se no prazo de 30 dias após a notificação. Ver art. 23.º e n.º 7 do art. 36.º do CIMT.

13. *Isenções de IMT* — Havendo lugar a isenção automática ou dependente de reconhecimento prévio, os notários devem verificar e averbar a isenção ou exigir documento comprovativo desse reconhecimento, que arquivarão (n.º 3 do art. 49.º do CIMT).

ARTIGO 191.º
(Encargos de documentos requisitados)

1 — (Revogado pelo Dec-Lei n.º 194/03, de 23 de Agosto).

2 — Quando se destinem a ser juntos a algum processo, os documentos expedidos levam aposta a conta e a menção de que esta deve entrar em regra de custas, se as houver, e a ser, oportunamente, paga ao cartório.

3 — Os encargos dos documentos requisitados por solicitação dos interessados são cobrados:

a) Pelo cartório notarial requisitante que, no prazo de quarenta e oito horas, deve remeter ao serviço requisitado, por cheque ou depósito em conta, o valor respeitante ao seu custo e despesas de expedição;

b) Pelos outros serviços requisitantes que, nos mesmos termos, devem remeter ao cartório requisitado as quantias respectivas.

NOTAS

1. Face ao disposto neste artigo, a solicitação de uma certidão, feita por autoridades ou repartições públicas, deverá mencionar a finalidade do pedido.

2. Quando se destinem a ser juntos a algum processo, os documentos expedidos levam aposta a conta e a menção de que esta deve entrar em regra de custas, se as houver, e a ser, oportunamente, paga ao cartório.

3. É gratuita a remessa de certidões e fotocópias (certificadas ou não) à Inspecção-Geral de Finanças, nos termos do despacho n.º 1/2003 do Exm.º Sr. director-geral dos Registos e do Notariado, publicado no BRN 1/2003.

4. Despesas de correio — Ver n.º 2 do art. 148.º do Regulamento.

ARTIGO 192.º
(Encargos dos instrumentos avulsos)

Nos instrumentos avulsos lavrados em dois exemplares, os emolumentos dos actos só são devidos pelo original, ficando o duplicado sujeito aos encargos devidos pelas certidões.

NOTAS

Instrumentos lavrados em duplicado — Os instrumentos de depósito de testamentos cerrados e de testamentos internacionais.

Um dos exemplares, considerado o original, deve ficar arquivado em maço próprio.

Ver art. 103.º deste código.

ARTIGO 193.º
(Organização das contas)

1 — Os encargos a que estão sujeitos os actos notariais devem constar da conta e são devidamente discriminados pela forma prevista na lei.

2 — As contas são elaboradas logo após a realização do acto, salvo no caso previsto no artigo 115.º, em que são feitas apenas quando devam ser pagas nos termos do n.º 3 do mesmo artigo.

NOTAS

1. *Regulamento* — Em relação a cada acto efectuado ou documento expedido pelos serviços de registo e do notariado, o conservador ou o notário organizará a respectiva conta de emolumentos e demais encargos, com a especificação de todas as verbas que a compõem, e nela mencionará, por extenso, a importância total a cobrar.

Sempre que haja lugar à cobrança de qualquer importância, não especificada na conta, por despesas ou pagamento de serviços inerentes ao acto, é obrigatoriamente passado recibo, em duplicado, no qual, além do lançamento da importância total da conta, será feita a discriminação pormenorizada das verbas a ela estranhas, com a indicação das despesas e serviços a que correspondem (n.ºs 1 e 2 do art. 130.º do Regulamento)

2. *Pagamento das contas em euros* — Sobre regras relativas ao processo de

transição para o euro, ver Decretos-Leis n.ºs 138/98, de 16 de Maio e 343/98, de 6 de Novembro.

3. *Meios electrónicos de pagamento* — Dec.-Lei n.º 363/97, de 20 de Dezembro e Portaria n.º 241/98, de 16 de Abril.

Nos casos em que o pagamento é feito em terminais de pagamento automático, os recibos emitidos em suporte informático substituem o recibo no impresso próprio.

4. *Impugnação das contas* — Pelo despacho n.º 35/96, de 12.09.96, do Sr. director-geral dos Registos e do Notariado, publicado no BRN n.º 9/96, foi determinado que as petições de impugnação de conta dirigidas aos tribunais tributários de 1ª instância e apresentadas directamente nos cartórios notariais e nas conservatórias do registo predial e comercial fossem aceites por estes serviços e remetidas àqueles tribunais sem instrução dos respectivos processos, apenas com a menção de que a via correcta para atacar erros de conta dos actos notariais e de registo era, conforme os casos, a constante do disposto nos arts. 139.º e 140.º do Decreto-Regulamentar n.º 55/80, de 8 de Outubro, n.º 3 do art. 140.º do Código do Registo Predial e 110º do Código do Registo Comercial, devendo seguir-se recurso hierárquico necessário para sua Excelência o Ministro da Justiça, nos termos dos artigos 166.º e segs. do Código do Procedimento Administrativo, por ser entendimento desta Direcção-Geral que os emolumentos arrecadados não constituem receitas fiscais.

Entretanto foi alterado o Código do Registo Predial pelo Dec.-Lei n.º 533/99, de 11 de Dezembro, de que resultou a eliminação do n.º 3 do art. 140.º e o aditamento do art. 147.º-C, que dispõe que assiste aos interessados o direito de interpor recurso contencioso contra erros que entenda ter havido na liquidação da conta dos actos ou na aplicação da tabela emolumentar, depois de desatendido o recurso hierárquico (n.º 1), e que a este recurso são aplicáveis, com as necessárias adaptações, os artigos 141.º, 142.º e 144.º (n.º2).

Apesar do normativo citado, vem sendo firmada jurisprudência no Supremo Tribunal Administrativo no sentido de que os tribunais tributários de 1.ª instância são competentes em razão da matéria para decidir sobre a impugnação dos actos de liquidação dos emolumentos nos cartórios notariais e nas conservatórias do registo predial e comercial, competindo ao representante da Fazenda Pública a representação das entidades liquidadoras.

Na sequência desta jurisprudência, e do Acórdão do Tribunal de Justiça das Comunidades Europeias de 29-09-99, proferido no P.º C-56/98 — que se pronunciou sobre questões prejudiciais suscitadas pelo STA quanto à aplicação da Directiva 69/335/CEE do Conselho, de 17 de Julho de 1969, na redacção que lhe foi dada pela Directiva 85/303/CEE do Conselho, de 10 de Junho de 1985, à liquidação dos emolumentos devidos pela celebração de uma escritura pública de aumento do capital social e de alteração da denominação social e da sede de uma sociedade de capitais —, têm sido apresentadas em cartórios e em conservatórias petições dirigidas aos juizes dos tribunais tributários de 1.ª instância com dedução de impugnação de actos de liquidação de emolumentos.

Os notários e os conservadores têm remetido àqueles tribunais tributários, sem instrução, as petições e respectivos documentos, invocando, por um lado, o citado despacho n.º 35/96 do director-geral dos Registos e do Notariado, e, por outro lado, o facto de os cartórios e as conservatórias não serem órgãos periféricos locais da Administração Tributária.

Mas os tribunais tributários têm decidido que os cartórios e as conservatórias são órgãos periféricos locais, determinando-lhes, em consequência, a instrução dos processos de impugnação e a liquidação da taxa de justiça inicial.

Neste contexto, e para evitar delongas processuais que prejudiquem a simplificação e a celeridade na obtenção de decisões judiciais sobre direitos e interesses legalmente protegidos, urge fixar orientações sobre os procedimentos que devem ser adoptados nos cartórios notariais e nas conservatórias do registo predial e comercial onde sejam apresentadas petições de impugnação de actos de liquidação de emolumentos dirigidas aos juizes dos tribunais tributários de 1.ª instância.

Assim, determino que:

1 — Para efeitos do processo judicial tributário — regulado no título III do Código de Procedimento e de Processo Tributário —, que tenha por função a impugnação da liquidação dos emolumentos dos actos, os cartórios notariais e as conservatórias do registo predial e comercial liquidadores consideram-se órgãos periféricos locais, e a Direcção-Geral dos Registos e do Notariado considera-se órgão periférico regional (cfr. artigos 3.º e 4.º da L.G.T., aprovada pelo Dec.-Lei n.º 398/98, de 17 de Dezembro, art. 6.º, n.º 4, do Dec.-Lei n.º 433/99, de 26 de Outubro, e arts. 103.º, n.º 1, 110.º e 111.º, do CPPT);

2 — Na qualidade de órgãos periféricos locais, os cartórios e as conservatórias organizarão o processo de impugnação antes de ser remetido a juízo, autuando a petição inicial e os documentos que lhes forem apresentados pelo impugnante, juntando cópia dos documentos que tenham servido de base ao acto impugnado e dos demais que disponham e reputem convenientes para o julgamento, e prestando informação sobre a matéria do pedido;

3 — No caso de o impugnante ter optado pela imediata remessa do processo a tribunal, esta deve efectuar-se no prazo máximo de 8 dias, a contar do termo do prazo para o pagamento da taxa de justiça inicial ou do termo das diligências de instrução, conforme o que ocorrer mais tarde (cfr. art. 110.º, n.º 4, CPPT, e arts. 17.º e 18.º, n.º 3, do RCPT aprovado pelo Dec.-Lei n.º 29/98, de 11 de Fevereiro);

4 — Caso o impugnante não tenha optado pela imediata remessa do processo a tribunal, o notário/conservador deverá remeter o processo à DSJ desta Direcção-Geral para apreciação;

5 — O cartório ou a conservatória onde for apresentada a petição de impugnação deverá proceder à liquidação da taxa de justiça inicial, que corresponde a um quarto da devida a final, mas não inferior a metade de 1 UC (cfr. art. 2.º do Dec.-Lei n.º 29/98, e arts. 1.º, 5.º, n.º 1, a), e n.º 2, 9.º, n.º 1, e tabela anexa, e 16.º a 18.º, inclusive do RCPT);

6 — A taxa de justiça inicial assume a natureza de preparo e, assim, deverá ser depositada na rubrica de operações de tesouraria "Depósito de Diversas Proveniências" (cfr. Ofício n.º 2703 — Processo n.º 740/7249, de 2 de Abril de 1998, da DSJT da D.G.C.I.), mediante guia emitida em quadruplicado pelo cartório/ /conservatória;

7 — O notário/conservador deverá enviar à DSJ desta Direcção-Geral — única entidade a quem competirá adoptar os procedimentos adequados ao cumprimento das decisões favoráveis aos interessados — cópia das sentenças proferidas nos processos de impugnação de que tenha sido notificado;

8 — Cada cartório/conservatória deverá organizar e manter actualizado um registo dos processos de impugnação, com as seguintes rubricas: número do processo, nome ou firma do impugnante, número(s) e ano das conta(s) impugnada(s), data da instauração, taxa de justiça inicial liquidada, data da remessa ao tribunal tributário, data e sentido da decisão final, e observações.

Despacho n.º 9/2000, de 8 de Maio, do Exm.º Sr. director-geral, parcialmente alterado pelo seu despacho n.º 23/2001, de 10 de Outubro, publicado no BRN n.º 9/2001, p. 3 do I caderno, no qual foi determinado, entre outros procedimentos, que no caso da petição ser apresentada no cartório liquidador do emolumento cuja conta é objecto de impugnação, este procederá ao seu envio ao tribunal tributário competente no prazo de cinco dias após o pagamento da taxa de justiça inicial.

5. *Revisão de conta* — Pode operar-se:

a) Oficiosamente, por determinação superior e independentemente de qualquer prazo, sempre que em inspecção, inquérito ou por outra forma se averigue que algum funcionário cobrou mais ou menos do que o preço devido por qualquer acto (n.º 2 do art. 128.º do Regulamento);

b) Dentro dos oito dias posteriores à realização da conta, por iniciativa dos interessados, se reclamarem verbalmente perante o notário antes de efectuar o seu pagamento (n.º 1 do art. 139.º do Regulamento);

c) Em consequência de reclamação para o Exm.º Sr. director-geral dos Registos e do Notariado, apresentada no prazo de 5 dias a contar da data da nota de recusa do notário sobre o pedido de rectificação da conta (n.º 3 do art. 139.º do Regulamento);

d) Através de processo de impugnação judicial nos termos dos artigos 99.º e seguintes do CPPT, intentado no prazo de 90 dias estabelecido no n.º 1 do art. 102.º desse código.

Verificando-se erro da conta quanto a impostos cobrados (taxa de selo), ver ainda art. 78.º da Lei Geral Tributária e art. 141.º do Código do Procedimento Administrativo.

A revisão dos actos tributários pela entidade que os praticou pode ser efectuada por iniciativa do sujeito passivo, no prazo de reclamação administrativa e com fundamento em qualquer ilegalidade, ou, por iniciativa da administração tributária, no prazo de quatro anos após a liquidação ou a todo o tempo se o tributo ainda não tiver sido pago, com fundamento em erro imputável aos serviços (n.º 1 do art. 78.º da LGT).

ARTIGO 194.º
(Lançamento das contas)

1 — As contas são feitas em impresso do modelo aprovado, em duplicado, anotando-se o livro e o número das folhas em que o acto fica exarado.

2 — A conta dos actos lavrados em instrumentos avulsos e em outros documentos entregues às partes é lançada nesses instrumentos ou documentos, bem como nos seus duplicados, quando os houver.

3 — A conta relativa à apresentação de títulos a protesto é feita e lançada nesses títulos, quando retirados sem protesto, ou englobada na conta do instrumento, quando o protesto se realiza.

4 — Nos documentos transmitidos por telecópia a solicitação dos interessados, a conta é efectuada pelo cartório receptor e lançada nos termos do n.º 1.

NOTAS

1. *Modelo dos impressos* — Sempre que, nos termos da lei, não devam ser lançadas no documento do acto entregue às partes, as contas serão feitas em impresso do modelo aprovado, com um duplicado a químico (n.º 1 do art. 131.º do Regulamento).

2. *Telecópia* — Sobre os encargos emolumentares devidos ver despacho

n.º 20/2000 do Ex.ᵐᵒ Sr. director-geral dos Registos e do Notariado, publicado no BRN 8/2000, pág. 4.

ARTIGO 195.º
(Conferência e entrega das contas)

Todas as contas são conferidas e rubricadas pelo notário ou pelo funcionário que presidir ao acto, devendo ser entregue o duplicado ao interessado e cobrado recibo no original.

NOTAS

Cobrança coerciva — 1. Se a conta de qualquer acto não for voluntariamente liquidada, o notário deve notificar os responsáveis, por carta registada, para efectuarem o pagamento, no prazo de oito dias, sob pena de execução.

2 — Decorrido o prazo estabelecido sem que a conta seja paga, deve o conservador ou notário passar um certificado, no qual transcreverá a conta em dívida, onde incluirá o custo do certificado, havendo lugar a isso, com a indicação da data, natureza do acto praticado e identificação dos responsáveis, e submetê-lo à confirmação do director-geral dos Registos e do Notariado.

3 — Uma vez confirmado, será o certificado enviado, para fins de execução, ao agente do Ministério Público, juntamente com a cópia da carta de notificação.

4 — Enquanto estiver pendente a execução não podem ser emitidas certidões de acto cuja conta está por liquidar nem entregue a nota de registo a que se refere o artigo 271.º do Código do Registo Predial (art. 133.º do Regulamento).

Execução — As contas de emolumentos e demais encargos legais devidos por actos de registo ou do notariado que não forem voluntariamente pagos são exigíveis pela forma prescrita para a execução por custas judiciais.

A execução terá por base o certificado da conta, passado pelo conservador ou notário, e será promovida pelo Ministério Público (n.ºs 1 e 2 do art. 70.º da Lei Orgânica).

ARTIGO 196.º
(Registo das contas)

1 — À medida que forem elaboradas, as contas são imediatamente lançadas no livro de registo de emolumentos e selo.

2 — Quando, por inadvertência, se cometa algum erro na conta ou haja omissão do seu registo, a correcção do erro ou o registo da conta podem fazer-se posteriormente, mas dentro do mesmo mês ou do mês imediato.

3 — Se, na data do encerramento do livro de registo de emolumentos e de selo, ao proceder-se ao apuramento dos depósitos obrigatórios, estiver alguma conta por pagar, são as verbas dessa conta deduzidas aos totais encontrados no encerramento, anotando-se no registo da conta e na coluna de observações, a vermelho, o estorno.

4 — A conta deve ser novamente registada no livro de emolumentos e de selo logo que seja cobrada, sendo anotado, junto à menção do estorno, o novo número de ordem de registo que lhe tenha cabido.

NOTAS

1. *Erro ou omissão* — Se o notário verificar que, por inadvertência, foi cometido qualquer erro na conta ou omitido o seu registo, pode a correcção do erro ou registo de conta ser efectuado, independentemente de qualquer comunicação, dentro do mesmo mês ou no mês seguinte (ver n.º 4 do art. 132.º do Regulamento).

Contra qualquer erro de conta podem os interessados reclamar verbalmente perante o notário antes de efectuar o seu pagamento ou dentro dos oito dias posteriores à realização deste (n.º 1 do art. 139.º do Regulamento).

2. *Falta de pagamento* — O valor da conta que esteja por liquidar é deduzida aos totais encontrados no encerramento, anotando-se no registo da conta e na coluna de observações, a vermelho, o estorno.

3. *Depósito das receitas arrecadadas* — Após o encerramento da repartição, não podem permanecer nesta quaisquer quantias, salvo se a mesma for dotada de cofre que garanta a necessária segurança e as quantias em causa não excedam 100 contos.

A obrigatoriedade do depósito diário pode ser dispensada por despacho do director-geral desde que os montantes habitualmente arrecadados em numerário não sejam elevados, haja condições de segurança para a sua guarda e não se situe nas proximidades da repartição qualquer agência bancária.

O pedido de dispensa deve indicar os elementos atrás referidos, bem como a periodicidade com que se pretende que o depósito seja efectuado e o montante médio diário da receita arrecadada. Ver despacho n.º 26/97, de 15/7/97, do Exm.º Sr. director- geral, publicado no BRN, n.º 7/97.

Certificados de conta — Os certificados de conta elaborados nos termos do art. 133.º do Decreto Regulamentar n.º 55/88, de 8 de Outubro, remetidos à DGRN para confirmação, devem ser acompanhados de fotocópia de todos os documentos que se revelem necessários à apreciação da correcção da conta em dívida e ainda de fotocópia das notificações efectuadas, incluindo-se no certificado as despesas de correio efectuadas com essas notificações bem como as ou com eventuais devoluções de cheques sem provisão (desp. n.º 21/97 do Exm.º Sr. director-geral publicado n BRN n.º 4/97).

ARTIGO 197.º
(Referência ao registo das contas)

1 — No final de cada conta indica-se o número de registo que lhe corresponde.

2 — No final de cada instrumento cuja conta nele não deva ser lançada, e após as assinaturas, faz-se referência ao seu número de registo e, se algum acto beneficiar de isenção ou redução de emolumentos e de selo, deve anotar-se, de forma sucinta, o respectivo fundamento legal.

3 — Na menção da conta dos reconhecimentos faz-se referência ao total apurado.

4 — O notário ou o funcionário que presidir ao acto deve apor a sua rubrica a seguir às menções do registo da conta e das isenções ou reduções verificadas.

NOTAS

Forma sucinta do respectivo fundamento legal — Bastará anotar a respectiva disposição legal.

Isenções de selo — As isenções pessoais, designadamente as contempladas para o Estado, Regiões Autónomas, autarquias locais, pessoas colectivas de utilidade pública ...) constam do art. 6.º do CIS; as isenções reais (resseguros, operações financeiras e de bolsa....) vêm previstas no art. 7.º do CIS.

Benefícios fiscais — As isenções do imposto do selo concedidas por leis especiais, mantêm-se, após a entrada em vigor do Código do Imposto do Selo, aprovado pela Lei n.º 150/99 (circular n.º 15/2000, de 5 de Julho, da D.G.I.).

ARTIGO 198.º
(Selo dos livros)

1 — Os livros indicados nas alíneas a) a c), f) e g) do n.º 1 do artigo 7.º estão sujeitos ao imposto a que se refere o artigo 112 da Tabela Geral do Imposto do Selo.

2 — O imposto do selo dos livros de notas é liquidado e cobrado por cada lauda total ou parcialmente utilizada pela escrita dos actos, à medida que forem sendo lavrados, sendo o imposto devido pelo acto que ocupar a primeira linha de cada lauda.

3 — O selo dos livros a que se refere o número anterior deve ser discriminado na conta dos encargos que são cobrados das partes e, nos outros livros sujeitos a imposto do selo, deve ser liquidado e pago pelo cartório, antes da legalização.

4 — O selo relativo às laudas total ou parcialmente ocupadas pela escrita dos actos e inutilizadas por motivo não imputável às partes, bem como o selo relativo ao verso das folhas soltas respeitantes a actos lavrados em livros de notas para escrituras diversas, que não seja utilizado, é da responsabilidade do cartório.

5 — É também da responsabilidade do cartório o selo devido pelas escrituras de rectificação de actos notariais por erro imputável aos serviços, bem como o selo das laudas por elas ocupadas.

6 — Não é devido selo pelas laudas que contiverem os termos de abertura e de encerramento, se as linhas restantes não forem utilizadas para a escrita de qualquer acto.

NOTAS

O Regulamento do Imposto do Selo, aprovado pelo Decreto n.º 12700, de 20 de Novembro de 1926, e a Tabela Geral do Imposto do Selo, aprovada pelo Decreto-Lei n.º 21916, de 28 de Novembro de 1932, foram substituídos pelo Código do Imposto do Selo e Tabela Geral constantes da Lei n.º 150/99, 11 de Setembro.

A nova tabela não sujeita a selagem os livros enunciados no número 1 deste artigo nem contempla o selo das laudas.

Ficaram, por isso, sem efeito, as regras dos números 1,2,3,4, e 6 deste artigo, com excepção de parte do disposto no número 5, onde se prevê a responsabilidade do cartório quanto à liquidação do selo devido pelas escrituras de rectificação de actos notariais por erro imputável aos serviços, encargo esse a suportar pela conta dos serviços sociais.

ARTIGO 199.º
(Selo de diversos actos)

1 — Por cada instrumento de aprovação de testamento cerrado e de testamento internacional é devido o imposto a que se refere o artigo 20.º da Tabela Geral do Imposto do Selo.

2 — Os termos de autenticação são equiparados aos reconhecimentos, para o efeito do disposto no § 2.º do artigo 6.º do Regulamento do Imposto do Selo.

3 — O imposto fixado no artigo 149.º da Tabela Geral do Imposto do Selo é apenas devido por cada registo de instrumento de protesto e por cada registo lavrado no livro a que se refere a alínea g) do n.º 1 do artigo 7.º deste Código.

4 — O imposto previsto no artigo 162.º da Tabela Geral do Imposto do Selo deve ser pago, quanto aos testamentos públicos que sejam utilizados nos termos do artigo 45.º, por meio de estampilhas coladas e inutilizadas nas próprias folhas do livro.

NOTAS

Com a publicação do novo Código do Imposto do Selo e Tabela anexa, ficaram prejudicadas as disposições deste artigo.

— Instrumentos de abertura e aprovação de testamentos cerrados e internacionais — por cada um .... 25 euros (ponto 15.3 da TGIS).

— Registo de documentos apresentados aos notários para ficarem arquivados — por cada registo .... 0,8 (15.5 da TGIS).

— Testamentos, incluindo as doações por morte, quando tenham de produzir efeitos jurídicos — por cada um .... 25 euros (15.6 da TGIS).

ARTIGO 200.º
(Forma do pagamento do imposto do selo liquidado por verba)

1 — O imposto do selo liquidado por verba é pago por meio de guias passadas em triplicado, conforme modelo aprovado.

2 — Os pagamentos são feitos semanalmente, nos três primeiros dias úteis da semana seguinte à da cobrança mas, se o último dia do mês não for domingo, deve efectuar se nos três primeiros dias úteis do mês seguinte o pagamento do imposto do selo referente aos dias decorridos entre o último domingo e o fim do mês.

NOTAS

1. *Abolição das estampilhas fiscais* — Ver artigos 43.º e 44.º do Código do Imposto de Selo.

2. *Compensação* — É permitida, quando haja erro material ou de cálculo do imposto liquidado e entregue, desde que efectuada no prazo de um ano.

Se depois de efectuada a liquidação do imposto pelas entidades referidas nas alíneas a) a e) do n.º 1 do art. 2.º for anulada a operação ou reduzido o seu valor tributável em consequência de erro ou invalidade, as entidades poderão efectuar a compensação do imposto liquidado e pago até à concorrência das liquidações e entregas seguintes relativas ao mesmo número ou ponto da Tabela Geral.

ARTIGO 201.º
(Pagamento de outros encargos)

O imposto do selo de recibo é pago por meio de guia em triplicado, conforme modelo aprovado, até ao dia 10 de cada mês, na tesouraria da Fazenda Pública, arquivando-se um duplicado no cartório.

NOTAS

Este artigo ficou prejudicado com a abolição do selo de recibo.

CAPÍTULO IV
Disposições finais

ARTIGO 202.º
(Comunicações que devem ser feitas aos notários)

São obrigatoriamente comunicados aos cartórios notariais onde tiverem sido lavrados os respectivos actos:

a) O falecimento dos testadores, por parte da repartição pública onde seja apresentada certidão de testamento público sem o averbamento desse facto;

b) O falecimento dos doadores, quando tenham instituído encargos a favor da alma ou de interesse público, que devam ser cumpridos depois da morte deles, por parte da repartição pública onde seja apresentada certidão de escritura de doação sem o averbamento desse falecimento;

c) As decisões judiciais transitadas em julgado que tenham declarado a nulidade ou a revalidação de actos notariais, e as decisões proferidas nas acções a que se referem os artigos 87.º e 101.º por parte da respectiva secretaria judicial.

NOTAS

1. Este artigo trata das comunicações que devem ser feitas aos notários pelas repartições públicas e secretarias judiciais, para efeito de se dar cumprimento ao disposto nos artigos 131.º (averbamentos) e 204.º deste código.

2. São averbados aos instrumentos a que respeitam:

a) O falecimento do testador e do doador;

b) As decisões judiciais de declaração de nulidade e de anulação de actos notariais, as decisões notariais de revalidação dos mesmos actos e ainda as decisões judiciais proferidas nas acções a que se referem os artigos 87.º e 101.º, bem como a menção de ter sido sanado qualquer vício de que o acto enferma;

c) As decisões dos recursos interpostos nos processos de revalidação notarial.

O averbamento do falecimento do doador só se realiza no caso de a doação haver sido feita com encargos a favor da alma ou de interesse público, que devam ser cumpridos após a morte do doador.

ARTIGO 203.º
(Requisitos das comunicações)

1 — Das comunicações a efectuar nos termos do artigo anterior devem constar, conforme os casos, a data do falecimento do testador ou doador, a conservatória do registo civil onde o facto foi registado e a data do testamento ou da escritura de doação, bem como a identificação do processo judicial, o teor da parte dispositiva da decisão, a data desta e a do seu trânsito em julgado.

2 — As comunicações devem ser feitas no prazo de quarenta e oito horas após a apresentação do documento ou após o trânsito em julgado das decisões que as determinam.

NOTAS

Falecimento — A declaração de morte presumida produz os mesmos efeitos que a morte, mas não dissolve o casamento, sem prejuízo do disposto no artigo 116.º do código civil (ver artigos 114.º e 115.º do C.C).

ARTIGO 204.º
(Participação de disposições a favor da alma
e de encargos de interesse público)

1 — Aos notários cumpre enviar às entidades incumbidas de fiscalizar o cumprimento de disposições a favor da alma e de encargos de interesse público as certidões dos testamentos e das escrituras de doação que contenham disposições dessa natureza.

2 — Quando se trate de disposições a favor da alma, a remessa é feita ao ordinário da diocese a que pertencer o lugar de abertura da herança e, tratando-se de encargos de interesse público, à câmara municipal do respectivo concelho.

3 — As certidões são isentas de emolumentos, podendo ser de teor parcial ou de narrativa, desde que contenham todas as indicações necessárias ao fim a que se destinam.

4 — A remessa das certidões é feita até ao dia 15 do mês imediato àquele em que tenha sido lavrado o averbamento do falecimento do testador ou do doador.

5 — As entidades a quem as certidões forem enviadas devem remeter aos notários, pelo seguro do correio, o recibo correspondente, salvo quando a entrega da certidão haja sido feita mediante protocolo.

NOTAS

1. *Disposições a favor da alma* — Constituem um encargo que recai sobre o herdeiro ou legatário (n.º 2 do art. 2224.º do C.C.).

A remessa é feita ao ordinário da diocese a que pertencer o lugar de abertura da herança.

2. *Encargos de interesse público* — A remessa é feita à câmara municipal do respectivo concelho.

ARTIGO 205.º
(Aposição do selo branco)

1 — Em todos os actos notariais, com excepção dos lavrados nos livros, deve ser aposto o selo branco do cartório.

2 — A aposição do selo branco é feita junto da assinatura e da rubrica do notário ou do oficial.

NOTAS

Selo branco — É obrigatória a existência de selo branco em todas as repartições do registo e do notariado.

A aposição do selo branco junto da assinatura do notário, adjunto ou ajudante em qualquer documento emanado da repartição tem o mesmo valor que o reconhecimento notarial (ver art. 74.º da LORN).

Aposição — Junto da assinatura e das rubricas do notário ou do oficial.

Avaria — Deve ser enviado à Casa da Moeda, para reparação.

Enquanto o selo branco não for reparado, cremos que poderá ser utilizado, em sua substituição, o carimbo a óleo do cartório, com a nota de que o selo branco se encontra em reparação.

ARTIGO 206.º
(Actos notariais lavrados no estrangeiro)

1 — Os actos notariais lavrados no estrangeiro pelos agentes consulares portugueses competentes podem ser transcritos na Conservatória dos Registos Centrais, mediante a apresentação das respectivas certidões de teor.

2 — A transcrição dos testamentos em vida do testador só pode ser requerida por este.

3 — O Ministério dos Negócios Estrangeiros deve enviar ao Ministério da Justiça, a fim de serem registadas e arquivadas na Conservatória dos Registos Centrais, a cópia dos testamentos públicos e dos instrumentos de aprovação e de abertura de testamentos cerrados a que se referem o § 2.º do artigo 255.º, o § único do artigo 259.º e o artigo 268.º do Regulamento Consular, bem como a nota de registo dos instrumentos de aprovação dos testamentos cerrados.

4 — A obrigação a que se refere o número anterior aplica-se aos testamentos internacionais.

NOTAS

Ver comentários ao art. 3.º deste código.

ARTIGO 207.º
(Informações)

1 — A Conservatória dos Registos Centrais deve prestar as informações que lhe forem solicitadas pelos interessados sobre a existência dos testamentos e das escrituras registadas no índice geral e sobre a data e repartição em que esses documentos foram lavrados.

2 — As informações referentes a testamentos só podem ser prestadas mediante requerimento acompanhado da certidão de óbito do testador ou a pedido do próprio testador ou do seu procurador com poderes especiais.

3 — As informações são prestadas por escrito, em impresso de modelo especial, ou por certidão.

NOTAS

Embora se preveja neste artigo a possibilidade do testador (ou do seu procurador com poderes especiais) solicitar informações sobre testamentos que haja feito, o pedido de informações desta natureza é geralmente dirigido à CRC pelos herdeiros de pessoa falecida, quando querem saber da existência ou inexistência de um acto de disposição de última vontade.

Havendo disposição de última vontade, os interessados serão informados da data e repartição em que o documento foi lavrado.

Do mesmo modo pode ser obtida informação sobre a existência de uma escritura de repúdio de herança ou legado.

Quanto às demais escrituras cremos que não será possível obter quaisquer informações, enquanto a Conservatória dos Registos Centrais não tiver em dia a organização dos respectivos ficheiros.

Sobre testamentos, ver notas ao artigo 61.º deste código.

LEI ORGÂNICA DOS SERVIÇOS DOS REGISTOS E DO NOTARIADO

LEI ORGÂNICA DOS SERVIÇOS DOS REGISTOS E DO NOTARIADO

CAPÍTULO I
Dos serviços dos registos e do notariado

SECÇÃO I
Serviços externos dos registos e do notariado

ARTIGO 1.º

Os serviços externos dos registos e do notariado compreendem:

a) A Conservatória dos Registos Centrais:
b) As conservatórias do registo civil;
c) As conservatórias do registo predial;
d) As conservatórias do registo comercial;
e) As conservatórias do registo automóvel;
f) Os cartórios notariais;
g) Os arquivos centrais.

---

* Decreto-Lei n.º 519-F2/79, de 29 de Dezembro, alterado pelos Decretos-Leis n.ºs 71/80, de 15/4; 449/80, de 7/10; 397/83, de 2/11; 145/85, de 5/5; 66/88, de 1/3; 52/89, de 22/2; 92/90, de 17/03; 312/90, 2/10; 131/91, de 2/4; 300/93, de 31/8; 131/95, de 6/6; 256/95, 30/9; 254/96, de 26/12.

ARTIGO 2.º

Para efeitos deste diploma consideram-se da mesma espécie:

a) Os serviços de registos centrais e os de registo civil;
b) Os registos predial, comercial e de automóveis;
c) Os serviços do notariado e do protesto de letras.

SECÇÃO II
Registos centrais

ARTIGO 3.º

1 — A Conservatória dos Registos Centrais compete, em especial:
a) O registo central da nacionalidade e respectivo contencioso;
b) O registo central do estado civil.

2 — O registo central de escrituras e testamentos mantém-se na competência da Conservatória dos Registos Centrais, enquanto não for criado serviço próprio a instituir por portaria.

3 — A Conservatória dos Registos Centrais compete ainda a organização da estatística anual dos actos de registo e do notariado, bem como emitir pareceres e executar outros trabalhos sobre matérias da sua especialidade e do registo civil em geral que lhe sejam cometidos por lei ou por despacho do director-geral dos Registos e do Notariado.

ARTIGO 4.º

1 — Podem existir arquivos centrais para onde serão transferidos, em termos a definir pela portaria de criação, livros findos dos actos de registo civil e notariais pertencentes às conservatórias e cartórios da área a fixar pela mesma portaria.

2 — A transferência dos livros para o Arquivo Central do Porto mantém-se nos termos actuais até ser revista por portaria.

3 — Aos arquivos centrais compete lavrar, nos livros neles arquivados, os averbamentos devidos e o serviço de passagem de certidões ou fotocópias que desses livros hajam de ser extraídas.

4 — A rectificação de registos integrados em livros já pertencentes ao arquivo central são da competência destes serviços.

5 — É também da competência dos arquivos centrais a transcrição de assentos nos termos do artigo 104.º do Código do Registo Civil, com referência a registos constantes de livros ali arquivados.

SECÇÃO III
Conservatória do registo civil, predial, comercial e de automóveis

ARTIGO 5.º

1 — Na sede de cada concelho do continente e das regiões autónomas haverá uma conservatória do registo civil, uma conservatória do registo predial e uma conservatória do registo comercial, com competência em toda a área territorial concelhia, sem prejuízo do disposto nos n.ºs 2 e 3 deste artigo e no artigo seguinte.

2 — Na área de cada concelho, na sede ou fora dela, pode haver mais de uma conservatória da mesma espécie, quando o volume de serviço o justifique.

3 — Fora da sede do concelho só podem existir conservatórias em localidades que sejam sede de freguesia e tenham população superior a 30.000 habitantes.

ARTIGO 6.º

1 — A adaptação da competência territorial dos serviços de registo predial e comercial as áreas concelhias, mediante a criação de conservatórias privativas na sede de cada concelho, será efectuada à medida que o incremento dos serviços o justifique.

2 — Sempre que na sede do concelho exista mais do que uma conservatória, a competência territorial de cada repartição deve ser fixada com base na divisão administrativa do concelho e por forma que o volume e rendimento do serviço de cada conservatória da mesma espécie sejam, tanto quanto possível, igualados.

3 — A competência territorial das conservatórias criadas ao abrigo do n.º 3 do artigo anterior é delimitada à área que lhes for fixada no respectivo diploma de criação.

4 — As alterações introduzidas na demarcação administrativa da área de qualquer concelho, bem como nos limites das respectivas freguesias, só são consideradas, para fins de registo, à medida que, pelo Ministério da Justiça, for determinado o reajustamento da área das respectivas conservatórias às alterações administrativas.

ARTIGO 7.º

As conservatórias do registo comercial funcionam como repartições autónomas ou em regime de anexação com conservatórias da mesma espécie.

ARTIGO 8.º

1 — O primeiro registo referente aos veículos automóveis pode ser feito em qualquer conservatória do registo de automóveis.

2 — O registo a que se refere o número anterior determina a competência da conservatória para quaisquer actos posteriores referentes ao veículo.

3 — Para a prática de actos de registo referentes a veículos já registados continua a ser competente a conservatória onde foi efectuado o primeiro registo.

4 — As conservatórias de registo de automóveis é aplicável o disposto no artigo anterior.

ARTIGO 9.º

As actuais conservatórias divididas em secções são transformadas em serviços autónomos à medida que se torne possível a sua transferência para instalações separadas.

ARTIGO 10.º

Quando as circunstâncias o aconselhem, pode ser determinada a fusão numa só de duas ou mais conservatórias da mesma espécie com sede na mesma localidade.

SECÇÃO IV
Postos de registo civil

*Artigos 11.º e 12.º (*Revogados*)*

SECÇÃO V
Cartórios notariais

ARTIGO 13.º

1 — Na sede de cada concelho do continente e das regiões autónomas há um ou mais cartórios notariais.

2 — Fora da sede dos concelhos podem existir cartórios notariais em localidades que sejam sede de freguesia e tenham população superior a 30.000 habitantes.

3 — Os cartórios notariais são competentes para praticar, dentro do concelho onde se situem, quaisquer actos notariais, ainda que respeitem a pessoas domiciliadas ou a bens situados fora da área do respectivo concelho.

4 — Em Lisboa e Porto há cartórios privativos para os serviços de protesto de letras e outros títulos de crédito.

5 — Os cartórios a que se refere o número anterior têm competência para lavrar termos de abertura de sinal e efectuar reconhecimentos de letra e assinatura apostas em documentos particulares, bem como para lavrar termos de autenticação dos mesmos documentos, autenticar fotocópias, fazer procurações e arquivar documentos a pedido das partes.

ARTIGO 14.º

Os serviços notariais que actualmente funcionam em regime de secretaria são transformados em cartórios autónomos à medida que se tornar possível a sua transferência para instalações separadas.

SECÇÃO VI
Serviços anexados

ARTIGO 15.º

1 — Os serviços de registo e do notariado da mesma sede, que normalmente tenham reduzido movimento, podem ser anexados entre si, pela forma que as circunstâncias mostrem mais conveniente.

2 — Os serviços anexados funcionam com pessoal, receitas e despesas comuns e só em casos excepcionais podem funcionar em instalações separadas.

3 — O regime de anexação pode cessar ou ser modificado logo que a evolução do movimento dos serviços ou outras circunstâncias especiais o justifiquem.

SECÇÃO VII
Classificação das conservatórias e cartórios

ARTIGO 16.º

1 — As conservatórias do registo civil e predial e os cartórios notariais são divididos em três classes.

2 — A classe de cada conservatória ou cartório é fixada em função do movimento e rendimento do respectivo serviço.

3 — As conservatórias do registo comercial e de automóveis, quando funcionem em regime de anexação, têm a classe das conservatórias a que estão anexadas.

SECÇÃO VIII
Instalação e funcionamento dos serviços

ARTIGO 17.º

1 — A instalação dos serviços dos registos e do notariado constitui encargo do Estado, quando não assumido pelas respectivas autarquias locais.

2 — Enquanto o Estado não dispuser de instalações adequadas, mantém-se a instalação, em regime de gratuitidade, dos serviços em imóveis ou parte de imóveis pertencentes a autarquias locais, competindo àquele as despesas de conservação.

ARTIGO 18.º

Considera-se transmitida para o Estado a posição de arrendatário de prédio onde estejam instalados serviços dos registos e do notariado, sempre que nos contratos de arrendamento figurem como arrendatário as autarquias locais, o conservador ou o notário.

ARTIGO 19.º
(*Revogado*)

ARTIGO 20.º
(*Revogado*)

CAPÍTULO II
Do pessoal

SECÇÃO I
Pessoal das conservatórias e cartórios notariais

ARTIGO 21.º

1 — O pessoal das conservatórias e cartórios notariais divide-se em:

a) Pessoal dirigente, que compreende as categorias de conservador e notário;

b) Oficiais de registo e de notariado, que compreendem as categorias de primeiro, segundo e terceiro-ajudantes e as de escriturário superior de 1.ª e 2.ª classes;

c) Pessoal auxiliar, que compreende as categorias de telefonista e contínuo.

2 — Na Conservatória dos Registos Centrais além das categorias previstas no número anterior, há ainda as de conservador-adjunto, conservador auxiliar e chefe de secção.

ARTIGO 22.º
(*Revogado*)

SECÇÃO III
Adjuntos estagiários e adjuntos de conservadores e notários

SECÇÃO II
Conservadores e notários

ARTIGO 23.º

1 — Cada conservatória e cada cartório notarial é chefiado, respectivamente, por um conservador e por um notário.

2 — Os serviços anexados funcionam, conforme os casos, sob a chefia de um conservador ou conservador-notário.

3 — Os arquivos centrais são chefiados por conservadores do registo civil.

ARTIGO 24.º

1 — São condições de ingresso na carreira de conservadores e de notários:

a) Ser cidadão português;

b) Ser licenciado em Direito por Universidades portuguesas ou possuir habilitação equivalente à face da lei portuguesa;

c) Ter frequentado, com aproveitamento, o curso de formação profissional previsto na presente lei para o exercício de funções de conservadores e notários ou ter aprovação válida em concurso de habitação, nos termos da lei anterior;

d) Reunir os demais requisitos de ingresso na função pública.

2 — (Revogado)

3 — O tempo de serviço prestado pelos ajudantes referidos na alínea d) do número anterior em substituição dos conservadores e notários a que estão subordinados, nos termos do artigo 26.º do presente diploma, vale, para todos os efeitos, como exercício efectivo do cargo de conservador e notário, se os mesmos ajudantes vierem a ingressar no quadro de conservador e notário.

ARTIGO 25.º

Os conservadores e notários são funcionários públicos na nomeação definitiva e exercem as suas funções na área de competência da respectiva conservatória ou cartório.

ARTIGO 26.º

1 — Em caso de vacatura do lugar, licença ou de impedimento que se presuma superior a 30 dias, os conservadores e notários são substituídos pelo conservador, notário ou adjunto que para o efeito for nomeado ou destacado.

2 — Na impossibilidade de a substituição se efectuar nos termos previstos no número anterior, o director-geral designa para o efeito um ajudante da repartição.

3 — Se o impedimento for previsivelmente de longa duração, o director-geral pode determinar o provimento interino do lugar.

4 — A substituição por período não superior a 30 dias é assegurada pelo adjunto ou, na sua falta, pelo ajudante da repartição designado pelo director-geral.

5 — No caso previsto no número anterior, em conservatórias com mais de um conservador e nas secretarias notariais os conservadores e notários substituem-se entre si.

ARTIGO 27.º

1 — O exercício do cargo de conservador ou notário é incompatível:
a) Com qualquer função pública remunerada, excepto os casos expressamente previstos na lei ;
b) Com a administração, direcção ou gerência de sociedades ou estabelecimentos comerciais e suas agências:
c) Com o exercício da advocacia, excepto quanto a conservadores e notários de 3.ª classe providos em lugares da mesma classe situados na sede da comarca.

2 — O exercício das actividades a que se refere a alínea b) do número anterior pode ser autorizado aos conservadores pelo Ministro da Justiça, desde que dele não resultem prejuízos para a função.

3 — A incompatibilidade estabelecida na alínea c) do n.º 1 do presente artigo não terá aplicação aos conservadores e notários que há data da publicação do presente diploma possam advogar, independentemente da sua classe pessoal, enquanto não forem transferidos para lugar de que lhes resulte essa incompatibilidade.

4 — O exercício da advocacia, nos casos em que e permitido, pode ser proibido pelo Ministro da Justiça aos conservadores e notários que, por causa dele, descuidem os serviços a seu cargo ou se utilizem deste em proveito da sua clientela de advogado, mediante instauração do competente processo disciplinar.

ARTIGO 28.º

1 — Os conservadores e notários são integrados em três quadros distintos: um de conservadores do registo civil, outro de conservadores do registo predial e o terceiro de notários.

2 — Os funcionários pertencentes a cada um dos quadros são agrupados em três classes, segundo a sua antiguidade e classificação de serviço.

3 — O número de funcionários de cada classe é igual ao número de lugares da mesma classe.

4 — (Revogado)

5 — (Revogado)

6 — Os conservadores dos arquivos centrais e os conservadores auxiliares da Conservatória dos Registos Centrais fazem parte do quadro de conservadores do registo civil.

7 — Os conservadores privativos dos registos comercial e de automóveis fazem parte do quadro do registo predial.

8 — Os funcionários providos em serviços anexados nos termos do artigo 15.º são colocados simultaneamente nos quadros a que pertençam os lugares que ocupam, enquanto durar a acumulação das respectivas funções.

9 — Para efeitos de antiguidade na classe, o serviço dos funcionários a que se refere o número anterior é contado separadamente em cada um dos serviços.

ARTIGO 29.º

O acesso dos conservadores e notários à classe imediata é realizado à medida que haja vagas abertas no respectivo quadro, segundo a ordem por que forem graduados pelo conselho técnico da Direcção-Geral dos Registos e do Notariado, de harmonia com a sua antiguidade e classificação de serviço.

ARTIGO 30.º

1 — Os lugares de conservador e notário são providos mediante concurso documental aberto perante a Direcção-Geral dos Registos e do Notariado nos termos previstos no regulamento do presente diploma, salvo em caso de transferência imposta como pena em processo disciplinar, nos termos da lei geral.

2 — (Revogado)

3 — (Revogado)

ARTIGO 31.º

Os funcionários que sejam nomeados conservadores ou notários, nos termos do n.º 2 do artigo antecedente, ocupam nos respectivos quadros o lugar correspondente ao tempo de serviço que tiverem nas funções anteriores, independentemente da classe ou do lugar em que forem providos. Se a nomeação for para quadro a que já tiverem pertencido ser-lhes-á contado ainda o tempo de serviço prestado nesse quadro.

ARTIGO 32.º

1 — Os magistrados judiciais e do Ministério Público nomeados conservadores ou notários ingressam no quadro de 3.ª classe do serviço em que venham a ser colocados, sendo-lhes contado, para efeito de graduação na classe, o serviço prestado no quadro a que anteriormente pertenciam, até ao máximo de três anos.

2 — O disposto no número anterior é aplicável ainda aos funcionários, originários daquelas magistraturas, já pertencentes aos quadros, quando não lhes tenha sido contado o tempo de serviço prestado naquela qualidade.

ARTIGO 33.º

1 — Os conservadores e notários que transitem de um para outro quadro ingressam no quadro de 3.ª classe do serviço em que venham a ser colocados.

2 — Aos conservadores e notários que transitem de um quadro para outro apenas é contado, pata efeitos de graduação na classe do quadro em que ingressem, o tempo de serviço prestado no quadro anterior, até ao máximo de três anos.

3 — Aos funcionários que, tendo transitado de quadro, venham a regressar ao quadro de origem será contado o tempo de serviço anteriormente prestado neste quadro, para efeitos de graduação na classe.

4 — Há trânsito de quadro quando os funcionários saem de um quadro e entram noutro de espécie diferente ou quando ingressam noutro

quadro, ainda que permaneçam, simultaneamente, naquele a que pertencem.

5 — Os funcionários de serviços anexados que venham a ser colocados em serviço diferente de alguma das espécies a cujo quadro pertençam são eliminados do quadro a que deixem de pertencer.

ARTIGO 34.º

1 — O lugar de conservador da Conservatória dos Registos Centrais é provido, em comissão de serviço, por períodos trienais, por despacho do Ministro da Justiça, de entre conservadores do registo civil com mais de oito anos de serviço e com classificação não inferior a Bom com distinção.

2 — Os lugares de conservador-adjunto da Conservatória dos Registos Centrais são providos, em comissão de serviço, por períodos trienais, por despacho do Ministro da Justiça, de entre conservadores do registo civil com mais de cinco anos de serviço e classificação não inferior a Bom.

3 — Ao provimento dos lugares de conservador auxiliar da Conservatória dos Registos Centrais é aplicável o disposto no n.º 1 do artigo 30.º do presente diploma.

ARTIGO 35.º

1 — A nomeação de conservador e notário em comissão de serviço carece de autorização do Ministro da Justiça, ouvida a Direcção-Geral dos Registos e do Notariado.

2 — A autorização a que se refere o número antecedente não pode ser concedida por período superior a três anos e pode ser renovada apenas uma vez, salvo se respeitar a comissão a exercer em serviço dependente do Ministério da Justiça.

3 — O lugar dos comissionados pode ser provido interinamente enquanto durar a comissão.

ARTIGOS 36.º A 39.º
(*Revogados*)

SECÇÃO IV
Ajudantes e escriturários

ARTIGO 40.º

1 — Os ajudantes das conservatórias e cartórios são funcionários públicos de nomeação definitiva e são integrados em três quadros distintos: um de registo civil, outro de registo predial e o terceiro de notariado.

2 — Os ajudantes pertencentes a cada um dos quadros são agrupados em três classes, segundo a sua antiguidade e classificação de serviço.

3 — Sem prejuízo do disposto no artigo 89.º A do presente diploma, o número de ajudantes de cada classe é igual ao número dos lugares da mesma categoria.

4 — Os ajudantes colocados em serviços anexados pertencem aos quadros das espécies de serviços em que estejam colocados enquanto durar a acumulação das respectivas funções.

5 — Os ajudantes colocados em serviços anexados que venham a ser transferidos para serviço diferente de alguma ou algumas das espécies a cujo quadro pertençam são eliminados do quadro a que deixem de pertencer.

ARTIGO 41.º

1 — Os ajudantes que transitem de um para outro quadro ingressam no quadro de 3.ª classe da espécie do serviço em que venham a ser colocados, sendo-lhes apenas contado, para efeitos de graduação, na classe do quadro em que ingressem, o tempo de serviço prestado no quadro anterior, até ao máximo de três anos.

2 — Aos ajudantes que, tendo transitado de um quadro para outro, regressem ao quadro de origem ser-lhes-á contado o tempo de serviço prestado neste quadro para efeito de graduação na classe.

3 — Os ajudantes em serviços anexados que venham a ser colocados em serviço diferente de alguma das espécies a cujo quadro pertençam são eliminados do quadro a que deixem de pertencer.

4 — É aplicável aos ajudantes a regra do n.º 4 do artigo 33.º.

ARTIGO 42.º

O acesso dos ajudantes à classe imediata é realizado à medida que haja vagas abertas no respectivo quadro, segundo a ordem por que forem graduados pelo conselho técnico da Direcção-Geral dos Registos e do Notariado, de harmonia com a sua antiguidade e classificação de serviço.

ARTIGO 43.º
(*Revogado*)

ARTIGO 44.º

Os lugares de oficial de registo e notariado são providos nos termos previstos no regulamento do presente diploma, salvo o caso de transferência imposta como pena em processo disciplinar.

ARTIGO 45.º

1 — Cada repartição de serviços de registo ou notariado tem um quadro de pessoal com a composição determinada pelo regulamento do presente diploma.

2 — Enquanto se verificar a existência de serviços organizados em regime de secretaria, os oficiais de registo e do notariado são comuns a todas as secções ou cartórios que a constituem.

ARTIGO 46.º

Os oficiais dos registos e do notariado gozam de todos os direitos e estão sujeitos a todos os deveres dos funcionários dos quadros permanentes dos serviços do Estado.

ARTIGO 47.º

É aplicável aos oficiais dos registos e do notariado o disposto no artigo 35.º do presente diploma.

ARTIGO 48.º

Os oficiais dos registos e do notariado estão sujeitos às incompatibilidades e inibições estabelecidas na lei geral para os funcionários públicos e não podem exercer a profissão de solicitador, advogado, comerciante ou industrial, salvo, quanto às duas últimas, quando autorizados pelo Ministro da Justiça, ouvida a Direcção-Geral dos Registos e do Notariado.

SECÇÃO V
Chefes de secção

ARTIGO 49.º

Os chefes de secção da Conservatória dos Registos Centrais são nomeados, por consulta documental, de entre os primeiros-ajudantes do quadro do registo civil com, pelo menos, três anos de bom e efectivo serviço.

SECÇÃO VI
Telefonistas e contínuos

ARTIGO 50.º

Os telefonistas e contínuos dos serviços externos ficam sujeitos ao regime previsto na lei geral.

SECÇÃO VII
Chefes dos postos

ARTIGO 51.º
(*Revogado*)

CAPÍTULO III
Da remuneração dos funcionários e da receita dos serviços

SECÇÃO I
Remuneração dos funcionários

ARTIGO 52.º

O vencimento dos conservadores e notários é constituído por uma parte fixa ou ordenado e pela participação no rendimento emolumentar da respectiva repartição.

ARTIGO 53.º

Números 1 a 4 (*Revogados*)
5 — O ordenado equivale, para todos os efeitos, ao vencimento de categoria e é abonado sempre que, segundo a lei geral, se mantém o direito a esse vencimento.

ARTIGO 54.º

5 — A participação emolumentar corresponde ao vencimento de exercício e só é de abonar nos casos em que a este haja direito.*

---

* As regras dos números 1 a 4 deste artigo sobre a participação emolumentar, estão prejudicadas pelas disposições das Portarias n.º 1448/2001, de 22 de Dezembro, e n.º 110/2003, de 29 de Janeiro.

ARTIGO 55.º

1 — O conservador ou notário que exerça funções em serviços anexados recebe somente o ordenado de um dos lugares acumulados, mas tem direito à participação emolumentar de todos eles, tomando-se a soma das respectivas receitas líquidas para a determinação da percentagem aplicável.

2 — Se os lugares anexados forem de classe diferente, atender-se-á ao da classe superior para determinação do ordenado e aplicação dos escalões relativos à participação emolumentar.

ARTIGO 56.º

1 — Sempre que se verifique a substituição do conservador ou notário nos termos dos n.ºs 1 e 2 do artigo 26.º, o substituto tem direito:

a) A 70% da participação emolumentar correspondente ao lugar e ao período da substituição, se for conservador ou notário designado em acumulação com as suas funções próprias;

b) À participação emolumentar por inteiro, se for conservador, notário ou adjunto nomeado ou destacado em função exclusiva de substituição;

c) À opção pela participação emolumentar correspondente ao lugar e ao período da substituição, se for ajudante.

2 — No caso de provimento interino, o substituto tem direito à participação emolumentar correspondente ao lugar.

3 — Salvo no caso de provimento interino, o substituto tem direito, nos termos da lei geral, às despesas de transporte que tiver de efectuar por força da substituição e, se a substituição se der em acumulação com a chefia da repartição sediada noutra localidade, a ajudas de custo.

ARTIGO 57.º

1 — No caso de provimento interino dos lugares de conservador e notário, o vencimento a atribuir é o correspondente à média dos ordenados da classe do lugar e da classe pessoal do interino, mais a participação emolumentar que respeitar ao lugar.

2 — Sempre que o interino não pertença aos quadros de conservadores ou notários, a classe pessoal a considerar, para efeitos do disposto no número anterior, é a de 3.ª

ARTIGO 58.º

Aos conservadores, notários e demais funcionários que sejam desligados do serviço a aguardar aposentação é abonada pelo Cofre dos Conservadores, Notários e Funcionários de Justiça a pensão provisória que lhes for fixada pela Caixa Geral de Aposentações.

ARTIGO 59.º

1 e 2 (*Revogados*)
3 — O ordenado equivale, para todos os efeitos, ao vencimento de categoria e é abonado sempre que, segundo a lei geral, se mantém o direito a esse vencimento.

ARTIGO 60.º
(*Revogado*)

ARTIGO 61.º

1 — Aos oficiais de registo e do notariado é abonada, a título de participação emolumentar, uma percentagem da receita global líquida da totalidade dos serviços apurada em cada mês a favor do Cofre dos Conservadores, Notários e Funcionários de Justiça.
2 — A percentagem a que se refere o número anterior, a proporção da sua distribuição pelo pessoal que a ela tenha direito e as normas a que deve obedecer a respectiva atribuição e liquidação são fixadas em portaria do Ministro da Justiça.
3 — Também é abonada percentagem emolumentar, fixada nos números antecedentes, ao chefe de secção da Conservatória dos Registos Centrais.

4 — A participação emolumentar é considerada, para todos os efeitos, vencimento de exercício.

ARTIGO 62.º

As telefonistas e aos contínuos é atribuído o vencimento estabelecido na lei geral para a categoria correspondente.

ARTIGO 63.º

1 — Os emolumentos especiais cobrados pela realização de actos de registo civil e do notariado fora das repartições e os cobrados pela elaboração e feitura de requerimentos a que se refere o n.º 1 do artigo 68.º do presente diploma revertem, como emolumentos de natureza pessoal sujeito aos descontos legais, em proveito dos funcionários da repartição, na proporção dos respectivos ordenados.

2 — O montante máximo dos emolumentos pessoais, calculado nos termos do número anterior, é fixado por despacho do Ministro da Justiça sob proposta do director-geral.

3 — A parte excedente da receita Geral reverte a favor dos Serviços Sociais do Ministério da Justiça.

ARTIGO 64.º
(*Revogado*)

SECÇÃO II
Receitas e despesas

ARTIGO 65.º

1 — Constitui receita líquida de cada conservatória, secretaria ou cartório notarial e arquivo central o total dos emolumentos cobrados em cada mês, incluindo, pelo que respeita às conservatórias e cartórios, a

este que lhes couber na receita do arquivo central, depois de deduzidas as verbas que, nos termos da lei, devam reverter para os funcionários, para a Conservatória dos Registos Centrais ou para outras entidades.

2 — Da receita líquida de cada serviço sai a participação emolumentar do conservador ou notário, revertendo o restante, integralmente, para o Cofre dos Conservadores, Notários e Funcionários de Justiça.

3 — Os emolumentos arrecadados pelos serviços de registo e do notariado estão unicamente sujeitos aos descontos previstos neste diploma.

ARTIGO 66.º

1 — Ficam a cargo do Cofre dos Conservadores, Notários e Funcionários de Justiça as seguintes despesas:

a) Os ordenados dos conservadores e notários;

b) Os vencimentos do pessoal da Conservatória dos Registos Centrais, bem como todas as demais despesas necessárias ao funcionamento desta repartição;

c) Os vencimentos dos adjuntos de conservadores e notários;

d) Os vencimentos dos oficiais de registo e do notariado, bem como dos interinamente nomeados;

e) Os vencimentos, ajudas de custo e despesas de transporte dos inspectores extraordinários e dos secretários dos serviços de inspecção;

f) Os vencimentos dos contínuos e telefonistas;

g) O pagamento de abono de família e de prestações complementares ao pessoal referido nas alíneas anteriores;

h) O pagamento de ajudas de custo e despesas de transportes devidas aos funcionários destacados;

i) O subsídio de formação dos adjuntos estagiários;

j) O pagamento da participação emolumentar que venha a ser atribuída aos oficiais de registo e do notariado e aos chefes de secção da Conservatória dos Registos Centrais;

l) Os vencimentos do pessoal eventual em regime de prestação de serviço;

m) As ajudas de custo e despesas de transporte devidas ao director--geral dos Registos e do Notariado pelas suas deslocações em serviço;

n) (revogada)

o) O fornecimento de fardamento para o pessoal auxiliar;

p) A reparação, quando devida nos termos da lei geral, aos funcionários do registo e do notariado, do vencimento perdido por motivo de procedimento disciplinar ou criminal;

q) O pagamento dos encargos inerentes à inscrição do País como membro da União Internacional do Notariado Latino e as despesas de representação oficial nos respectivos congressos, bem como nas reuniões da Comissão dos Assuntos Europeus da referida União;

r) A reforma e a restauração dos livros e verbetes das conservatórias ou cartórios quando a sua perda, destruição ou deterioração não sejam imputáveis à negligência dos funcionários;

s) As despesas decorrentes da aplicação do disposto nos artigos 17.º e 18.º do presente diploma, que sejam autorizadas pelo Ministro da Justiça;

t) A aquisição de mobiliário para as conservatórias e cartórios;

u) O fornecimento dos livros necessários ao início e funcionamento de novas conservatórias e cartórios e as demais despesas com a transcrição oficiosa dos registos em todos os casos de alteração de área de competência territorial das conservatórias do registo predial;

v) O pagamento da despesa com a edição do Boletim da Direcção--Geral dos Registos e do Notariado, bem como de outras publicações que a mesma Direcção-Geral venha a fazer, e o encargo do fornecimento de um Boletim. atrás referido, a cada repartição;

x) As demais despesas expressamente previstas no presente diploma.

2 — Constitui encargo dos cofres o saldo negativo mensal das taxas de reembolso.

3 — Nas despesas de apetrechamento e aquisição de mobiliário a cargo dos cofres considera-se compreendido o fornecimento de todos os objectos de utilização permanente necessários ao funcionamento serviços.

ARTIGO 67.º

1 — Serão satisfeitos por força das taxas de reembolso encargos dos serviços resultantes de:

a) Aquisição e encadernação dos livros, incluindo o previsto no artigo 30.º do Código do Registo Civil;

b) Aquisição de impressos, papéis, artigos de expediente e qualquer outro material de equipamento de secretaria;

c) Manutenção e funcionamento de fotocopiadores;

d) Aquisição do Diário da República 1.ª série;

e) Conservação e reparação corrente do mobiliário:

f) Comunicações, compreendendo as despesas de correio e telefone, limpeza de instalações, aquecimento, e consumo de água e electricidade, quando este encargo não seja assumido pelas câmaras municipais;

g) Encargo com o pessoal de limpeza.

2 — Para fazer face às despesas referidas no n.º 1, os conservadores e notários apenas podem despender o quantitativo mensal máximo que, por despacho do Ministro da Justiça, for respectivamente fixado, consoante se trate de repartições de 1.ª, 2.ª e 3.ª classe.

Nas secretarias e conservatórias divididas em secções, o montante a despender é igual ao número de cartórios ou secções, multiplicado pelo quantitativo correspondente à classe da repartição.

3 — Sendo insuficiente o quantitativo mensal das taxas de reembolso arrecadadas para cobrir a despesa efectuada, o saldo negativo transitará para o mês seguinte.

4 — No fim de cada trimestre o saldo positivo que vier a ser apurado é depositado a favor dos Serviços Sociais do Ministério da Justiça e o saldo negativo é suportado pelo Cofre dos Conservadores, Notários e Funcionários de Justiça.

5 — O saldo das taxas de reembolso constitui receita dos Serviços Sociais do Ministério da Justiça.

CAPÍTULO IV
Disposições diversas

ARTIGO 68.º

Os requerimentos, auto-requerimentos, requisições e outros pedidos legalmente indispensáveis para a realização de qualquer acto de registo, requisição de certidão ou actos afins e, bem assim, os directamente relacionados com actos de registo ou notariais que devam ser apresentados em outras repartições, bem como os impressos necessários para o efeito, podem, a pedido dos interessados e sem prejuízo dos demais serviços, ser elaborados nas conservatórias e cartórios notariais pelos respectivos funcionários, mediante o pagamento de emolumentos a fixar por portaria do Ministro da Justiça.

ARTIGO 69.º

1 — Das decisões proferidas pelos conservadores e notários sobre reclamações contra erros de conta, bem como da sua recusa a efectuar algum registo nos termos requeridos ou a praticar qualquer acto da sua competência, podem os interessados reclamar para o director-geral dos Registos e do Notariado.

2 — Se a decisão do conservador ou notário admitir recurso para o tribunal da comarca, a faculdade de reclamação só pode ser exercida antes de interposto o recurso a que haja lugar, nos termos das disposições legais aplicáveis.

3 — A reclamação deve ser interposta no prazo de sessenta dias a contar do recebimento da comunicação do despacho dado ao requerido.

4 — Do despacho proferido pelo director-geral sobre a reclamação não há recurso; mas quando for desfavorável ao reclamante pode este, no prazo de oito dias, a contar da notificação daquele despacho, interpor o recurso que couber da decisão inicial do conservador ou notário.

5 — Se forem postos, simultaneamente, recurso para o tribunal e reclamação hierárquica ou, sucessivamente, mas intentado o recurso contencioso antes de julgada a reclamação hierárquica, apenas poderá prosseguir seus termos o recurso contencioso, considerando-se prejudicada a reclamação.

ARTIGO 70.º

1 — As contas de emolumentos e demais encargos legais devidos por actos de registo ou do notariado que não forem voluntariamente pagos são exigíveis pela forma prescrita para a execução por custas judiciais.

2 — A execução terá por base o certificado da conta, passado pelo conservador ou notário, e será promovida pelo Ministério Público.

3 — É competente para a execução o tribunal da comarca a que pertence a sede da respectiva conservatória ou cartório.

4 — São solidariamente responsáveis pelo pagamento da conta as partes, nos actos notariais, e o requerente ou declarante, nos actos de registo.

5 — Excluem-se do disposto no número anterior os mandatários, os gestores de negócios cuja gestão seja ratificada e os que fizerem as declarações para registo oficiosamente.

ARTIGO 71.º

1 — O Cofre dos Conservadores, Notários e Funcionários de Justiça assume a responsabilidade solidária que caiba ao Estado pelos danos que os trabalhadores dos serviços dos registos e do notariado causem a terceiros no exercício das suas funções, sem prejuízo do direito de regresso contra esses trabalhadores, que será exercido por representação do Ministério Público.

2 — A responsabilidade dos trabalhadores dos serviços dos registos e do notariado pode ser transferida para entidades seguradoras.

ARTIGO 72.º

A receita emolumentar arrecadada pelos serviços prestados nas conservatórias do registo civil, como intermediárias da requisição de bilhetes de identidade, será deduzida mensalmente a despesa realizada com a transferência das taxas correspondentes aos bilhetes requisitados.

ARTIGO 73.º
(*Revogado*)

ARTIGO 74.º

1 — É obrigatória a existência de selo branco em todas as repartições do registo e do notariado.

2 — O selo é em relevo, de forma circular, e contém o escudo nacional e a designação da respectiva repartição.

3 — A aposição do selo branco junto da assinatura do conservador, notário, adjunto ou ajudante em qualquer documento emanado da repartição tem o mesmo valor que o reconhecimento notarial.

CAPÍTULO V
Disposições finais e transitórias

ARTIGO 75.º

1 — Sempre que se mostre conveniente, o director-geral dos Registos e do Notariado pode, ouvido o interessado, autorizar o destacamento temporário de qualquer conservador, notário ou oficial de registos e do notariado para prestar serviço em outra repartição de espécie igual àquela a que pertencem.

2 — Ao funcionário destacado é abonada, além das ajudas de custo e despesas de transporte devidas, uma participação emolumentar a fixar, caso a caso, por despacho do director-geral dos Registos e do Notariado, quando não haja lugar à reversão de vencimento de exercício nos termos da lei geral.

3 — O destacamento de conservadores ou notários dentro da mesma localidade ou para localidade próxima pode ser determinado em regime de acumulação.

4 — O tempo de serviço prestado no lugar para que o funcionário seja destacado vale para todos os efeitos legais como sendo prestado no lugar de origem.

5 — O destacamento a que se refere o n.º 1 pode efectuar-se independentemente da espécie da repartição quando o interesse do serviço o justifique e desde que haja anuência dos responsáveis dos respectivos serviços.

ARTIGO 76.º

Sempre que circunstâncias excepcionais o justifiquem, pode o director-geral autorizar a admissão temporária de pessoal eventual em regime de prestação de serviços, nos termos em que a lei geral o permitir.

ARTIGO 77.º

Quando esteja atrasado o serviço de inspecção, pode o Ministro da Justiça, sob proposta do director-geral, nomear inspectores extraordinários, em comissão temporária de serviço, escolhendo-os de entre os conservadores e notários ou funcionários do quadro da Direcção-Geral dos Registos e do Notariado qualificados para o efeito.

2 — Sempre que se verifique necessidade de proceder a inspecções extraordinárias com o fim de apreciar especificamente a contabilidade de algum cartório ou conservatória, pode o Ministro da Justiça nomear, sob proposta fundamentada do director-geral dos Registos e do Notariado, inspectores-contadores qualificados, para o efeito, em comissão temporária de serviço, cujo vencimento, a pagar pelo Cofre dos Conservadores, Notários e Funcionários de Justiça, será de montante equivalente ao abonado aos demais inspectores.

ARTIGO 78.º

1 — O Ministro da Justiça pode autorizar, sob proposta do director-geral, a requisição de qualquer conservador ou notário para, temporariamente, exercer funções nos serviços técnicos da Direcção-Geral dos Registos e do Notariado, quando as necessidades do serviço assim o exijam.

2 — Aos funcionários requisitados é abonado pelo Cofre dos Conservadores, Notários e Funcionários de Justiça o vencimento, correspondente à média dos dois últimos anos, do lugar que ocupam nos serviços externos.

3 — Nas condições previstas nos números anteriores podem igualmente ser requisitados para exercer funções nos serviços centrais ajudantes ou escriturários de conservatórias e cartórios.

4 — O tempo de serviço prestado pelo pessoal a que se refere o número anterior nos serviços centrais da Direcção-Geral dos Registos e do Notariado é equiparado, para todos os efeitos, ao prestado nos quadros das conservatórias e cartórios notariais a que pertença.

ARTIGO 79.º

1 — Os inspectores dos registos e do notariado podem ser auxiliados na execução dos serviços afectos à inspecção por secretários escolhidos de entre os oficiais de registo e do notariado.

2 — O pagamento do vencimento dos funcionários a que se refere o número anterior compete ao Cofre dos Conservadores, Notários e Funcionários de Justiça.

3 — O desempenho das funções de secretário dos inspectores considera-se, para todos os efeitos, como serviço prestado no quadro a que o funcionário pertença.

ARTIGO 80.º

1 — Os membros do Conselho Técnico dos Registos e do Notariado têm direito ao abono de senhas de presença de quantitativo a fixar por despacho conjunto dos Ministros das Finanças e da Justiça e, quando exerçam funções fora de Lisboa, a ajudas de custo e despesas de transporte.

2 — Por cada parecer técnico elaborado, ao vogal do conselho relator do respectivo processo será paga pelo Cofre dos Conservadores, Notários e Funcionários de Justiça uma retribuição, a fixar pelo Ministro da Justiça, sob proposta devidamente fundamentada do director-geral.

ARTIGO 81.º
(*revogado*)

ARTIGO 82.º

1 — Os funcionários dos registos e do notariado têm direito ao reembolso, se não optarem pelo recebimento adiantado, das despesas com a sua viagem e a do agregado familiar e transporte de bagagem nas deslocações:
   a) Entre o continente e as regiões autónomas;
   b) Entre qualquer das regiões autónomas.

2 — O disposto no número anterior não é aplicável aos casos em que a deslocação se deva a motivo do natureza disciplinar.

3 — Os encargos a que se refere o n.º 1 são suportados pelo Cofre dos Conservadores, Notários e Funcionários de Justiça.

ARTIGO 83.º

1 — Para fins de abono de despesas de viagem a que se refere o artigo antecedente, o funcionário, no prazo de quinze dias a contar da publicação do despacho de nomeação, deve enviar à Direcção de Serviços do Cofre dos Conservadores, Notários e Funcionários de Justiça declaração especificada das pessoas de família de que pretenda fazer-se acompanhar, indicando a data em que deseja embarcar.

2 — Se, depois de recebidas as importâncias a que tem direito, o funcionário, por qualquer motivo, não seguir o seu destino, fica obrigado à reposição integral do que haja recebido, no prazo de quinze dias, a contar da data em que, para o efeito, for avisado pela Direcção de Serviços dos Cofres, sob pena de responsabilidade disciplinar e cobrança coerciva.

3 — Os funcionários a quem sejam abonadas as importâncias para viagem são responsáveis pelo seu reembolso se antes de dois anos de serviço nas ilhas adjacentes, a seu pedido, vierem a ser exonerados, colocados na inactividade ou transferidos para lugar no continente.

ARTIGO 84.º

1 — O Ministro da Justiça, sempre que as circunstâncias o tornem indispensável, pode autorizar a aquisição de casas destinadas a habitação dos conservadores e notários e demais pessoal de conservatórias cartórios na sede dos respectivos lugares, a expensas do Cofre dos conservadores, Notários e Funcionários de Justiça.

2 — Ao conselho administrativo do Cofre compete fixar, em cada caso, a renda a pagar pelo funcionário, de harmonia com o custo da casa.

3 — As casas a que se refere este artigo e ao pagamento da renda é aplicável, com as necessárias adaptações, o disposto no n.º 4 do artigo 167.º e nos artigos 168.º e 169.º do Estatuto Judiciário.

ARTIGO 85.º

É mantida a área de competência actual das conservatórias do registo predial em funcionamento até que, em relação a cada concelho, seja determinada a adaptação prevista no n.º 1 do artigo 6.

ARTIGOS 86.º E 87.º
(*Revogados*)

ARTIGO 88.º

1 — Os lugares do quadro paralelo criado pela Portaria n.º 513/78, de 6 de Setembro, são transformados em lugares dos quadros privativos dos serviços do registo e do notariado.

2 — A transformação referida no número anterior concretizar-se-á no quadro dos serviços onde os agentes do quadro paralelo se encontrem ou eventualmente venham a ser colocados e constará do respectivo mapa anexo (*) ao regulamento do presente diploma.

3 — Os lugares resultantes da aplicação do disposto nos números anteriores são extintos, à medida que vagarem, sempre que as circunstâncias o aconselhem.

4 — Os agentes do quadro paralelo transitam para os novos lugares mediante lista nominativa aprovada por despacho do Ministro da Justiça, sem dependência de qualquer formalidade, salvo a publicação no Diário da República, e ingressam nos respectivos quadros de pessoal.

5 — A todos os funcionários oriundos dos serviços de registo e do notariado das ex-colónias, quer façam parte do quadro paralelo, quer se encontrem já integrados nos quadros dos serviços externos da Direcção-Geral, é contado, para efeitos de colocação nos quadros pessoais respectivos, todo o tempo de serviço anteriormente prestado em repartições da mesma espécie.

6 — É aplicável aos funcionários a que se refere o presente artigo o disposto no artigo 89.º — A do presente diploma.

ARTIGO 89.º

1 — Os actuais técnicos da Conservatória dos Registos Centrais transitam, mediante lista nominativa aprovada por despacho do Ministro da Justiça, sem dependência de qualquer formalidade, salvo a publicação no Diário da República, para as categorias de conservador auxiliar da mesma conservatória e ingressam na 3.ª classe do quadro de conservadores do registo civil, contando-se-lhes, para o efeito, lodo o tempo de serviço prestado nas funções de técnico e de chefe de secção daquela conservatória.

2 — Consumada que seja a transição determinada no número anterior, são extintos os lugares de técnico da nomeada conservatória.

ARTIGO 89.º-A

1 — Nas 1.ª e 2.ª classes dos quadros a que se refere o n.º 1 do artigo 40.º será aditado ao número de ajudantes determinado segundo a regra do seu n.º 3 o número de vagas suficientes para nelas ficarem incluídos os ajudantes que até 31 de Dezembro de 1979 se encontravam providos em lugares, respectivamente, de primeiro-ajudante e de segundo-ajudante.

2 — Os ajudantes que ingressem nos quadros nos termos do número anterior ficam colocados segundo o regime do artigo 42.º

ARTIGO 89.º-B

Considera-se integrada nos respectivos vencimentos, para todos os efeitos legais, designadamente para os de aposentação, a gratificação que vem sendo abonada pelo Cofre Geral dos Tribunais aos membros do conselho administrativo dos Cofres.

ARTIGO 90.º

O ingresso dos actuais ajudantes e escriturários nos respectivos quadros de pessoal é feito de acordo com o disposto nos artigos 42.º e 43.º, n.º 2, e constará de lista nominativa aprovada por despacho do Ministro da Justiça, a publicar no Diário da República, no prazo máximo de sessenta dias a contar da data da publicação do presente diploma.

ARTIGO 91.º

Os lugares de escriturário que vierem a ser criados pelo regulamento do presente diploma podem ser preenchidos, independentemente de concurso, por assalariados ou praticantes, nos termos e condições que vierem a ser definidos no mesmo regulamento.

ARTIGO 92.º

A estrutura orgânica da Conservatória dos Registos Centrais, bem como a definição de competência das diversas categorias funcionais de chefia, constará do regulamento do presente diploma.

ARTIGO 93.º

Nas conservatórias, secretarias e cartórios notariais cuja receita atinja o escalão a que se refere a alínea d) do artigo 150.º da Lei n.º 2049, de 6 de Agosto de 1961, continuar-se-á a liquidar, a favor dos actuais conservadores e notários abrangidos pelo disposto no artigo 53.º do Decreto-Lei n.º 44063, de 28 de Novembro de 1961, e até à vacatura dos respectivos lugares, as percentagens previstas no referido artigo 150.º a não ser que as percentagens e o regime constantes do artigo 54.º do presente diploma produzam mais elevada participação.

ARTIGO 94.º

Após a entrada em vigor do presente diploma, realizar-se-á ainda um concurso de habilitação para os cargos de conservador e notário nos termos da lei anterior, ao qual se poderão candidatar todos os ajudantes estagiários com estágios completos e válidos.

Capítulo V

ARTIGO 95.º

O vencimento de categoria dos funcionários dos registos e do notariado previsto na presente lei é devido a partir de 1 de Julho de 1979.

ARTIGO 96.º

1 — Este diploma entra em vigor em 1 de Abril de 1980, data até à qual terá de ser publicado o seu regulamento.

2 — Exceptuam-se do disposto no número anterior os artigos 42.º, 43.º, 89.º e 90.º, que entram imediatamente em vigor, bem como todas as disposições referentes ao novo regime de remunerações, cuja vigência terá início na data da publicação das listas a que se referem os citados artigos 89.º e 90.º.

REGULAMENTO DOS SERVIÇOS DOS REGISTOS E DO NOTARIADO

REGULAMENTO DOS SERVIÇOS DOS REGISTOS E DO NOTARIADO

CAPÍTULO I
Das repartições de registo e dos serviços notariais

SECÇÃO I
Conservatórias dos registos civil, predial, comercial e de automóveis

ARTIGO 1.º

1 — Na sede de cada um dos concelhos indicados nos mapas I e II anexos a este diploma haverá, respectivamente, uma ou mais conservatórias do registo civil e do registo predial.

2 — Fora da sede do concelho, nas localidades indicadas nos mapas I e II, haverá uma conservatória do registo civil e do registo predial.

3 — Na sede dos concelhos não incluídos no mapa II serão criadas conservatórias do registo predial privativas à medida que o incremento do serviço o justifique.

4 — A criação de novas conservatórias concelhias é feita por portaria do Ministro da Justiça, ouvido o conselho técnico da Direcção-Geral dos Registos e do Notariado.

---

* O regulamento consta do Decreto Regulamentar n.º 55/80, de 8 de Outubro, alterado pelo Decreto Regulamentar n.º 1/83, de 11/1 e pelos Decretos-Leis n.ºs 397/83, de 2/11; 145/85, de 8/5; 92/90, de 17/3; 50/95, de 16/3; 131/95, de 6/6; e 256/95, de 30/9.

ARTIGO 2.º

1 — Na sede dos concelhos de Lisboa e do Porto haverá, respectivamente, dez conservatórias do registo civil e oito conservatórias do registo predial e quatro conservatórias do registo civil e duas conservatórias do registo predial.

2 — É mantida a actual área de competência territorial das conservatórias do registo predial nas cidades referidas no número anterior, enquanto não for rectificada mediante portaria do Ministério da Justiça.

ARTIGO 3.º

1 — Na sede de cada um dos concelhos de Lisboa, do Porto, de Coimbra e do Funchal haverá uma ou mais conservatórias privativas do registo comercial.

2 — Nos demais concelhos do continente e regiões autónomas que sejam sede de conservatórias do registo predial haverá uma conservatória do registo comercial, funcionando os dois serviços em regime de anexação.

3 — Se no concelho houver mais do que uma conservatória do registo predial, o registo comercial será anexado a uma das conservatórias designadas pela Direcção-Geral.

ARTIGO 4.º

1 — Nas cidades de Lisboa e do Porto haverá uma ou mais conservatórias privativas do registo de automóveis.

2 — As conservatórias do registo de automóveis das circunscrições de Coimbra e do Funchal funcionam, em regime de anexação, com as conservatórias do registo comercial, que têm sede naquelas cidades, e as de Évora, de Ponta Delgada, da Horta e de Angra do Heroísmo funcionam, em igual regime, com as respectivas conservatórias do registo predial.

ARTIGO 5.º

1 — Até que seja possível a sua autonomização, as Conservatórias do Registo Comercial e do Registo de Automóveis de Lisboa e do Porto, bem como as Conservatórias do Registo Predial de Sintra, 1.ª do Porto, de Cascais e Loures e do Registo Civil de Vila Nova de Gaia, funcionarão em regime de secções, as quais serão tantas quantos os lugares de conservador que lhes são atribuídos no mapa III anexo a este diploma.

2 — Do mesmo mapa consta o número de conservadores-adjuntos e de conservadores auxiliares da Conservatória dos Registos Centrais.

ARTIGO 6.º

1 — A criação de novas conservatórias no mesmo concelho pode ser autorizada por portaria do Ministro da Justiça, ouvido o conselho técnico da Direcção-Geral dos Registos e do Notariado.

2 — De igual modo se procederá sempre que, nos termos da lei, se pretenda determinar a fusão de duas ou mais conservatórias.

ARTIGO 7.º

1 — As conservatórias que se mantenham divididas em secções funcionam em regime de secretaria única com despesa e pessoal comuns, sob a direcção de um dos conservadores do respectivo quadro, designado pelo director-geral dos Registos e do Notariado.

2 — A distribuição do serviço far-se-á nos termos que, em cada caso, forem aprovados por despacho do director-geral dos Registos e do Notariado.

ARTIGO 8.º

São atribuições do director das conservatórias divididas em secções:
a) Representar a conservatória em todos os actos oficiais e extra-oficiais e corresponder-se, em nome dela, com todas as autoridades e repartições;

b) Orientar superiormente o serviço, adoptando as providências necessárias para a sua uniformização e boa execução, depois de ouvir os outros conservadores;

c) Distribuir entre todos os conservadores a execução dos serviços de simples expediente conforme entre si acordarem;

d) Comunicar superiormente as ausências não determinadas por faltas ou licenças dos funcionários;

e) Conferir, escriturar e contabilizar, em livro especial para esse fim organizado, todas as receitas cobradas nos serviços;

f) Fazer os pagamentos e depósitos que a lei determina;

g) Organizar a conta das despesas mensais a enviar ao Gabinete de Gestão Financeira;

h) Adoptar as providências sobre o funcionamento dos serviços, gestão do pessoal, aquisição de móveis e artigos de expediente, ouvindo previamente os outros conservadores;

i) Consultar superiormente sobre as dúvidas que se suscitem na aplicação das leis referentes ao serviço ou na execução dos respectivos actos.

SECÇÃO II
Postos do registo civil

ARTIGO 9.º
(*Revogado*)

SECÇÃO III
Cartórios notariais

ARTIGO 10.º

1 — O número de cartórios notariais da sede de cada concelho é o que consta no mapa IV anexo a este diploma.

2 — Fora da sede do concelho haverá os cartórios notariais nas localidades indicadas no mapa IV.

3 — Nas cidades de Lisboa e do Porto os serviços de protesto de letras e outros títulos de crédito ficam a cargo de um cartório privativo.

4 — O número de cartórios atribuídos a cada concelho pode ser ampliado ou restringido por meio de portaria do Ministro da Justiça, ouvido o conselho técnico da Direcção-Geral dos Registos e do Notariado.

ARTIGO 11.º

1 — Os serviços organizados em regime de secretaria, até que se torne possível automatizá-los, funcionam sob a direcção de um dos notários, com despesas e pessoal comuns.

2 — É aplicável à designação de director das secretarias notariais o disposto no n.º 1 do artigo 7.º.

3 — Os lugares de notário que constituem cada secretaria têm um número de ordem e são designados por cartórios da secretaria notarial a que pertencem.

4 — As atribuições do director das secretarias notariais são idênticas às conferidas ao director das conservatórias divididas em secções, competindo-lhe, ainda, organizar as escalas para a distribuição, entre todos os notários, dos instrumentos lavrados nos livros de notas e para a direcção dos serviços de expediente, que compete a um dos notários em cada semana.

SECÇÃO IV
Serviços anexados e autonomização de serviços

ARTIGO 12.º

1 — Os serviços de registo e do notariado constantes do mapa V anexo a este diploma funcionam em regime de anexação.

2 — Entre os serviços nexados manter-se-á a devida distinção, conservando-se convenientemente arrumados em separado os respectivos livros e arquivos.

ARTIGO 13.º

A anexação de quaisquer outros serviços de registo e do notariado ou a desanexação dos que se encontram a funcionar sob este regime podem ser determinadas por portaria do Ministro da Justiça, nas condições previstas no n.º 1 do artigo 6.º do presente diploma.

ARTIGO 14.º

A autonomização de serviços que se encontrem a funcionar em secção ou em regime de secretaria é determinada por portaria do Ministério da Justiça, na qual serão fixados os respectivos quadros.

SECÇÃO V
Arquivos centrais

ARTIGO 15.º

1 — Na cidade do Porto há um arquivo central dos livros findos de assentos de registo civil, de testamentos públicos e de escrituras pertencentes às conservatórias e cartórios do respectivo concelho.

2 — Até ao dia 31 de Janeiro de cada ano são entregues no arquivo central, mediante auto lavrado em duplicado, os livros findos no ano anterior.

3 — A Direcção-Geral dos Registos e do Notariado pode determinar a transferência para o arquivo central de quaisquer outros livros findos, actualmente arquivados nas conservatórias e cartórios a que se refere o n.º 1 deste artigo.

4 — Se as circunstâncias o exigirem, o director-geral pode determinar, por despacho, que o Arquivo Central do Porto cesse de receber livros.

ARTIGO 16.º

1 — Em cada arquivo central haverá os seguintes livros:
a) Livro Diário;
b) Livro de inventário;
c) Livro de ponto;

d) Livro de transcrições.

2 — Os livros a que se refere o n.º 1 obedecem ao modelo em uso.

3 — Os livros de arquivos centrais são legalizados pelos respectivos conservadores.

SECÇÃO VI
Classificação das conservatórias e cartórios

ARTIGO 17.º

A classificação das conservatórias e cartórios notariais é a que consta dos mapas I, II e IV anexos a este diploma.

ARTIGO 18.º

A classificação das conservatórias e cartórios notariais, quando a evolução do movimento dos serviços o justifique, pode ser alterada por portaria do Ministro da Justiça, ouvidos o conselho técnico da Direcção--Geral dos Registos e do Notariado e o conselho administrativo do Gabinete de Gestão Financeira.

SECÇÃO VII
Instalação e funcionamento dos serviços

ARTIGO 19.º

1 — Os contratos de arrendamento de prédios destinados aos serviços de registo e do notariado são celebrados por escrito particular, em nome do Estado, pelo Gabinete de Gestão Financeira.

2 — É aplicável ao arrendamento de instalações destinadas aos serviços de registo e do notariado o regime legal dos demais arrendamentos, celebrados pelo Estado, para a instalação de repartições públicas.

3 — O Estado pode, nos termos da lei geral, requisitar casas para instalação dos seus serviços.

ARTIGO 20.º

1 — Em caso de transmissão de antigos arrendamentos outorgados em nome dos conservadores e notários, será atribuída ao funcionário uma compensação razoável pelas despesas que tiver feito, no prédio arrendado, para a instalação dos serviços.

2 — Se o prédio arrendado se destinava simultaneamente à instalação dos serviços e à habitação ou escritório pessoal do funcionário, observar-se-á o seguinte:

a) Se as partes do prédio afectas a um e outro fim puderem separar-se materialmente sem inconveniente, a transmissão contratual limitar-se-á à parte ocupada pelos serviços;

b) Se a separação material não for possível, a transmissão abrangerá todo o prédio arrendado.

ARTIGO 21.º

Nenhuma conservatória ou cartório pode mudar de instalações sem prévia autorização da Direcção-Geral dos Registos e do Notariado.

ARTIGO 22.º
(*Revogado*)

ARTIGO 23.º
(*Revogado*)

CAPÍTULO II
Do pessoal dos serviços de registos e do notariado

SECÇÃO I
Conservadores e notários

SUBSECÇÃO I
Concursos de habilitação

ARTIGO 24.º A 48.º
(*Revogados*)

SUBSECÇÃO II
Regime da função de conservador e notário

ARTIGO 49.º

1 — Os conservadores e notários estão hierarquicamente subordinados ao Ministro da Justiça através do director-geral dos Registos e do Notariado.

2 — O disposto no número antecedente não prejudica o exercício directo do poder hierárquico por parte do Ministro da Justiça.

ARTIGO 50.º

1 — Os conservadores e notários tomam posse na presença do director-geral dos Registos e do Notariado em Lisboa e perante outro conservador ou notário nas demais localidades ou, não o havendo, da localidade mais próxima daquela a que o serviço pertença.

2 — Os conservadores ou notários nomeados ou transferidos para lugares com sede nas regiões autónomas, quando se encontrem em comissão de serviço no continente e nela sejam mantidos, podem tomar posse e prestar juramento legal perante o director-geral dos Registos e do Notariado.

ARTIGO 51.º

1 — O prazo para a posse é de quinze dias, no continente, e de trinta dias, nas regiões autónomas, a contar da publicação do despacho de nomeação ou transferência no Diário da República, mas pode ser prorrogado pelo Ministro da Justiça, mediante justificação fundamentada do interessado.

2 — Havendo urgência em prover o lugar vago, pode o Ministro da Justiça fixar, para a posse, prazo inferior ao normal.

ARTIGO 52.º

1 — O conservador ou notário provido definitiva ou interinamente deve conferir o inventário da conservatória ou do cartório na presença do

anterior serventuário ou, não podendo este estar presente, do seu substituto legal.

2 — O substituto legal pode, antes de entrar em exercício, reclamar do funcionário que deixe o lugar, definitiva ou temporariamente, a conferência do inventário.

3 — No caso de morte, incapacidade ou outro motivo que torne impossível a intervenção do funcionário responsável, pode a conferência ser efectuada, a pedido do interessado, na presença de um inspector dos serviços de registo e do notariado designado pelo director-geral.

4 — Da conferência do inventário é sempre lavrado auto, em duplicado e em papel comum, assinado pelo que entrega e pelo que recebe o serviço.

5 — Um dos exemplares do auto de conferência fica arquivado na repartição e o restante é remetido, pelo conservador ou notário, no prazo de trinta dias a contar da posse, à Direcção-Geral dos Registos e do Notariado, acompanhado da informação circunstanciada acerca do estado geral do serviço.

ARTIGO 53.º

Os conservadores e notários autorizados a desempenhar comissão de serviço de carácter temporário devem reassumir as suas funções no prazo de quinze dias, no continente, e de trinta dias, nas regiões autónomas, a partir da data em que terminarem a comissão.

ARTIGO 54.º

Aos conservadores e notários, quando autorizados a advogar, é vedado aceitar mandato nos pleitos em que se discutam actos praticados na própria conservatória ou cartório ou em que a parte contrária seja o Estado.

ARTIGO 55.º

1 — Os conservadores e notários autorizados a exercer a advocacia só o podem fazer na comarca a que pertença a localidade sede do respectivo lugar.

2 — A restrição estabelecida no número anterior não abrange:

a) A intervenção em cartas precatórias emanadas de processos que correm seus termos na comarca em que os conservadores ou notários é permitida a advocacia;

b) A intervenção em recursos para os tribunais superiores;

c) A intervenção, fora da comarca, nos actos de processo praticados na 1ª instância que não exijam a presença de advogado.

ARTIGO 56.º

Os conservadores e notários são obrigados a residir na localidade da sede das suas repartições, salvo quando, nos termos da lei geral, estiverem autorizados a residir em localidade diversa.

(Este comando foi prejudicado pela regra do n.º 1 do art. 1.º do DL n.º 47/87, de 29/1).

ARTIGO 57.º

1 — Quando não estejam impedidos em serviço externo, os conservadores e notários devem permanecer nas respectivas conservatórias e cartórios durante as horas regulamentares, dirigindo e fiscalizando pessoalmente todo o trabalho da repartição.

2 — Os que estiverem autorizados a exercer a advocacia podem ausentar-se quando tenham serviço no tribunal ou hajam de assistir a diligências fora dele.

3 — Se, para os efeitos previstos no número anterior, tiverem de sair da sede do seu lugar, devem, no próprio dia ou na véspera, participar a ausência ao director-geral dos Registos e do Notariado, para que lhes seja justificada a falta, nos termos da lei geral.

4 — Os que, em acumulação com o seu lugar, exerçam, devidamente autorizados, comissão de serviço ou função de interesse público podem ausentar-se da repartição, sem prejuízo dos serviços, pelo tempo indispensável para o desempenho do cargo acumulado.

ARTIGO 58.º

1 — Todos os actos assinados pelos conservadores ou notários são da sua inteira responsabilidade ainda que tenham sido lavrados pelos ajudantes ou outros auxiliares, sem prejuízo da responsabilidade destes em caso de dolo ou má fé.

2 — Nas conservatórias do registo de automóveis podem os ajudantes, sem prejuízo das suas restantes atribuições, rubricar sob sua inteira responsabilidade os registos iniciais de propriedade e os registos daqueles actos que não necessitem de ser comprovados por documentos.

ARTIGO 59.º

A requisição de conservadores e notários para comparecer perante os tribunais ou autoridades deve ser feita ao director-geral dos Registos e do Notariado, com a antecipação conveniente.

ARTIGO 60.º

1 — Aos conservadores e notários são aplicáveis, quanto a faltas e licenças, as disposições da lei geral.

2 — A licença para férias pode ser gozada interpoladamente, mas apenas em dois períodos.

3 — Os conservadores e notários são obrigados a comunicar à Direcção-Geral o dia em que iniciam a licença, ou a reiniciam, quando interrompida, o local onde vão residir, no caso de se ausentarem da sede do lugar, e o dia em que retomam o serviço.

(A regra do n.º 2 foi prejudicada pelo disposto no art. 5.º do DL n.º 100/99, de 31/3)

ARTIGO 61.º
(*Revogado*)

ARTIGO 62.º

1 — Os conservadores e notários deixam de exercer as suas funções no dia seguinte ao da chegada à localidade da sede dos respectivos ser-

viços do Diário da República em que venha publicada a sua exoneração, suspensão, demissão ou transferência e no próprio dia em que atingirem o limite de idade ou forem notificados do despacho ou sentença que determine o seu afastamento do serviço.

2 — Os funcionários nas condições do número anterior, antes de abandonarem os seus lugares, devem notificar, por ofício, o respectivo substituto legal para entrar em exercício e conferir com ele o inventário da repartição.

ARTIGO 63.º

Quando falecer um conservador ou notário, o seu substituto legal é obrigado a participar o facto à Direcção-Geral dos Registos e do Notariado, no prazo de três dias.

SUBSECÇÃO III
Provimento de lugares

ARTIGO 64.º

Só pode ser provido nos lugares dos quadros de conservadores e notários quem satisfaça às condições exigidas na lei geral para a admissão nos quadros do funcionalismo civil do Estado e possua os demais requisitos exigidos pelo presente diploma.

ARTIGO 65.º

1 — Os lugares vagos de conservador e notário são providos por concurso documental, aberto perante a Direcção-Geral dos Registos e do Notariado.

2 — O concurso é aberto por aviso publicado no Diário da República, concedendo-se aos interessados o prazo de quinze dias para apresentarem os seus requerimentos e os documentos que forem exigidos no respectivo aviso, nos termos da lei geral.

3 — Terminado o prazo do concurso, a Direcção-Geral organizará a relação dos requerentes que reúnam as condições legais para serem admitidos, submetendo-a em seguida a despacho do Ministro da Justiça, com informações sobre a classificação, antiguidade e cadastros disciplinar dos concorrentes.

ARTIGO 66.º

1 — É concedida aos conservadores e notários colocados nas regiões autónomas que pretendam obter colocação em lugares da sua classe no continente a faculdade de requererem de uma só vez em cada ano civil a sua admissão a todos os concursos que sejam abertos nessa classe.

2 — Os conservadores e notários colocados na situação de adidos à data da abertura do concurso para o preenchimento de lugares da sua classe ou de classe dos lugares da última colocação serão concorrentes obrigatórios.

ARTIGO 67.º

1 — A desistência de nomeação para lugares de conservador ou notário por parte de qualquer concorrente nomeado impede-o de concorrer às vagas abertas durante os dois anos seguintes.

2 — O Ministro da Justiça pode, em face de justificação tida como aceitável, reduzir de um ano ou dispensar na totalidade o prazo previsto no número anterior.

ARTIGO 68.º

1 — Para o preenchimento de lugares vagos de conservador e notário é reconhecida preferência legal:

a) Aos concorrentes da classe pessoal correspondente à categoria do lugar vago sobre os concorrentes de classe diferente;

b) Aos concorrentes de classe pessoal superior sobre os de classe inferior, desde que não haja concorrentes de classe pessoal correspondente à categoria do lugar;

c) Aos concorrentes com melhor classificação de serviço sobre os da mesma classe com mais baixa classificação;

d) Aos concorrentes de 3.ª classe com três anos de serviço, classificados com nota não inferior à de Bom, sobre os concorrentes com menos de três anos e os candidatos a primeira nomeação;

e) Entre os conservadores e notários com menos de três anos de serviço ou com três anos com nota inferior a Bom e entre estes e os candidatos a primeira nomeação, ou apenas entre candidatos a primeira nomeação, aos que tenham tido melhor classificação no concurso de habilitação e, sendo iguais as classificações, aos que tiverem sido aprovados em concurso mais antigo.

2 — A classe pessoal deixa de constituir preferência quando for prejudicada pela classificação de serviço.

3 — Os lugares de conservador ou notário em serviços de 1.ª classe não podem ser providos em concorrentes com classificação de serviço inferior à de Bom.

4 — Para a graduação dos candidatos a primeira nomeação dispensados do concurso de habilitação atender-se-á à classificação e data da licenciatura.

5 — A classificação de serviço dos funcionários dos serviços técnicos da Direcção-Geral dos Registos e do Notariado a considerar para fins de provimento em lugares de conservador ou notário é a que lhes for atribuída pelo director-geral.

ARTIGO 69.º

Nos concursos de provimento para lugares de conservador ou notário é reconhecida preferência legal aos concorrentes já pertencentes aos quadros com classificação não inferior a Bom e aos candidatos a primeira nomeação aprovados em concurso para conservador e notário com nota não inferior a Bom sobre os concorrentes que sejam delegados do Ministério Público ou magistrados judiciais.

ARTIGO 70.º

1 — Na falta de concorrentes que satisfaçam os requisitos legais para provimento efectivo, o lugar vago pode ser preenchido mediante

proposta do director-geral dos Registos e do Notariado, devidamente fundamentada, por nomeação interina de qualquer licenciado em Direito, preferindo os que sejam possuidores de estágios legais.

2 — Podem também ser nomeados nas condições do número antecedente, independentemente de concurso, simples licenciados em Direito para as vagas interinas de conservadores ou notários que se encontrem em comissão de serviço ou no desempenho de qualquer actividade de interesse público.

3 — As situações de interinidade previstas nos números anteriores podem ser dadas por findas por conveniência de serviço mediante despacho do Ministro da Justiça, sob proposta fundamentada do director-geral dos Registos e do Notariado, ficando o interino desligado da Administração.

4 — As situações de interinidade de conservadores e notários previstas neste artigo ficam unicamente sujeitas às regras do presente diploma.

ARTIGO 71.º

Os lugares providos interinamente nos termos dos n.ºs 1 e 2 do artigo anterior são postos novamente a concurso logo que se efectuem os primeiros exames de habilitação para conservadores e notários, podendo manter-se a interinidade até haver provimento efectivo.

ARTIGO 72.º

1 — O tempo de serviço prestado interinamente vale como estágio na especialidade para efeito de concurso de habilitação para conservadores e notários.

2 — Se a interinidade se verificar em serviços anexados, o tempo de estágio em cada uma das especialidades do lugar onde servem é contado separada e sucessivamente.

3 — Para efeitos da classificação do estágio realizado nas condições previstas nos números antecedentes, será o serviço do interino inspeccionado e apreciado pelo conselho técnico.

4 — Os licenciados em Direito providos interinamente em lugares de conservador ou notário devem apresentar-se aos primeiros concursos de habilitação que se realizarem, desde que possuam os estágios completos.

5 — Os licenciados em Direito providos interinamente como conservadores ou notários podem ser autorizados a fazer os estágios que lhes faltam em regime de acumulação e sem prejuízo para o serviço, não tendo, nesse caso, direito à remuneração referente ao lugar de adjunto estagiário.

6 — A falta ao concurso de habilitação ou a reprovação nesse concurso determinará a cessação da interinidade, sendo o funcionário desligado da Administração por simples despacho do Ministro da Justiça.

7 — O interino que não obtiver aprovação no concurso de habilitação poderá iniciar novos estágios como adjunto estagiário para efeitos de repetição do concurso.

ARTIGO 73.º

1 — Os conservadores e notários interinos que não possuam os estágios legais para poderem apresentar-se aos concursos de habilitação e o lugar que ocupam venha a ser provido definitivamente podem passar à situação de adjuntos estagiários nos mesmos serviços até perfazerem o tempo de estágio que lhes falte ou passar a adjuntos estagiários noutro lugar de especialidade de que ainda não tenham estágio por simples despacho do director-geral dos Registos e do Notariado, mediante requerimento do interessado.

2 — O regime previsto no número anterior é igualmente aplicável aos interinos sem estágio providos em lugares que tenham titular efectivo, quando este regresse ao seu lugar.

3 — O conservador ou notário interino, possuidor dos estágios legais, que cessar funções nos termos dos números antecedentes poderá, com o acordo do conservador ou notário efectivo e mediante despacho do Ministro da Justiça sob proposta do director-geral, devidamente fundamentada, manter-se como adjunto no serviço em que se encontre colocado até à realização dos primeiros concursos.

4 — Fora dos casos previstos nos números antecedentes, o conservador ou notário interino não concursado será desligado da Administra-

ção quando cessarem as condições justificadas da interinidade por simples despacho do Ministro da Justiça.

ARTIGO 74.º

1 — Os conservadores ou notários providos interinamente que possuam concurso de habilitação mas não sejam titulares de lugar efectivo serão concorrentes obrigatórios a todos os lugares de 3.ª classe, sem prejuízo de poderem manter a interinidade que vêm desempenhando, desde que devidamente autorizados pelo Ministro da Justiça.

2 — No caso de o titular efectivo regressar ao lugar, o interino concursado, se ainda não tiver obtido nomeação efectiva, passará à situação de adido até ser nomeado como efectivo ou interino para o lugar; se já tiver obtido nomeação como efectivo, reassumirá as suas funções no prazo de quinze dias.

ARTIGO 75.º

1 — No caso de vagar lugar provido interinamente por licenciado possuidor do concurso de habilitação, classificado com nota não inferior a Bom, será este colocado como efectivo no lugar que vem ocupando, com dispensa de abertura de concurso, se o lugar for 3.ª classe e a interinidade durar há mais de seis meses.

2 — Se o lugar for de 1.ª ou 2.ª classe, será aberto concurso, podendo a interinidade manter-se até provimento efectivo, desde que devidamente autorizada pelo Ministro da Justiça.

3 — Em igualdade de circunstâncias, o interino terá preferência na nomeação para o lugar que vem ocupando, se a interinidade durar há mais de seis meses.

4 — Verificando o provimento efectivo em outro candidato, observar-se-á o disposto no n.º 2 do artigo antecedente, sendo caso disso.

5 — Ao interino que venha a obter nomeação efectiva ser-lhe-á contado para graduação no quadro todo o tempo de serviço que, na especialidade, tenha prestado como interino.

ARTIGO 76.º

Os interinos colocados na situação de adidos são concorrentes obrigatórios a vagas abertas para provimento de lugares de 3.ª classe efectivos ou interinos que vierem a ocorrer.

ARTIGO 77.º

Os conservadores ou notários colocados na situação de adidos que não tomem posse do lugar em que vierem a ser providos nos termos previstos nos artigos anteriores cessarão o seu vínculo com a Administração.

ARTIGO 78.º

1 — Os conservadores e notários não podem ser nomeados ou transferidos para outros lugares, independentemente da espécie de serviço, antes de decorrido um ano após a tomada de posse do lugar que ocupam, com excepção dos casos de transferência por conveniência de serviço, devidamente fundamentada.

2 — A restrição estabelecida no numero anterior não é aplicável à nomeação ou transferência requerida para lugar da classe pessoal do requerente, quando estiver colocado em lugar de classe inferior, nem a nomeação ou transferência para lugar em que, no impedimento do anterior titular efectivo, se encontrar colocado interinamente há mais de seis meses.

3 — A transferência por conveniência de serviço só pode ser determinada, sob proposta fundamentada da Direcção-Geral dos registos e do Notariado, para lugar da mesma classe e de rendimento não inferior ao daquele em que o funcionário esteja colocado.

ARTIGO 79.º

1 — O Ministro da Justiça pode autorizar as permutas entre funcionário do mesmo quadro nas condições seguintes:

a) Terem ambos os requerentes menos de 65 anos de idade;
b) Terem, pelo menos, dois anos de efectivo serviço nos lugares em que estiverem servindo;
c) Serem da mesma categoria os lugares em que estiverem colocados;
d) Serem pessoalmente de classe equivalente à da categoria dos seus lugares ou de classe superior;
e) Comprometerem-se a não abandonar antes de três anos e por qualquer motivo, salvo o de força maior, o exercício efectivo dos lugares para onde pretendem ser transferidos.

2 — Os que derem ou oferecerem, directamente ou por interposta pessoa, dinheiro ou outros valores para obterem a permuta e os que aceitarem a dádiva ou oferta para nela consentirem serão punidos com a pena de demissão, mediante processo disciplinar.

SUBSECÇÃO IV
Lista de antiguidade e promoções

ARTIGO 80.º

1 — A Direcção-Geral dos Registos e do Notariado organizará e publicará anualmente, no Boletim Oficial do Ministério da Justiça, com referência a 31 de Dezembro de cada ano, a lista de antiguidade dos conservadores e notários. Da publicação da lista no Boletim será inserto aviso no Diário da República.

2 — Em relação a cada funcionário indicar-se-á, na lista, o tempo de serviço na respectiva classe e a antiguidade reportada à primeira nomeação.

3 — O tempo de serviço conta-se na 1.ª e 2.ª classes desde a data da posse seguida de exercício.

4 — Quando dois ou mais funcionários de 3.ª classe tenham, pela data da posse, a mesma antiguidade, atender-se-á para a sua graduação no respectivo quadro à data do despacho de nomeação e, se o despacho for do mesmo dia, serão graduados segundo a idade. Na 1.ª e 2.ª classes os funcionários com o mesmo tempo de serviço na classe serão graduados pela ordem segundo a qual tenham sido promovidos.

ARTIGO 81.º

1 — Os funcionários que se considerem lesados pela graduação que lhes for dada na lista de antiguidade podem dela reclamar no prazo de sessenta dias a contar da data da inserção no Diário da República do aviso relativo à publicação da lista no Boletim Oficial do Ministério da Justiça.

2 — A reclamação será dirigida ao director-geral dos Registos e do Notariado, o qual, se se verificar que houve inexactidão da lista publicada, por virtude de erro material ou lapso manifesto, mandará fazer a devida correcção e publicá-la-á no Diário da República.

3 — Fora do caso previsto no número anterior, a Direcção-Geral, recebida a reclamação, enviará cópia a todos os funcionários a quem o seu deferimento possa afectar, notificando-os para contestarem, querendo, no prazo de quinze dias.

4 — O processo de reclamação é, em seguida, apreciado pelo conselho técnico da Direcção-Geral dos Registo e do Notariado, que dará o seu parecer, competindo a decisão final ao Ministro da Justiça.

5 — A decisão proferida é notificada a todos os interessados e as correcções a fazer na lista são publicadas no Diário da República.

6 — O reclamante que decair pode ser condenado a pagar ao Cofre dos Conservadores, Notários e Funcionários de Justiça, a título de custas, a importância que na decisão final for fixada, sob proposta do conselho da Direcção-Geral, até ao limite de 49,88.

ARTIGO 82.º

1 — Os conservadores e notários são promovidos à classe imediata nos termos seguintes:

a) O conselho da Direcção-Geral dos Registos e do Notariado apreciará os funcionários de cada classe que se encontrem no terço superior da escala de antiguidade do respectivo quadro e, em deliberação fundamentada, graduará, por mérito, aqueles que, em atenção à sua exemplar dedicação ao serviço, excepcionais qualidades e aptidões reveladas no exercício das respectivas funções ou através de trabalhos publicados sobre matéria da especialidade, se mostrem merecedores de semelhante distinção;

b) Metade das vagas abertas no quadro são preenchidas pelos funcionários graduados nos termos da alínea anterior, segundo a ordem da respectiva antiguidade;

c) A outra metade é preenchida pelos restantes funcionários graduados, entre si, pela ordem de antiguidade e em conformidade com a classificação de serviço e cadastro disciplinar, com exclusão daqueles que estejam classificados com nota inferior à de Suficiente ou hajam sofrido, há menos de três anos, pena disciplinar superior à de multa;

d) Se não houver funcionários classificados por mérito em condições de promoção, serão as vagas existentes providas nos termos da alínea c).

2 — Só podem ser graduados por mérito os funcionários cuja última classificação de serviço atribuída em processo de inspecção, efectuada há menos de tês anos, haja sido a de Muito bom e aqueles que, para este efeito especial, sejam classificados de Muito bom por voto unanime do conselho da Direcção-Geral.

3 — Os conservadores e notários com classificação de serviço inferior à de Bom na ultima inspecção não podem ser graduados para promoção à 1.ª classe.

4 — Os funcionários nas condições referidas no número anterior, passado que seja um ano sobre a última classificação podem requerer uma inspecção extraordinária para melhoria de classificação.

ARTIGO 83.º

1 — Na falta de classificação de serviço ou de elementos que habilitem à segura classificação de algum funcionário para fins de promoção por mérito, o conselho pode sobrestar na sua apreciação até que o interessado seja inspeccionado.

2 — Os funcionários que atinjam o terço superior da escala de antiguidade de 3.ª ou de 2.ª classe sem que tenham sido classificados nos últimos três anos podem requerer que, para fins de classificação, o seu serviço seja inspeccionado.

3 — Verificada qualquer das hipóteses previstas nos números anteriores, o movimento de promoções não é efectuado sem que tenham sido inspeccionados os interessados, salvo se houver a possibilidade de preen-

cher, com funcionários mais antigos, o contingente de vagas reservadas à promoção por mérito.

ARTIGO 84.º

1 — Se algum funcionário com direito a promoção estiver sujeito a inquérito, sindicância ou processo disciplinar, o conselho suspenderá a sua graduação deixando aberta a vaga que lhe pertencer, até se arquivar ou julgar o processo pendente.

2 — Se o funcionário for ilibado de culpa ou a penalidade que vier a ser-lhe aplicada não alterar a sua posição na escala de antiguidade, nem obstar à sua graduação, será promovido na vaga que lhe competia, retrotraindo-se os efeitos da promoção à data em que esta deveria ser efectuada. Em caso contrário, é excluído da promoção e a vaga deixada em suspenso é preenchida no movimento de promoções seguinte.

3 — A promoção de funcionários da classe imediatamente inferior à daquele cuja graduação foi suspensa nas condições previstas neste artigo, quando retardada em consequência dessa suspensão, é aplicável o mesmo princípio de retroactividade consignada no número anterior.

ARTIGO 85.º

1 — A graduação de conservadores e notários para fins de promoção, feita pelo conselho da Direcção-Geral dos Registos e do Notariado, só se torna efectiva depois de sancionada pelo Ministro da Justiça, que pode mandar inspeccionar o serviço de qualquer funcionário proposto para promoção e decidir de harmonia com o resultado da inspecção efectuada.

2 — Os funcionários promovidos continuam a servir nos lugares em que estejam colocados até que requeiram e obtenham colocação em lugares correspondentes à sua classe.

ARTIGO 86.º

1 — A classificação dos conservadores e notários dada pelo conselho tem de ser devidamente fundamentada no acórdão em que for atribuída e na acta da sessão respectiva constarão os votos de cada vogal.

2 — A classificação feita de acordo com o mérito do funcionário será de Muito bom, Bom com distinção, Bom, Suficiente, Medíocre e Mau.

3 — A classificação de Mau implica para o funcionário a suspensão e instauração de processo disciplinar.

ARTIGO 87.º

1 — Da classificação atribuída pelo conselho pode o interessado reclamar para o próprio conselho se a sua discordância se reportar à matéria de facto constante do acórdão e recorrer para o Ministro da Justiça se entender que a valoração daquela não foi devidamente estabelecida.

2 — A reclamação deve ser convenientemente fundamentada e apresentada na Direcção-Geral no prazo de quinze dias a contar da notificação do acórdão.

3 — Sendo interposto recurso para o Ministro, pode este, se o entender necessário, determinar que seja inspeccionado, de novo, o funcionário no prazo máximo de trinta dias.

4 — Instruído o processo com o relatório da inspecção especial, quando a haja, será o mesmo submetido a despacho do Ministro da Justiça.

5 — No caso de discordar da classificação atribuída, o Ministro da Justiça mandará baixar os autos ao conselho para que este, em face dos novos elementos, reveja a sua posição.

6 — Se, em nova apreciação, o conselho mantiver a classificação inicialmente atribuída, serão os autos presentes ao Ministro da Justiça, que, em definitivo, decidirá.

SECÇÃO II
Ajudantes e escriturários

SUBSECÇÃO I
Quadro e exercício de funções

ARTIGO 88.º

O quadro de lugares de ajudante e escriturário de cada repartição é o constante do mapa VI anexo ao presente diploma.

ARTIGO 89.º

1 — Além do pessoal do respectivo quadro, nenhum indivíduo poder ser admitido a prestar serviço em qualquer repartição.

2 — Exceptua-se o pessoal eventual cuja admissão for autorizada pelo director-geral e os indivíduos de reconhecida idoneidade autorizados pelo conservador ou notário, sob sua responsabilidade, a frequentar a repartição como estagiários.

ARTIGO 90.º

Os ajudantes e os escriturários de cada conservatória ou cartório e do arquivo central são hierarquicamente subordinados ao respectivo conservador ou notário, e todos ao director-geral dos Registos e do Notariado.

ARTIGO 91.º

1 — Os ajudantes e escriturários tomam posse perante o conservador ou notário a que ficam subordinados.

2 — É aplicável à posse dos funcionários referidos no número antecedente o disposto no artigo 51.º.

ARTIGO 92.º

Os ajudantes e escriturários respondem pessoalmente pelos actos que ilicitamente praticarem ou omitirem no exercício das suas funções, mas os conservadores e notários respondem com eles pela falta de vigilância ou de direcção que lhes for imputável como causa das acções ou omissões verificadas.

ARTIGO 93.º

1 — Cumpre aos ajudantes e escriturários executar em geral os serviços que lhes forem distribuídos pelo respectivo conservador ou notário no limite da sua competência.

2 — Sem prejuízo do disposto no artigo 61.º, os ajudantes podem desempenhar todas as atribuições dos conservadores e notários, à excepção das seguintes:

a) A assinatura das descrições, matrículas e inscrições e respectivos averbamentos nos registos predial, comercial e de automóveis, sem prejuízo do disposto no n.º 2 do artigo 58.º;

b) A presidência nos actos de casamento, assim como a assinatura de todos os assentos lavrados no registo civil;

c) A celebração de escrituras de valor indeterminado ou superior a 49,88 €, nos cartórios de 3.ª classe, e de valor indeterminado ou superior a 99,76 €, em cartórios de 1.ª e 2.ª classe, bem como a de testamentos públicos ou instrumentos de aprovação, depósito e publicação de testamentos cerrados;

d) Qualquer outras funções excluídas por lei da competência dos ajudantes.

3 — A proibição contida na alínea c) do n.º 2 vigora mesmo nos casos de ausência do notário impedido em serviço externo.

4 — A competência dos escriturários é limitada ao serviço de expediente, podendo os escriturários superiores assinar reconhecimentos de assinaturas, fotocópias e certidões, nas mesmas condições em que os ajudantes o podem fazer.

ARTIGO 94.º

1 — Os ajudantes e escriturários estão sujeitos ao regime de faltas e licenças estabelecido na lei geral.

2 — Compete aos conservadores e notários a concessão aos respectivos funcionários, por período não superior a trinta dias.

3 — Até ao dia 5 de Janeiro de cada ano, os conservadores e notários enviarão à Direcção-Geral o mapa das faltas e licenças do pessoal da conservatória ou cartório verificados no ano anterior.

ARTIGO 95.º

A requisição dos oficiais de registo para comparecer perante os tribunais ou autoridades deve ser feita ao respectivo conservador ou notário com a necessária antecipação.

ARTIGO 96.º

1 — Os ajudantes e escriturários autorizados a desempenhar comissões de carácter temporário devem reassumir funções no prazo de quinze dias, no continente, e de trinta dias, nas regiões autónomas, a partir da data em que terminarem a comissão.

2 — Se os respectivos lugares tiverem sido preenchidos interinamente, o funcionário interino será colocado como adido, se não possuir lugar no quadro; no caso de o possuir, regressará a este dentro dos prazos previstos no n.º 1.

3 — Os funcionários adidos serão colocados na primeira vaga de igual categoria àquela onde exerciam funções que ocorrer em serviço da mesma espécie.

4 — A recusa do funcionário em ocupar o lugar para que for nomeado é considerada abandono do lugar, cessando o seu vínculo com a Administração.

ARTIGO 97.º

Os ajudantes e escriturários são obrigados a residir na localidade da sede da respectiva repartição, salvo quando, nos termos da lei geral, estiverem autorizados a residir em localidade diversa.

SUBSECÇÃO II
Provimento de lugares

ARTIGO 98.º

Podem ser admitidos nos quadros como ajudantes e escriturários os indivíduos de maioridade que satisfaçam não só as condições gerais fixadas na lei para o ingresso na carreira do funcionalismo do Estado, como as exigências especiais estabelecidas no presente diploma.

ARTIGO 99.º
(*Revogado*)

ARTIGO 100.º

1 — Para admissão aos concursos de ingresso nos quadros de oficiais de registo e do notariado é exigido aos concorrentes, como requisito especial comum, saberem escrever correcta e correntemente à máquina.

2 — A aptidão em dactilografia deve ser certificada pelo conservador ou notário perante quem os interessados hajam prestado as respectivas provas práticas, nas condições determinadas pela Direcção-Geral dos Registos e do Notariado.

3 — O prazo de validade do certificado a que se refere o número anterior é de um ano ou seis meses, conforme se trate de funcionários já pertencentes aos quadros ou não.

4 — Sempre que a Direcção-Geral entenda necessário pode determinar que o candidato em condições de preferência para ser nomeado repita a prova dactilográfica na Direcção-Geral.

ARTIGO 101.º

1 — A vacatura de lugares de ajudante e escriturário deve ser comunicada, pelo respectivo conservador ou notário, à Direcção-Geral dos Registos e do Notariado, no prazo de dez dias a contar da data em que haja ocorrido.

2 — A comunicação deve ser acompanhada de informação fundamentada sobre a necessidade ou desnecessidade de provimento do lugar.

3 — Se o lugar resultar de aumento de quadro, igualmente deverá ser pedida à Direcção-Geral a abertura de concurso logo que o chefe dos serviços o entenda conveniente.

ARTIGO 102.º

1 — Os lugares de ajudante e escriturário são providos mediante concurso documental, que a Direcção-Geral dos Registos e do Notariado abrirá por aviso publicado no Diário da República

2 — Aos interessados é concedido o prazo de quinze dias para apresentarem os requerimentos e documentos exigidos no aviso.

3 — Além dos documentos a que se refere o número anterior, os interessados podem juntar aos requerimentos quaisquer documentos com que entendam desde logo instruí-los.

4 — Os requerimentos serão manuscritos pelos interessados e devem conter o nome, filiação, idade, estado, naturalidade, residência e número e data do bilhete de identidade dos requerentes, bem como satisfazer aos demais requisitos previstos na lei geral, na parte aplicável.

ARTIGO 103.º

1 — A prova dos requisitos exigidos para admissão aos concursos a que se refere o artigo anterior deve ser feita pelos interessados, mediante a apresentação dos seguintes documentos:

a) Certidão de narrativa do registo de nascimento;
b) Certificado do registo criminal;
c) Documento comprovativo das habilitações literárias;
d) Certificado de aptidão dactilográfica passado nos termos previstos no artigo 100.º;
e) Documento comprovativo do cumprimento da Lei do Serviço Militar.

2 — É dispensada a apresentação dos documentos juntos a processo pendente ou arquivado na Direcção-Geral dos Registos e do Notariado que não tenham perdido a validade, se no requerimento for devidamente individualizado o processo em que se encontram.

3 — Aos interessados que já sejam funcionários dos quadros é apenas exigida a apresentação do certificado a que se refere a alínea d) do n.º 1 deste artigo.

ARTIGO 104.º

1 — Os requerimentos para admissão ao concurso e os documentos exigidos no respectivo aviso devem ser apresentados, dentro do prazo do concurso, na conservatória ou cartório a cujo quadro pertença o lugar vago.

2 — Dentro dos cinco dias seguintes ao do encerramento do concurso, o conservador ou notário organizará o processo e remetê-lo-á com a sua informação à Direcção-Geral dos Registos e do Notariado. O director-geral pode determinar, quando o julgue necessário, que o funcionário organizador do processo esclareça ou complete a sua informação.

3 — Recebido o processo devidamente informado, a Direcção--Geral submetê-lo-á a despacho do Ministro da Justiça, observando o disposto no n.º 3 do artigo 65.º.

ARTIGO 105.º

É dispensada a apresentação dos documentos referidos no artigo antecedente desde que os candidatos declarem, nos respectivos requerimentos, em alíneas separadas e sob compromisso de honra, a situação precisa em que se encontram relativamente a cada uma das condições, gerais ou especiais, exigidas para o concurso.

ARTIGO 106.º

1 — A transferência de ajudantes ou escriturários por conveniência de serviço será determinada por despacho do Ministro da Justiça, sob proposta devidamente fundamentada do director-geral dos Registos e do Notariado, obtida a prévia anuência do interessado.

2 — A transferência prevista no número antecedente só pode ser realizada para lugar da mesma categoria em que o funcionário esteja colocado.

ARTIGO 107.º

1 — Os lugares de ajudante e escriturário, em caso de impedimento de longa duração dos respectivos titulares efectivos, podem ser providos interinamente, mediante concurso ou independentemente deste se houver urgente necessidade no preenchimento do lugar, enquanto durar o impedimento.

2 — Se o interino não tiver nomeação efectiva, finda a interinidade, aguardará como adido que seja nomeado para a primeira vaga da sua categoria que ocorrer.

SUBSECÇÃO III
Ajudantes

ARTIGO 108.º

1 — O ingresso na carreira de ajudante faz-se na 3.ª classe e efectiva-se com a nomeação para lugares de terceiro-ajudante.

2 — A primeira nomeação para lugares de terceiro-ajudante fica condicionada à posse do curso geral do ensino secundário ou equiparado e a prestação, como escriturário superior, de, pelo menos, três anos de bom efectivo serviço em repartição da mesma espécie da do lugar vago.

3 — Na falta de concorrentes nas condições previstas no número anterior, podem ser nomeados os escriturários de 1.ª ou 2.ª classe que possuam o curso geral do ensino secundário ou equiparado e tenham, pelo menos, três anos de bom e efectivo serviço prestado em repartição da mesma espécie da do lugar vago.

ARTIGO 109.º

1 — Aos concursos para terceiros-ajudantes são ainda admitidos os terceiros-ajudantes com, pelo menos, três anos de serviço em repartições da mesma espécie da do lugar vago.

2 — É reconhecida preferência legal aos escriturários superiores em serviços da mesma espécie da do lugar vago que satisfaçam aos requisitos de ingresso na carreira de ajudante sobre os terceiros-ajudantes com menos de cinco anos de serviço ou com nota inferior a Bom.

ARTIGO 110.º

1 — Ao concurso de primeiro-ajudante e segundo-ajudante são admitidos os ajudantes de categoria igual ou imediatamente inferior à do

lugar desde que possuam como habilitações literárias o curso geral do ensino secundário e tenham na respectiva categoria pelo menos três anos de bom e efectivo serviço em repartições da mesma espécie.

2 — No preenchimento dos lugares de primeiro-ajudante e segundo-ajudante têm preferência os ajudantes de categoria igual à categoria do lugar vago.

3 — De entre os concorrentes da mesma categoria preferem aqueles cuja classe pessoal seja mais elevada e, de entre estes, os que tenham melhor classificação.

4 — Entre os concorrentes em igualdade de circunstâncias preferem os que pertençam à repartição onde a vaga existe.

5 — Os lugares de primeiro-ajudante não podem ser providos em concorrentes com classificação inferior a Bom.

ARTIGO 111.º

Na falta de concorrentes que satisfaçam os requisitos legais para provimento efectivo em lugares de primeiro-ajudante ou segundo-ajudante, o lugar vago pode ser substituído, no respectivo quadro, por um lugar de categoria imediatamente inferior, e este, provido independentemente do concurso por qualquer requerente que preencha os requisitos para provimento em lugares dessa categoria; o lugar posto a concurso será posteriormente preenchido pelo ajudante do mesmo quadro que satisfaça às condições requeridas e seja proposto pelo conservador ou notário.

SUBSECÇÃO IV
Escriturários

ARTIGO 112.º
(*Revogado*)

ARTIGO 113.º

1 — (*Revogado*)

2 — Os concorrentes já pertencentes aos quadros têm preferência sobre os demais concorrentes desde que tenham o serviço classificado de Muito bom.

SUBSECÇÃO V
Lista de antiguidade e promoções

ARTIGO 114.º

1 — A Direcção-Geral dos Registos e do Notariado organizará e publicará, anualmente, no Boletim Oficial do Ministério da Justiça, com referência a 31 de Dezembro de cada ano, a lista de antiguidade dos ajudantes e escriturários. Da publicação da lista no Boletim será inserto aviso no *Diário da República*.

2 — Em relação a cada funcionário indicar-se-á, na lista, o tempo de serviço na respectiva classe e a antiguidade reportada à primeira nomeação.

3 — O tempo de serviço conta-se para os ajudantes, na 1.ª e 2.ª classe, desde a data da posse seguida de exercício.

4 — Relativamente aos escriturários, o tempo de serviço para efeitos de promoção conta-se a partir da data da posse seguida de exercício conjugada com a classificação de serviço.

5 — Quando dois ou mais ajudantes de 3.ª classe tenham, pela data de posse, a mesma antiguidade, atender-se-á para a graduação no respectivo quadro à data do despacho de nomeação e, se o despacho for do mesmo dia, serão graduados segundo a idade. Na 1.ª e 2.ª classes os ajudantes com o mesmo tempo de serviço na classe são graduados pela ordem segundo a qual tenham sido promovidos.

6 — Quando dois ou mais escriturários tenham, pela data da posse, a mesma antiguidade, atender-se-á para a graduação no quadro à data do despacho de nomeação e, se o despacho for do mesmo dia, serão graduados segundo a data da posse ou da idade conforme a que seja mais distanciada.

ARTIGO 115.º

Os funcionários que se considerem lesados pela graduação que lhes seja dada na lista de antiguidade dela podem reclamar nos termos do artigo 81.º do presente diploma.

ARTIGO 116.º

1 — Na promoção de ajudantes observar-se-á o disposto nos artigos 82.º a 85.º.

2 — São igualmente aplicáveis à classificação dos ajudantes as regras dos artigos 86.º e 87.º.

SUBSECÇÃO VI
Chefes dos postos

ARTIGOS 117.º e 118.º
(*Revogados*)

SUBSECÇÃO VII
Estagiários

ARTIGO 119.º
(*Revogado*)

SECÇÃO III
Conservatória dos Registos Centrais

ARTIGO 120.º

1 — A Conservatória dos Registos Centrais é dividida dos sectores de serviço, de conformidade com a natureza das funções que lhe competem.

2 — São fixados, em especial, os seguintes sectores:
a) Recepção e atendimento do público;
b) Feitura de actos directos de registo;
c) Entrada de documentos e organização de ficheiros onomásticos de processos e de registos;
d) Organização e instrução de processos;
e) Transformação e incorporação de actos do estado civil;
f) Integração de registos consulares;

g) Registo de nacionalidade;
h) Registo central de escrituras em microfilme e índice geral de testamentos;
i) Emissão de documentos avulsos;
j) Serviços de contabilidade;
l) Serviços administrativos abrangendo a organização da estatística anual dos actos de registo e do notariado;
m) Arquivo geral dos livros e processos.

3 — Sempre que as necessidades do serviço mostrem conveniência na alteração da estruturação estabelecida pode ser determinada nova distribuição, por despacho do director-geral dos Registos e do Notariado, sob proposta do conservador dos Registos Centrais.

ARTIGO 121.º

1 — Ao conservador dos Registos Centrais compete:
a) Orientar superiormente os serviços;
b) Superintender na sua organização e funcionamento;
c) Propor superiormente as medidas que entender convenientes e submeter a despacho do director-geral dos Registos e do Notariado os processos que dele careçam;
d) Responder a consultas sobre dúvidas suscitadas em matérias da competência da Conservatória;
e) Transmitir, directamente, aos serviços externos as instruções necessárias à prática dos actos por lei adstritos à Conservatória dos Registos Centrais;
f) Proceder à distribuição de todo o pessoal e determinar a rotação do mesmo pessoal na medida e pela forma que entender mais conveniente para o bom rendimento dos serviços;
g) Dar posse aos funcionários da Conservatória, excepto aos adjuntos, conceder licenças e justificar faltas.

2 — Ao conservador dos Registos Centrais cabe ainda o estudo das matérias de registo civil que o director-geral dos Registos e do Notariado determinar.

ARTIGO 122.º

1 — Aos conservadores-adjuntos dos Registos Centrais compete, em especial, coadjuvar o conservador em todas as suas atribuições.

2 — Aos conservadores-adjuntos ficarão subordinados os sectores de serviço que o conservador determinar.

3 — Aos conservadores-adjuntos cabe ainda proceder ao estudo das matérias que o conservador determinar.

4 — Ao conservador-adjunto mais antigo compete substituir o conservador nas suas faltas, licenças e impedimentos, se outro funcionário não for designado pelo director-geral dos Registos e do Notariado.

5 — Os conservadores-adjuntos substituem-se entre si nas suas faltas, licenças ou impedimentos.

ARTIGO 123.º

1 — Aos conservadores auxiliares da Conservatória dos Registos Centrais compete, em especial, a chefia e orientação do sector de serviço que lhe for designado, pelo qual são plenamente responsáveis.

2 — Aos conservadores auxiliares compete ainda dar despacho definitivo nos processos que o conservador determinar, resolver as dúvidas que se suscitarem na execução do serviço do seu sector, tomar as medidas adequadas para melhor rendimento dos serviços e manter a disciplina sobre o pessoal adstrito ao sector que chefiam.

3 — Cabe mais aos conservadores auxiliares proceder ao estudo das questões que surgirem no seu sector e que careçam de despacho do conservador.

ARTIGO 124.º

Os conservadores auxiliares são substituídos nas suas faltas, licenças ou impedimentos pelo funcionário designado pelo conservador.

ARTIGO 125.º

1 — Os chefes de secção da Conservatória dos Registos Centrais são nomeados, por escolha, de entre os primeiros-ajudantes com, pelo

menos, três anos de efectivo serviço classificado de Bom que tenham demonstrado qualidades para o desempenho do cargo atestadas pelo conservador dos Registos Centrais.

2 — A nomeação terá carácter provisório durante três anos e poderá tornar-se definitiva por despacho do Ministro da Justiça, sob proposta do director-geral dos Registos e do Notariado instruída com informação devidamente fundamentada do conservador dos Registos Centrais.

ARTIGO 126.º

Os chefes de secção têm competência para todos os actos de registo quando designados para substituir os conservadores auxiliares.

SECÇÃO IV
Telefonistas e contínuos

ARTIGO 127.º

É aplicável à carreira de telefonistas e contínuos o regime previsto na lei geral.

CAPÍTULO III
Receitas e despesas dos serviços

ARTIGO 128.º

1 — É proibido aos conservadores, notários e demais pessoal das conservatórias e cartórios, sob pena de incorrerem em responsabilidade disciplinar, exigir ou aceitar pagamento a título de elaboração de minutas para actos a realizar na respectiva repartição, consultas, conselhos ou indicações dadas às partes sobre a documentação e demais condições necessárias à prática dos actos em que sejam interessadas, assim como sobre o significado, conteúdo e efeitos jurídicos dos mesmos actos.

2 — Sempre que em inspecção, inquérito ou por outra forma se averigue que algum funcionário cobrou mais ou menos do que o preço devido por qualquer acto, ser-lhe-á determinada pelo director-geral dos Registos e do Notariado a restituição ou o depósito da diferença, independentemente das sanções disciplinares a que haja lugar.

ARTIGO 129.º

1 — Os conservadores e notários podem exigir como preparo, mediante recibo, a quantia provável do total da conta a pagar pelos actos requeridos, incluindo as despesas de correio.

2 — É obrigatório o registo das importâncias recebidas a título de preparo, bem como o seu depósito na Caixa Geral de Depósitos, Crédito e Previdência.

3 — É também obrigatório o registo e depósito das importâncias referentes às taxas de reembolso.

ARTIGO 130.º

1 — Em relação a cada acto efectuado ou documento expedido pelos serviços de registo e do notariado, o conservador ou o notário organizará a respectiva conta de emolumentos e demais encargos, com a especificação de todas as verbas que a compõem, e nela mencionará, por extenso, a importância total a cobrar.

2 — Sempre que haja lugar à cobrança de qualquer importância, não especificada na conta, por despesas ou pagamento de serviços inerentes ao acto, é obrigatoriamente passado recibo, em duplicado, no qual, além do lançamento da importância total da conta, será feita a discriminação pormenorizada das verbas a ela estranhas, com a indicação das despesas e serviços a que correspondem.

3 — Em registos e notariado o serviço prestado é pago por emolumentos. As taxas de reembolso destinam-se apenas a compensar as despesas dos serviços.

ARTIGO 131.º

1 — Sempre que, nos termos da lei, devem ser lançadas no documento do acto entregue às partes, as contas serão feitas nos impressos no modelo aprovado pela Direcção-Geral dos Registos e do Notariado, com um duplicado obtido a papel químico.

2 — Em cada conta feita em impresso próprio serão anotados o livro e folhas em que foi exarado o acto a que respeita.

3 — As contas são elaboradas logo após a realização do acto a que respeitam, salvo no caso previsto no n.º 2 do artigo 208.º do Código do Notariado, e devem ser conferidas e rubricadas pelo conservador, notário ou ajudante.

4 — Os blocos originais das contas ficam arquivados durante o período mínimo de cinco anos a contar da data da última conta nela exarada.

5 — O duplicado da conta é entregue às partes, devendo cobrar-se recibo da entrega no original correspondente.

6 — Havendo restituição de excedente de preparo, deverá o interessado escrever por extenso, na nota de recebimento, a quantia que lhe foi devolvida, assinando em seguida.

ARTIGO 132.º

1 — À medida que forem elaboradas, as contas são imediatamente lançadas no livro de registo de emolumentos.

2 — No final de cada conta indicar-se-á o número de registo que lhe corresponde.

3 — No caso de omissão do registo de qualquer emolumento, salvo justificação reconhecida como satisfatória, é o funcionário responsável obrigado a depositar, a favor do Cofre, pela primeira vez, a totalidade dos emolumentos omitidos, e nos casos posteriores, uma importância fixada pelo director-geral entre o dobro e o quíntuplo dos emolumentos não registados, sem prejuízo do procedimento disciplinar a que haja lugar.

4 — Se, porém, o conservador, notário, adjunto ou ajudante verificar que, por inadvertência, foi cometido qualquer erro na conta ou omi-

tido o seu registo, pode a correcção do erro ou registo de conta ser efectuado, independentemente de qualquer comunicação, dentro do mesmo mês ou no mês seguinte.

ARTIGO 133.º

1 — Se a conta de qualquer acto não for voluntariamente liquidada pelo responsável, o conservador ou notário notificá-lo-á, por carta registada, para efectuar o seu pagamento no prazo de oito dias, sob pena de execução.

2 — Decorrido o prazo estabelecido sem que a conta seja paga, deve o conservador ou notário passar um certificado, no qual transcreverá a conta em dívida, onde incluirá o custo do certificado, havendo lugar a isso, com a indicação da data, natureza do acto praticado e identificação dos responsáveis, e submetê-lo à confirmação do director-geral dos Registos e do Notariado.

3 — Uma vez confirmado, será o certificado enviado, para fins de execução, ao agente do Ministério Público, juntamente com a cópia da carta de notificação.

4 — Enquanto estiver pendente a execução não podem ser emitidas certidões de acto cuja conta está por liquidar nem entregue a nota de registo a que se refere o artigo 271.º do Código do Registo Predial.

ARTIGO 134.º

1 — Os conservadores e notários farão mensalmente o apuramento dos emolumentos e taxas arrecadados, incluindo a parte que lhes seja remetida pelos arquivos centrais, bem como os emolumentos atribuídos, por lei especial, como compensação dos funcionários do registo civil, encerrando ao último dia do mês a respectiva conta do livro de registo de emolumentos.

2 — Ao total apurado são subtraídas e escrituradas separadamente, conforme o seu destino legal, as verbas que devem reverter integralmente para os funcionários, para a Conservatória dos Registos Centrais ou para outras entidades.

ARTIGO 135.º

1 — A participação emolumentar a que tem direito o respectivo conservador ou notário será calculada sobre a receita emolumentar ilíquida da repartição.*

2 — O saldo restante reverterá para o Gabinete de Gestão Financeira, excepto o apurado nos arquivos centrais, que será remetido, na devida proporção, às conservatórias e cartórios a cujos livros respeitem os serviços que o hajam produzido, acompanhado da respectiva nota discriminada.

ARTIGO 136.º

1 — As receitas do Gabinete de Gestão Financeira serão depositadas, à ordem do respectivo conselho administrativo, na Caixa Geral de Depósitos.

2 — Se, porém, as receitas a que se refere o número anterior comportarem o pagamento do ordenado dos conservadores ou notários e outros abonos devidos pelo Gabinete de Gestão Financeira, ao seu montante serão descontadas as importâncias correspondentes a tais encargos, depositando-se, nesse caso, à ordem do conselho administrativo, apenas o saldo restante.

3 — A escrituração e contabilização das receitas e despesas dos serviços de registos e do notariado, assim como a prestação das respectivas contas, o processamento, a liquidação e o pagamento de ordenados, vencimentos e outros abonos não realizados nos termos do número anterior obedecerão às instruções do conselho administrativo do Gabinete de Gestão Financeira, ou da Direcção-Geral dos Registos e do Notariado, aprovadas por despacho do Ministro da Justiça.

4 — O saldo das taxas de reembolso, quando positivo, será depositado na conta do serviço social.

---

* *O n.º 1 deste artigo ficou prejudicado com a publicação das Portarias 1448/ /2001, de 22/12 e 110/03, de 29/1.*

ARTIGO 137.º

1 — Os emolumentos especiais cobrados pela realização de actos de registo civil e de notariado fora das repartições e pela elaboração de requerimentos para actos de registo predial nos termos da lei revertem para os funcionários da repartição na proporção dos respectivos ordenados, desde que directa ou indirectamente neles colaborem.

2 — O excedente do montante máximo arrecadado segundo a limitação fixada por despacho do Ministro da Justiça reverterá para o serviço social.

CAPÍTULO IV
Reclamações hierárquicas

ARTIGO 138.º

1 — Os interessados que pretendam exercer o direito de reclamar hierarquicamente contra a recusa de conservador ou notário de efectuar algum registo nos termos requeridos ou de praticar qualquer acto da sua competência devem, em petição dirigida ao director-geral dos Registos e do Notariado, requerer que este determine a realização do registo ou acto recusado.

2 — O prazo para reclamar é de sessenta dias a contar da data em que o interessado tiver conhecimento do despacho dado no seu requerimento. O despacho deve ser comunicado ao interessado no prazo de três dias após a decisão, por notificação pessoal ou por carta registada.

3 — A reclamação será apresentada ao conservador ou notário reclamado com os documentos que o reclamante pretenda oferecer.

4 — Se não reparar a sua decisão dentro do prazo de quarenta e oito horas, depois de observar, se for caso disso, o n.º 2 do artigo 153.º do Código do Registo Predial, deve o funcionário reclamado enviar à Direcção-Geral a reclamação e os respectivos documentos acompanhados de informação em que especificará e esclarecerá os motivos da decisão e manutenção desta.

ARTIGO 139.º

1 — Contra qualquer erro de conta podem os interessados reclamar verbalmente perante o conservador ou notário antes de efectuar o seu pagamento ou dentro dos oito dias posteriores à realização deste.

2 — O funcionário reclamado apreciará imediatamente a reclamação formulada e, se a desatender, entregará ao reclamante, no caso de este declarar que não se conforma com o indeferimento da reclamação, nota dos fundamentos da sua decisão, devidamente datada e assinada.

3 — No prazo de cinco dias a contar da data da nota, podem os interessados exercer o direito de reclamação para o director-geral dos Registos e do Notariado, a fim de que este ordene a rectificação da conta.

4 — A reclamação da conta será apresentada ao conservador ou notário reclamado para que este dê cumprimento ao n.º 4 do artigo antecedente na parte aplicável.

ARTIGO 140.º

1 — Recebida a reclamação, os serviços técnicos procederão ao estudo sumário do processo com vista a apurar se está bem organizado, se a reclamação está em prazo e se o problema que nele se discute já foi apreciado na Direcção-Geral, submetendo-o dentro de oito dias, a despacho do director-geral, com a competente informação.

2 — O director-geral proferirá despacho nos três dias seguintes, decidindo a reclamação ou determinando, quando o entender conveniente, que seja ouvido o conselho técnico.

3 — Se o conselho técnico houver de ser ouvido, será o processo imediatamente distribuído e submetido ao visto dos vogais da respectiva secção.

4 — O prazo do visto é de quinze dias para o vogal relator e de cinco dias para cada um dos restantes vogais, podendo, em casos devidamente justificados, ser prorrogado para o dobro o prazo previsto para o vogal relator.

5 — Decorrido o prazo dos vistos, é o processo apresentado à primeira sessão do conselho, que emitirá o seu parecer.

6 — Nas quarenta e oito horas imediatas, o director-geral decidirá a reclamação, por despacho, o qual tem de ser fundamentado quando contrário ao parecer emitido pelo conselho.

7 — Do despacho do director-geral decidindo a reclamação interposta contra erros de conta, bem como da recusa de conservador ou notário de efectuar algum registo nos termos requeridos ou de praticar qualquer acto da sua competência, não há recurso. Se a decisão for desfavorável, pode, porém, o interessado, no prazo de oito dias a contar do recebimento da comunicação do despacho, interpor recurso da decisão inicial do conservador ou notário para o tribunal da comarca.

8 — É aplicável às reclamações hierárquicas, com as necessárias adaptações, o disposto no n.º 2 do artigo 254.º e nos artigos 257.º e 259.º do Código do Registo Predial.

ARTIGO 141.º

A decisão proferida é notificada, por carta registada, ao reclamante e comunicada, por ofício, ao funcionário reclamado, que, sendo a reclamação atendida, é obrigado a cumprir a decisão.

CAPÍTULO V
Disposições diversas

ARTIGO 142.º

Cumpre aos conservadores e notários e ao demais pessoal de conservatórias e cartórios prestar gratuitamente às partes os esclarecimentos que não envolvam prejuízo para terceiros sobre a documentação necessária para a realização dos actos em que sejam interessados, o montante provável dos emolumentos ou outros encargos legais e todas as outras informações destinadas a facilitar ao público a utilização dos serviços.

ARTIGO 143.º

É aplicável aos conservadores, seus adjuntos e ajudantes o disposto nos n.ºs 1 e 2 do artigo 8.º e no n.º 1 do artigo 9.º do Código do Notariado.*

ARTIGO 144.º

Os conservadores e notários são obrigados a remeter pontualmente à Direcção-Geral os elementos necessários à organização da estatística dos serviços, conforme instruções recebidas.

ARTIGO 145.º

Os conservadores e notários são obrigados a remeter anualmente à Direcção-Geral a lista dos estagiários que tenham nos seus serviços, com as indicações que forem determinadas pela Direcção-Geral.

ARTIGO 146.º

O registo comercial que ainda não esteja integrado na conservatória do registo predial concelhia passará a sê-lo à medida em que for determinado por despacho do Ministro da Justiça.

ARTIGO 147.º

A Direcção-Geral dos Registos e do Notariado compete promover a uniformização dos modelos de impressos em uso em todos os serviços dela dependentes.

---

* Estas disposições, que tratam dos casos de impedimento, correspondem aos artigos 5.º e 6.º do actual CN.

ARTIGO 148.º

1 — As taxas a cobrar pelas repartições dos serviços de registo e do notariado para reembolso das despesas com aquisição e encadernação de livros e demais encargos de material de expediente serão fixadas por despacho do Ministro da Justiça.

2 — Além das taxas a que se refere o número anterior, as conservatórias e cartórios devem cobrar dos interessados as despesas de correio.

CAPÍTULO VI
Disposições transitórias

ARTIGO 149.º

1 — Os novos lugares de ajudante previstos nos quadros a que se refere o n.º 1 do artigo 88.º do presente diploma podem ser preenchidos em primeiro provimento, independentemente de concurso, por funcionários da respectiva repartição que reúnam os requisitos legais para o efeito, mediante proposta da Direcção-Geral dos Registos e do Notariado.

2 — Os assalariados e praticantes que à data da publicação do Decreto-Lei n.º 519-F2/79, de 29 de Dezembro, tenham mais de um ano de prática com aproveitamento atestado pelo conservador ou notário podem ser integrados na carreira de escriturários com dispensa de concurso desde que satisfaçam cumulativamente as seguintes condições:
   a) Terem 18 anos de idade;
   b) Possuírem o curso geral dos liceus ou equivalente;
   c) Escreverem correcta e correntemente à máquina.

3 — Os assalariados e praticantes que à data da publicação do Decreto-Lei n.º 519-F2/79, de 29 de Dezembro, possuírem, além dos requisitos exigidos nas alíneas a) e c) do número anterior, 3 anos de prática de serviços com bom aproveitamento, devidamente comprovados, e o ciclo preparatório ou 6 anos de prática nas referidas condições e a escolaridade obrigatória, segundo a idade do interessado, são integrados na carreira de escriturário, com dispensa de concurso.*

---

* *Redacção dada pelo Decreto Regulamentar 1/83, de 11/1, que eliminou o n.º 4 deste artigo.*

ARTIGO 150.º

1 — A colocação dos escriturários nos termos previstos no artigo anterior é feita apenas em lugares criados pelo presente Regulamento e é determinada por despacho do director-geral dos Registos e do Notariado, tendo em atenção as necessidades dos serviços.

2 — Sem prejuízo do disposto no número anterior, os assalariados e praticantes serão colocados nos lugares criados nos serviços em que se encontrem a prestar serviço, sempre que possível.

3 — Verificada a impossibilidade de integrar todos os assalariados e praticantes, a Direcção-Geral fará, a nível geral, uma graduação de preferência em que se atenderá às maiores habilitações literárias e ao maior tempo de serviço.

4 — A recusa em aceitar o lugar para que esteja previsto o seu ingresso determinará o afastamento do assalariado ou praticante dos serviços de registo e do notariado.

ARTIGO 151.º

Aos oficiais dos registos e do notariado que possuam as habilitações literárias que, ao tempo do seu ingresso, eram necessárias para provimento nos lugares de escriturário dos quadros dos serviços externos da Direcção-Geral dos Registos e do Notariado são garantidos o ingresso e o acesso a todos os graus da carreira de ajudante.

ARTIGO 152.º

1 — As novas conservatórias e cartórios criados por este diploma só entrarão em funcionamento nas datas fixadas por despacho do Ministro da Justiça, a publicar no Diário da República.

2 — Serão também fixadas por despacho as respectivas áreas.

3 — Os funcionários do quadro paralelo, cujas lugares sejam transformados nos quadros de serviços a que se refere o n.º 1, manter-se-ão transitoriamente colocados nos serviços onde se encontram, pelos quais serão abonados.

ARTIGO 153.º

As dúvidas que surjam na aplicação do presente Regulamento serão resolvidas por despacho do Ministro da Justiça.

REGULAMENTO EMOLUMENTAR DOS REGISTOS E DO NOTARIADO

REGULAMENTO EMOLUMENTAR DOS REGISTOS E NOTARIADO *

A reforma da tributação emolumentar corporizada na criação do Regulamento Emolumentar dos Registos e Notariado foi regida pelos objectivos de simplificação e codificação dos emolumentos dos registos e notariado, construção de um sistema de gestão da receita emolumentar e adaptação da tributação emolumentar à jurisprudência do Tribunal de Justiça das Comunidades Europeias relativa à directiva sobre reunião de capitais.

O novo ambiente globalizado regido por padrões de eficiência na acção dos agentes obriga que o Estado proceda a uma redução dos padrões de complexidade do tráfego jurídico, sob pena da inviabilização dos esforços dos sujeitos de aumentar os seus padrões de competitividade. Esse esforço constitui uma verdadeira obrigação dos entes públicos perante os administrados, quer revistam uma natureza comercial quer consistam em simples cidadãos individualmente considerados.

O presente Regulamento Emolumentar, ao corporizar uma verdadeira codificação nesta matéria, vem ao encontro das preocupações de simplificação e sistematização, tornando mais transparente o regime emolumentar dos registos e notariado, que passa a revestir a natureza de decreto-lei. O aumento da dignidade do instrumento legislativo de suporte possibilita uma maior transparência e publicidade na aplicação do regime, essencial para a boa aceitação do tributo pelos administrados e para a parificação da tributação emolumentar em relação às restantes taxas existentes no ordenamento jurídico nacional.

---

* Decreto-Lei n.º 322-A/2001,de 14 de Dezembro, alterado pelos Decretos--Leis n.os 315/2002, de 27/12 e 194/2003, de 23/8.

O movimento de codificação que foi efectuado permitiu, pela primeira vez, a construção de uma verdadeira lógica sistemática entre os diferentes tipos de tributação, bem como coerência interna intrínseca. Até hoje, os diferentes tipos emolumentares, no seguimento de uma lógica corporativa ancestral e que fundamentou o aparecimento da função no Norte da Europa, evoluíam lado a lado, porém, sem uma coerência intrínseca, essencial para um correcto desempenho da função, que só é justificada se analisada e aplicada de uma forma compreensiva e coordenada.

Esse esforço de codificação justifica a aprovação de um único regulamento emolumentar abarcando todos os regimes anteriormente tratados de uma forma desconexa e autónoma.

O Regulamento Emolumentar dos Registos e Notariado foi organizado em três capítulos.

O primeiro capítulo contém os princípios e normas gerais de interpretação aplicáveis a todas as rubricas subsequentes. É absolutamente inovador e introduz um elevado grau de coerência na aplicação de todos os tipos de tributação subsequentes. Salientam-se os seguintes aspectos:

i) Definição do âmbito de incidência subjectiva — refere-se que estão sujeitos a tributação emolumentar o Estado, as Regiões Autónomas, as autarquias locais, os fundos e serviços autónomos e as entidades que integrem o sector empresarial do Estado, das Regiões Autónomas e das autarquias locais, bem como as pessoas singulares ou colectivas de direito privado, independentemente da forma jurídica de que se revistam. Assim, todas as situações de privilégio não justificadas terminaram, numa lógica de eficiência acrescida, no exercício da actividade pública;

ii) Estabelecimento de uma norma de proporcionalidade — sendo a função notarial e registral assente numa base prestacional, constitui elemento essencial na construção de todo o edifício tributário o estabelecimento de uma regra de proporcionalidade. Nestes termos, a tributação emolumentar constituirá a retribuição dos actos praticados e será calculada com base no custo efectivo do serviço prestado, tendo em consideração a natureza dos actos, a sua complexidade e o valor da sua utilidade económico-social;

iii) Reforma do sistema de isenções e reduções emolumentares — tendo em consideração a situação de total descontrolo e indisciplina ao nível das isenções, fruto de anos de legislação extravagante que previa situações de privilégio de uma forma não sistemática e, por vezes, com justificação duvidosa, atentando, de uma forma gravíssima, o princípio da igualdade. Perante esta situação de facto, prevê-se na actual proposta a revogação de todas as isenções ou reduções anteriormente previstas, com excepção das isenções ou reduções de carácter estrutural, e propõe-se o sistema de inclusão de todas as novas isenções no diploma, de forma a melhorar o controlo e a sua aplicação.

O segundo capítulo vem estabelecer as normas gerais de aplicação, bem como regular, em termos substanciais, os diferentes tipos de actividade notarial e registral, tendo em consideração as suas especialidades e lógica próprias. Apesar de se ter efectuado um enorme esforço de uniformização de procedimentos e de conceitos, não foi possível, ainda, atingir o movimento de uniformização desejável. Porém, tal será possível através da prática de aplicação do novo Regulamento, que, pela primeira vez, foi construído numa lógica de corpo único, e não como portaria retalhada e totalmente segmentada.

Por sua vez, o terceiro capítulo contém o tabelamento dos actos. Foi dividido em secções, considerando os diversos tipos tributários. Assim, a primeira secção diz respeito ao registo civil e nacionalidade, a segunda ao notariado, a terceira ao registo predial, a quarta ao registo comercial, a quinta ao Registo Nacional de Pessoas Colectivas, a sexta ao registo de navios, a sétima ao registo de automóveis, a oitava a identificação civil, e, depois, mais duas outras secções residuais, relativas aos emolumentos comuns, e a décima às isenções, tendo esta última por escopo a codificação de todas as isenções futuras, sendo o local próprio para a sua inclusão ao longo do tempo.

Os tipos tributários presentes neste terceiro capítulo resultam de um enorme esforço de simplificação das rubricas e de criação de novas formas de tributação adaptadas às novas realidades. Tendo como base o trabalho desenvolvido pelo conselho técnico, ressalta, em termos essenciais, a nova consistência lógica impressa no sistema de tributação, que só por isso o torna mais transparente e eficiente.

Uma das principais dificuldades na elaboração do novo Regulamento Emolumentar baseou-se na inexistência de uma informação sistemática relativamente ao montante de receita de cada um dos tipos tributários. De facto, os únicos elementos disponíveis resultavam do cruzamento das estatísticas dos registos e notariado do Gabinete de Política Legislativa do Ministério da Justiça (que contém apenas o número de actos numa discriminação excessivamente agregada) com os reportes de receita efectuados pelos cartórios e registos ao Instituto de Gestão Financeira e Patrimonial da Justiça (em termos líquidos e totalmente agregados). Só após um esforço de consolidação total de todos os reportes, expurgando-se os elementos distorcivos presentes, se conseguiu uma visão mais ou menos próxima do produto de cada uma das rubricas.

Foi então possível desenvolver o trabalho de apuramento do custo efectivo de cada acto notarial e registral, base de construção de nova tabela, de acordo com o princípio de proporcionalidade.

Ora, o presente Regulamento Emolumentar foi organizado numericamente (v. capítulo III) de forma a permitir uma avaliação on time da proveniência dos fluxos de receita, o que possibilitará, pela primeira vez, uma verdadeira gestão do tributo.

Este novo sistema permitirá, pois, a actualização atempada dos montantes das taxas previstos, garantindo a proporcionalidade da tributação pela sistemática e permanente actualização dos tipos de receita relativamente aos fluxos de despesa verificados ano a ano, bem como a avaliação da receita cessante derivada da existência de isenções ou reduções emolumentares.

A adaptação da tributação emolumentar à jurisprudência do Tribunal de Justiça das Comunidades Europeias (TJCE) relativa à Directiva n.º 65/335/CEE, sobre reunião de capitais, foi o motivo que despoletou todo este esforço de reforma. Porém, como se pode verificar pelo que foi referido anteriormente, o resultado desta reforma ultrapassou em muito este intuito inicial.

Ora, no presente Regulamento Emolumentar não se referem quaisquer taxas proporcionais, atentatórias, segundo o TJCE, do carácter remuneratório do tributo, e todas as taxas específicas foram calculadas de acordo com os critérios objectivos sucessivamente emanados pelo Tribunal na sua jurisprudência recente. Não se prevê, igualmente, qualquer elemento de solidariedade entre empresas ou quaisquer outros sujeitos passivos, baseando-se os escalões existentes simplesmente em reduções de taxas de remuneração de determinados serviços, que ficam assim abaixo do custo, tendo em consideração a reduzida capacidade contributiva de alguns sujeitos. Nestes termos, a solidariedade entre sujeitos não é alcançada pela oneração em excesso dos sujeitos que revelam superior capacidade tributária mas pela redução da imposição aos que revelam menos capacidade, sem compensação em qualquer oneração suplementar dos restantes.

Finalmente, tendo em consideração a existência de um núcleo básico de elementos de cidadania, não fazia sentido que o Estado viesse a tributar situações que, aí contidas, decorriam de actos não voluntários.

Esta tributação existente até agora fundava-se, pois, numa postura errada de tributação de funções que se inserem no fundamento básico prestacional por parte do Estado, onde, em tese, nem sequer existe um serviço público susceptível de remuneração, tanto mais que os actos revestem um carácter não voluntário, encontrando-se o sujeito numa posição de mera sujeição de que o Estado não se pode aproveitar, sob pena de negação de todos os princípios subjacentes ao Estado social de direito.

Dessa forma, foi efectuada a opção de total gratuitidade relativamente aos actos do registo civil que revestem um carácter não voluntário. Esse encargo é, pois, sustentado, na íntegra, pelo Estado, não sendo sequer repercutido nos outros tipos tributários.

Finalmente, tendo em consideração que o princípio básico adoptado é o princípio da correspondência ao custo efectivo e tendo em consideração o processo de informatização dos registos e notariado em curso, que será concluído no final de 2002, prevê-se que o presente Regulamento Emolumentar será sujeito a uma revisão bianual em função das variações da despesa efectiva decorrentes de análises de custos.

Assim:

No uso da autorização legislativa concedida ao Governo pelo n.º 2 do artigo 10.º da Lei n.º 85/2001, de 4 de Agosto, e nos termos das alíneas a) e b) do n.º 1 do artigo 198.º da Constituição, o Governo decreta, para valer como lei geral da República, o seguinte:

ARTIGO 1.º
Aprovação do Regulamento Emolumentar dos Registos e Notariado

É aprovado o Regulamento Emolumentar dos Registos e Notariado, que faz parte integrante do presente decreto-lei.

ARTIGO 2.º
Norma revogatória

1 — São revogados:
a) O Decreto-Lei n.º 171/91, de 10 de Maio;
b) A Portaria n.º 996/98, de 25 de Novembro, excepto nas disposições relativas aos emolumentos pessoais e respectivas regras de distribuição;
c) A Portaria n.º 709/2000, de 4 de Setembro;
d) A Portaria n.º 942/93, de 27 de Setembro;
e) Os artigos 300.º e 301.º do Código do Registo Civil;
f) O artigo 20.º da Lei n.º 37/81, de 3 de Outubro (Lei da Nacionalidade);
g) O n.º 1 do artigo 191.º do Código do Notariado;
h) Os n.ºs 1 e 2 do artigo 152.º do Código do Registo Predial;
i) O artigo 45.º da Lei n.º 33/99, de 18 de Maio (Lei de Identificação Civil);
j) O n.º 3 do artigo 164.º do Código do Notariado.

2 — São ainda revogadas todas as outras normas que prevejam isenções ou reduções emolumentares relativamente a actos praticados nos serviços dos registos e do notariado, com excepção das previstas no Decreto-Lei n.º 404/90, de 21 de Dezembro.

3 — O disposto no número anterior não abrange as isenções ou reduções emolumentares de que beneficiam os actos inseridos:
a) No regime das contas poupança-habitação;
b) No regime da Zona Franca da Madeira e Santa Maria;
c) Nos processos especiais de recuperação de empresas;
d) Nas operações de emparcelamento.

4 — Para efeitos do disposto no artigo 4.º do Regulamento Emolumentar aprovado pelo presente diploma, considera-se que as isenções e reduções previstas no número anterior têm carácter estrutural.

ARTIGO 3.º
Identificação civil

As normas respeitantes à identificação civil são aplicadas independentemente da integração dos serviços de identificação civil no registo civil.

ARTIGO 4.º
Emolumentos pessoais

Para efeitos do disposto no n.º 1 do artigo 9.º do Regulamento Emolumentar dos Registos e Notariado, são mantidas em vigor as normas sobre emolumentos pessoais, bem como as regras relativas à sua distribuição, constantes das anteriores tabelas emolumentares, aplicáveis com as necessárias adaptações.

ARTIGO 5.º
Revisão

O Regulamento Emolumentar será sujeito a uma revisão bianual em função das variações da despesa efectiva decorrentes de análises de custos.

ARTIGO 6.º
(Revogado.)

ARTIGO 7.º
Isenções e reduções emolumentares

As isenções ou reduções emolumentares que venham a ser criadas após a entrada em vigor do Regulamento Emolumentar deverão ser inseridas no seu artigo 28.º

ARTIGO 8.º
Actos gratuitos

São gratuitas as certidões, fotocópias, informações e outros documentos de carácter probatório, bem como o acesso e consultas a base de dados, desde que solicitadas pela Direcção-Geral de Contribuições e Impostos, por autoridades judiciais e entidades que prossigam fins de investigação criminal.

ARTIGO 9.º
Aplicação da lei no tempo

1 — O Regulamento Emolumentar aplica-se a todos os actos requeridos após a sua entrada em vigor.

2 — Para efeitos do número anterior, nos casos de pedidos de actos apresentados por intermédio dos notários, nos termos do Decreto--Lei n.º 267/93 de 31 de Julho, é considerado pedido formal do interessado o apresentado pelo notário no serviço competente.

REGULAMENTO EMOLUMENTAR DOS REGISTOS E NOTARIADO

CAPÍTULO I
Princípios e normas gerais de interpretação

ARTIGO 1.º
Tributação emolumentar

1 — Os actos praticados nos serviços dos registos e do notariado estão sujeitos a tributação emolumentar, nos termos fixados na tabela anexa, sem prejuízo dos casos de gratuitidade, isenção ou redução previstos no presente diploma.

2 — As isenções e reduções emolumentares estabelecidas na lei não abrangem a participação emolumentar e os emolumentos pessoais devidos aos conservadores, notários e oficiais dos registos e do notariado pela sua intervenção nos actos.

ARTIGO 2.º
Incidência subjectiva

Estão sujeitos a tributação emolumentar o Estado, as Regiões Autónomas, as autarquias locais, os fundos e serviços autónomos e as entidades que integrem o sector empresarial do Estado, das Regiões Autónomas e das autarquias locais, bem como as pessoas singulares ou colectivas de direito privado, independentemente da forma jurídica de que se revistam.

ARTIGO 3.º
Proporcionalidade

A tributação emolumentar constitui a retribuição dos actos praticados e é calculada com base no custo efectivo do serviço prestado, tendo em consideração a natureza dos actos e a sua complexidade.

ARTIGO 4.º
Isenções e reduções emolumentares

As normas que prevêem isenções ou reduções emolumentares vigoram por um período de quatro anos, se não tiverem previsto outro mais curto, salvo quando, tendo em consideração a sua natureza, lhes seja atribuído um carácter estrutural.

ARTIGO 5.º
Interpretação e integração de lacunas

1 — As disposições tabelares não admitem interpretação extensiva, nem integração analógica.
2 — Em caso de dúvida sobre o emolumento devido, cobrar-se-á sempre o menor.

ARTIGO 6.º
Publicidade

As tabelas emolumentares devem ser afixadas nos serviços em local visível e acessível à generalidade dos utentes.

CAPÍTULO II

SECÇÃO I
Normas gerais de aplicação

ARTIGO 7.º
Actos com valor representado em moeda sem curso legal

Sempre que o acto seja representado em moeda sem curso legal em Portugal, os emolumentos são calculados segundo o último câmbio oficial publicado à data da feitura do acto.

ARTIGO 8.º
Preparos

Os conservadores e notários podem exigir, a título de preparo, o pagamento antecipado do custo provável dos actos a praticar nos respectivos serviços.

ARTIGO 9.º
Emolumentos pessoais e outros encargos

1 — Para além dos emolumentos devidos pela prática dos actos, os conservadores e notários podem ainda cobrar emolumentos pessoais destinados a remunerar o seu estudo e preparação, em função do grau de complexidade, bem como a realização dos actos fora das instalações do serviço ou fora das horas regulamentares.

2 — Aos encargos previstos no número anterior acresce o reembolso das despesas comprovadamente efectuadas pelos funcionários, imprescindíveis à prática dos actos.

SECÇÃO II
Actos de registo civil e da nacionalidade

ARTIGO 10.º
Actos gratuitos

1 — São gratuitos os seguintes actos e processos:

a) Assento de nascimento ocorrido em território português;

b) Assento de declaração de maternidade ou de perfilhação;

c) Assento de casamento civil ou católico urgente;

d) Assento de óbito ou depósito do certificado médico de morte fetal;

e) Assento de transcrição efectuada nos termos do artigo 82.º do Código do Registo Civil;

f) Assento de transcrição de nascimento lavrado no estrangeiro, perante autoridade estrangeira, respeitante a indivíduo a quem seja atribuída a nacionalidade portuguesa ou que a adquira;

g) Declaração atributiva da nacionalidade portuguesa, para inscrição de nascimento ocorrido no estrangeiro, ou declaração para fins de atribuição da referida nacionalidade, bem como os documentos necessários para tais fins, desde que referentes a menor;

h) Assento de nascimento ocorrido no estrangeiro, atributivo da nacionalidade portuguesa, ou registo de atribuição da referida nacionalidade, desde que referentes a menor;

i) Declaração para aquisição da nacionalidade, nos termos dos artigos 30.º e 31.º da Lei n.º 37/81, de 3 de Outubro;

j) Registo da declaração para aquisição da nacionalidade, nos termos dos artigos referidos na alínea anterior, e registos oficiosos lavrados nos termos do artigo 33.º da Lei n.º 37/81, de 3 de Outubro, bem como os documentos necessários para uns e outros;

l) Assento de transcrição de declaração de maternidade, de perfilhação ou de óbito lavrado no estrangeiro, perante autoridade estrangeira, respeitante a nacional português;

m) Assento de transcrição ou integração de actos de registo lavrados pelos órgãos especiais do registo civil;

n) Registo previsto no n.º 1 do artigo 1.º de Decreto-Lei n.º 249/77, de 14 de Junho, bem como os documentos e processos a ele respeitantes;

o) Assentos de factos obrigatoriamente sujeitos a registo requeridos pelas autoridades judiciais, quando os respectivos encargos não puderem ser cobrados em regra de custas;

p) Assento reformado nos termos dos artigos 25.º e seguintes do Código do Registo Civil;

q) Processo de impedimento de casamento;

r) Processo de sanação de anulabilidade do casamento por falta de testemunhas;

s) Processo de autorização para inscrição tardia de nascimento;

t) Certidões, fotocópias e comunicações que decorram do cumprimento de obrigações previstas no Código do Registo Civil e que não devam entrar em regra de custas, incluindo a emissão do boletim original de nascimento, casamento, óbito ou morte fetal;

u) Certidões requeridas para fins de assistência ou beneficência, incluindo a obtenção de pensões do Estado ou das autarquias locais;

v) Exames de registos e de documentos a que se referem os n.ºs 4 e 5 do artigo 34.º do Código do Registo Civil;

x) Certidões requeridas para instrução de processo de adopção;

z) Certidões requeridas pelos tribunais, sinistrados ou seus familiares para instrução de processo emergente de acidente de trabalho;

aa) Assentos, certidões ou quaisquer outros actos ou documentos que tenham de ser renovados, substituídos ou rectificados, em consequência de os anteriores se mostrarem afectados de vício, irregularidade ou deficiência imputáveis aos serviços;

ab) Conferência de fotocópias, nos termos do Decreto-Lei n.º 30/2000, de 13 de Março.

2 — São, ainda, gratuitos os actos de registo e os documentos necessários à instrução dos processos de atribuição do estatuto de igualdade luso-brasileiro contido no Tratado de Amizade, Cooperação e Consulta, de 22 de Abril de 2000.

3 — Beneficiam ainda de gratuitidade dos actos de registo civil ou de nacionalidade, dos processos e declarações que lhes respeitem, dos documentos necessários e processos relativos ao suprimento destes, bem

como das certidões requeridas para quaisquer fins, os indivíduos que provem a sua insuficiência económica pelos seguintes meios:

a) Documento emitido pela competente autoridade administrativa;

b) Declaração passada por instituição pública de assistência social onde o indivíduo se encontre internado.

4 — Para efeitos do disposto no número anterior, nos processos de casamento e correspondentes assentos e, bem assim, nos processos de divórcio e de separação de pessoas e bens, quando as situações económicas dos intervenientes sejam diferentes, é devido o pagamento de emolumentos se um deles não beneficiar de gratuitidade.

SECÇÃO III
Actos notariais

ARTIGO 11.º
Unidade e pluralidade de actos

1 — Quando uma escritura contiver mais de um acto, cobram-se por inteiro os emolumentos devidos por cada um deles.

2 — Há pluralidade de actos sempre que a denominação correspondente a cada um dos negócios jurídicos cumulados for diferente, ou quando os respectivos sujeitos activos e passivos não forem os mesmos.

3 — Não são considerados novos actos:

a) As intervenções, aquiescências e renúncias de terceiro, necessárias à plenitude dos efeitos jurídicos ou à perfeição do acto a que respeitem;

b) As garantias entre os mesmos sujeitos;

c) As garantias a obrigações constituídas por sociedades, agrupamentos complementares de empresas e agrupamentos europeus de interesse económico prestadas pelos sócios e pelos membros dos agrupamentos no mesmo instrumento em que a dívida tenha sido contraída.

4 — Contar-se-ão como um só acto, tributado pelo emolumento de maior valor previsto para os actos cumulados:

a) A venda e a cessão onerosa entre os mesmos sujeitos;

b) O arrendamento e o aluguer, bem como o contrato misto de locação e parceria, entre os mesmos sujeitos e pelo mesmo prazo;

c) A dissolução de sociedades e a liquidação ou partilha do respectivo património;

d) A aquiescência recíproca entre os cônjuges ou a aquiescência conjunta do marido e mulher, para actos lavrados ou a lavrar noutro instrumento;

e) A outorga de poderes de representação ou o seu substabelecimento por marido e mulher, contanto que o representante seja o mesmo;

f) As diversas garantias de terceiros a obrigações entre os mesmos sujeitos prestadas no título em que estão constituídas, sem prejuízo do disposto na alínea c) do número anterior;

g) As diversas garantias a obrigações entre os mesmos sujeitos em título posterior àquele em que estas foram constituídas;

h) As partilhas de heranças em que sejam autores marido e mulher;

i) As diversas notificações para efeitos do artigo 99.º do Código do Notariado, quando efectuadas no mesmo local.

5 — O disposto nos números anteriores é igualmente aplicável aos instrumentos avulsos que contenham mais de um acto.

ARTIGO 12.º
Actos gratuitos

1 — São gratuitos os seguintes actos:

a) Rectificação resultante de erro imputável ao notário ou de inexactidão proveniente de deficiência de título emitido pelos serviços dos registos e notariado;

b) Sanação e revalidação de actos notariais;

c) Conferência de fotocópias, nos termos do Decreto-Lei n.º 30//2000, de 13 de Março.

2 — São igualmente gratuitas as certidões, fotocópias e comunicações que decorram do cumprimento de obrigações legais e que não devam entrar em regra de custas.

SECÇÃO IV
Actos de registo predial

ARTIGO 13.º
Acto único relativo a diversos prédios

São considerados como um acto único, para efeitos emolumentares, as inscrições ou os averbamentos a inscrições lavradas em fichas diversas para o registo do mesmo facto.

ARTIGO 14.º
Actos gratuitos

1 — São gratuitos os seguintes actos de registo:

a) Averbamentos à descrição de alterações toponímicas, matriciais e de outros factos não dependentes da vontade dos interessados, cujo registo seja imposto pela lei;

b) Averbamentos a que se referem os artigos 98.º, n.º 3, e 101.º, n.ºs 4 e 5, do Código do Registo Predial;

c) Averbamentos a que se referem os artigos 92.º, n.ºs 6 e 8, e 149.º do Código do Registo Predial;

d) Averbamentos de actualização dos registos por efeito da redenominação automática dos valores monetários;

e) Averbamentos do acto declarativo de utilidade pública, nos casos de expropriação de bens destinados a integrar o domínio público do Estado, quando requeridos por entidades públicas.

2 — São ainda gratuitos os seguintes actos:

a) Rectificação de actos de registo ou documentos, resultante de erro ou inexactidão proveniente de deficiência dos títulos emitidos pelos serviços dos registos e do notariado;

b) Conferência de fotocópias, nos termos do Decreto-Lei n.º 30//2000, de 13 de Março;

c) Certidões, fotocópias e comunicações que decorram do cumprimento de obrigações legais e que não devam entrar em regra de custas.

SECÇÃO V
Actos de registo comercial

ARTIGO 15.º
Actos gratuitos

1 — São gratuitos os seguintes actos:

a) Averbamentos a que se refere o artigo 69.º, n.º 4, do Código do Registo Comercial;

b) Averbamentos a que se referem os artigos 65.º, n.º 4, e 112.º do Código do Registo Comercial, e o artigo 10.º, n.º 3, do Regulamento do Registo Comercial;

c) Averbamentos de actualização dos registos por efeito da redenominação automática dos valores monetários.

2 — São ainda gratuitos os seguintes actos:

a) Rectificação de actos de registo ou documentos, resultante de erro ou inexactidão proveniente de deficiência dos títulos emitidos pelos serviços dos registos e do notariado;

b) Conferência de fotocópias, nos termos do Decreto-Lei n.º 30//2000, de 13 de Março;

c) Certidões, fotocópias e comunicações que decorram do cumprimento de obrigações legais e que não devam entrar em regra de custas.

SECÇÃO VI
Actos de registo de navios

ARTIGO 16.º
Actos gratuitos

São gratuitos os seguintes actos:

a) Averbamentos de actualização dos registos por efeito da redenominação automática dos valores monetários;

b) Rectificação de actos de registo ou documentos, resultante de erro ou inexactidão proveniente de deficiência dos títulos emitidos pelos serviços dos registos e do notariado;

c) Conferência de fotocópias, nos termos do Decreto-Lei n.º 30/2000, de 13 de Março;

d) Certidões, fotocópias e comunicações que decorram do cumprimento de obrigações legais e que não devam entrar em regra de custas.

SECÇÃO VII
Actos de registo nacional de pessoas colectivas

ARTIGO 16.º-A
Actos gratuitos

São gratuitos os seguintes actos:

a) Actualização dos registos por efeito da redenominação automática dos valores monetários;

b) Rectificação de actos de registo ou documentos resultante de erro ou inexactidão proveniente de deficiência dos títulos emitidos pelos serviços dos registos e do notariado;

c) Conferência de fotocópias, nos termos do Decreto-Lei n.º 30/2000, de 13 de Março;

d) Certidões, fotocópias e comunicações que decorram do cumprimento de obrigações legais e que não devam entrar em regra de custas.

SECÇÃO VIII
Actos de registo de automóveis

ARTIGO 16.º-B
Actos gratuitos

1 — São gratuitos os seguintes actos de registo:

a) Cancelamento de ónus ou encargos por efeito de decisão judicial ou administrativa;

b) Actualização dos registos, por efeito da redenominação automática dos valores monetários.

2 — São ainda gratuitos os seguintes actos:

a) Rectificação de actos de registo ou documentos resultante de inexactidão proveniente de deficiência dos títulos emitidos pelos serviços dos registos e do notariado;

b) Conferência de fotocópias, nos termos do Decreto-Lei n.º 30//2000, de 13 de Março;

c) Certidões, fotocópias e comunicações que decorram do cumprimento de obrigações legais e que não devam entrar em regra de custas.

SECÇÃO IX
Actos de identificação civil

ARTIGO 17.º
Actos gratuitos

São gratuitos os seguintes actos:

a) A emissão do primeiro bilhete de identidade, desde que o requerente seja menor;

b) A emissão do bilhete de identidade quando o requerente comprove insuficiência económica ou se encontre internado em instituição de assistência ou de beneficência;

c) (Eliminado.)

d) Rectificação de actos de registo ou documentos resultante de erro ou inexactidão proveniente de deficiência dos títulos emitidos pelos serviços dos registos e do notariado.

CAPÍTULO III
Tabelamento dos actos

SECÇÃO I
Registo civil e nacionalidade

ARTIGO 18.º
Emolumentos do registo civil e de nacionalidade — Em euros

1 — Assentos:
1.1 — Pelo assento de casamento   35
1.2 — Por cada assento requerido nos termos dos artigos 95.º ou 123.º do Código do Registo Civil.   38
1.3 — Pelo assento de transcrição de qualquer acto lavrado nos termos do n.º 4 do artigo 6.º do Código do Registo Civil   136
1.4 — Pelo assento de transcrição de casamento lavrado no estrangeiro, perante autoridade estrangeira, respeitante a nacional português   68
1.5 — Por cada assento de nascimento, ocorrido no estrangeiro, atributivo de nacionalidade portuguesa, desde que o interessado seja de maioridade   68
2 — Convenções antenupciais: pela menção ou averbamento de convenção antenupcial ou de alteração de regime de bens de assento de casamento   40
3 — Nacionalidade:
3.1 — Por cada declaração de nascimento ocorrido no estrangeiro, atributiva de nacionalidade portuguesa, ou por cada declaração para atribuição da nacionalidade portuguesa, desde que o interessado seja maior   92
3.2 — Por cada declaração de aquisição ou perda da nacionalidade   75
3.3 — Por cada registo de atribuição de nacionalidade, desde que o interessado seja de maioridade.   68
3.4 — Por cada registo de aquisição ou perda de nacionalidade   56

4 — Processo de casamento:
4.1 — Pela organização de processo de casamento 51
4.2 — Ao emolumento do n.º 4.1 acrescem:
4.2.1 — Por cada nota de substituição de certidão lançada no processo nos termos do artigo 138.º do Código do Registo Civil o emolumento correspondente à certidão dispensada.
4.2.2 — Pela nova publicação de editais nos termos do artigo 145.º do Código do Registo Civil..................... 17
4.2.3 — Pelo auto de inquirição de testemunhas nos termos do artigo 141.º do Código do Registo Civil 42
4.2.4 — Por cada auto de consentimento para casamento de menores lavrado na conservatória 22
4.2.5 — Pelo auto de convenção antenupcial ou de revogação de convenção 78
4.2.6 — Por cada um dos certificados previstos nos artigos 146.º e 163.º do Código do Registo Civil 16
5 — Processos comuns:
5.1 — Pelo processo de justificação judicial, quando requerido pelos interessados 102
5.2 — Pelo processo de justificação administrativa, quando requerido pelos interessados 102
6 — Processos especiais:
6.1 — Pelo processo de dispensa de impedimentos matrimoniais 50
6.2 — Pelo processo de verificação da capacidade matrimonial e respectivo certificado........................... 50
6.3 — Pelo processo de suprimento da certidão de registo... 65
6.4 — Pelo processo de divórcio e de separação de pessoas e bens por mútuo consentimento 250
6.5 — Pelo processo de conversão de separação de pessoas e de bens em divórcio 107
6.6 — Pela homologação do acordo de reconciliação 107
6.7 — Pelo processo de alteração de nome 196
6.8 — Pelo processo de suprimento de autorização para casamento de menores....................................... 37
7 — Certidões, certificados, fotocópias e boletins:
7.1 — Pelo certificado de exactidão de tradução de documento feita por tradutor ajuramentado.................. 24

7.2 — Certidões:
7.2.1 — Por cada certidão de registo................... 15
7.2.2 — Sendo a certidão para fins de abono de família, segurança social, e de nascimento para bilhete de identidade........ 8
7.2.3 — As certidões referidas no número anterior devem mencionar o fim a que se destinam, único para que podem ser utilizadas.
7.2.4 — Por cada certidão negativa de registo............ 23
7.3 — Pela certidão de documento, além do emolumento previsto no n.º 7.2.1 acresce, por cada página................... 2,50
7.4 — Por cada certificado de nacionalidade............. 34
7.5 — Por cada página ou fracção de fotocópia não certificada.. 0,50
7.6 — Pela emissão de novo boletim de nascimento, casamento, óbito ou morte fetal............................... 15
8 — Exame de registos:
8.1 — Pelo exame de livros para fins de investigação científica, por cada período de duas horas de consulta.............. 7
8.2 — Pelo exame de livros para fins de investigação genealógica, por cada período de uma hora de consulta............. 7
9 — Bilhete de identidade:
9.1 — Pela requisição de cada bilhete de identidade....... 3
10 — Por cada consulta de nome que envolva a emissão de parecer onomástico....................................... 50
11 — Registo central de escrituras e testamentos:
11.1 — São devidos à Conservatória dos Registos Centrais:
11.1.1 — Pela transcrição de cada escritura ou testamento outorgado no estrangeiro............................... 43
11.1.2 — Por cada boletim de informação ou certidão referente à existência de escritura ou testamento................. 23
12 — Dos procedimentos perante o conservador:
12.1 — Alimentos a filhos maiores ou emancipados....... 175
12.2 — Por cada pedido de alteração da anuidade fixada.... 100
12.3 — Atribuição da casa de morada de família.......... 175
12.4 — Por cada pedido de alteração da decisão relativa à atribuição de casa de morada de família...................... 100

12.5 — Privação do direito ao uso de apelidos do outro cônjuge. 150
12.6 — Autorização de uso de apelidos de ex-cônjuge. 150
12.7 — Declaração de dispensa de prazo internupcial 25

ARTIGO 19.º
Regras de distribuição de emolumentos

1 — Os emolumentos previstos nos n.ºs 3.1 e 3.2 do artigo anterior pertencem à conservatória onde foi prestada a declaração.

2 — O emolumento previsto no n.º 6.7 do artigo anterior pertence, em partes iguais, à conservatória instrutora e à Conservatória dos Registos Centrais.

SECÇÃO II
Notariado

ARTIGO 20.º

Emolumentos do notariado . . . . Em euros

1 — Escrituras, testamentos e instrumentos avulsos, com excepção dos de protesto de títulos de crédito:

1.1 — Por cada acto titulado em escritura ou instrumento avulso que legalmente a substitua:

1.1.1 — Compra e venda de imóveis, dação em cumprimento e permuta 175
1.1.2 — Doação, proposta de doação e aceitação de doação . 175
1.1.3 — Constituição de propriedade horizontal ou alteração do seu título constitutivo. 208
1.1.4 — Constituição do direito de superfície e do direito real de habitação periódica, bem como de alteração dos respectivos títulos constitutivos. 208
1.1.5 — Locação financeira. 130
1.1.6 — Hipoteca ou fiança. 122

1.1.7 — Mútuo ou abertura de crédito 142
1.1.8 — Reforço de hipoteca......................... 100
1.1.9 — Quitação de dívida.......................... 100
1.1.10 — Habilitação................................. 146
1.1.10.1 — Por cada habilitação a mais titulada na mesma escritura 73
1.1.11 — Partilha 232
1.1.12 — Conferência de bens doados.................. 155
1.1.13 — Divisão 155
1.1.14 — Revogação de testamento.................... 90
1.1.15 — Justificação 155
1.1.16 — Constituição de sociedades comerciais e sociedades civis sob a forma comercial................................ 77
1.1.17 — Aumento do capital social 84
1.1.18 — Reduções de capital para cobertura de prejuízos. . . 85
1.1.19 — Outras alterações ao contrato de sociedade, com ou sem aumento ou redução do capital social................... 167
1.1.20 — Fusão, cisão ou transformação 167
1.1.21 — Dissolução................................. 77
1.1.22 — Declarativas que apenas reproduzam o pacto social em vigor... 150
1.1.23 — Outras 110

1.2 — Aos emolumentos previstos nos n.ºs 1.1.2 e 1.1.11 acresce € 50 por cada um dos bens descritos, no máximo de € 800.

1.3 — Pelo distrate, resolução ou revogação de actos notariais será devido um emolumento correspondente a 80% do emolumento do respectivo acto, quando outro não estiver expressamente previsto.

1.4 — Por cada testamento público, testamento internacional, instrumento de aprovação ou de abertura de testamento cerrado . . 150

1.5 — Por quaisquer outros instrumentos avulsos, com excepção dos de protesto de títulos de crédito 37

1.6 — Pelo registo na Conservatória dos Registos Centrais de cada escritura, testamento público, testamento internacional, instrumento de aprovação, de depósito e abertura de testamento cerrado 9

2 — Instrumentos de protesto de títulos de crédito e levantamento dos títulos:
2.1 — Por cada instrumento de protesto de títulos de crédito. 9
2.2 — Pelo levantamento de cada título antes de protestado . 9
3 — Por cada notificação de titular inscrito efectuada nos termos do artigo 99.º do Código do Notariado.................. 45
4 — Certidões certificados, extractos para publicação, fotocópias e respectiva conferência, públicas-formas e informações escritas:
4.1 — Por cada certidão, certificado com excepção do de exactidão de tradução, pública-forma, fotocópia e respectiva conferência até quatro páginas, inclusive 20
4.1.1 — A partir da 5.ª página até à 12.ª página, cada página a mais 2,50
4.1.2 — A partir da 13.ª página, por cada página a mais 1
4.2 — Pela primeira certidão emitida após a celebração de qualquer testamento ou escritura e fornecida, dentro do prazo legal, ao testador ou, nos restantes casos, ao interessado a quem for cobrado o recibo da conta do acto nos termos do artigo 195.º do Código do Notariado, independentemente do número de páginas . 5
4.3 — Pelo certificado de exactidão da tradução de cada documento realizado por tradutor ajuramentado 24
4.4 — Os emolumentos previstos nos números anteriores são acrescidos em 50% se for requerida urgência para os respectivos actos.
4.5 — Por cada extracto para publicação................ 23
4.6 — Por cada página ou fracção de fotocópia não certificada. 0,50
4.7 — Pela informação, dada por escrito, referente a registo lavrado no livro de protestos de títulos de crédito, por cada título . 9
5 — Reconhecimentos e termos de autenticação:
5.1 — Pelo reconhecimento de cada assinatura 11
5.2 — Por cada reconhecimento de letra e assinatura....... 11
5.3 — Pelo reconhecimento que contenha, a pedido dos interessados, a menção de qualquer circunstância especial 18
5.4 — Por cada termos de autenticação com um só interveniente 25
5.5 — Por cada interveniente a mais 6

6 — Registo de documentos — por cada registo lavrado no livro a que se refere a alínea f) do n.º 1 do artigo 7.º do Código do Notariado... 29

7 — Actos não realizados:

7.1 — Pelos actos requisitados que não sejam outorgados por motivos imputáveis às partes será devido um emolumento correspondente a 80% do emolumento do respectivo acto.

7.2 — Tratando-se, porém, de escrituras de partilha, doação, proposta de doação ou de aceitação de doação, ao emolumento previsto no número anterior acresce o emolumento previsto no n.º 1.2 reduzido a metade.

SECÇÃO III
Registo predial

ARTIGO 21.º
Emolumentos do registo predial — Em euros

1 — Descrições e respectivos averbamentos:
1.1 — Pela abertura:
1.1.1 — De descrição genérica....................... 28
1.1.2 — De descrição subordinada 25
1.1.3 — De descrição de fracção temporal............... 25
1.2 — Por cada averbamento à descrição................ 25
2 — Inscrições e subinscrições:
2.1 — Por cada inscrição........................... 125
2.2 — Nas inscrições que devam conter convenções ou cláusulas acessórias acresce 25% do emolumento da inscrição.
2.3 — Por cada inscrição de hipoteca 135
2.4 — Por inscrição de direito real de habitação periódica e de autorização de loteamento, bem como de alteração do título constitutivo destes direitos..................................... 156
2.5 — Por inscrição de constituição de propriedade horizontal, bem como de alteração do título constitutivo destes direitos .. 156
2.6 — Por inscrição de penhora, arresto, arrolamento e providências cautelares não especificadas 63

2.7 — Pelo registo de acção 125
2.8 — Pelas subinscrições, designadamente as previstas no n.º 1 do artigo 101.º do Código do Registo Predial 63
2.9 — Pelas inscrições ou subinscrições que abranjam mais de um prédio, acresce aos emolumentos previstos nos números anteriores, por cada prédio a mais € 50, no máximo de € 800.
3 — Averbamentos às inscrições:
3.1 — Averbamento de cancelamento 72
3.2 — Pelo averbamento de cancelamento que abranja mais de um prédio, acresce ao emolumento previsto no número anterior, por cada prédio a mais, no máximo de € 800............... 58
3.3 — Averbamento à inscrição não especialmente previsto.. 48
4 — Pelo processo de justificação.................... 203
5 — Pela instrução e decisão de processo especial de rectificação, tributadas nos termos do artigo 128.º do Código do Registo Predial 254
6 — Pela urgência na feitura de cada registo dentro do prazo legal, são acrescidos em 50% os respectivos emolumentos.
7 — Desistência do pedido de registo 20
8 — Recusa de registo............................. 30
9 — Certidões, fotocópias, informações escritas e certificados:
9.1 — Requisição e emissão de certidão negativa:
9.1.1 — Respeitante a um só prédio 33
9.1.2 — Por cada prédio a mais..................... 16
9.2 — Requisição e emissão de certidão ou fotocópia de actos de registo, independentemente do número de prédios e até quatro páginas.. 27
9.2.1 — A partir da 5.ª página até à 12.ª página, por cada página a mais 2,50
9.2.2 — A partir da 13.ª página, por cada página a mais 1
9.3 — Requisição e emissão de certidão ou fotocópia de documentos, até nove páginas............................ 27
9.3.1 — A partir da 10.ª página, por cada página a mais 1
9.4 — Pela confirmação do conteúdo da certidão ou fotocópia é devido o emolumento da respectiva emissão, reduzido a metade.

9.5 — Por cada certificado predial relativo a direito real de habitação periódica 12
9.6 — Informação dada por escrito:
9.6.1 — Relativa a um prédio 10
9.6.2 — Por cada prédio a mais..................... 5
9.6.3 — Informação escrita não relativa a prédios 15
9.7 — Fotocópia não certificada, por cada página 0,50
9.8 — O emolumento devido pelas certidões e fotocópias quando cobrado no acto do pedido, é restituído no caso da recusa da sua emissão.

SECÇÃO IV
Registo comercial

ARTIGO 22.º

Emolumentos do registo comercial — Em euros
1 — Inscrições e subinscrições:
1.1 — Constituição de pessoas colectivas 56
12 — Aumento do capital social 63
1.3 — Redução do capital social para cobertura de prejuízos 89
1.4 — Outras alterações do contrato social, com ou sem aumento ou redução de capital social 112
1.5 — Fusão, cisão ou transformação 113
1.6 — Dissolução 58
1.7 — Nomeação de órgãos sociais 77
1.8 — Inscrições de penhor, consignação de rendimentos, penhora, arresto, arrolamento e providências cautelares não especificadas 75
1.9 — Registo de acções 112
1.10 — Outras inscrições........................... 112
1.11 — Abrangendo a inscrição mais de um facto, ao emolumento especialmente previsto para o registo do facto principal ou de âmbito mais genérico acresce, por cada facto a mais. 28
1.12 — Pelas subinscrições, designadamente as previstas nas alíneas a) a g) do n.º 1 do artigo 69.º do Código do Registo Comercial 36

2 — Registo efectuado por simples depósito 49
3 — Averbamentos às inscrições:
3.1 — Averbamento de cancelamento 72
3.2 — Averbamento à inscrição não especialmente previsto. . 48
4 — Processo de justificação. 203
5 — Pela instrução e decisão de processo especial de rectificação, tributadas nos termos do artigo 89.º do Código do Registo Comercial. 254
6 — Pela urgência na feitura de cada registo é devido 50% do emolumento correspondente ao acto.
7 — Desistência do pedido de registo 20
8 — Recusa de registo. 30
9 — Certidões, fotocópias, informações escritas e certificados:
9.1 — Requisição e emissão de certidão negativa 26
9.2 — Requisição e emissão de certidão ou fotocópia de actos de registo 16
9.3 — Pela requisição e emissão de certidão ou fotocópia de documentos, até nove páginas 16
9.3.1 — A partir da 10.ª página, cada página a mais 1
9.4 — Pela confirmação do conteúdo da certidão ou fotocópia é devido o emolumento da respectiva emissão, reduzido a metade.
9.5 — Informação dada por escrito 11
9.6 — Fotocópia não certificada, por cada página 0,50
9.7 — O emolumento devido pelas certidões e fotocópias, quando cobrado no acto do pedido, é restituído no caso da recusa da sua emissão.
10 — Legalização de livros, por cada livro 14
11 — Nomeação de auditores e de revisores oficiais de contas, por cada nomeação 120

SECÇÃO V
Registo Nacional de Pessoas Colectivas

ARTIGO 23.º
Emolumentos do Registo Nacional de Pessoas Colectivas — Em euros

1 — Reserva de firma ou denominação................. 31
2 — Certificados de admissibilidade de firma ou denominação e certificados negativos:
2.1 — Emissão, renovação e segunda via do certificado.... 56
2.2 — Pela urgência na emissão, renovação e segunda via do certificado são acrescidos em 50% os respectivos emolumentos.
3 — Inscrição no ficheiro central de pessoas colectivas..... 20
4 — Registo de comunicação de nome comercial......... 56
5 — Emissão de cartão de identificação e actualização, substituição ou segunda via do mesmo........................ 14
6 — Registo de pessoas colectivas religiosas:
6.1 — Inscrição.. 56
6.2 — Averbamento de cancelamento................... 36
6.3 — Outros averbamentos à inscrição................. 24
6.4 — Desistência do pedido de registo................. 12,50
7 — Certidões e cópias de registo informático:
7.1 — Requisição e emissão de certidão ou cópia de registo informático... 10
7.2 — Emissão de certidão ou cópia de registo informático quando requeridas por pessoas colectivas religiosas........... 5
7.3 — Requisição e emissão de certidão ou fotocópia certificada de documentos depositados no Registo Nacional de Pessoas Colectivas Religiosas, além do emolumento previsto no número anterior, acresce, por cada página........................ 1
7.4 — Fotocópia não certificada dos documentos previstos no número anterior, por cada página........................ 0,50
7.5 — Informação dada por escrito relativamente a registos e documentos.. 5,50

8 — Acesso às bases de dados:

8.1 — Consulta em linha ao ficheiro central de pessoas colectivas (FCPC) e à base de dados do registo de pessoas colectivas religiosas (RPCR), para cópias totais ou parciais do mesmo ficheiro ou para informação estatística sobre pessoas colectivas:

8.1.1 — Consulta em linha:

8.1.1.1 — Pela consulta em linha à base de dados do FCPC — assinatura mensal de € 600, que inclui até 100 acessos úteis;

8.1.1.2 — Por cada acesso útil efectuado no mês:

A partir de 101 até 200 4
A partir de 201 2

8.1.1.3 — A assinatura mensal deve ser feita pelo período mínimo de um ano;

8.1.1.4 — São considerados acessos úteis, para efeitos deste número, os que correspondem aos inputs ou outputs à finalidade para que foi autorizada a consulta.

8.2 — Cópias do FCPC e da base de dados do RPCR:

8.2.1 — Por cada cópia total do ficheiro 10000
8.2.2 — Por cada actualização mensal dos movimentos..... 600
8.2.3 — Por cada cópia parcial em suporte magnético:
8.2.3.1 — Até 1000 registos 1000
8.2.3.2 — Por cada adicional de 1000 registos ou fracção ... 500

8.3 — Por cada cópia parcial em suporte de papel (conteúdo integral ou parcial do registo):

8.3.1 — Até 1000 registos 1500
8.3.2 — Por cada adicional de 1000 registos ou fracção 750

8.4 — Informação estatística, por cada informação estatística no Registo Nacional de Pessoas Colectivas:

8.4.1 — A nível nacional 500
8.4.2 — A nível concelhio 150

SECÇÃO VI
Registo de navios

ARTIGO 24.º
Emolumentos do registo de navios... Em euros

1 — Matrículas:
1.1 — Por cada matrícula de navio 40
2 — Inscrições e subinscrições:
2.1 — Inscrições 112
2.2 — Inscrições de hipoteca, consignação de rendimentos, penhora, arresto, arrolamento, providências cautelares não especificadas e locação financeira 75
2.3 — Por cada inscrição de aquisição anterior à daquele que se apresente a requerer o registo em seu nome 56
2.4 — Por cada inscrição transcrita em consequência de mudança de capitania ou delegação marítima 56
2.5 — Pelos averbamentos previstos no artigo 89.º do Decreto-Lei n.º 42645, de 14 de Novembro de 1959, que assumam a natureza de subinscrições 56
2.6 — Pelas inscrições ou subinscrições que abranjam mais de um navio, acresce aos emolumentos previstos nos números anteriores, por cada navio a mais 28
3 — Averbamentos às inscrições:
3.1 — Averbamento de cancelamento 72
3.2 — Averbamento à inscrição não especialmente previsto. . 48
4 — Pela urgência na feitura de cada registo dentro do prazo legal, são acrescidos em 50% os respectivos emolumentos.
5 — Desistência do pedido de registo 20
6 — Recusa de registo 30
7 — Certidões, fotocópias, informações escritas e certificados:
7.1 — Requisição e emissão de certidão negativa 26
7.2 — Requisição e emissão de certidão ou fotocópia de actos de registo:
7.2.1 — Respeitante a um só navio 16

7.2.2 — Por cada navio a mais 8
7.3 — Requisição e emissão de certidão ou fotocópia de documentos:
7.3.1 — Até nove páginas 16
7.3.2 — A partir da 10.ª página, por cada página a mais 1
7.4 — Pela confirmação do conteúdo da certidão ou fotocópia é devido emolumento da respectiva emissão reduzido a metade.
7.5 — Informação por escrito:
7.5.1 — Em relação a um navio 11
7.5.2 — Por cada navio a mais, até ao máximo de € 800 ... 11
7.6 — Fotocópia não certificada, por cada página 0,50
7.7 — O emolumento devido pelas certidões e fotocópias, quando cobrado no acto do pedido, é restituído no caso da recusa da sua emissão.

SECÇÃO VII
Registo de automóveis

ARTIGO 25.º
Emolumentos do registo de automóveis ... Em euros

1 — Registos:
1.1 — Por cada registo 55
1.2 — Tratando-se de registo de alteração de nome, firma, residência ou sede................................... 28
1.3 — Se o registo for pedido fora do prazo o emolumento previsto no n.º 1.1 é devido em dobro.
2 — Certidões, fotocópias, títulos, informações e certificados:
2.1 — Por cada fotocópia, certidão ou fotocópia acrescida da certificação de outro facto............................ 16
2.2 — Pela confirmação do conteúdo de certidão ou fotocópia é devido o emolumento da respectiva emissão, reduzido a metade.
2.3 — Por cada título emitido em substituição de exemplar deteriorado, destruído ou desaparecido 28

2.4 — Por cada informação dada por escrito relativa:
2.4.1 — Ao actual proprietário inscrito do veículo e aos encargos que o oneram 9
2.4.2 — A proprietários anteriores.................... 11
3 — Intermediação:
3.1 — Por cada remessa de requerimentos e documentos. . . . 5
4 — Mapas estatísticos e bases de dados:
4.1 — Pelo fornecimento em suporte de papel de mapas estatísticos:
4.1.1 — Até 5000 registos........................... 500
4.1.2 — Acima de 5000 registos 800
4.2 — Pelo fornecimento em suporte magnético de mapas estatísticos:
4.2.1 — Até 5000 registos........................... 400
4.2.2 — Acima de 5000 registos 600
4.3 — Pela consulta em linha à base de dados do registo de automóveis:
4.3.1 — Assinatura mensal, obrigatoriamente feita pelo período mínimo de um ano e que inclui até 300 acessos úteis 500
4.3.2 — Por cada acesso útil a mais.................... 1
4.3.3 — São considerados acessos úteis, para efeitos do presente número, os que correspondem aos inputs ou outputs à finalidade para que foi autorizada a consulta.
4.4 — Por cada cópia parcial em suporte magnético:
4.4.1 — Até 1000 registos........................... 1000
4.4.2 — Por cada adicional de 1000 registos ou fracção 500
4.5 — Por cada cópia parcial em suporte de papel (conteúdo integral ou parcial de registo):
4.5.1 — Até 1000 registos 1500
4.5.2 — Por cada adicional de 1000 registos ou fracção 750
5 — Pelo processo de justificação..................... 50
6 — Pela instrução e decisão de processo especial de rectificação... 125

SECÇÃO VIII
Identificação civil

ARTIGO 26.º
Emolumentos da identificação civil

1 — Pela emissão de cada bilhete de identidade 3
2 — Certidões e informações:
2.1 — Por cada certidão 15
2.2 — Por cada informação 8
3 — Pela realização de serviço externo, para além das despesas de transporte.

SECÇÃO IX
Emolumentos diversos

ARTIGO 27.º
Emolumentos comuns — Em euros

1 — Serviço de telecópia:
1.1 — Pela utilização do serviço de telecópia nos serviços dos registos e do notariado, para emissão de documentos, são cobrados os seguintes emolumentos:
1.1.1 — Por cada certificado de admissibilidade de firma ou denominação 10
1.1.2 — Por qualquer outro documento que contenha até sete folhas, incluindo as do pedido e resposta e uma eventual folha de certificação ou encerramento:
1.1.2.1 — No continente e Regiões Autónomas 5
1.1.2.2 — Em relação aos serviços consulares portugueses na Europa 20
1.1.2.3 — Em relação aos serviços consulares portugueses fora da Europa 50
1.1.3 — Por cada folha a mais, nos casos previstos nos

n.ºs 1.1.2.1 a 1.1.2.3 acrescem respectivamente € 0,50, € 2,50 e € 7,50.

1.2 — O pedido a que se refere o n.º 1.1.2 pode substituir o modelo legal da requisição de certidão a que haja lugar, desde que dele constem os elementos nesta contidos.

1.3 — Se o pedido não for satisfeito por culpa dos serviços, o utente é reembolsado das quantias entregues.

2 — Processo de constituição de sociedades promovido e dinamizado pelo notário:

2.1 — Pela prática dos actos relativos à promoção e dinamização da constituição de sociedades comerciais e demais sujeitas a registo comercial, nos termos do Decreto-Lei n.º 267/93, de 31 de Julho 150

2.2 — Do emolumento referido no n.º 2.1 pertencem dois terços ao cartório notarial e um terço à conservatória do registo comercial.

3 — Impugnação das decisões:

3.1 — Por cada processo de recurso hierárquico 150

3.2 — Em caso de procedência do recurso haverá lugar à devolução do respectivo preparo.

3.3 — Havendo provimento parcial, o emolumento do n.º 3.1 é reduzido a metade.

4 — Por cada certificado emitido nos termos do artigo 133.º do Regulamento dos Serviços dos Registos e do Notariado 50

SECÇÃO X
Isenções ou reduções emolumentares

ARTIGO 28.º
Isenções ou reduções emolumentares

1 — Os emolumentos devidos por actos notariais e de registo decorrentes da compra e venda, doação e partilha mortis causa de imóveis rústicos são reduzidos em função do valor do acto, nos seguintes termos:

1.1 — Até € 5000 — em três quartos;

1.2 — Acima de € 5000 e até € 10000 — em dois terços;
1.3 — Acima de € 10000 e até € 15000 — em metade;
1.4 — Acima de € 15000 e até € 25000 — em um terço;
1.5 — cima de € 25000 e até € 35000 — em um quarto;
1.6 — Acima de € 35000 e até € 80000 — em um oitavo.

2 — Os emolumentos devidos pela emissão de certidões destinadas a instruir as escrituras de doação e partilha mortis causa referidas no número anterior beneficiam de uma redução correspondente a metade do respectivo valor.

3 — As certidões que beneficiem da redução emolumentar prevista no número anterior devem mencionar o fim a que se destinam, único para que podem ser utilizadas.

4 — Os benefícios previstos no n.º 1 do presente artigo são aplicáveis à aquisição por compra e venda de imóvel para habitação própria e permanente.

5 — Às aquisições realizadas ao abrigo do regime de conta poupança-habitação aplica-se a redução emolumentar prevista no n.º 1, se esta for mais favorável do que a prevista naquele regime.

6 — A transmissão isolada de partes indivisas de imóveis rústicos e urbanos, efectuadas nos termos e condições constantes dos n.ºs 1 e 2, goza das reduções emolumentares aí previstas, se pelo acto de aquisição o adquirente concentrar na sua esfera jurídica a totalidade do direito de propriedade do imóvel.

7 — Goza igualmente do benefício previsto no n.º 1 a aquisição simultânea e pelo mesmo sujeito, da sua propriedade e do usufruto de imóveis rústicos e urbanos para habitação própria e permanente, titulada nos termos atrás descritos.

8 — Para efeitos do disposto no n.º 1, considera-se como valor do acto o preço global ou o valor total atribuído aos imóveis ou a soma dos seus valores patrimoniais, se superior.

9 — São, também, isentos dos emolumentos de urgência, os actos lavrados ao abrigo de regimes de urgência legal, incluindo os que por virtude de uma relação de dependência devam ser lavrados previamente àquele.

10 — Os emolumentos devidos pelo acesso e fornecimento, nos termos da lei, de cópias parciais de registo em suporte magnético ou em

suporte de papel, resultantes da consulta em linha à base de dados do registo de automóveis quando requerida e efectuada pelas câmaras municipais ou entidades administrativas municipais, no exercício exclusivo de competências no âmbito da regulação e fiscalização do cumprimento das disposições do Código da Estrada e legislação complementar, são reduzidos, de acordo com o número de eleitores dos respectivos municípios, nos termos seguintes:

10.1 — Municípios com 10000 ou menos eleitores — em metade;

10.2 — Municípios com mais de 10000 e menos de 50000 eleitores — em um terço;

10.3 — Municípios com mais de 50000 e menos de 100000 eleitores — em um quarto.

11 — Os emolumentos devidos pelo fornecimento de cópias totais do ficheiro central de pessoas colectivas (FCPC) e do registo de pessoas colectivas religiosas (RPCR), quando solicitadas por pessoas colectivas religiosas são reduzidos a metade.

12 — A Comissão da Liberdade Religiosa goza de isenção emolumentar pelo acesso à base de dados do Registo Nacional de Pessoas Colectivas Religiosas, efectuado nos termos previstos no respectivo regime.

13 — Estão isentos de tributação emolumentar os actos praticados pela Direcção-Geral do Património ou pelos seus legítimos representantes, nos serviços dos registos e do notariado, relacionados com a aquisição e administração dos bens do domínio privado do Estado.

14 — A isenção emolumentar prevista no número anterior vigora até ao final de 2004, não abrangendo os emolumentos pessoais nem as importâncias correspondentes à participação emolumentar devida aos notários, conservadores e oficiais de registo e do notariado pela sua intervenção nos actos.

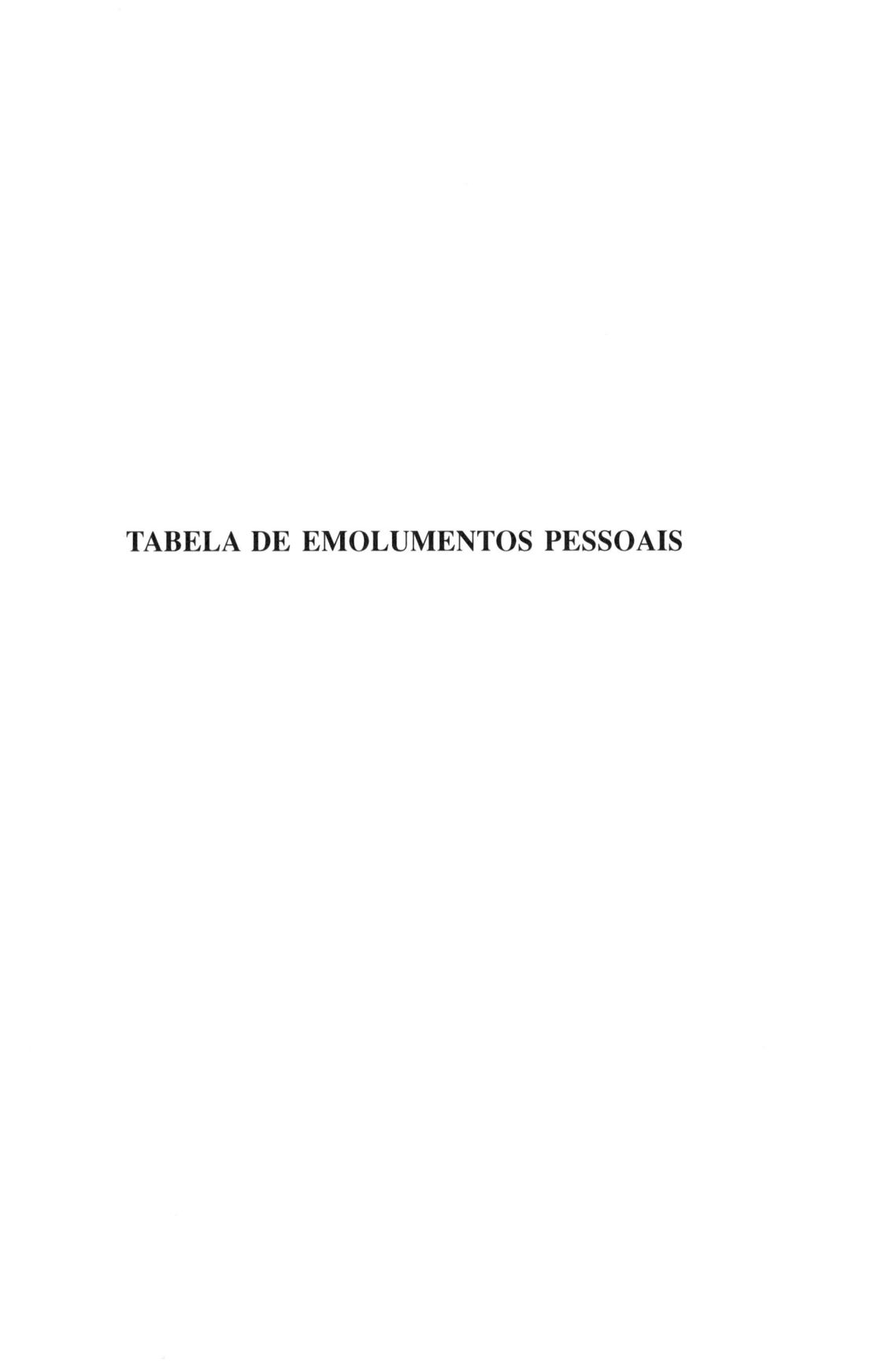

TABELA DE EMOLUMENTOS PESSOAIS

TABELA DE EMOLUMENTOS

Artigos 4.º, n.º 3, 7.º, n.º 1, 14.º, 15.º, 16.º, 20.º e 24.º da Portaria n.º 996/98, de 25 de Novembro, que versam sobre emolumentos pessoais, ainda em vigor por força do disposto nos artigos n.ºs 2.º, 1, al. b) e 4.º do Dec.-Lei n.º 322-A/2001, de 14 de Dezembro.

CAPÍTULO II
Tabelamento dos actos

ARTIGO 4.º

3 — Por cada instrumento de acta de reunião de organismo social e assistência a ela:
 a) Durando a reunião até uma hora — 49,88;
 b) Por cada hora a mais ou fracção — 14,96.

ARTIGO 7.º

1 — Pela tradução de documentos realizada por notário, por cada página ou fracção da tradução, incluindo o respectivo certificado — 24, 94.

ARTIGO 14.º

1 — É devido o emolumento de 24,94 pelo estudo e preparação das seguintes escrituras, salvo se se reproduzir minuta apresentada pelas partes:
 a) Justificação e reconhecimento de direitos;

b) Habilitação;
c) Partilha;
d) Divisão;
e) Permuta;
f) Dação em cumprimento e transacção;
g) Constituição de servidão, do direito de superfície e do direito de habitação periódica;
h) Constituição de propriedade horizontal ou sua alteração;
i) Arrendamento;
j) Locação financeira;
l) Locação de estabelecimento;
m) Constituição, fusão, cisão, transformação e dissolução de sociedades, bem como alteração de contrato de sociedade;
n) Constituição de estabelecimento individual de responsabilidade limitada e alteração do acto constitutivo;
o) Constituição de associação, fundação, agrupamento complementar de empresas, consórcio, cooperativa e agrupamento europeu de interesse económico, bem como de alteração dos seus estatutos;
p) Aquisição tendente ao domínio total;
q) Qualquer acto que envolva aplicação de normas jurídicas estrangeiras.

2 — Nas escrituras não mencionadas no número anterior em que figurem outras cláusulas para além das respeitantes aos elementos essenciais dos negócios titulados é devido o emolumento do n.º 1, reduzido a metade.

3 — Cumulando-se na mesma escritura mais de um dos actos referidos nos números anteriores, o emolumento é devido por cada um deles.

4 — É devido o emolumento de 4,99 por cada requerimento directamente relacionado com actos notariais que deva ser apresentado noutras repartições.

ARTIGO 15.º

1 — Pela celebração de qualquer acto dentro das horas regulamentares, fora do cartório, a requisição dos interessados, acrescem aos emolumentos que ao acto competirem — 49, 88.

2 — O emolumento do número anterior é contado por inteiro quanto ao primeiro acto praticado e por metade quanto aos demais, se o encargo do pagamento da conta competir ao mesmo interessado.

3 — Contar-se-á apenas uma vez o emolumento deste artigo, quando se trate exclusivamente de reconhecimentos e termos de autenticação.

4 — Não é devido o emolumento quanto a reconhecimentos e termos de autenticação que se pratiquem juntamente com outro acto.

5 — O emolumento do n.º 1 é reduzido a metade nas escrituras de aquisição, a título oneroso, de habitação própria permanente ou habitação social, nas escrituras de mútuo que se destine a essa aquisição e nos testamentos lavrados em estabelecimentos prisionais ou hospitalares.

ARTIGO 16.º

1 — Para celebração de qualquer acto fora das horas regulamentares, a requisição dos interessados, aos emolumentos que ao acto competirem acrescem — 37,41.

2 — Ao emolumento do número anterior é aplicável, conforme os casos, o disposto nos n.ºs 3 e 4 do artigo precedente.

3 — O emolumento do n.º 1 é elevado para o dobro sempre que os actos forem celebrados, de harmonia com a requisição, antes das 8 ou depois das 21 horas, bem como em dia em que o cartório esteja encerrado.

CAPÍTULO IV
Disposições finais

ARTIGO 20.º

1 — Os emolumentos previstos nos artigos 4.º, n.º 3, 7.º, n.º 1, 14.º, 15.º e 16.º têm a natureza de emolumentos pessoais.

2 — Os emolumentos referidos no número anterior estão sujeitos às seguintes regras de distribuição:

a) Os dos artigos 4.º, n.º 3, e 7.º, n.º 1, revertem na totalidade para o funcionário que efectuar o correspondente serviço;

b) Os dos artigos 14.º, 15.º e 16.º pertencem dois terços ao notário ou a quem legalmente o substituir, nos casos de vacatura de lugar ou de impedimento, e um terço aos oficiais, na proporção dos seus vencimentos de categoria.

3 — É fixado em montante não superior a metade do respectivo vencimento de categoria o máximo dos emolumentos a perceber mensalmente pelos funcionários, nos termos dos artigos 14.º, n.º 4, e 15.º

ARTIGO 24.º

1 — a) Pelo requerimento ou preenchimento do impresso-requisição para a realização de qualquer acto de registo e respectiva remessa à conservatória competente, a pedido do interessado — 3,74.

b) Acresce, por cada acto de registo além do primeiro — 1,25.

2 — O emolumento previsto no número anterior tem a natureza e segue o regime dos emolumentos pessoais.

3 — Ao emolumento previsto no n.º 1 acrescem as despesas de correio.

CÓDIGO DO IMPOSTO DO SELO

Lei n.º 150/99, de 11 de Setembro*

Aprova o Código do Imposto do Selo

A Assembleia da República decreta, nos termos da alínea c) do artigo 161.º da Constituição, para valer como lei geral da República, o seguinte:

ARTIGO 1.º
Código do Imposto do Selo e tabela anexa

São aprovados pela presente lei o Código do Imposto do Selo e a Tabela Geral anexos, que substituem, respectivamente, o Regulamento do Imposto do Selo, aprovado pelo Decreto n.º 12700, de 20 de Novembro de 1926, e a Tabela Geral do Imposto do Selo, aprovada pelo Decreto n.º 21916, de 28 de Novembro de 1932, e alterações posteriores.

ARTIGO 2.º
Abolição das estampilhas fiscais

1 — São abolidas, a partir de 1 de Setembro de 1999, as estampilhas fiscais.

2 — O pagamento do imposto do selo que, nos termos da Tabela

---

* Alterada pela Leis n.ºs 176-A/99, de 30 de Dezembro, 3-B/2000, de 4 de Abril; 30-C/2000, de 29 de Dezembro; 109-B/ 2001, de 27 de Dezembro; 16-A/2002, de 31/5; 32-B/2002, de 30/12; e Decretos-Leis n.º 322-B/2001, de 14/12 e 287/03, de 12/11.

Geral aprovada pelo Decreto n.º 21916, se devesse efectuar por estampilha passa a fazer-se, desde aquela data, por meio de guia.

3 — Até à entrada em vigor do Código e Tabela Geral anexos, a liquidação e entrega do imposto do selo nas circunstâncias referidas no número anterior cabem:

a) Às pessoas colectivas e, também, às pessoas singulares que actuem no exercício de actividade de comércio, indústria ou prestação de serviços, relativamente aos contratos ou restantes documentos em que intervenham;

b) No caso de não intervenção nos actos, contratos ou documentos de qualquer das entidades referidas na alínea anterior, às entidades públicas a quem os contratos ou os restantes documentos devam ser apresentados para qualquer efeito legal, nos termos da alínea a) do artigo 14.º do Código do Imposto do Selo.

4 — A partir da data referida no n.º 1, deixa de acrescer o imposto do selo do artigo 92 da Tabela Geral aprovada pelo Decreto n.º 21916 a quaisquer contratos especialmente tributados pela mesma Tabela.

ARTIGO 3.º
Regime transitório

1 — A Tabela Geral anexa aplica-se, sem prejuízo do disposto no número seguinte, aos contratos celebrados a partir de 1 de Janeiro de 2000.

2 — São considerados novos contratos a segunda prorrogação e a prorrogação não automática efectuada após o 30.º dia anterior ao seu termo dos contratos referidos no n.º 1.

3 — À tributação dos negócios jurídicos sobre bens imóveis prevista no n.º 1 da Tabela Geral aplicar-se-ão, até à reforma da tributação do património, as regras de determinação da matéria tributável do Código da Sisa e do Imposto sobre as Sucessões e Doações, aprovado pelo artigo 1.º do Decreto-Lei n.º 41969, de 24 de Novembro de 1958.

4 — Até à instalação das conservatórias de registo de bens móveis previstas no Código de Registo de Bens Móveis, aprovado pelo artigo 1.º do Decreto-Lei n.º 267/95, de 25 de Outubro, a tributação prevista no n.º 2 da Tabela Geral do Imposto do Selo aplicar-se-á exclusivamente aos registos efectuados na Conservatória do Registo Automóvel.

ARTIGO 4.º
Serviços locais

Até à reorganização da Direcção-Geral dos Impostos, consideram-se serviços locais da administração fiscal as repartições de finanças e as tesourarias da Fazenda Pública e serviços regionais as direcções de finanças.

ARTIGO 5.º
Prazo de prescrição

Ao imposto devido nos termos das verbas da Tabela Geral, aprovada pelo Decreto n.º 21916, sem correspondência na presente lei por terem deixado de ser tributados os factores nelas abrangidos, aplica-se o disposto no n.º 2 do artigo 5.º do Decreto-Lei n.º 398/98, de 17 de Dezembro.

ARTIGO 6.º
Entrada em vigor

1 — O Código do Imposto do Selo e a Tabela Geral denominada em escudos, anexos à presente lei e da qual fazem parte integrante, entram em vigor no dia 1 de Janeiro de 2000.

2 — A Tabela Geral denominada em euros que consta em anexo à presente lei, da qual faz parte integrante, substituirá a Tabela Geral denominada em escudos no dia 1 de Janeiro de 2002.

Aprovada em 1 de Julho de 1999.

O Presidente da Assembleia da República, *António de Almeida Santos.*

Promulgada em 26 de Agosto de 1999.

Publique-se.

O Presidente da República, JORGE SAMPAIO.

Referendada em 2 de Setembro de 1999.

O Primeiro-Ministro, *António Manuel de Oliveira Guterres.*

CÓDIGO DO IMPOSTO DO SELO

CAPÍTULO I
Incidência

ARTIGO 1.º
Incidência objectiva

1 — O imposto do selo incide sobre todos os actos, contratos, documentos, títulos, livros, papéis, e outros factos previstos na Tabela Geral, incluindo as transmissões gratuitas de bens.

2 — Não são sujeitas a imposto as operações sujeitas a imposto sobre o valor acrescentado e dele não isentas.

3 — Para efeitos da verba 1.2 da Tabela Geral, são consideradas transmissões gratuitas, designadamente, as que tenham por objecto:

a) Direito de propriedade ou figuras parcelares desse direito sobre bens imóveis, incluindo a aquisição por usucapião;

b) Bens móveis sujeitos a registo, matrícula ou inscrição;

c) Participações sociais, valores mobiliários e direitos de crédito associados ainda que transmitidos autonomamente, bem como títulos e certificados da dívida pública;

d) Estabelecimentos comerciais, industriais ou agrícolas;

e) Direitos de propriedade industrial, direitos de autor e direitos conexos;

f) Direitos de crédito dos sócios sobre prestações pecuniárias não comerciais associadas à participação social, independentemente da designação, natureza ou forma do acto constitutivo ou modificativo, designadamente suprimentos, empréstimos, prestações suplementares de capital e prestações acessórias pecuniárias, bem como quaisquer outros adiantamentos ou abonos à sociedade;

g) Aquisição derivada de invalidade, distrate, renúncia ou desistência, resolução, ou revogação da doação entre vivos com ou sem reserva de usufruto, salvo nos casos previstos nos artigos 970.º e 1765.º do Código Civil, relativamente aos bens e direitos enunciados nas alíneas antecedentes.

4 — São consideradas simultaneamente como aquisições a título oneroso e gratuito as constantes do artigo 3.º do Código do Imposto Municipal Sobre as Transmissões Onerosas de Imóveis (CIMT).

5 — Não são sujeitas a imposto do selo as seguintes transmissões gratuitas:

a) De valores monetários, ainda que objecto de depósito em contas bancárias, incluindo:

    i) O abono de família em dívida à morte do titular;
    ii) Os créditos provenientes de seguros de vida;
    iii) As pensões e subsídios atribuídos, ainda que a título de subsídio por morte, por sistemas de segurança social;

b) De valores aplicados em fundos de poupança-reforma, fundos de poupança-educação, fundos de poupança-reforma-educação, fundos de poupança-acções, fundos de pensões ou fundos de investimento mobiliário e imobiliário;

c) Donativos efectuados nos termos da Lei do Mecenato;

d) Donativos conforme os usos sociais, de bens ou valores não incluídos nas alíneas anteriores, até ao montante de € 500;

e) Transmissões a favor de sujeitos passivos de imposto sobre o rendimento das pessoas colectivas, ainda que dele isentas;

f) Bens de uso pessoal ou doméstico.

6 — Para efeitos do presente Código, o conceito de prédio é o definido no Código do Imposto Municipal sobre Imóveis (CIMI).

ARTIGO 2.º
Incidência subjectiva

1 — São sujeitos passivos do imposto:

a) Notários, conservadores dos registos civil, comercial, predial e de outros bens sujeitos a registo, bem como outras entidades públicas, incluindo os estabelecimentos e organismos do Estado, relativamente aos actos, contratos e outros factos em que sejam intervenientes, com excepção dos celebrados perante notários relativos a crédito e garantias concedidos por instituições de crédito, sociedades financeiras ou outras entidades a elas legalmente equiparadas e por quaisquer outras instituições financeiras, e quando, nos termos da alínea n) do artigo 5.º, os contratos ou documentos lhes sejam apresentados para qualquer efeito legal;

    b) Entidades concedentes do crédito e da garantia ou credoras de juros, prémios, comissões e outras contraprestações;

    c) Instituições de crédito, sociedades financeiras ou outras entidades a elas legalmente equiparadas residentes em território nacional, que tenham intermediado operações de crédito, de prestação de garantias ou juros, comissões e outras contraprestações devidos por residentes no mesmo território a instituições de crédito ou sociedades financeiras não residentes;

    d) Entidades mutuárias, beneficiárias de garantia ou devedoras dos juros, comissões e outras contraprestações no caso das operações referidas na alínea anterior que não tenham sido intermediadas por instituições de crédito, sociedades financeiras ou outras entidades a elas legalmente equiparadas, e cujo credor não exerça a actividade, em regime de livre prestação de serviços, no território português;

    e) Empresas seguradoras relativamente à soma do prémio do seguro, custo da apólice e quaisquer outras importâncias cobradas em conjunto ou em documento separado, bem como às comissões pagas a mediadores, líquidas de imposto;

    f) Entidades emitentes de letras e outros títulos de crédito, entidades editantes de cheques e livranças ou, no caso de títulos emitidos no estrangeiro, a primeira entidade que intervenha na negociação ou pagamento;

    g) Locador e sublocador, nos arrendamentos e subarrendamentos;

h) Outras entidades que intervenham em actos e contratos ou emitam ou utilizem os documentos, livros, títulos ou papéis;

    i) Representantes que, para o efeito, são obrigatoriamente nomeados em Portugal pelas entidades emitentes de apólices de seguros efectuados no território de outros Estados membros da União Europeia ou fora desse território, cujo risco ocorra em território português;

    j) Representantes que, para o efeito, são obrigatoriamente nomeados em Portugal pelas instituições de crédito ou sociedades financeiras que, no território português, realizam operações financeiras em regime de livre prestação de serviços que não sejam intermediadas por instituições de crédito ou sociedades financeiras domiciliadas em Portugal;

l) Representantes que, para o efeito, são obrigatoriamente nomeados em Portugal por quaisquer entidades que, no território português, realizem quaisquer outras operações abrangidas pela incidência do presente Código em regime de livre prestação de serviços.

2 — Nas transmissões gratuitas, são sujeitos passivos do imposto as pessoas singulares para quem se transmitam os bens, sem prejuízo das seguintes regras:

a) Nas sucessões por morte, o imposto é devido pela herança, representada pelo cabeça-de-casal, e pelos legatários;

b) Nas demais transmissões gratuitas, incluindo as aquisições por usucapião, o imposto é devido pelos respectivos beneficiários.

ARTIGO 3.º
Encargo do imposto

1 — O imposto constitui encargo dos titulares do interesse económico nas situações referidas no artigo 1.º.

2 — Em caso de interesse económico comum a vários titulares, o encargo do imposto é repartido proporcionalmente por todos eles.

3 — Para efeitos do n.º 1, considera-se titular do interesse económico:

a) Nas transmissões por morte, a herança e os legatários e, nas restantes transmissões gratuitas, bem como no caso de aquisições onerosas, os adquirentes dos bens;

b) No arrendamento e subarrendamento, o locador e o sublocador;

c) Nas apostas, o apostador;

d) No comodato, o comodatário;

e) Nas garantias, as entidades obrigadas à sua apresentação;

f) Na concessão do crédito, o utilizador do crédito;

g) Nas restantes operações financeiras realizadas por ou com intermediação de instituições de crédito, sociedades ou outras instituições financeiras, o cliente destas;

h) Na publicidade, o afixante ou o publicitante;

i) Nos cheques, o titular da conta;

j) Nas letras e livranças, o sacado e o devedor;

l) Nos títulos de crédito não referidos anteriormente, o credor;

m) Nas procurações e substabelecimentos, o procurador e o substabelecido;

n) No reporte, o primeiro alienante;

o) Nos seguros, o tomador e, na actividade de mediação, o mediador;

p) Na constituição de uma sociedade de capitais, a sociedade a constituir;

q) No aumento de capital de uma sociedade de capitais, a sociedade cujo capital é aumentado;

r) Na transferência de sede estatutária ou de direcção efectiva de uma sociedade de capitais, à sociedade cuja sede ou direcção efectiva é transferida;

s) Em quaisquer outros actos, contratos e operações, o requerente, o requisitante, o primeiro signatário, o beneficiário, o destinatário dos mesmos, bem como o prestador ou fornecedor de bens e serviços.

ARTIGO 4.º
Territorialidade

1 — Sem prejuízo das disposições do presente Código e da Tabela Geral em sentido diferente, o imposto do selo incide sobre todos os factos referidos no artigo 1.º ocorridos em território nacional.

2 — São, ainda, sujeitos a imposto:

a) Os documentos, actos ou contratos emitidos ou celebrados fora do território nacional, nos mesmos termos em que o seriam se neste território fossem emitidos ou celebrados, caso aqui sejam apresentados para quaisquer efeitos legais;

b) As operações de crédito realizadas e as garantias prestadas por instituições de crédito, por sociedades financeiras ou por quaisquer outras entidades, independentemente da sua natureza, sediadas no estrangeiro, por filiais ou sucursais no estrangeiro de instituições de crédito, de sociedades financeiras, ou quaisquer outras entidades, sediadas em território nacional, a quaisquer entidades, independentemente da sua natureza, domiciliadas neste território, considerando-se domicílio a sede, filial, sucursal ou estabelecimento estável;

c) Os juros, as comissões e outras contraprestações cobrados por instituições de crédito ou sociedades financeiras sediadas no estrangeiro ou por filiais ou sucursais no estrangeiro de instituições de crédito ou sociedades financeiras sediadas no território nacional a quaisquer entidades domiciliadas neste território, considerando-se domicílio a sede, filial, sucursal ou estabelecimento estável das entidades que intervenham na realização das operações;

d) Os seguros efectuados noutros Estados membros da União Europeia cujo risco tenha lugar no território nacional, não sendo devido, no entanto, quanto aos seguros efectuados em Portugal cujo risco ocorra noutro Estado membro da União Europeia;

e) Os seguros efectuados fora da União Europeia cujo risco tenha lugar no território nacional.

3 — Nas transmissões gratuitas, o imposto é devido sempre que os bens estejam situados em território nacional.

4 — Para efeitos do disposto no número anterior, consideram-se bens situados em território nacional:

a) Os direitos sobre bens móveis e imóveis aí situados;

b) Os bens móveis registados ou sujeitos a registo, matrícula ou inscrição em território nacional;

c) Os direitos de crédito ou direitos patrimoniais sobre pessoas singulares ou colectivas quando o seu devedor tiver residência, sede, direcção efectiva ou estabelecimento estável em território nacional, e desde que aí tenha domicílio o adquirente;

d) As participações sociais quando a sociedade participada tenha a sua sede, direcção efectiva ou estabelecimento estável em território nacional, desde que o adquirente tenha domicílio neste território;

e) Os direitos de propriedade industrial, direitos de autor e direitos conexos registados ou sujeitos a registo em território nacional.

5 — Nas transmissões gratuitas, consideram-se domiciliadas em território nacional as pessoas referidas no artigo 16.º do Código do IRS.

ARTIGO 5.º
Nascimento da obrigação tributária

A obrigação tributária considera-se constituída:

a) Nos actos e contratos, no momento da assinatura pelos outorgantes;

b) Nas apólices de seguros, no momento da cobrança dos prémios;

c) Nos cheques editados por instituições de crédito domiciliadas em território nacional, no momento da recepção de cada impressão;

d) Nos documentos expedidos ou passados fora do território nacional, no momento em que forem apresentados em Portugal junto de quaisquer entidades;

e) Nas letras emitidas no estrangeiro, no momento em que forem aceites, endossadas ou apresentadas a pagamento em território nacional;

f) Nas letras e livranças em branco, no momento em que possam ser preenchidas nos termos da respectiva convenção de preenchimento;

g) Nas operações de crédito, no momento em que forem realizadas ou, se o crédito for utilizado sob a forma de conta corrente, descoberto bancário ou qualquer outro meio em que o prazo não seja determinado nem determinável, no último dia de cada mês;

h) Nas operações realizadas por ou com intermediação de instituições de crédito, sociedades financeiras ou outras entidades a elas legalmente equiparadas, no momento da cobrança dos juros, prémios, comissões e outras contraprestações, considerando-se efectivamente cobrados, sem prejuízo do disposto no n.º 1 do artigo 51.º, os juros e comissões debitados em contas correntes à ordem de quem a eles tiver direito;

i) Nos testamentos públicos, no momento em que forem efectuados, e nos testamentos cerrados ou internacionais, no momento da aprovação e abertura;

j) Nos livros, antes da sua utilização, salvo se forem utilizadas folhas avulsas escrituradas por sistema informático ou semelhante para utilização ulterior sob a forma de livro, caso em que o imposto se considera devido nos 60 dias seguintes ao termo do ano económico ou da cessação da actividade;

l) Sem prejuízo do disposto na alínea seguinte, nos restantes casos, na data da emissão dos documentos, títulos e papéis ou da ocorrência dos factos;

m) Nos empréstimos efectuados pelos sócios às sociedades em que seja estipulado prazo não inferior a um ano e sejam reembolsados antes desse prazo, no momento do reembolso;

n) Em caso de actos, contratos, documentos, títulos, livros, papéis e outros factos previstos na Tabela anexa ao presente Código em que não intervenham a qualquer título pessoas colectivas ou pessoas singulares no exercício de actividade de comércio, indústria ou prestação de serviços, quando forem apresentados perante qualquer entidade pública;

o) Nos actos referidos na verba n.º 26 da Tabela anexa ao presente Código, no momento da celebração da escritura;

p) Nas sucessões por morte, na data da abertura da sucessão;

q) Nos créditos litigiosos, definidos nos termos do n.º 3 do artigo 579.º do Código Civil, quando transitar em julgado a decisão;

r) Nas aquisições por usucapião, na data em que transitar em julgado a acção de justificação judicial ou for celebrada a escritura de justificação notarial.

CAPÍTULO II
Isenções

ARTIGO 6.º
Isenções subjectivas

São isentos de imposto do selo, quando este constitua seu encargo:

a) O Estado, as Regiões Autónomas, as autarquias locais e as suas associações e federações de direito público e quaisquer dos seus serviços, estabelecimentos e organismos, ainda que personalizados, compreendidos os institutos públicos, que não tenham carácter empresarial;

b) As instituições de segurança social;

c) As pessoas colectivas de utilidade pública administrativa e de mera utilidade pública;

d) As instituições particulares de solidariedade social e entidades a estas legalmente equiparadas;

e) O cônjuge, descendentes e ascendentes, nas transmissões gratuitas de que forem beneficiários.

ARTIGO 7.º
Outras isenções

1 — São também isentos do imposto:

a) Os prémios recebidos por resseguros tomados a empresas operando legalmente em Portugal;

b) Os prémios e comissões relativos a seguros do ramo «Vida»;

c) Os escritos de quaisquer contratos que devam ser celebrados no âmbito das operações a prazo realizadas, registadas, liquidadas ou compensadas através da bolsa e que tenham por objecto, directa ou indirectamente, valores mobiliários, de natureza real ou teórica, direitos a eles equiparados, contratos de futuros, taxas de juro, divisas ou índices sobre valores mobiliários, taxas de juro ou divisas;

d) As garantias inerentes às operações a prazo realizadas, registadas, liquidadas ou compensadas através da bolsa e que tenham por objecto, directa ou indirectamente, valores mobiliários, de natureza real ou teórica, direitos a eles equiparados, contratos de futuros, taxas de juro, divisas ou índices sobre valores mobiliários, taxas de juro ou divisas;

e) Os juros e comissões cobrados e, bem assim, a utilização de crédito concedido por instituições de crédito e sociedades financeiras a sociedades de capital de risco, bem como a sociedades ou entidades cuja forma e objecto preencham os tipos de instituições de crédito e sociedades financeiras previstos na legislação comunitária, umas e outras domiciliadas nos Estados membros da União Europeia, ou em qualquer Estado, com excepção das domiciliadas em territórios com regime fiscal privilegiado, a definir por portaria do Ministro das Finanças;

f) As garantias prestadas ao Estado no âmbito da gestão da respectiva dívida pública directa com a exclusiva finalidade de cobrir a sua exposição a risco de crédito;

g) As operações financeiras, incluindo os respectivos juros, por prazo não superior a um ano, desde que exclusivamente destinadas à cobertura de carência de tesouraria e efectuadas por sociedades de capital de risco (SCR) a favor de sociedades em que detenham participações, bem como as efectuadas por sociedades gestoras de participações sociais (SGPS) a favor de sociedades por elas dominadas ou a sociedades em que detenham participações previstas no n.º 2 do artigo 1.º e nas alíneas b) e c) do n.º 3 do artigo 3.º do Decreto-Lei n.º 495/88, de 30 de Dezembro, e, bem assim, efectuadas em benefício da sociedade gestora de participações sociais que com ela se encontrem em relação de domínio ou de grupo;

h) As operações, incluindo os respectivos juros, referidas na alínea anterior, quando realizadas por detentores de capital social a entidades nas quais detenham directamente uma participação no capital não inferior a 10% e desde que esta tenha permanecido na sua titularidade durante um ano consecutivo ou desde a constituição da entidade participada, contanto que, neste último caso, a participação seja mantida durante aquele período;

i) Os empréstimos com características de suprimentos, incluindo os respectivos juros efectuados por sócios à sociedade em que seja estipulado um prazo inicial não inferior a um ano e não sejam reembolsados antes de decorrido esse prazo;

j) Os mútuos constituídos no âmbito do regime legal do crédito à habitação até ao montante do capital em dívida, quando deles resulte mudança da instituição de crédito ou sub-rogação nos direitos e garantias do credor hipotecário, nos termos do artigo 591.º do Código Civil;

l) Os juros cobrados por empréstimos para aquisição, construção, reconstrução ou melhoramento de habitação própria;

m) O reporte de valores mobiliários ou direitos equiparados realizado em bolsa de valores;

n) O crédito concedido por meio de conta poupança-ordenado, na parte em que não exceda, em cada mês, o montante do salário mensalmente creditado na conta;

o) Os actos, contratos e operações em que as instituições comunitárias ou o Banco Europeu de Investimentos sejam intervenientes ou destinatários;

p) O jogo do bingo e os jogos organizados por instituições de solidariedade social, pessoas colectivas legalmente equiparadas ou pessoas colectivas de utilidade pública que desempenhem única e exclusiva ou predominantemente fins de caridade, assistência ou beneficência, quando a receita se destine aos seus fins estatutários ou, nos termos da lei, reverta obrigatoriamente a favor de outras entidades;

q) As garantias prestadas ao Estado no âmbito da gestão da respectiva dívida pública directa com a exclusiva finalidade de cobrir a sua exposição a risco de crédito;

r) A constituição e o aumento do capital social das sociedades gestoras de participações sociais (SGPS) e das sociedades de capital de risco (SCR).

2 — O disposto nas alíneas g) e h) do n.º 1 não se aplica quando qualquer dos intervenientes não tenha sede ou direcção efectiva no território nacional, com excepção das situações em que o credor tenha sede ou direcção efectiva noutro Estado membro da União Europeia ou num Estado em relação ao qual vigore uma convenção para evitar a dupla tributação sobre o rendimento e o capital acordada com Portugal, caso em que subsiste o direito à isenção, salvo se o credor tiver previamente realizado os financiamentos previstos nas alíneas g) e h) do n.º 1 através de operações realizadas com instituições de crédito ou sociedades financeiras sediadas no estrangeiro ou com filiais ou sucursais no estrangeiro de instituições de crédito ou sociedades financeiras sediadas no território nacional.

3 — O disposto na alínea i) do n.º 1 não se aplica quando o sócio seja entidade domiciliada em território sujeito a regime fiscal privilegiado, a definir por portaria do Ministério das Finanças.

4 — Mantêm-se em vigor as isenções nas transmissões gratuitas, constantes de acordos entre o Estado e quaisquer pessoas, de direito público ou privado.

ARTIGO 8.º
Averbamento da isenção

Sempre que haja lugar a qualquer isenção, deve averbar-se no documento ou título a disposição legal que a prevê.

CAPÍTULO III
Valor tributável

SECÇÃO I
Regras gerais

ARTIGO 9.º
Valor tributável

1 — O valor tributável do imposto do selo é o que resulta da Tabela Geral, sem prejuízo do disposto nos números e artigos seguintes.

2 — A determinação do valor tributável por métodos indirectos terá lugar quando se verificarem os casos e condições previstos nos artigos 87.º e 89.º da Lei Geral Tributária (LGT) e segue os termos do artigo 90.º da mesma lei e do artigo 52.º do Código do Imposto sobre o Rendimento das Pessoas Colectivas (IRC), com as necessárias adaptações.

3 — Nos contratos de valor indeterminado, a sua determinação é efectuada pelas partes, de acordo com os critérios neles estipulados ou, na sua falta, segundo juízos de equidade.

ARTIGO 10.º
Valor representado em moeda sem curso legal em Portugal

1 — Sempre que os elementos necessários à determinação do valor tributável sejam expressos em moeda sem curso legal em Portugal, as taxas de câmbio a utilizar são as de venda.

2 — Para os efeitos do número anterior, pode optar-se entre considerar a taxa do dia em que se efectuar a liquidação ou a do 1.º dia útil do respectivo mês.

ARTIGO 11.º
Valor representado em espécie

A equivalência em unidade monetária nacional dos valores em espécie faz-se de acordo com as regras seguintes e pela ordem indicada:
a) Pelo preço tabelado oficialmente;
b) Pela cotação oficial de compra;
c) Tratando-se de géneros, pela cotação de compra na Bolsa de Mercadorias de Lisboa ou, não existindo essa cotação, pelo preço médio do respectivo ano ou do último determinado e que constem da estiva camarária;
d) Pelos preços dos bens ou serviços homólogos publicados pelo Instituto Nacional de Estatística;
e) Pelo valor do mercado em condições de concorrência;
f) Por declaração das partes.

ARTIGO 12.º
Contratos de valor indeterminado

Sem prejuízo do disposto no artigo 9.º, o serviço de finanças da área do domicílio ou sede do sujeito passivo pode alterar o valor tributável declarado sempre que, nos contratos de valor indeterminado ou na determinação da equivalência em unidades monetárias nacionais de valores representados em espécie, não tiverem sido seguidas as regras, respectivamente, dos artigos 9.º e 11.º.

SECÇÃO II
Nas transmissões gratuitas

ARTIGO 13.º
Valor tributável dos bens imóveis

1 — O valor dos imóveis é o valor patrimonial tributário constante da matriz nos termos do CIMI à data da transmissão, ou o determinado

por avaliação nos casos de prédios omissos ou inscritos sem valor patrimonial.

2 — No caso de imóveis e direitos sobre eles incidentes cujo valor não seja determinado por aplicação do disposto neste artigo e no caso do artigo 14.º do CIMT, é o valor declarado ou o resultante de avaliação, consoante o que for maior.

3 — Se os bens forem expropriados por utilidade pública antes da liquidação, o seu valor será o montante da indemnização.

4 — Na determinação dos valores patrimoniais tributários de bens imóveis ou de figuras parcelares do direito de propriedade, observam-se as regras previstas no CIMT para as transmissões onerosas.

5 — No prazo para a apresentação da participação a que se refere o artigo 26.º, podem os interessados requerer a avaliação de imóveis nos termos e para os efeitos previstos no artigo 30.º do CIMT.

ARTIGO 14.º
Valor tributável dos bens móveis

1 — O valor dos bens móveis de qualquer natureza que não seja determinado por aplicação de regras específicas previstas no presente Código é o dos valores oficiais, quando existam, ou o declarado pelo cabeça-de-casal ou pelo beneficiário, consoante o que for maior, devendo, tanto quanto possível, aproximar-se do seu valor de mercado.

2 — O valor dos veículos automóveis, motociclos, bem como o das aeronaves de turismo e barcos de recreio, é o valor de mercado ou o determinado nos termos do n.º 7 do artigo 24.º do Código do Imposto sobre o Rendimento das Pessoas Singulares, consoante o que for maior.

3 — O valor dos objectos de arte, objectos de colecção e antiguidades, tal como se encontram definidos na lista em anexo ao regime de tributação em imposto sobre o valor acrescentado, aprovado pelo Decreto-Lei n.º 199/96, de 18 de Outubro, determina-se nos termos das alíneas seguintes, segundo a sua ordem de prioridade:

a) Por avaliador oficial, caso exista, desde que o cabeça-de-casal ou interessado junte a respectiva certidão de avaliação com a participação prevista no artigo 26.º;

b) Pelo valor de 60% do valor de substituição ou perda fixado em contrato de seguro que incida sobre esses bens, caso tenha sido celebrado e esteja em vigor à data da transmissão ou até 30 dias anteriores e seja apresentado com a participação prevista no mesmo artigo;

c) Pelo valor do contrato de seguro referido na regra anterior, caso seja a administração fiscal a obter os seus dados junto das companhias de seguros;

d) Por avaliação promovida pela administração fiscal a expensas do interessado, a qual, para o efeito, obterá o necessário parecer de perito idóneo e independente, devendo o interessado colaborar na avaliação facultando o acesso aos referidos bens.

4 — O valor do ouro para investimento e o dos títulos que comportem um direito de propriedade ou de crédito sobre os mesmos e o das moedas de ouro, como tal qualificadas no regime previsto no Decreto--Lei n.º 362/99, de 16 de Setembro, é o valor de aquisição que serviu de base à liquidação do imposto sobre o valor acrescentado, ainda que dele isentos, ou o valor declarado, conforme o que for maior.

5 — Para efeitos do disposto no n.º 3, considera-se como avaliador oficial o que se encontrar habilitado, por parte dos organismos oficiais competentes, para proceder à avaliação dos bens aí referidos e como perito independente o que, face aos seus conhecimentos, dê garantias de idoneidade técnica para avaliar os mesmos bens.

ARTIGO 15.º
Valor tributável de participações sociais e títulos de crédito

1 — O valor das quotas ou partes em sociedades que não sejam por acções e o dos estabelecimentos comerciais, industriais ou agrícolas com contabilidade organizada determina-se pelo último balanço, ou pelo valor atribuído em partilha ou liquidação dessas sociedades, salvo se, não continuando as sociedades com o herdeiro, legatário ou donatário do sócio falecido ou doador, o valor das quotas ou partes tiver sido fixado no contrato social.

2 — Se o último balanço referido no número anterior precisar de ser corrigido, o valor do estabelecimento ou das quotas e partes sociais determinar-se-á pelo balanço resultante das correcções feitas.

3 — O valor das acções, títulos e certificados da dívida pública e outros papéis de crédito é o da cotação na data da transmissão e, não a havendo nesta data, o da última mais próxima dentro dos seis meses anteriores, observando-se o seguinte, na falta de cotação oficial:

a) O valor das acções é o correspondente ao seu valor nominal, quando o total do valor assim determinado, relativamente a cada sociedade participada, correspondente às acções transmitidas, não ultrapassar € 500 e o que resultar da aplicação da seguinte fórmula nos restantes casos:

$$Va = 1/2n[S + ((R1 + R2)/2)f]$$

em que:

Va representa o valor de cada acção à data da transmissão;

n é o número de acções representativas do capital da sociedade participada;

S é o valor substancial da sociedade participada, o qual é calculado a partir do valor contabilístico correspondente ao último exercício anterior à transmissão com as correcções que se revelem justificadas, considerando-se, sempre que for caso disso, a provisão para impostos sobre lucros;

$R1$ e $R2$ são os resultados líquidos obtidos pela sociedade participada nos dois últimos exercícios anteriores à transmissão, considerando-se $R1 + R2 = 0$ nos casos em que o somatório desses resultados for negativo;

f é o factor da capitalização dos resultados líquidos calculado com base na taxa de juro aplicada pelo Banco Central Europeu às suas principais operações de refinanciamento, tal como publicada no Jornal Oficial da União Europeia e em vigor na data em que ocorra a transmissão;

b) No caso de sociedades constituídas há menos de dois anos, quando tiver de recorrer-se ao uso da fórmula, o valor das respectivas acções é o que lhes corresponder no valor substancial, ou seja:

$$Va = S/n$$

c) Os títulos e certificados da dívida pública e outros valores mobiliários para os quais não se estabelecem no presente Código regras próprias de valorização são tomados pelo valor indicado pela Comissão do Mercado de Valores Mobiliários, nos termos da alínea d) do n.º 6 do artigo 26.º, que resultar da aplicação da seguinte fórmula:

$$Vt = (N + J)/(1 + rt/1200)$$

em que:

Vt representa o valor do título à data da transmissão;

N é o valor nominal do título;

J representa o somatório dos juros calculados desde o último vencimento anterior à transmissão até à data da amortização do capital, devendo o valor apurado ser reduzido a metade quando os títulos estiverem sujeitos a mais de uma amortização;

r é a taxa de desconto implícita no movimento do valor das obrigações e outros títulos, cotados na bolsa, a qual é fixada anualmente por portaria do Ministro das Finanças, sob proposta da Direcção-Geral dos Impostos, após audição da Comissão do Mercado de Valores Mobiliários;

t é o tempo que decorre entre a data da transmissão e a da amortização, expresso em meses e arredondado por excesso, devendo o número apurado ser reduzido a metade quando os títulos estiverem sujeitos a mais de uma amortização;

d) Os títulos ou certificados da dívida pública cujo valor não possa determinar-se por esta forma são considerados pelo valor indicado pelo Instituto de Gestão do Crédito Público.

4 — Exceptuam-se do disposto no número anterior os seguintes casos especiais:

a) Tratando-se de sociedades liquidadas ou partilhadas, o valor das acções é o que lhes for atribuído na liquidação ou partilha, mas se a sociedade for liquidada ou partilhada extrajudicialmente tal valor é confrontado com o que resultar da aplicação da alínea a) do número anterior, prevalecendo o maior;

b) O valor dos títulos representativos do capital social das cooperativas é o correspondente ao seu valor nominal;

c) O valor das acções que apenas conferem direito a participação nos lucros é o que resultar da multiplicação da média do dividendo distribuído nos dois exercícios anteriores ao da transmissão pelo factor f mencionado na alínea a) do número anterior.

ARTIGO 16.º
Valor tributável dos estabelecimentos comerciais, industriais ou agrícolas

1 — O valor dos estabelecimentos comerciais, industriais ou agrícolas sujeitos a tributação para efeitos do imposto sobre o rendimento das pessoas singulares que não sejam obrigados a possuir contabilidade organizada é determinado com base em inventário elaborado para o efeito que, com referência à data da transmissão, inclua as respectivas existências, os bens de equipamento, créditos, valores de patentes, de marcas de fabrico e de direitos conexos, bem como os respectivos débitos, de acordo com as seguintes regras que originarem maior valor:

a) Valor atribuído pelo cabeça-de-casal ou beneficiário;
b) Valor de trespasse, que é obtido pela aplicação de um factor entre 5 e 10 à média dos rendimentos tributáveis para efeitos da tributação sobre o rendimento dos últimos três anos já apurados.

2 — Os factores previstos na alínea b) do n.º 1 são fixados em função dos coeficientes de localização definidos para a zona de situação dos imóveis em que os estabelecimentos se encontram instalados, conforme previsto no artigo 42.º do CIMI, nos seguintes valores:

a) Estabelecimentos localizados em imóveis a que seja aplicável um coeficiente até 1,2 — 5;
b) Estabelecimentos localizados em imóveis a que seja aplicável um coeficiente entre 1,2 e 1,8 — 7;
c) Estabelecimentos localizados em imóveis a que seja aplicável um coeficiente entre 1,8 e 3 — 10;
d) Estabelecimentos não localizados em imóveis urbanos — 5.

3 — Os imóveis, automóveis e motociclos, bem como as aeronaves de turismo e os barcos de recreio, são tributados autonomamente de acordo com as regras de determinação do valor tributável que lhes são aplicáveis.

4 — O valor dos estabelecimentos previstos no n.º 1 é, no entanto, o que lhe for atribuído em partilha ou liquidação judicial ou, sendo liquidado ou partilhado extrajudicialmente, o que lhe tiver sido atribuído, se for superior.

ARTIGO 17.º
**Sociedades de transparência fiscal
e estabelecimentos afectos a profissões liberais**

O valor tributável de participações de pessoas singulares em sociedades tributadas no regime de transparência fiscal e o de espaços afectos ao exercício de profissões liberais é o valor de trespasse declarado pelo cabeça-de-casal ou pelo beneficiário ou o determinado pela aplicação dos factores previstos no n.º do artigo 16.º, consoante o que for maior.

ARTIGO 18.º
Avaliação indirecta

1 — O valor dos estabelecimentos comerciais, industriais ou agrícolas obrigados a possuir contabilidade organizada e das sociedades comerciais que não sejam por acções, sempre que se verifique uma das situações previstas no artigo 88.º da LGT, é determinado pela aplicação dos factores previstos no n.º 2 do artigo 16.º do presente Código, aplicáveis a um rendimento presumido para esse efeito, se ainda o não tiver sido para efeitos da tributação sobre o rendimento, com base nos elementos previstos no artigo 90.º da mesma lei.

2 — O disposto no número anterior é igualmente aplicável aos estabelecimentos comerciais, industriais ou agrícolas e aos espaços previstos no artigo 17.º que não sejam obrigados a possuir contabilidade organizada e que, nos três exercícios anteriores ao da transmissão já apurados, apresentem uma média negativa de rendimento tributável para efeitos de IRS.

ARTIGO 19.º
**Transmissão gratuita da propriedade
ou do usufruto com encargo**

1 — Quando a propriedade for transmitida com o encargo de pensão ou renda vitalícia ou temporária a favor de terceiro, o imposto relativo à aquisição da propriedade incide sobre o valor dos bens, deduzido do valor actual da pensão.

2 — Sucedendo o pensionista ao proprietário, ou doando-lhe este os bens, o imposto incide sobre o valor da propriedade, deduzido do valor actual da pensão.

3 — Quando o usufruto for transmitido com o encargo de pensão ou renda vitalícia ou temporária a favor de terceiro, o imposto relativo à aquisição do usufruto incide sobre o valor igual ao da propriedade, sendo vitalício, e, sendo temporário, sobre o produto da 20.ª parte do valor da propriedade por tantos anos quantos aqueles por que o usufruto foi deixado, sem que exceda 20, deduzido daquelas importâncias.

ARTIGO 20.º
Dedução de encargos

Ao valor da transmissão de bens deduz-se o montante dos encargos e dívidas constituídos a favor do autor da herança até à data da abertura da sucessão mediante actos ou contratos que onerarem os bens relacionados, bem como dos impostos cujo facto tributário tenha ocorrido até àquela data.

ARTIGO 21.º
Remissão

Sem prejuízo do disposto no n.º 2 do artigo 9.º e no artigo 18.º, são ainda aplicáveis à determinação do valor tributável nas transmissões gratuitas as regras constantes dos artigos 13.º e 15.º do CIMT.

CAPÍTULO IV
Taxas

ARTIGO 22.º
Taxas

1 — As taxas do imposto são as constantes da Tabela anexa em vigor no momento em que o imposto é devido.

2 — Não haverá acumulação de taxas do imposto relativamente ao mesmo acto ou documento.

3 — Quando mais de uma taxa estiver prevista, aplica-se a maior.

4 — O disposto nos n.ºs 2 e 3 não se aplica às situações previstas nas verbas n.ºs 1.1 e 1.2 da Tabela anexa.

CAPÍTULO V
Liquidação

SECÇÃO I
Regras gerais

ARTIGO 23.º
Competência para a liquidação

1 — A liquidação do imposto compete aos sujeitos passivos referidos no n.º 1 do artigo 2.º.

2 — Tratando-se de imposto devido por operações de crédito ou garantias prestadas por um conjunto de instituições de crédito ou de sociedades financeiras, a liquidação do imposto pode ser efectuada globalmente por qualquer daquelas entidades, sem prejuízo da responsabilidade, nos termos gerais, de cada uma delas em caso de incumprimento.

3 — O imposto devido pelas operações aduaneiras é liquidado pelos serviços da Direcção-Geral das Alfândegas e dos Impostos Especiais sobre o Consumo e pago junto destes serviços, observando-se o disposto na regulamentação comunitária relativa aos direitos aduaneiros, quer estes sejam ou não devidos, designadamente, no que respeita à liquidação, às condições e prazos de pagamento, ao prazo de caducidade do direito à liquidação, à cobrança a posteriori, ao reembolso e à dispensa de pagamento.

4 — Nos documentos, títulos e livros sujeitos a imposto, são mencionados o valor do imposto e a data da liquidação.

ARTIGO 24.º
Processo individual

No serviço de finanças competente, organiza-se em relação a cada sujeito passivo um processo em que se incorporam as declarações e outros elementos que se relacionem com o mesmo.

SECÇÃO II
Nas transmissões gratuitas

ARTIGO 25.º
Competência

1 — A liquidação do imposto devido pelas transmissões gratuitas compete aos serviços centrais da DGCI, sendo promovida pelo serviço de finanças da residência do autor da transmissão ou do usucapiente, sempre que os mesmos residam em território nacional.

2 — Na falta de residência em território nacional, a liquidação do imposto é promovida pelo serviço de finanças da residência do cabeça-de-casal ou do beneficiário, conforme o caso.

3 — Havendo vários beneficiários pela mesma transmissão, nos casos previstos na parte final do número anterior, a liquidação é promovida pelo serviço de finanças onde residir o beneficiário de mais idade ou, caso sejam transmitidos bens situados em território nacional, onde estiverem os bens de maior valor.

4 — Sendo vários os doadores, todos ou alguns domiciliados em território nacional, a liquidação é promovida pelo serviço de finanças do local onde tenha domicílio o doador residente neste território que dispôs de bens de maior valor e, se os bens forem de igual valor, pelo serviço de finanças de qualquer dos locais em que residir o doador de mais idade.

5 — Encontrando-se todos os doadores domiciliados fora de território nacional, aplicam-se as regras dos n.ºs 2 e 3, consoante o caso.

ARTIGO 26.º
Participação da transmissão de bens

1 — O cabeça-de-casal e o beneficiário de qualquer transmissão gratuita sujeita a imposto são obrigados a participar ao serviço de finanças competente a doação, o falecimento do autor da sucessão, a declaração de morte presumida ou a justificação judicial do óbito, a justificação judicial ou notarial da aquisição por usucapião ou qualquer outro acto ou contrato que envolva transmissão de bens.

2 — A participação a que se refere o número anterior é de modelo oficial, identifica o autor da sucessão ou da liberalidade, as respectivas datas e locais, bem como os sucessores, donatários, usucapientes ou beneficiários, as relações de parentesco e respectiva prova, devendo, sendo caso disso, conter a relação dos bens transmitidos com a indicação dos valores que devam ser declarados pelo apresentante.

3 — A participação deve ser apresentada no serviço de finanças competente para promover a liquidação, até final do 3.º mês seguinte ao do nascimento da obrigação tributária.

4 — O cabeça-de-casal deve identificar todos os beneficiários, se possuir os elementos para esse efeito, caso em que os mesmos ficam desonerados da participação que lhes competir.

5 — Os prazos são improrrogáveis, salvo alegando-se e provando-se motivo justificado, caso em que o chefe de finanças pode conceder um adiamento até ao limite máximo de 60 dias.

6 — A participação é instruída com os documentos seguintes, consoante os casos:

   a) Certidão do testamento com que tiver falecido o autor da herança;
   b) Certidão da escritura de doação, ou da escritura de partilha, se esta já tiver sido efectuada;
   c) Certidão da sentença, transitada em julgado, que justificou a aquisição, ou da escritura de justificação notarial;
   d) Certidão, passada pela Comissão do Mercado de Valores Mobiliários ou pelo Instituto de Gestão do Crédito Público, conforme os casos, da cotação das acções, títulos ou certificados de dívida pública e de outros valores mobiliários ou do valor determinado nos termos do artigo 15.º;
   e) Certidão comprovativa da falta de cotação oficial das acções, pas-

sada pela Comissão do Mercado de Valores Mobiliários, contendo sempre a indicação do respectivo valor nominal;

f) Havendo lugar a aplicação da fórmula constante da alínea a) do n.º 3 do artigo 15.º, extracto do último balanço da sociedade participada, acompanhado de declaração emitida por esta donde constem a data da sua constituição, o número de acções em que se divide o seu capital e respectivo valor nominal e os resultados líquidos obtidos nos dois últimos exercícios;

g) No caso referido na alínea a) do n.º 4 do artigo 15.º, além da declaração mencionada na parte final da alínea anterior, extracto do último balanço ou do balanço de liquidação;

h) No caso referido na alínea b) do n.º 4 do artigo 15.º, declaração passada por cada uma das cooperativas donde conste o valor nominal dos títulos;

i) No caso referido na alínea c) do n.º 4 do artigo 15.º, documento comprovativo, passado pela sociedade participada, de que as acções apenas dão direito a participação nos lucros, o qual deve evidenciar igualmente o valor do dividendo distribuído nos dois exercícios anteriores;

j) Extracto do último balanço do estabelecimento comercial, industrial ou agrícola, ou do balanço de liquidação, havendo-o, ou certidão do contrato social, nos termos e para os efeitos das alíneas a) e b) do n.º 4 do artigo 15.º ou, não havendo balanço, o inventário previsto no n.º 1 do artigo 16.º, podendo a certidão do contrato social ser substituída por exemplar do Diário da República onde tenha sido publicado;

l) Documentos necessários para comprovar o passivo referido no artigo 20.º.

7 — Quando não possa juntar-se a certidão do testamento por este se encontrar em poder de terceiro, o chefe de finanças deve notificá-lo para, dentro do prazo de 15 dias, lhe fornecer aquela certidão.

8 — Alegando e provando os interessados que não lhes é possível obter o extracto do balanço ou inventário ou as declarações referidas nas alíneas f) a h) do n.º 6, serão notificados os administradores, gerentes ou liquidatários da empresa ou os administradores da massa falida para os apresentarem dentro de 15 dias.

9 — Se, no termo do prazo, houver bens da herança na posse de qualquer herdeiro ou legatário, que não tenham sido relacionados pelo cabeça-de-casal, incumbirá àqueles descrevê-los nos 30 dias seguintes.

10 — Os documentos referidos nas alíneas f), g) e j) do n.º 6 devem conter a assinatura de quem represente a sociedade no momento da sua emissão, a qual deve ser comprovada através de reconhecimento, podendo este ser efectuado pelo serviço de finanças competente.

ARTIGO 27.º
Formalidades da participação

1 — A participação a que se refere o artigo 26.º é assinada pelos interessados, seus representantes legais ou mandatários.

2 — Com base na mesma participação, instaura-se o respectivo processo de liquidação do imposto.

ARTIGO 28.º
Obrigação de prestar declarações e relacionar os bens

1 — Seja ou não devido imposto, é sempre obrigatório prestar as declarações e relacionar os bens, ainda que haja lugar a isenção.

2 — Não sendo apresentada a participação nos termos dos artigos anteriores, ou contendo a mesma omissões ou inexactidões, e tendo o chefe de finanças conhecimento, por qualquer outro meio, de que se operou uma transmissão de bens a título gratuito, compete-lhe instaurar oficiosamente o processo de liquidação do imposto.

3 — Antes de cumprir o disposto no n.º 2, o chefe de finanças notifica o infractor ou infractores, sob pena de serem havidos por sonegados todos os bens, para efectuar a participação ou suprir as deficiências ou omissões, dentro do prazo por ele estabelecido, não inferior a 10 nem superior a 30 dias.

4 — Caso persista a recusa de entrega da relação de bens, a liquidação é feita com base na informação disponível e na que for apurada pelos serviços, face ao disposto no artigo 29.º.

ARTIGO 29.º
Sonegação de bens

1 — Em caso de suspeita fundada de sonegação de bens, o chefe de finanças competente requer o respectivo arrolamento nos termos dos artigos 141.º e 142.º do Código de Procedimento e de Processo Tributário.

2 — Tratando-se de bens a que a administração fiscal esteja impedida de aceder, face a situações de sigilo legalmente previstas, é comunicado o facto ao agente do Ministério Público do tribunal da comarca da residência do autor da transmissão ou da residência do beneficiário para que o mesmo desenvolva as diligências que entender adequadas em defesa dos interesses do Estado.

ARTIGO 30.º
Desconhecimento dos interessados ou dos bens

Quando forem desconhecidos os interessados ou os bens, ou estes tiverem desaparecido, o respectivo processo será enviado com todas as informações ao director de finanças, que decidirá se ele deve ser arquivado, ou ordenará as diligências que entender ainda convenientes.

ARTIGO 31.º
Valor de estabelecimento ou de partes sociais

1 — Fazendo parte da herança ou da doação estabelecimento comercial, industrial ou agrícola ou outro estabelecimento com contabilidade organizada, bem como quotas e partes em sociedades que não sejam por acções cujo valor de liquidação não esteja fixado no pacto social, ou ainda quando façam parte da herança ou da doação acções cujo valor tenha de ser determinado por aplicação da fórmula constante da alínea a) do n.º 3 do artigo 15.º, o chefe de finanças remeterá à direcção de finanças o duplicado do extracto do balanço, havendo-o, e demais elementos apresentados ou de que dispuser, a fim de se proceder à determinação do seu valor.

2 — Os imóveis são considerados no activo do balanço pelo valor patrimonial tributário.

ARTIGO 32.º
Certidão do valor patrimonial tributário

1 — O chefe de finanças deve juntar ao processo de liquidação a certidão do valor patrimonial tributário dos prédios ou documento equivalente extraído do sistema informático.

2 — Havendo prédios omissos na matriz ou nela inscritos sem valor patrimonial tributário, procede-se, quanto a eles, nos termos do artigo 14.º do CIMT.

3 — Sempre que se verifique qualquer das hipóteses previstas no n.º 1 do artigo 28.º do CIMT, procede-se à discriminação do valor patrimonial tributário de todo o prédio ou de toda a parcela, com observância do disposto no n.º 2 daquele artigo.

ARTIGO 33.º
Liquidação do imposto

1 — Depois de instruído o processo com os documentos ou elementos mencionados nos artigos anteriores, bem como dos respeitantes aos elementos obtidos pela administração fiscal, o chefe de finanças promove a liquidação do imposto, observando as disposições do presente Código e as aplicáveis da lei civil que as não contrariem.

2 — Desde que exista acto ou contrato susceptível de operar transmissão, o chefe de finanças só pode abster-se de promover a respectiva liquidação com fundamento em invalidade ou ineficácia julgada pelos tribunais competentes, sem prejuízo do disposto no artigo 38.º da LGT.

3 — Não obstante o disposto na parte final do número anterior, os efeitos da tributação subsistem em relação aos bens em que ocorreu a tradição ou se verificou a usufruição, sendo-lhes aplicável, com as necessárias adaptações, o disposto no n.º 2 do artigo 44.º do CIMT.

ARTIGO 34.º
Suspensão do processo por litígio judicial

1 — Se estiver pendente litígio judicial acerca da qualidade de herdeiro, validade ou objecto da transmissão, ou processo de expropriação por utilidade pública de bens pertencentes à herança ou doação, o cabeça-de-casal, o testamenteiro ou os donatários podem requerer, em qualquer altura, a suspensão do processo de liquidação, apresentando certidão do estado da causa.

2 — A suspensão refere-se apenas aos bens que forem objecto do litígio.

3 — Transitada em julgado a decisão, devem os interessados declarar o facto dentro de 30 dias no serviço de finanças competente, juntando certidão da decisão, prosseguindo o processo de liquidação ou reformando-se no que for necessário, conforme o que houver sido julgado.

ARTIGO 35.º
Suspensão do processo por exigência de dívidas activas

1 — As pessoas referidas no artigo anterior também podem requerer a suspensão do processo de liquidação, nos termos nele previstos, quando penda acção judicial a exigir dívidas activas pertencentes à herança ou doação, ou quando tenha corrido ou esteja pendente processo de insolvência ou de falência contra os devedores.

2 — Enquanto durar o processo, os requerentes da suspensão devem apresentar nova certidão do seu estado, no mês de Janeiro de cada ano.

3 — À medida que as dívidas activas forem sendo recebidas, em parte ou na totalidade, os responsáveis pelo imposto devem declarar o facto no serviço de finanças competente, dentro dos 30 dias seguintes, a fim de se proceder à respectiva liquidação.

ARTIGO 36.º
Notificação da liquidação

Feita ou reformada a liquidação, devem os interessados ser dela notificados nos termos do Código de Procedimento e de Processo Tributário, a fim de efectuarem o pagamento ou utilizarem os meios de defesa aí previstos.

ARTIGO 37.º
Impedimento do chefe de finanças

Não é permitido ao chefe de finanças promover a liquidação do imposto quando nela for interessado, por si, por seu cônjuge ou por pessoa que represente, devendo o director de finanças designar outro chefe de finanças da sua área de competência.

ARTIGO 38.º
Disposições comuns com o CIMT

São aplicáveis à liquidação do imposto nas transmissões gratuitas, com as necessárias adaptações, as disposições contidas nos artigos 14.º, 29.º, 31.º e 34.º do CIMT.

SECÇÃO III
Regras comuns

ARTIGO 39.º
Caducidade do direito à liquidação

1 — Só pode ser liquidado imposto nos prazos e termos previstos nos artigos 45.º e 46.º da LGT, salvo tratando-se de transmissões gratuitas, em que o prazo de liquidação é de oito anos contados da transmissão ou da data em que a isenção ficou sem efeito, sem prejuízo do disposto nos n.ºs 2 e 3.

2 — Se forem entregues ao ausente quaisquer bens por cuja aquisição não lhe tenha ainda sido liquidado imposto, os oito anos contar-se-ão desde a data da entrega.

3 — Sendo desconhecida a quota do co-herdeiro alienante, para efeitos do artigo 26.º do CIMT, ou suspendendo-se o processo de liqui-

dação, nos termos dos artigos 34.º e 35.º, aos oito anos acrescerá o tempo por que o desconhecimento ou a suspensão tiver durado.

ARTIGO 40.º
Juros compensatórios

1 — Sempre que, por facto imputável ao sujeito passivo, for retardada a liquidação ou a entrega de parte ou da totalidade do imposto devido, acrescerão ao montante do imposto juros compensatórios, de harmonia com o artigo 35.º da LGT.

2 — Os juros referidos no número anterior serão contados dia a dia, a partir do dia imediato ao termo do prazo para a entrega do imposto ou, tratando-se de retardamento da liquidação, a partir do dia em que o mesmo se iniciou, até à data em que for regularizada ou suprida a falta.

CAPÍTULO VI
Pagamento

ARTIGO 41.º
Dever de pagamento

O pagamento do imposto é efectuado pelas pessoas ou entidades referidas no artigo 23.º.

ARTIGO 42.º
Responsabilidade tributária

1 — Sem prejuízo do disposto no artigo 23.º, são solidariamente responsáveis com o sujeito passivo pelo pagamento do imposto as pessoas que, por qualquer outra forma, intervierem nos actos, contratos e operações ou receberem ou utilizarem os livros, papéis e outros documentos, desde que tenham colaborado dolosamente na falta de liquidação ou arrecadação do imposto ou, na data daquela intervenção, recep-

ção ou utilização, não tenham dolosamente exigido a menção a que alude o n.º 4 do artigo 23.º.

2 — São também solidariamente responsáveis com o sujeito passivo pelo pagamento do imposto liquidado nas transmissões gratuitas as pessoas que, nos factos sujeitos a registo, tenham autorizado ou procedido à sua realização sem se certificarem de que o imposto se encontrava liquidado, de que fora promovida a sua liquidação ou de que não era devido.

3 — Tratando-se das operações referidas nas alíneas i), j) e l) do n.º 1 do artigo 2.º, a entidade a quem os serviços são prestados é sempre responsável solidariamente com as entidades emitentes das apólices e com as instituições de crédito, sociedades financeiras e demais entidades nelas referidas.

4 — O disposto no n.º 1 aplica-se aos funcionários públicos que tenham sido condenados disciplinarmente pela não liquidação ou falta de entrega dolosa da prestação tributária ou pelo não cumprimento da exigência prevista na parte final do mesmo número.

ARTIGO 43.º
Forma de pagamento

O imposto do selo é pago mediante documento de cobrança de modelo oficial.

ARTIGO 44.º
Prazo e local de pagamento

1 — O imposto é pago nas tesourarias de finanças, ou em qualquer outro local autorizado nos termos da lei, até ao dia 20 do mês seguinte àquele em que a obrigação tributária se tenha constituído.

2 — Sempre que o imposto deva ser liquidado pelos serviços da administração fiscal, só se procede a liquidação, ainda que adicional, se o seu quantitativo não for inferior a € 10.

3 — Havendo lugar a liquidação do imposto pelos serviços da administração fiscal, o sujeito passivo é notificado para efectuar o seu pagamento no prazo de 30 dias, sem prejuízo do disposto no n.º 1 do artigo 45.º.

ARTIGO 45.º
Pagamento do imposto nas transmissões gratuitas

1 — O imposto liquidado nas transmissões gratuitas é pago pela totalidade até ao fim do segundo mês seguinte ao da notificação ou durante o mês em que se vence cada uma das prestações.

2 — Se o imposto for pago pela totalidade até ao fim do segundo mês seguinte ao da notificação, haverá lugar a um desconto de 0,5% ao mês calculado sobre a importância de cada uma das prestações em que o imposto tivesse de ser dividido, nos termos do número seguinte, com exclusão da primeira.

3 — O imposto, quando superior a € 1000, é dividido em prestações iguais, no máximo de 10 e com o mínimo de € 200 por prestação, acrescendo à primeira as fracções resultantes do arredondamento de todas elas, assim como os juros compensatórios e o IMT que for de liquidar no processo, vencendo-se a primeira no segundo mês seguinte ao da notificação e cada uma das restantes seis meses após o vencimento da anterior.

4 — Não sendo paga qualquer das prestações, ou a totalidade do imposto, no prazo do vencimento, começam a correr imediatamente juros de mora.

5 — Findo o prazo de pagamento previsto no n.º 4 sem que a prestação em dívida ou o imposto tenha sido pago, há lugar a procedimento executivo, o qual abrange todas as prestações vincendas, que para o efeito se consideram logo vencidas.

6 — A notificação a efectuar é acompanhada do plano de pagamento em prestações e do desconto, devendo o interessado comunicar ao serviço de finanças competente, no prazo de 15 dias a contar da notificação, se pretende efectuar o pagamento do imposto de pronto, sendo o mesmo pago em prestações na falta de tal comunicação.

7 — O imposto respeitante à transmissão de bens móveis só pode ser dividido em prestações mediante prestação de garantia idónea, nos termos do artigo 199.º do Código de Procedimento e de Processo Tributário.

8 — Havendo lugar a liquidação adicional por erro imputável aos serviços, é aplicável o disposto nos números antecedentes.

ARTIGO 46.º
Documento de cobrança

1 — A cobrança do imposto liquidado nas transmissões gratuitas faz-se mediante documento de cobrança de modelo oficial, pelo qual se procede também à cobrança do IMT que tiver sido liquidado no mesmo processo.

2 — O documento de cobrança é extraído em nome das pessoas para quem se transmitirem os bens.

3 — No caso de o imposto ser devido pela herança, o documento de cobrança é extraído em nome do autor da herança com o aditamento «Cabeça-de-casal da herança de» e identificado pelo número fiscal que for atribuído à herança, nos termos do artigo 81.º do CIMI.

4 — O documento de cobrança de cada prestação ou da totalidade do imposto é enviado ao interessado, até ao fim do mês anterior ao do pagamento.

ARTIGO 47.º
Privilégio creditório

1 — Os créditos do Estado relativos ao imposto do selo incidente sobre aquisições de bens têm privilégio mobiliário e imobiliário sobre os bens transmitidos, nos termos do n.º 2 do artigo 738.º ou do n.º 2 do artigo 744.º do Código Civil, consoante a natureza dos bens.

2 — O imposto liquidado nas transmissões gratuitas goza dos privilégios que nas disposições legais referidas no número anterior se estabelecem para o imposto sobre as sucessões e doações.

ARTIGO 48.º
Prescrição

1 — O imposto do selo prescreve nos termos dos artigos 48.º e 49.º da LGT.

2 — Se forem entregues ao ausente quaisquer bens por cuja aquisição não tenha ainda sido liquidado imposto, o prazo de prescrição conta-se a partir do ano seguinte ao da entrega.

3 — Sendo desconhecida a quota do co-herdeiro alienante, para efeitos do artigo 26.º do CIMT, ou suspendendo-se o processo de liquidação, nos termos dos artigos 34.º e 35.º, ao prazo de prescrição acresce o tempo por que o desconhecimento ou a suspensão tiver durado.

CAPÍTULO VII
Garantias

ARTIGO 49.º
Garantias

1 — Às garantias dos sujeitos passivos aplicam-se, conforme a natureza das matérias, a LGT e o Código de Procedimento e de Processo Tributário (CPPT).

2 — Aplica-se às liquidações do imposto nas transmissões gratuitas, com as necessárias adaptações, o disposto nos artigos 42.º a 47.º do CIMT.

ARTIGO 50.º
Restituição do imposto

1 — Sem prejuízo do disposto nos artigos anteriores, o Ministro das Finanças pode ordenar o reembolso do imposto pago nos últimos quatro anos quando o considere indevidamente cobrado.

2 — Para efeitos do disposto no número anterior, os interessados apresentam, juntamente com o pedido, os documentos comprovativos da liquidação e pagamento do imposto.

3 — O disposto no n.º 1 só é aplicável se não tiverem sido utilizados, em tempo oportuno, os meios próprios previstos no CPPT.

ARTIGO 51.º
Compensação do imposto

1 — Se, depois de efectuada a liquidação do imposto pelas entidades referidas nas alíneas a) a e) do n.º 1 do artigo 2.º, for anulada a operação ou reduzido o seu valor tributável em consequência de erro ou invalidade, as entidades poderão efectuar a compensação do imposto liquidado e pago até à concorrência das liquidações e entregas seguintes relativas ao mesmo número ou verba da Tabela Geral.

2 — No caso de erros materiais ou de cálculo do imposto liquidado e entregue, a correcção, pelas entidades referidas no número anterior, poderá ser efectuada por compensação nas entregas seguintes.

3 — A compensação do imposto referida nos números anteriores deve ser efectuada no prazo de um ano contado a partir da data que o imposto se torna devido.

4 — A compensação do imposto só poderá ser efectuada se devidamente evidenciada na contabilidade, nos termos da alínea d) do n.º 3 do artigo 53.º.

CAPÍTULO VIII
Fiscalização

SECÇÃO I
Regras gerais

SUBSECÇÃO I
Obrigações dos sujeitos passivos

ARTIGO 52.º
Declaração anual

1 — Os sujeitos passivos do imposto ou os seus representantes

legais são obrigados a apresentar anualmente declaração discriminativa do imposto do selo liquidado.

2 — A declaração a que se refere o número anterior é de modelo oficial e constitui um anexo à declaração anual de informação contabilística e fiscal prevista no artigo 96.º-A do Código do IRC e no artigo 105.º-A do Código do IRS, devendo ser apresentada nos prazos aí previstos.

3 — Sempre que aos serviços da administração fiscal se suscitem dúvidas sobre quaisquer elementos constantes das declarações, notificarão os sujeitos passivos para prestarem por escrito, no prazo que lhes for fixado, nunca inferior a 10 dias, os esclarecimentos necessários.

ARTIGO 53.º
Obrigações contabilísticas

1 — As entidades obrigadas a possuir contabilidade organizada nos termos dos Códigos do IRS e do IRC devem organizá-la de modo a possibilitar o conhecimento claro e inequívoco dos elementos necessários à verificação do imposto do selo liquidado, bem como a permitir o seu controlo.

2 — Para cumprimento do disposto no n.º 1, são objecto de registo as operações e os actos realizados sujeitos a imposto do selo.

3 — O registo das operações e actos a que se refere o número anterior é efectuado de forma a evidenciar:

a) O valor das operações e dos actos realizados sujeitos a imposto, segundo a verba aplicável da Tabela;

b) O valor das operações e dos actos realizados isentos de imposto, segundo a verba aplicável da Tabela;

c) O valor do imposto liquidado, segundo a verba aplicável da Tabela;

d) O valor do imposto compensado.

4 — As entidades que, nos termos dos Códigos do IRC e do IRS, não estejam obrigadas a possuir contabilidade organizada, bem como os serviços públicos, quando obrigados à liquidação e entrega do imposto nos cofres do Estado, devem possuir registos adequados ao cumprimento do disposto no n.º 3.

5 — Os documentos de suporte aos registos referidos neste artigo e

os documentos comprovativos do pagamento do imposto serão conservados em boa ordem durante o prazo de 10 anos.

ARTIGO 54.º
Relação de cheques e vales do correio passados ou de outros títulos

As entidades que passem cheques e vales de correio, ou outros títulos a definir por despacho do Ministro das Finanças, devem remeter aos serviços regionais da administração fiscal da respectiva área, até ao último dia do mês de Março de cada ano, relação do número de cheques e vales de correio, ou dos outros títulos acima definidos, passados no ano anterior.

ARTIGO 55.º
Elaboração de questionários

Os serviços da administração fiscal poderão enviar às pessoas singulares ou colectivas e aos serviços públicos questionários quanto a dados e factos de carácter específico relevantes para o controlo do imposto, que devem ser devolvidos, depois de preenchidos e assinados, no prazo que lhes for assinalado, o qual não poderá ser inferior a 10 dias úteis, aplicando-se o Regime Complementar de Inspecção Tributária.

SUBSECÇÃO II
Obrigações de entidades públicas e privadas

ARTIGO 56.º
Declaração anual das entidades públicas

Os serviços, estabelecimentos e organismos do Estado, das Regiões Autónomas e das autarquias locais, incluindo os dotados de autonomia administrativa ou financeira e ainda que personalizados, as associações e federações de municípios, bem como outras pessoas colectivas de direito público, as pessoas colectivas de utilidade pública, as instituições particulares de solidariedade social e as empresas públicas remetem aos serviços regionais da administração fiscal da respectiva área a declaração a que se refere o artigo 52.º.

ARTIGO 57.º
Obrigações dos tribunais

Quando, em processo judicial, se mostre não terem sido cumpridas quaisquer obrigações previstas no presente Código directa ou indirectamente relacionadas com a causa, deve o secretário judicial, no prazo de 10 dias, comunicar a infracção ao serviço de finanças da área da ocorrência do facto tributário, para efeitos da aplicação do presente Código.

ARTIGO 58.º
Títulos de crédito passados no estrangeiro

Os títulos de crédito passados no estrangeiro não podem ser sacados, aceites, endossados, pagos ou por qualquer modo negociados em território nacional sem que se mostre pago o respectivo imposto.

ARTIGO 59.º
Legalização dos livros

Não podem ser legalizados os livros sujeitos a imposto do selo enquanto não for liquidado o respectivo imposto nem efectuada a menção a que obriga o n.º 4 do artigo 23.º.

ARTIGO 60.º
Contratos de arrendamento

1 — As entidades referidas no artigo 2.º, bem como os locadores e sublocadores que, sendo pessoas singulares, não exerçam actividades de

comércio, indústria ou prestação de serviços, comunicam à repartição de finanças da área da situação do prédio os contratos de arrendamento, do subarrendamento e respectivas promessas, bem como as suas alterações.

2 — A comunicação referida no número anterior é efectuada até ao fim do mês seguinte ao do início do arrendamento, do subarrendamento, das alterações ou, no caso de promessa, da disponibilização do bem locado.

3 — No caso de o contrato de arrendamento ou subarrendamento apresentar a forma escrita, a comunicação referida no n.º 1 é acompanhada de um exemplar do contrato.

SECÇÃO II
Nas transmissões gratuitas

ARTIGO 61.º
Obrigações dos serviços de informática tributária

Os serviços de informática tributária disponibilizam aos serviços de finanças competentes para a liquidação informação sobre os óbitos ocorridos.

ARTIGO 62.º
Participação de inventário judicial

1 — Quando houver inventário, o tribunal remeterá, em duplicado, ao serviço de finanças competente, no prazo de 30 dias contados da data da sentença que julgou definitivamente as partilhas, uma participação circunstanciada contendo o nome do inventariado e os do cabeça-de--casal, herdeiros e legatários, respectivo grau de parentesco ou vínculo de adopção e bens que ficaram pertencendo a cada um, com a especificação do seu valor.

2 — Se o inventário for arquivado antes da conclusão, é este facto comunicado ao serviço de finanças no prazo de oito dias.

3 — A participação ou comunicação é junta ao processo.

ARTIGO 63.º
Obrigações de fiscalização

São aplicáveis a este imposto, na parte referente às transmissões gratuitas, com as necessárias adaptações, as disposições contidas nos artigos 48.º a 54.º do CIMT.

CAPÍTULO IX
Disposições diversas

ARTIGO 64.º
Cheques

1 — A impressão dos cheques é feita pelas instituições de crédito para uso das entidades emitentes que nelas tenham disponibilidades, podendo as entidades privadas que não sejam instituições de crédito mandar imprimir os seus próprios cheques, por intermédio dessas instituições e de acordo com as normas aprovadas.

2 — Os cheques são numerados por séries e, dentro destas, por números.

3 — Em cada instituição de crédito, haverá um registo dos cheques impressos contendo número de série, número de cheques de cada série, total de cheques de cada impressão, data da recepção de cheques impressos, imposto do selo devido e data e local do pagamento.

ARTIGO 65.º
Letras e livranças

1 — As letras emitidas obedecerão aos requisitos previstos na lei uniforme relativa a letras e livranças.

2 — O modelo das letras e livranças e suas características são estabelecidos em portaria do Ministro das Finanças.

3 — As letras são editadas oficialmente ou, facultativamente, pelas

empresas públicas e sociedades regularmente constituídas, desde que o número de letras emitidas durante o ano não seja inferior a 600.

4 — Para efeitos da segunda parte do número anterior, podem as entidades nele referidas emitir letras no ano de início da sua actividade quando prevejam que o número de letras a emitir nesse ano será igual ou superior ao múltiplo do número de meses de calendário desde o início da actividade até ao final do ano por 50.

5 — As letras editadas pelas empresas públicas e sociedades regularmente constituídas são impressas nas tipografias autorizadas para o efeito por despacho do Ministro das Finanças.

6 — As letras referidas no número anterior contêm numeração sequencial impressa tipograficamente com uma ou mais séries, convenientemente referenciadas.

7 — A aquisição das letras é efectuada mediante requisição de modelo oficial que contém a identificação fiscal da entidade adquirente, bem como da tipografia, ficando esta sujeita, relativamente ao registo e comunicação, às mesmas obrigações aplicáveis à impressão das facturas, com as adaptações necessárias.

8 — As entidades que emitam letras e livranças devem possuir registo onde constem o número sequencial, a data de emissão e o valor da letra ou livrança, bem como o valor e a data de liquidação do imposto.

9 — As letras editadas oficialmente são requisitadas nos serviços locais da administração fiscal ou noutros estabelecimentos que aquela autorize.

10 — As livranças são exclusivamente editadas pelas instituições de crédito e sociedades financeiras.

ARTIGO 66.º
Sociedade de capitais

1 — Para efeitos do presente Código, consideram-se sociedade de capitais as sociedades anónimas, sociedades por quotas e sociedades em comandita por acções, nos termos do artigo 3.º da Directiva n.º 69/335/CE, de 17 de Julho.

2 — Não se consideram actos de constituição de sociedades de capitais, para efeitos do presente Código, quaisquer alterações do acto

constitutivo ou dos estatutos de uma sociedade de capitais, designadamente:

a) A transformação de uma sociedade de capitais numa sociedade de capitais de tipo diferente;

b) A transferência de um Estado membro para outro Estado membro da União Europeia da sede, da direcção efectiva ou da sede estatutária de uma sociedade, associação ou pessoa colectiva considerada, para efeitos da cobrança do imposto sobre as entradas de capital, como sociedade de capitais em ambos os Estados membros referidos;

c) A alteração do objecto social de uma sociedade de capitais;

d) A prorrogação do prazo de duração de uma sociedade de capitais.

ARTIGO 67.º
Matérias não reguladas

Às matérias não reguladas no presente Código aplica-se a LGT e, subsidiariamente, o disposto no Código do IRC.

ARTIGO 68.º
Assinatura de documentos

1 — As declarações, relações e comunicações são assinadas pelas entidades obrigadas à sua apresentação ou pelos seus representantes ou por gestor de negócios, devidamente identificados.

2 — São recusadas as declarações, relações e comunicações que não se mostrem devidamente preenchidas e assinadas, sem prejuízo das sanções estabelecidas para a falta da sua apresentação.

ARTIGO 69.º
Envio pelo correio

1 — As declarações previstas neste Código, assim como quaisquer outros elementos declarativos ou informativos que devam ser enviados à administração fiscal, podem ser remetidas pelo correio.

2 — No caso previsto no número anterior, a remessa deve ser efectuada de modo que a recepção ocorra dentro do prazo fixado, considerando-se cumprido o prazo desde que se prove que a remessa se fez com uma antecedência mínima de cinco dias ao do termo do prazo.

3 — As declarações e elementos previstos no n.º 1 poderão ser enviados por fax ou por correio electrónico, em termos a regulamentar por portaria do Ministro das Finanças.

ARTIGO 70.º
Direito de preferência

1 — Nos trespasses de estabelecimento comercial, industrial ou agrícola, se, por indicação inexacta de preço, ou simulação deste, o imposto do selo tiver sido liquidado por valor inferior ao devido, o Estado, as autarquias locais e demais pessoas colectivas de direito público poderão preferir na aquisição desde que assim o requeiram perante os tribunais comuns e provem que o valor por que o imposto deveria ter sido liquidado excede em 30% ou em € 5000, pelo menos, o valor sobre que incidiu.

2 — Ao exercício do direito de preferência, aplica-se, com as necessárias adaptações, o disposto no artigo 55.º do CIMT.

TABELA GERAL DO IMPOSTO DO SELO

1 — Aquisição de bens:
1.1 — Aquisição onerosa ou por doação do direito de propriedade ou de figuras parcelares desse direito sobre imóveis, bem como a resolução, invalidade ou extinção, por mútuo consenso, dos respectivos contratos — sobre o valor 0,8%
1.2 — Aquisição gratuita de bens, incluindo por usucapião, a acrescer, sendo caso disso, à da verba 1.1 — sobre o valor 10%
2 — Arrendamento e subarrendamento, incluindo as alterações que envolvam aumento de renda operado pela revisão de cláusulas contratuais e a promessa quando seguida da disponibilização do bem locado ao locatário — sobre a renda ou seu aumento convencional, correspondentes a um mês ou, tratando-se de arrendamentos por períodos inferiores a um mês, sem possibilidade de renovação ou prorrogação, sobre o valor da renda ou do aumento estipulado para o período da sua duração... 10%
3 — Autos e termos efectuados perante tribunais e serviços, estabelecimentos ou organismos do Estado, Regiões Autónomas e autarquias locais, ainda que personalizados, incluindo os institutos públicos, que compreenderem arrendamento ou licitação de bens imóveis, cessão, conferência de interessados em que se concorde na adjudicação de bens comuns, confissão de dívida, fiança, hipoteca, penhor, responsabilidade por perdas e danos e transacções — por cada um..... € 10
4 — Cheques de qualquer natureza, passados no território nacional — por cada um .... € 0,05
5 — Comodato — sobre o seu valor, quando exceda € 600 .... 0,8%
6 — Depósito civil, qualquer que seja a sua forma — sobre o respectivo valor 0,5%
7 — Depósito, em quaisquer serviços públicos, dos estatutos de associações e outras instituições cuja constituição deles dependa — por cada um.. € 50

8 — Escritos de quaisquer contratos não especialmente previstos nesta Tabela, incluindo os efectuados perante entidades públicas — por cada um.. € 5

9 — Exploração, pesquisa e prospecção de recursos geológicos integrados no domínio público do Estado — por cada contrato administrativo .... € 25

10 — Garantias das obrigações, qualquer que seja a sua natureza ou forma, designadamente o aval, a caução, a garantia bancária autónoma, a fiança, a hipoteca, o penhor e o seguro-caução, salvo quando materialmente acessórias de contratos especialmente tributados na presente Tabela e sejam constituídas simultaneamente com a obrigação garantida, ainda que em instrumento ou título diferente — sobre o respectivo valor, em função do prazo, considerando-se sempre como nova operação a prorrogação do prazo do contrato:

10.1 — Garantias de prazo inferior a um ano — por cada mês ou fracção... 0,04%

10.2 — Garantias de prazo igual ou superior a um ano............... 0,5%

10.3 — Garantias sem prazo ou de prazo igual ou superior a cinco anos 0,6%

11 — Jogo:

11.1 — Apostas de jogos não sujeitos ao regime do imposto especial sobre o jogo, designadamente as representadas por bilhetes, boletins, cartões, matrizes, rifas ou tômbolas — sobre o respectivo valor:

11.1.1 — Apostas mútuas 25%
11.1.2 — Outras apostas... 25%

11.2 — Cartões de acesso às salas de jogo de fortuna ou azar, ou documentos equivalentes, nos termos do Decreto-Lei n.º 422/89, de 2 de Dezembro, ainda que não seja devido o respectivo preço, este seja dispensado pelas empresas concessionárias ou não tenha sido solicitada a sua aprovação — por cada um:

11.2.1 — Cartões modelo A:
11.2.1.1 — Válidos por 3 meses.................................... € 10
11.2.1.2 — Válidos por 6 meses.................................... € 15
11.2.1.3 — Válidos por 9 meses.................................... € 20
11.2.1.4 — Válidos por 12 meses................................... € 25
11.2.2 — Cartões modelo B:
11.2.2.1 — Válidos por 1 dia .... € 3
11.2.2.2 — Válidos por 8 dias.. € 5
11.2.2.3 — Válidos por 30 dias...................................... € 15
11.2.3 — Cartões modelo C .... € 2

12 — Licenças:
12.1 — Para instalação ou exploração de máquinas electrónicas de diversão — por cada máquina e sobre o valor da taxa devida pela emissão da licença, no mínimo de € 15.. 20%

12.2 — Para quaisquer outros jogos legais — por cada máquina e sobre o valor da taxa devida pela emissão da licença, no mínimo de € 15.. 20%

12.3 — Para funcionamento de estabelecimentos de restauração e bebidas:
12.3.1 — Clubes nocturnos e outros estabelecimentos com espaço reservado para dança, designadamente bares e discotecas........... € 250
12.3.2 — Outros estabelecimentos... € 50

12.4 — Para instalação de máquinas automáticas de venda de bens ou serviços em locais de acesso público — por cada máquina.... € 50

12.5 — Outras licenças não designadas especialmente nesta Tabela, concedidas pelo Estado, Regiões Autónomas e autarquias locais ou qualquer dos seus serviços, estabelecimentos e organismos, ainda que personalizados, compreendidos os institutos públicos — por cada uma:
12.5.1 — Quando seja devido qualquer taxa ou emolumento pela sua emissão — sobre o respectivo valor, no máximo de € 3 .... 20%
12.5.2 — Quanto não seja devido qualquer taxa ou emolumento.. € 3

13 — Livros dos comerciantes, obrigatórios nos termos da lei comercial — por cada folha .... € 0,50

14 — Marcas e patentes — sobre o valor resultante das taxas devidas por todos os registos e diplomas 24%

15 — Notariado e actos notariais:
15.1 — Escrituras, excluindo as que tenham por objecto os actos referidos no n.º 26, testamentos e demais instrumentos exarados nos livros de notas dos notários, incluindo os privativos — por cada instrumento .... € 25

15.2 — Habilitação de herdeiros e de legatários — por cada herança aberta .... € 10

15.3 — Instrumentos de abertura e aprovação de testamentos cerrados e internacionais — por cada um .... € 25

15.4 — Procurações e outros instrumentos relativos à atribuição de poderes de representação voluntária, incluindo os mandatos e substabelecimentos:
15.4.1 — Procurações e outros instrumentos que atribuam poderes de representação voluntária — por cada um:

15.4.1.1 — Com poderes para gerência comercial .... € 30
15.4.1.2 — Com quaisquer outros poderes .... € 5
15.4.2 — Substabelecimentos — por cada um .... € 2
15.5 — Registo de documentos apresentados aos notários para ficarem arquivados — por cada registo................................. € 0,80
15.6 — Testamentos, incluindo as doações por morte, quando tenham de produzir efeitos jurídicos — por cada um .... € 25
15.7 — Outros instrumentos notariais avulsos, não especialmente previstos nesta Tabela — por cada um .... € 8

16 — Operações aduaneiras:

16.1 — Declarações de sujeição de mercadorias não comunitárias a um regime aduaneiro, com excepção do regime de trânsito, feitas por escrito, por processo informático ou, oficiosamente, com base em declaração verbal do interessado — por cada uma .... € 1,50
16.2 — Venda administrativa de mercadorias — por cada guia.. € 1
16.3 — Guia de emolumentos — por cada uma........................ € 1
16.4 — Guia de depósito — por cada uma................................ € 1,50
16.5 — Licenças para movimento de embarcações fora do respectivo ancoradouro — por cada uma:
16.5.1 — De cabotagem e de longo curso .... € 8
16.5.2 — De navegação costeira .... € 1
16.6 — Alvará de saída de embarcações para viagem — por cada um:
16.6.1 — De navegação costeira .... € 1
16.6.2 — De cabotagem e de longo curso .... € 8
16.7 — Formulários de tráfego aéreo de saída nos voos comerciais internacionais — por cada um .... € 8
16.8 — Formulários de tráfego aéreo de saída nos voos comerciais domésticos — por cada um... € 3
16.9 — Outras guias, licenças e formulários não especificados em qualquer verba deste número — por cada um................. € 1,50

17 — Operações financeiras:

17.1 — Pela utilização de crédito, sob a forma de fundos, mercadorias e outros valores, em virtude da concessão de crédito a qualquer título, incluindo a cessão de créditos, o factoring e as operações de tesouraria quando envolvam qualquer tipo de financiamento ao cessionário, aderente ou devedor, considerando-se, sempre, como nova concessão de crédito a prorrogação do prazo do contrato — sobre o respectivo valor, em função do prazo:

17.1.1 — Crédito de prazo inferior a um ano — por cada mês ou fracção 0,04%
17.1.2 — Crédito de prazo igual ou superior a um ano 0,50%
17.1.3 — Crédito de prazo igual ou superior a cinco anos 0,60%
17.1.4 — Crédito utilizado sob a forma de conta corrente, descoberto bancário ou qualquer outra forma em que o prazo de utilização não seja determinado ou determinável, sobre a média mensal obtida através da soma dos saldos em dívida apurados diariamente, durante o mês, divididos por 30 .... 0,04%
17.2 — Operações realizadas por ou com intermediação de instituições de crédito, sociedades financeiras ou outras entidades a elas legalmente equiparadas e quaisquer outras instituições financeiras — sobre o valor cobrado:
17.2.1 — Juros por, designadamente, desconto de letras e bilhetes do Tesouro, por empréstimos, por contas de crédito e por crédito sem liquidação 4%
17.2.2 — Prémios e juros por letras tomadas, de letras a receber por conta alheia, de saques emitidos sobre praças nacionais ou de quaisquer transferências.. 4%
17.2.3 — Comissões por garantias prestadas............................... 3%
17.2.4 — Outras comissões e contraprestações por serviços financeiros.. 4%
18 — Precatórios ou mandados para levantamento e entrega de dinheiro ou valores existente — sobre a importância a levantar ou a entregar 0,5%
19 — Publicidade:
19.1 — Cartazes ou anúncios afixados ou expostos em suportes fixos ou móveis na via pública ou destinados a serem vistos da via pública que façam propaganda de produtos, serviços ou de quaisquer indústrias, comércios ou divertimentos, com exclusão dos identificativos do próprio estabelecimento comercial onde se encontrem afixados — por cada metro quadrado ou fracção e em cada ano civil .... € 1
19.2 — Publicidade feita em catálogos, programas, reclamos, etiquetas e outros impressos que se destinem a distribuição pública — por cada edição de 1000 exemplares ou fracção.................................... € 1
20 — Registos e averbamentos em conservatórias de bens móveis — por cada um... € 3
21 — Reporte — sobre o valor do contrato................................. 0,5%
22 — Seguros:
22.1 — Apólices de seguros — sobre a soma do prémio do

seguro, do custo da apólice e de quaisquer outras importâncias que constituam receita das empresas seguradoras, cobradas juntamente com esse prémio ou em documento separado:

22.1.1 — Seguros do ramo «Caução».. 3%

22.1.2 — Seguros dos ramos «Acidentes», «Doenças» e «Crédito» e das modalidades de seguro «Agrícola e pecuário».................. 5%

22.1.3 — Seguros do ramo «Mercadorias transportadas»........... 5%

22.1.4 — Seguros de «Embarcações» e de «Aeronaves»............ 5%

22.1.5 — Seguros de quaisquer outros ramos............................. 9%

22.2 — Comissões cobradas pela actividade de mediação — sobre o respectivo valor líquido de imposto do selo........................ 2%

23 — Títulos de crédito:

23.1 — Letras — sobre o respectivo valor, com o mínimo de € 1   0,5%

23.2 — Livranças — sobre o respectivo valor, com o mínimo de € 1 .... 0,5%

23.3 — Ordens e escritos de qualquer natureza, com exclusão dos cheques, nos quais se determine pagamento ou entrega de dinheiro com cláusula à ordem ou à disposição, ainda que sob a forma de correspondência — sobre o respectivo valor, com o mínimo de € 1 .... 0,5%

23.4 — Extractos de facturas e facturas conferidas — sobre o respectivo valor, com o mínimo de € 0,5 .... 5%

24 — Títulos de dívida pública emitidos por governos estrangeiros, com exclusão dos títulos de dívida pública emitidos por Estados membros da União Europeia, quando existentes ou postos à venda no território nacional — sobre o valor nominal 0,9%

25 — Vales de correio e telegráficos, com excepção dos chamados «de serviço» — por cada um .... € 0,05

26 — Entradas de capital:

26.1 — Constituição de uma sociedade de capitais — sobre o valor real dos bens de qualquer natureza entregues ou a entregar pelos sócios após dedução das obrigações assumidas e dos encargos suportados pela sociedade em consequência de cada entrada........................ 0,4%

26.2 — Transformação em sociedade de capitais de uma sociedade, associação ou pessoa colectiva que não seja sociedade de capitais — sobre o valor real dos bens de qualquer natureza pertencentes à sociedade à data da transformação, após dedução das obrigações e dos encargos que a onerem nesse momento.. 0,4%

26.3 — Aumento do capital social de uma sociedade de capitais mediante a entrada de bens de qualquer espécie — sobre o valor real dos bens de qualquer natureza entregues ou a entregar pelos sócios, após dedução das obrigações assumidas e dos encargos suportados pela sociedade em consequência de cada entrada 0,4%

26.4 — Aumento do activo de uma sociedade de capitais mediante a entrada de bens de qualquer espécie remunerada não por partes representativas do capital social ou do activo mas por direitos da mesma natureza que os dos sócios, tais como direito de voto e participação nos lucros ou no saldo de liquidação — sobre o valor real dos bens de qualquer natureza entregues ou a entregar pelos sócios, após dedução das obrigações assumidas e dos encargos suportados pela sociedade em consequência de cada entrada... 0,4%

26.5 — Transferência de um país terceiro para um Estado membro da sede de direcção efectiva de uma sociedade, associação ou pessoa colectiva cuja sede estatutária se encontre num país terceiro e que seja considerada para efeitos da cobrança do imposto sobre as entradas de capital como sociedade de capitais neste Estado membro — sobre o valor real dos bens de qualquer natureza pertencentes à sociedade à data da transferência, após dedução das obrigações e dos encargos que a onerem nesse momento 0,4%

26.6 — Transferência de um país terceiro para um Estado membro da sede estatutária de uma sociedade, associação ou pessoa colectiva cuja sede de direcção efectiva se encontre num país terceiro e que seja considerada para efeitos da cobrança do imposto sobre as entradas de capital como sociedade de capitais neste Estado membro — sobre o valor real dos bens de qualquer natureza pertencentes à sociedade à data da transferência, após dedução das obrigações e dos encargos que a onerem nesse momento 0,4%

26.7 — Transferência de um Estado membro para outro Estado membro da sede de direcção efectiva de uma sociedade, associação ou pessoa colectiva que seja considerada, para efeitos de cobrança do imposto sobre as entradas de capital, como sociedade de capitais no Estado membro referido em último lugar, e não o era no outro Estado membro, salvo quando tenha sido cobrado o imposto previsto na Directiva n.º 69/335/CE, de 17 de Julho, no Estado de proveniência — sobre o valor real dos bens de qualquer natureza pertencentes à sociedade à data da transferência, após dedução das obrigações e dos encargos que a onerem nesse momento 0,4%

26.8 — Transferência de um Estado membro para outro Estado membro da sede estatutária de uma sociedade, associação ou pessoa colectiva cuja sede de direcção efectiva se situe num país terceiro e que seja considerada, para efeitos de cobrança do imposto sobre as entradas de capital, como sociedade de capitais no Estado membro referido em último lugar, e não o era no outro Estado membro, salvo quando tenha sido cobrado o imposto previsto na Directiva n.º 69/335/CE, de 17 de Julho, no Estado de proveniência — sobre o valor real de bens de qualquer natureza pertencentes à sociedade à data da transferência, após dedução das obrigações e dos encargos que a onerem nesse momento... 0,4%

27 — Transferências onerosas de actividades ou de exploração de serviços:

27.1 — Trespasses de estabelecimento comercial, industrial ou agrícola — sobre o seu valor.. 5%

27.2 — Subconcessões e trespasses de concessões feitos pelo Estado, pelas Regiões Autónomas ou pelas autarquias locais, para exploração de empresas ou de serviços de qualquer natureza, tenha ou não principiado a exploração sobre o seu valor 5%

Art. 4.º do Dec.-Lei n.º 322-B/2001, de 14/12

1 — As receitas liquidadas e pagas às entidades referidas na alínea a) do artigo 14.º do Código do Imposto do Selo respeitantes às operações compreendidas no n.º 26 da Tabela anexa ao referido Código, constituem receita própria do Instituto de Gestão Financeira e Patrimonial da Justiça.

2 — Para além da utilização na cobertura das suas despesas, o Instituto de Gestão Financeira e Patrimonial da Justiça pode afectar as receitas referidas no número anterior às seguintes finalidades:

a) Financiamento dos orçamentos das entidades do sistema de justiça;

b) Contribuições para o Fundo de Garantia Financeira da Justiça, previsto no artigo 6.º dos estatutos do Instituto de Gestão Financeira e Patrimonial da Justiça, aprovados pelo Decreto-Lei n.º 156/2001, de 11 de Maio.

3 — O Instituto de Gestão Financeira e Patrimonial da Justiça e a Direcção--Geral do Orçamento promoverão as alterações nos orçamentos de 2002 decorrentes do disposto nos números anteriores, aprovadas pelo Ministro das Finanças e pelo Ministro da Justiça.

ESTATUTO DO NOTARIADO

Dec.-Lei n.º 26/2004
de 04 de Fevereiro

Consta do Programa do XV Governo Constitucional um plano alargado de reformas estruturais a levar a cabo na Administração Pública Portuguesa, com o propósito de a tornar mais moderna e eficiente, diminuindo o seu peso na economia nacional, sem prejuízo da garantia do exercício das funções de soberania que pela Constituição lhe estão cometidas.

É nesse âmbito que se insere a privatização do notariado, que o Governo elegeu como uma das reformas mais relevantes na área da Administração Pública em geral, e da justiça em particular, pelo significado que a mesma reveste. Na verdade, é a primeira vez que no nosso país uma profissão muda completamente o seu estatuto, passando do regime da função pública para o regime de profissão liberal.

O Governo concretiza com esta medida uma progressiva transferência de competências que, pela sua natureza, são comprovadamente exercidas com mais eficiência por profissionais liberais, que ao mesmo tempo prestam um serviço de melhor qualidade e com menores encargos para o erário público.

O notariado constitui um dos elementos integrantes do sistema da justiça que configura e dá suporte ao funcionamento de uma economia de mercado, enquanto instrumento ao serviço da segurança e da certeza das relações jurídicas e, consequentemente, do desenvolvimento social e económico. Com esta reforma, a actividade notarial não só ganha ainda maior relevância, pelo apelo constante ao delegatário da fé pública, consultor imparcial e independente das partes, exercendo uma função preventiva de litígios, mas também vê abrirem-se perante si novos horizontes, num espaço económico baseado na concorrência.

Desde a sua origem até à década de 40 do século passado, o notariado português acompanhou a evolução dos seus congéneres europeus integrados no sistema do notariado latino, que no entanto veio a ser interrompido em pleno Estado Novo, com a «funcionarização» do notariado.

Desde então, Portugal constitui-se como excepção relativamente aos demais países da União Europeia que integram o sistema do notariado latino; o notário português outorga a fé pública por delegação do Estado e na sua subordinação hierárquica, enquanto no sistema latino o notário exerce a mesma função no quadro de uma profissão liberal.

Cada sistema notarial deve traduzir o modelo de sociedade e o sistema de Direito vigentes. E tanto a fisionomia que a actual Constituição Portuguesa confere à primeira como a raiz romano-germânica do segundo impõem a consagração entre nós do modelo do notariado latino.

Parte integrante da política de justiça, o sector do notariado deve ser, pois, objecto de um processo de modernização e reforma, que há-de, em primeira linha, garantir a certeza e a segurança das relações sociais e económicas e assegurar o rigoroso cumprimento de elevados padrões técnicos e deontológicos.

Com a presente reforma, e consequente adopção do sistema de notariado latino, consagra-se uma nova figura de notário, que reveste uma dupla condição, a de oficial, enquanto depositário de fé pública delegada pelo Estado, e a de profissional liberal, que exerce a sua actividade num quadro independente. Na verdade, esta dupla condição do notário, decorrente da natureza das suas funções, leva a que este fique ainda na dependência do Ministério da Justiça em tudo o que diga respeito à fiscalização e disciplina da actividade notarial enquanto revestida de fé pública e à Ordem dos Notários, que concentrará a sua acção na esfera deontológica dos notários.

Como princípios fundamentais da reforma consagraram-se o numerus clausus e a delimitação territorial da função. Foram razões de certeza e segurança jurídicas que a função notarial prossegue que levou a optar-se por tal solução. Com efeito, no novo sistema, a par dos restantes países membros do notariado latino, o notário exercerá a sua função no quadro de uma profissão liberal, mas são-lhe atribuídas prerrogativas que o farão participar da autoridade pública, devendo, por isso, o Estado controlar o exercício da actividade notarial, a fim de garantir a realização dos valores servidos pela fé pública, que ficariam necessariamente afectados caso se consagrasse um sistema de livre acesso à função. Por outro lado, só por esta via se assegura a implantação em todo o território nacional de serviços notariais, ao determinar o número de notários existentes e respectiva localização e delimitação territorial da competência, assegurando em contrapartida uma remuneração mínima aos notários que, pela sua localização, não produzam rendimentos suficientes para suportarem os encargos do cartório, comparticipações essas realizadas através do fundo de compensação inserido no âmbito da Ordem dos Notários.

Previu-se também não só o exercício em exclusivo da actividade notarial, assente na elevada qualificação técnica e profissional dos notários, comprovada através de estágios, provas e concursos, mas também a independência e imparcialidade dos mesmos em relação às partes, mediante a definição de incompatibilidades para o desempenho da função.

Contemplou-se igualmente um elenco de direitos, em que se realça a prerrogativa do uso do selo branco enquanto símbolo da fé pública delegada, a definição de uma tabela remuneratória dos actos a praticar no exercício da actividade e a definição de um regime de substituição dos notários. Paralelamente, procedeu-se à enumeração dos deveres a que o notário fica adstrito, como seja o de obediência à lei e ao Estatuto do Notariado, de deontologia, de sigilo, por forma a assegurar a respectiva função social como servidor da justiça e do Direito, criando-se ainda a obrigação de subscrição de seguro profissional como forma de garantia concedida aos particulares.

Tratando-se de uma reforma de grande complexidade e inovação, geradora de naturais perturbações no meio notarial, impõe-se que a mesma se concretize de modo progressivo, por forma que a transição do sistema em vigor para novo modelo notarial se faça sem atropelos a direitos e expectativas legítimas dos notários e funcionários a ela afectos.

Assim, estabeleceu-se um período transitório de dois anos, durante o qual coexistirão notários públicos e privados, na dupla condição de oficial público e profissional liberal, no termo do qual só este último sistema vigorará. Durante este período transitório, os notários terão de optar pelo modelo privado ou, em alternativa, manter o vínculo à função pública, sendo, neste caso, integrados em conservatórias dos registos.

Quanto aos funcionários, estes poderão, com o acordo do notário titular da licença, aderir ao regime privado ou, em alternativa, manter o vínculo à função pública e, tal como os notários, integrados em conservatórias dos registos. Ao transferirem-se para o regime privado, poderá ser concedida aos oficiais uma licença sem vencimento por cinco anos, no termo da qual poderão regressar à função pública, com garantia do direito à integração em conservatórias dos registos.

Foram cumpridos os procedimentos da Lei n.º 23/98, de 26 de Maio.

Foram ouvidas a Associação Nacional de Municípios Portugueses, a Comissão Nacional de Protecção de Dados, a Ordem dos Advogados e a Câmara dos Solicitadores.

Assim:

No uso de autorização legislativa concedida pelo artigo 1.º da Lei n.º 49/2003, de 22 de Agosto, e nos termos da alínea b) do n.º 1 do artigo 198.º da Constituição, o Governo decreta o seguinte:

ARTIGO ÚNICO
Aprovação do Estatuto do Notariado

É aprovado o Estatuto do Notariado, que consta de anexo ao presente diploma e que dele faz parte integrante.

Visto e aprovado em Conselho de Ministros de 17 de Dezembro de 2003. — *José Manuel Durão Barroso — Maria Manuela Dias Ferreira Leite — Maria Celeste Ferreira Lopes Cardona — António José de Castro Bagão Félix — Amílcar Augusto Contel Martins Theias.*

Promulgado em 23 de Janeiro de 2004.

Publique-se.

O Presidente da República, JORGE SAMPAIO.

Referendado em 27 de Janeiro de 2004.

O Primeiro-Ministro, *José Manuel Durão Barroso.*

ANEXO

ESTATUTO DO NOTARIADO

CAPÍTULO I
Disposições gerais

SECÇÃO I
Notário e função notarial

ARTIGO 1.º
Natureza

1 — O notário é o jurista a cujos documentos escritos, elaborados no exercício da sua função, é conferida fé pública.

2 — O notário é, simultaneamente, um oficial público que confere autenticidade aos documentos e assegura o seu arquivamento e um profissional liberal que actua de forma independente, imparcial e por livre escolha dos interessados.

3 — A natureza pública e privada da função notarial é incindível.

ARTIGO 2.º
Classe única de notários

No território da República Portuguesa há uma classe única de notários.

ARTIGO 3.º
Dependência

O notário está sujeito à fiscalização e acção disciplinar do Ministro da Justiça e dos órgãos competentes da Ordem dos Notários.

ARTIGO 4.º
Função notarial

1 — Compete, em geral, ao notário redigir o instrumento público conforme a vontade dos interessados, a qual deve indagar, interpretar e adequar ao ordenamento jurídico, esclarecendo-os do seu valor e alcance.

2 — Em especial, compete ao notário, designadamente:

a) Lavrar testamentos públicos, instrumentos de aprovação, depósito e abertura de testamentos cerrados e de testamentos internacionais;

b) Lavrar outros instrumentos públicos nos livros de notas e fora deles;

c) Exarar termos de autenticação em documentos particulares ou de reconhecimento da autoria da letra com que esses documentos estão escritos ou das assinaturas neles apostas;

d) Passar certificados de vida e identidade e, bem assim, do desempenho de cargos públicos, de gerência ou de administração de pessoas colectivas;

e) Passar certificados de outros factos que tenha verificado;

f) Certificar, ou fazer e certificar, traduções de documentos;

g) Passar certidões de instrumentos públicos, de registos e de outros documentos arquivados, extrair públicas-formas de documentos que para esse fim lhe sejam presentes ou conferir com os respectivos originais e certificar as fotocópias extraídas pelos interessados;

h) Lavrar instrumentos para receber a declaração, com carácter solene ou sob juramento, de honorabilidade e de não se estar em situação de falência, nomeadamente para efeitos do preenchimento dos requisitos condicionantes, na ordem jurídica comunitária, da liberdade de estabelecimento ou de prestação de serviços;

i) Lavrar instrumentos de actas de reuniões de órgãos sociais;

j) Transmitir por telecópia, sob forma certificada, o teor dos instrumentos públicos, registos e outros documentos que se achem arquivados no cartório, a outros serviços públicos perante os quais tenham de fazer fé e receber os que lhe forem transmitidos, por esses serviços, nas mesmas condições;

l) Intervir nos actos jurídicos extrajudiciais a que os interessados pretendam dar garantias especiais de certeza e autenticidade;

m) Conservar os documentos que por lei devam ficar no arquivo notarial e os que lhe forem confiados com esse fim.

3 — A solicitação dos interessados, o notário pode requisitar por qualquer via, a outros serviços públicos, os documentos necessários à instrução dos actos da sua competência.

4 — Incumbe ao notário, a pedido dos interessados, preencher a requisição de registo, em impresso de modelo aprovado, e remetê-la à competente conservatória do registo predial ou comercial, acompanhada dos respectivos documentos e preparo.

ARTIGO 5.º
Cartórios notariais

1 — O notário exerce as suas funções em instalações próprias, denominadas cartórios notariais.

2 — Os cartórios notariais são organizados e dimensionados por forma a assegurar uma prestação de serviços de elevada qualidade e prontidão.

ARTIGO 6.º
Numerus clausus

1 — Na sede de cada município existe, pelo menos, um notário, cuja actividade está dependente da atribuição de licença.

2 — O número de notários e a área de localização dos respectivos cartórios constam de mapa notarial publicado em anexo ao presente diploma.

3 — O mapa notarial a que se refere o número anterior pode ser revisto de cinco em cinco anos, sem prejuízo de, a todo o tempo, ouvida

a Ordem dos Notários, se poder aumentar ou reduzir o número de notários com licença de instalação de cartório notarial quando se verificar alteração substancial da necessidade dos utentes.

ARTIGO 7.º
Competência territorial

1 — A competência do notário é exercida na circunscrição territorial do município em que está instalado o respectivo cartório.

2 — Sem prejuízo do disposto no número anterior, o notário pode praticar todos os actos da sua competência ainda que respeitem a pessoas domiciliadas ou a bens situados fora da respectiva circunscrição territorial.

3 — Excepcionalmente, e desde que as circunstâncias o justifiquem, a competência do notário pode ser exercida em mais de uma circunscrição territorial contígua, mediante despacho do Ministro da Justiça, ouvida a Ordem dos Notários.

ARTIGO 8.º
Prática de actos por trabalhadores

1 — O notário pode, sob sua responsabilidade, autorizar um ou vários trabalhadores com formação adequada a praticar determinados actos ou certas categorias de actos.

2 — É vedada a autorização para a prática de actos titulados por escritura pública, testamentos públicos, instrumentos de aprovação, de abertura e de depósito de testamentos cerrados ou de testamentos internacionais e respectivos averbamentos, actas de reuniões de órgãos sociais e, de um modo geral, todos os actos em que seja necessário interpretar a vontade dos interessados ou esclarecê-los juridicamente.

3 — A autorização referida no n.º 1 deve ser expressa e o respectivo texto afixado no cartório notarial em local acessível ao público.

ARTIGO 9.º
Substituição do notário

1 — Nas ausências e impedimentos temporários que sejam susceptíveis de causar prejuízo sério aos utentes, o notário é substituído por outro notário por ele designado, obtido o consentimento deste.

2 — Quando não seja possível a substituição nos termos do número anterior, a direcção da Ordem dos Notários designa o notário substituto e promove as medidas que tiver por convenientes.

3 — A direcção da Ordem dos Notários procede ainda à designação do notário substituto, nos termos do número anterior, nos casos de:

a) Suspensão do exercício da actividade notarial;
b) Ausência injustificada do notário por mais de 30 dias seguidos;
c) Cessação definitiva do exercício da actividade do notário.

4 — A identificação do notário substituto e quaisquer medidas adoptadas por causa da substituição devem ser afixadas no cartório notarial em local acessível ao público.

5 — A fim de garantir as substituições, a Ordem dos Notários mantém uma bolsa de notários.

6 — Salvo situações excepcionais, devidamente fundamentadas, a substituição não pode exceder seis meses.

SECÇÃO II
Princípios da actividade notarial

ARTIGO 10.º
Enumeração

O notário exerce as suas funções em nome próprio e sob sua responsabilidade, com respeito pelos princípios da legalidade, autonomia, imparcialidade, exclusividade e livre escolha.

ARTIGO 11.º
Princípio da legalidade

1 — O notário deve apreciar a viabilidade de todos os actos cuja prática lhe é requerida, em face das disposições legais aplicáveis e dos documentos apresentados ou exibidos, verificando especialmente a legitimidade dos interessados, a regularidade formal e substancial dos referidos documentos e a legalidade substancial do acto solicitado.

2 — O notário deve recusar a prática de actos:

a) Que forem nulos, não couberem na sua competência ou pessoalmente estiver impedido de praticar;

b) Sempre que tenha dúvidas sobre a integridade das faculdades mentais dos participantes, salvo se no acto intervierem, a seu pedido ou a instância dos outorgantes, dois peritos médicos que, sob juramento ou compromisso de honra, abonem a sanidade mental daqueles.

3 — O notário não pode recusar a sua intervenção com fundamento na anulabilidade ou ineficácia do acto, devendo, contudo, advertir os interessados da existência do vício e consignar no instrumento a advertência feita.

ARTIGO 12.º
Princípio da autonomia

O notário exerce as suas funções com independência, quer em relação ao Estado quer a quaisquer interesses particulares.

ARTIGO 13.º
Princípio da imparcialidade

1 — O notário tem a obrigação de manter equidistância relativamente a interesses particulares susceptíveis de conflituar, abstendo-se, designadamente, de assessorar apenas um dos interessados num negócio.

2 — Nenhum notário pode praticar actos notariais nos seguintes casos:

a) Quando neles tenha interesse pessoal;

b) Quando neles tenha interesse o seu cônjuge, ou pessoa em situação análoga há mais de dois anos, algum parente ou afim em linha recta ou até ao 2.º grau da linha colateral;

c) Quando neles intervenha como procurador ou representante legal o seu cônjuge, ou pessoa em situação análoga há mais de dois anos, algum parente ou afim em linha recta ou até ao 2.º grau da linha colateral.

ARTIGO 14.º
Extensão dos impedimentos

1 — Os impedimentos do notário são extensivos aos seus trabalhadores.

2 — Exceptuam-se as procurações e os substabelecimentos com simples poderes forenses e os reconhecimentos de letra e de assinatura apostas em documentos que não titulem actos de natureza contratual, nos quais os trabalhadores podem intervir, ainda que o representado, representante ou signatário seja o próprio notário.

ARTIGO 15.º
Princípio da exclusividade

1 — As funções do notário são exercidas em regime de exclusividade, sendo incompatíveis com quaisquer outras funções remuneradas, públicas ou privadas.

2 — Exceptuam-se do disposto no número anterior:

a) A participação em actividades docentes e de formação, quando autorizadas pela Ordem dos Notários;

b) A participação em conferências, colóquios e palestras;

c) A percepção de direitos de autor.

ARTIGO 16.º
Princípio da livre escolha

1 — Sem prejuízo das normas relativas à competência territorial, os interessados escolhem livremente o notário.

2 — É vedado ao notário publicitar a sua actividade, recorrendo a qualquer forma de comunicação com o objectivo de promover a solicitação de clientela.

3 — Exclui-se do âmbito do número anterior a publicidade informativa, nomeadamente o uso de placas afixadas no exterior dos cartórios e a utilização de cartões de visita ou papel de carta, desde que com simples menção do nome do notário, título académico, currículo, endereço do cartório e horário de abertura ao público, bem como a respectiva divulgação em suporte digital.

SECÇÃO III
Retribuição do notário

ARTIGO 17.º
Princípios gerais

1 — O notário é retribuído pela prática dos actos notariais, nos termos constantes de tabela aprovada por portaria do Ministério da Justiça.

2 — A tabela pode determinar montantes fixos, variáveis entre mínimos e máximos, ou livres e é revista periodicamente pelo menos de dois em dois anos.

3 — Sempre que os montantes a fixar sejam variáveis ou livres deve o notário proceder com moderação, tendo em conta, designadamente, o tempo gasto, a dificuldade do assunto, a importância do serviço prestado e o contexto sócio-económico dos interessados.

ARTIGO 18.º
Conta dos actos

Em relação a cada acto efectuado, o notário deve elaborar a respectiva conta, com a especificação de todas as verbas que a compõem e mencionar nela, por extenso, a importância total a cobrar.

ARTIGO 19.º
Pagamento da conta

1 — O pagamento da conta fica a cargo de quem requereu a prática do acto, sendo a responsabilidade dos interessados solidária.

2 — O pagamento da conta pode ser exigido judicialmente quando não satisfeito voluntariamente, servindo de título executivo a conta assinada pelo notário no que respeita aos montantes constantes da tabela e aos encargos legais.

3 — O notário pode exigir, a título de provisão, quantias por conta dos honorários ou de despesas, sob pena de recusa de prática do acto, com excepção dos testamentos.

SECÇÃO IV
Horário dos cartórios notariais

ARTIGO 20.º
Abertura ao público

O horário de abertura ao público dos cartórios notariais é fixado em portaria do Ministério da Justiça, ouvida a Ordem dos Notários.

CAPÍTULO II
Direitos e deveres do notário

ARTIGO 21.º
Prerrogativa de uso de símbolo da fé pública

1 — O notário tem direito a usar, como símbolo da fé pública, selo branco, de forma circular, representando em relevo o escudo da República Portuguesa, circundado pelo nome do notário e pela identificação do respectivo cartório, de acordo com o modelo aprovado por portaria do Ministério da Justiça.

2 — O notário tem ainda direito a usar o correspondente digital do selo branco, de acordo com o disposto na lei reguladora dos documentos públicos electrónicos.

3 — O selo branco e o seu correspondente digital, pertença de cada notário, são registados no Ministério da Justiça e não podem ser alterados sem autorização do Ministro da Justiça.

4 — Em caso de cessação definitiva de funções, o Ministério da Justiça deve ser informado de imediato, podendo autorizar o uso do selo branco e o do seu correspondente digital pelo substituto designado pela direcção da Ordem dos Notários, devendo, nesses casos, fazer-se expressa menção da situação em que é usado o selo branco ou o seu correspondente digital.

ARTIGO 22.º
Direito a identificação

O notário tem direito a afixar no exterior do cartório notarial o seu nome, título académico e horário de abertura ao público.

ARTIGO 23.º
Deveres dos notários

1 — Constituem deveres dos notários:

a) Cumprir as leis e as normas deontológicas;

b) Desempenhar as suas funções com subordinação aos objectivos do serviço solicitado e na perspectiva da prossecução do interesse público;

c) Prestar os seus serviços a todos quantos os solicitem, salvo se tiver fundamento legal para a sua recusa;

d) Guardar sigilo profissional sobre todos os factos e elementos cujo conhecimento lhe advenha exclusivamente do exercício das suas funções;

e) Não praticar qualquer acto sem que se mostrem cumpridas as obrigações de natureza tributária ou relativas à segurança social, que o hajam de ser antes da sua realização;

f) Comunicar ao órgão competente da administração fiscal a realização de quaisquer actos de que resultem obrigações de natureza tributária;

g) Prestar informações que lhe forem solicitadas pelo Ministério da Justiça para fins estatísticos;

h) Satisfazer pontualmente as suas obrigações, especialmente para com o Estado, a Ordem dos Notários e os seus trabalhadores;

i) Dirigir o serviço de forma a assegurar o bom funcionamento do cartório;

j) Denunciar os crimes de que tomar conhecimento no exercício das suas funções e por causa delas, designadamente os crimes de natureza económica, financeira e de branqueamento de capitais;

l) Não solicitar ou angariar clientes, por si ou por interposta pessoa;

m) Contratar e manter seguro de responsabilidade civil profissional de montante não inferior a (euro) 100000.

2 — Os factos e elementos cobertos pelo sigilo profissional só podem ser revelados nos termos previstos nas disposições legais pertinentes e, ainda, por decisão do órgão competente da Ordem dos Notários, ponderados os interesses em conflito.

ARTIGO 24.º
Segurança social

Os notários integram-se no regime de segurança social dos trabalhadores independentes.

CAPÍTULO III
Acesso à função notarial e atribuição do título de notário

SECÇÃO I
Requisitos gerais de acesso

ARTIGO 25.º
Requisitos de acesso à função notarial

São requisitos de acesso à função notarial:
a) Não estar inibido do exercício de funções públicas ou interdito para o exercício de funções notariais;
b) Possuir licenciatura em Direito reconhecida pelas leis portuguesas;
c) Ter frequentado o estágio notarial;
d) Ter obtido aprovação em concurso realizado pelo Conselho do Notariado.

SECÇÃO II
Estágio

ARTIGO 26.º
Início de estágio

Quem possuir os requisitos previstos nas alíneas a) e b) do artigo anterior pode requerer à Ordem dos Notários a inscrição no estágio notarial.

ARTIGO 27.º
Estágio

1 — O estágio tem a duração de 18 meses e é realizado sob a orientação de notário com, pelo menos, sete anos de exercício de funções nota-

riais, livremente escolhido pelo estagiário ou designado pela Ordem dos Notários.

2 — O estágio é reduzido a metade se o estagiário for:

a) Doutor em Direito;

b) Magistrado judicial ou do Ministério Público, desde que não tenha tido classificação de serviço inferior a Bom;

c) Conservador de registos, desde que não tenha tido classificação de serviço inferior a Bom;

d) Advogado inscrito na Ordem dos Advogados durante pelo menos cinco anos.

3 — O estágio é igualmente reduzido a metade se o estagiário for ajudante ou escriturário dos registos e do notariado, desde que não tenha tido classificação inferior a Bom.

ARTIGO 28.º
Organização do estágio

1 — Os estagiários não podem, nos primeiros seis meses do estágio, praticar actos da função notarial.

2 — Nos 12 meses subsequentes, os estagiários podem praticar os actos da função notarial que o notário patrono autorizar, com as restrições constantes do n.º 2 do artigo 8.º, devendo indicar nos actos que pratiquem a qualidade de estagiários e a autorização.

3 — Os prazos previstos nos números anteriores são reduzidos respectivamente a três e a seis meses, nos casos previstos nos n.ºs 2 e 3 do artigo anterior.

ARTIGO 29.º
Informação do estágio

Concluído o estágio, o notário patrono elabora uma informação do estágio, na qual se pronuncia sobre a aptidão do estagiário para o exercício da função notarial.

ARTIGO 30.º
Regulamentação do estágio

A selecção de estagiários, a organização e o programa do estágio notarial, bem como a elaboração da informação do estágio, regem-se pelas normas do presente Estatuto e por regulamento aprovado pela Ordem dos Notários, ouvido o Conselho do Notariado.

SECÇÃO III
Concurso

ARTIGO 31.º
Abertura do concurso

1 — O título de notário obtém-se por concurso aberto por aviso do Ministério da Justiça, publicado no Diário da República, ouvida a Ordem dos Notários.

2 — Só podem habilitar-se ao concurso os estagiários que tiverem concluído o estágio notarial com aproveitamento.

ARTIGO 32.º
Prestação de provas

1 — O concurso consiste na prestação de provas públicas de avaliação da capacidade para o exercício da função notarial.

2 — As provas têm uma parte escrita e uma parte oral e são realizadas nos termos de normas próprias, constantes do aviso do concurso.

SECÇÃO IV
Atribuição do título de notário

ARTIGO 33.º
Atribuição

1 — É atribuído o título de notário a quem obtenha aprovação no concurso.

2 — Os notários são graduados segundo o seu mérito, tendo em conta as classificações obtidas nas provas do concurso e as constantes dos respectivos títulos académicos.

3 — A graduação estabelecida nos termos do número anterior tem a validade de dois anos, prorrogável por deliberação fundamentada da direcção da Ordem dos Notários.

CAPÍTULO IV
Concurso para atribuição de licença

ARTIGO 34.º
Concurso de licenciamento

1 — As licenças para instalação de cartório notarial são postas a concurso consoante as vagas existentes.

2 — O concurso é aberto por aviso do Ministério da Justiça, publicado no Diário da República, ouvida a Ordem dos Notários.

3 — As vagas são preenchidas de acordo com a graduação dos candidatos e as referências de localização dos cartórios manifestadas no respectivo pedido de licença.

4 — Os notários que integrem a bolsa de notários gozam de bonificações específicas na graduação, de acordo com o número e a duração das substituições efectuadas, nos termos a definir pela Ordem dos Notários.

ARTIGO 35.º
Atribuição de licença

1 — As licenças de instalação de cartório notarial são atribuídas por despacho do Ministro da Justiça.

2 — O notário só pode ser titular de uma licença.

3 — Os notários a quem tenha sido atribuída licença obrigam-se a exercer a actividade na área do respectivo município pelo período mínimo de dois anos, durante o qual ficam impedidos de se candidatarem a nova licença.

ARTIGO 36.º
Bolsa de notários

1 — Os notários que não concorram a licença de cartório notarial ou não a obtenham no concurso podem integrar a bolsa de notários da Ordem dos Notários.

2 — O número dos que integram a bolsa dos notários bem como os critérios para a sua selecção são fixados pela Ordem dos Notários.

CAPÍTULO V
Instalação do cartório notarial e posse dos notários

ARTIGO 37.º
Prazos de instalação e da posse

1 — Atribuída a licença, o notário tem 90 dias para proceder à instalação do cartório notarial.

2 — Quando a situação o justifique, o prazo referido no número anterior pode ser prorrogado por despacho do Ministro da Justiça.

3 — A posse deve ocorrer nos 15 dias subsequentes à instalação do cartório notarial.

ARTIGO 38.º
Posse

1 — O notário inicia a actividade com a tomada de posse mediante juramento perante o Ministro da Justiça e o bastonário da Ordem dos Notários.

2 — No acto da tomada de posse é entregue ao notário o selo branco e a autorização de uso do seu correspondente digital.

3 — O início da actividade deve ser publicitado, por iniciativa e a expensas do empossado, num jornal da localidade, com menção do nome do notário e do local de exercício da actividade.

ARTIGO 39.º
Notários sem licença de cartório notarial

Os notários que integram a bolsa de notários tomam posse em conjunto perante o Ministro da Justiça e o bastonário da Ordem dos Notários.

ARTIGO 40.º
Ausência de tomada de posse

1 — A ausência injustificada de tomada de posse implica perda da licença de instalação de cartório notarial ou renúncia à integração na bolsa de notários, consoante os casos.

2 — A perda da licença nos termos do número anterior impede o notário, nos cinco anos subsequentes, de se apresentar a concurso de licenciamento.

CAPÍTULO VI
Cessação da actividade notarial e seus efeitos

SECÇÃO I
Cessação de actividade e readmissão

ARTIGO 41.º
Enumeração

O notário cessa a actividade nos seguintes casos:
a) Exoneração;
b) Limite de idade;
c) Incapacidade;
d) Morte;
e) Interdição definitiva do exercício da actividade.

ARTIGO 42.º
Exoneração

O notário é exonerado pelo Ministro da Justiça, a todo o momento e a seu pedido, mediante requerimento apresentado com a antecedência mínima de 60 dias.

ARTIGO 43.º
Limite de idade

O limite de idade para o exercício da função notarial é de 70 anos.

ARTIGO 44.º
Cessação de actividade por incapacidade

1 — Cessa a actividade por incapacidade o notário que sofra de per-

turbação física ou psíquica que impossibilite o desempenho normal da sua função, comprovada por junta médica competente.

2 — No caso previsto no número anterior e sempre que a situação o justifique, o Conselho do Notariado pode determinar a imediata suspensão da actividade do notário.

ARTIGO 45.º
Readmissão

Os notários que tenham cessado a actividade por incapacidade, nos termos do artigo anterior, e façam prova bastante de que não subsistem os motivos que determinaram o seu afastamento podem requerer de novo licença de cartório notarial.

ARTIGO 46.º
Interdição definitiva do exercício de actividade

O notário cessa definitivamente o exercício da actividade notarial na sequência de sanção disciplinar ou criminal que a determine.

SECÇÃO II
Efeitos da cessação de actividade

ARTIGO 47.º
Encerramento do cartório notarial

1 — Em caso de cessação de actividade, o notário encerra o cartório e informa de imediato o Ministério da Justiça e a Ordem dos Notários do encerramento.

2 — Se a cessação de actividade ocorrer por morte do notário, o cartório notarial, com todos os bens nele contidos, é de imediato encerrado pelo trabalhador do notário com autorização para a prática de actos notariais ou, havendo vários, pelo trabalhador mais antigo e, sendo igual a

antiguidade, pelo mais velho, que providencia pela imediata substituição das fechaduras de acesso ao cartório.

3 — Não havendo trabalhador com autorização para a prática de actos notariais, o dever referido no número anterior recai sobre o trabalhador mais antigo ou, em caso de igualdade, sobre o mais velho.

4 — O trabalhador que, nos termos dos números anteriores, tiver encerrado o cartório notarial deve informar de imediato o Ministério da Justiça e a Ordem dos Notários do encerramento.

ARTIGO 48.º
Substituição

Conhecida a situação referida no artigo anterior, a Ordem dos Notários designa de imediato um notário para, a título transitório, assegurar o funcionamento do cartório.

ARTIGO 49.º
Inventário dos bens do cartório

O notário substituto elabora o inventário dos bens do cartório e do respectivo arquivo, acompanhado de informação circunstanciada do estado do serviço.

ARTIGO 50.º
Cessação da actividade do notário

A cessação da actividade do notário titular de licença de instalação de cartório notarial determina a realização de concurso para atribuição de nova licença.

ARTIGO 51.º
Depósito dos livros e documentos notariais

1 — Se, na sequência de revisão do mapa notarial, o lugar do notário que haja cessado a actividade for extinto, o Conselho do Notariado

determina que os seus livros e documentos notariais sejam entregues definitivamente a outro ou outros notários, que devem providenciar pela sua guarda e conservação.

2 — É notário depositário o outro notário do município ou, havendo mais de um, o titular da licença mais antiga.

3 — O Conselho do Notariado deve notificar o notário designado nos termos do número anterior para, no prazo de 10 dias e na presença de um trabalhador indicado pelo Conselho, transferir do antigo cartório notarial os livros e documentos notariais que ficam à sua guarda.

4 — No fim daquele prazo, o notário remete ao Conselho do Notariado o inventário dos livros e documentos notariais e, bem assim, o selo branco, tratando-se de notário falecido, e demais documentos ou bens que devem ser entregues ao Conselho do Notariado.

5 — O Conselho do Notariado promove a publicação, por extracto, no Diário da República e em jornal da circunscrição territorial respectiva, bem como a afixação na porta do cartório notarial, da transferência dos livros e documentos notariais, com a indicação do encerramento do cartório e do local onde os mesmos podem ser consultados.

CAPÍTULO VII
Conselho do Notariado

ARTIGO 52.º
Conselho do Notariado

1 — No âmbito do Ministério da Justiça funciona o Conselho do Notariado.

2 — O Conselho do Notariado é composto pelo bastonário da Ordem dos Notários, pelo director-geral dos Registos e do Notariado, por um elemento designado pelo Ministro da Justiça, por um notário indicado pela Ordem dos Notários e por um jurista de reconhecido mérito, cooptado pelos anteriores.

3 — O presidente do Conselho do Notariado é designado pelo Ministro da Justiça.

ARTIGO 53.º
Competência do Conselho do Notariado

Compete ao Conselho do Notariado:

a) Realizar os concursos para atribuição do título de notário;

b) Realizar os concursos para atribuição de licença de instalação de cartório notarial;

c) Designar o notário depositário dos livros e documentos notariais dos cartórios extintos;

d) Promover a publicação da transferência dos livros e documentos notariais dos cartórios extintos para os cartórios onde podem ser consultados;

e) Exercer acção disciplinar sobre os notários nos termos do presente Estatuto;

f) Emitir parecer sobre as iniciativas legislativas do Governo relativas à actividade notarial, designadamente à elaboração do mapa notarial, ao conteúdo das provas públicas de admissão à função notarial e aos requisitos da atribuição de licença de instalação de cartório notarial;

g) Acompanhar e assegurar a execução do processo de transformação do notariado para o regime constante do presente Estatuto;

h) Determinar a cessação da actividade do notário, bem como a sua readmissão, nos casos previstos no presente Estatuto;

i) Exercer as demais funções que o Ministro da Justiça, as leis ou o presente Estatuto lhe confira.

ARTIGO 54.º
Funcionamento

O Conselho do Notariado reúne ordinariamente duas vezes por mês e extraordinariamente sempre que o seu presidente ou a maioria dos seus membros considere conveniente.

ARTIGO 55.º
Senhas de presença

Os membros do Conselho do Notariado recebem uma senha de presença de valor fixado por despacho conjunto dos Ministros das Finanças e da Justiça por cada reunião em que participem.

ARTIGO 56.º
Apoio administrativo e financeiro

Cabe à Direcção-Geral dos Registos e do Notariado fornecer o apoio administrativo e financeiro ao Conselho do Notariado.

CAPÍTULO VIII
Fiscalização

ARTIGO 57.º
Fiscalização da actividade notarial

1 — Compete ao Ministro da Justiça a fiscalização da actividade notarial, mediante a realização de inspecções, em tudo o que se relacione com o exercício da função notarial.

2 — No âmbito da função referida no número anterior, compete ao Ministro da Justiça:

a) Elaborar o regulamento das inspecções;

b) Determinar a realização de inspecções, através dos serviços de inspecção do Ministério da Justiça;

c) Designar os inspectores e proceder à distribuição dos processos de inspecção;

d) Apreciar e decidir sobre as propostas e sugestões constantes dos relatórios de inspecção;

e) Exercer competência disciplinar sobre os notários;

f) Exercer as demais competências que neste domínio lhe sejam cometidas por lei.

ARTIGO 58.º
Inspecções

O Ministro da Justiça pode determinar a realização de inspecções, por sua iniciativa, a pedido do notário, ou ainda em consequência de participações ou de queixas.

ARTIGO 59.º
Medidas urgentes ou de carácter disciplinar

1 — Sempre que, no decurso de um visita de inspecção, sejam detectadas situações que exijam a adopção de medidas urgentes ou irregularidades susceptíveis de configurar infracção disciplinar, o inspector deve, no primeiro caso, comunicá-las imediatamente ao Ministro da Justiça e, no segundo, lavrar o competente auto, que deve enviar, também de imediato, à mesma entidade.

2 — O auto referido no número anterior tem valor de auto de notícia, para efeitos de procedimento disciplinar.

CAPÍTULO IX
Disciplina

SECÇÃO I
Disposições gerais

ARTIGO 60.º
Âmbito de aplicação

Os notários são disciplinarmente responsáveis perante o Ministro da Justiça e a Ordem dos Notários, nos termos do presente Estatuto e do Estatuto da Ordem dos Notários.

ARTIGO 61.º
Infracção disciplinar

Para efeitos do presente diploma, considera-se infracção disciplinar o facto, ainda que meramente culposo, praticado pelo notário com violação de algum dos deveres inerentes ao exercício da fé pública notarial, em especial os consagrados no Estatuto do Notariado e nos regulamentos nele previstos, no Código do Notariado, na tabela de custos dos actos notariais e em quaisquer outras disposições reguladoras da actividade notarial.

ARTIGO 62.º
Competência disciplinar

1 — São competentes para instaurar procedimento disciplinar o Ministro da Justiça e a Ordem dos Notários.

2 — O Ministro da Justiça exerce a acção disciplinar através do Conselho do Notariado e a Ordem dos Notários através dos seus órgãos competentes.

ARTIGO 63.º
Participação

1 — Todo aquele que tenha conhecimento de que um notário praticou infracção disciplinar pode participá-la ao Ministro da Justiça ou à Ordem dos Notários.

2 — Os tribunais e quaisquer autoridades devem dar conhecimento às entidades competentes para instaurar processo disciplinar de factos susceptíveis de constituírem infracção disciplinar.

3 — Se a participação for apresentada a órgão que não tenha competência para instaurar o processo disciplinar deve ser remetida ao órgão competente, pelo registo do correio e no prazo de três dias após o seu recebimento, com a indicação da data em que este se verificou.

4 — Quando conclua que a participação é infundada e dolosamente apresentada no intuito de prejudicar o notário e contenha matéria difamatória ou injuriosa, que atente contra a própria classe profissional, a

entidade competente para punir pode participar o facto criminalmente, sem prejuízo de adequado procedimento disciplinar quando o participante seja outro notário.

ARTIGO 64.º
Natureza secreta do processo

1 — O processo é de natureza secreta até à acusação, podendo, contudo, ser facultado o seu exame ao arguido, a requerimento deste, sob condição de não divulgar o que dele constar.

2 — O indeferimento do requerimento a que se refere o número anterior deve ser fundamentado e notificado ao arguido.

3 — Só é permitida a passagem de certidões quando destinadas à defesa de legítimos interesses e em face de requerimento, especificando o fim a que se destinam, podendo ser proibida, sob pena de desobediência, a sua publicação.

4 — A passagem das certidões atrás referidas somente pode ser autorizada pela entidade que dirige a investigação até à sua conclusão.

5 — O arguido que não respeite a natureza secreta do processo incorre em responsabilidade disciplinar.

6 — O arguido pode constituir advogado em qualquer fase do processo, nos termos gerais de direito, o qual assiste, querendo, ao interrogatório daquele.

ARTIGO 65.º
Prescrição do procedimento disciplinar

1 — O procedimento disciplinar prescreve no prazo de três anos sobre a data em que a infracção tiver sido cometida.

2 — As infracções disciplinares que constituem simultaneamente ilícito penal prescrevem no mesmo prazo que o procedimento criminal, quando este for superior.

ARTIGO 66.º
Nulidades

1 — É insuprível a nulidade resultante da falta de audiência do arguido em artigos de acusação nos quais as infracções sejam suficientemente individualizadas e referidas aos correspondentes preceitos legais, bem como a que resulte de omissão de quaisquer diligências essenciais para a descoberta da verdade.

2 — As restantes nulidades consideram-se supridas se não forem reclamadas pelo arguido até à decisão final.

3 — Do despacho que indefira o requerimento de quaisquer diligências probatórias cabe recurso hierárquico para o Ministro da Justiça, a interpor no prazo de 10 dias.

4 — O recurso previsto no número anterior sobe imediatamente nos próprios autos, considerando-se procedente se, no prazo de 20 dias, não for proferida decisão que expressamente lhe negue provimento.

5 — A decisão que negue provimento ao recurso previsto no número anterior só pode ser impugnada no recurso interposto da decisão final.

ARTIGO 67.º
Penas disciplinares

As penas disciplinares são as seguintes:
a) Repreensão escrita;
b) Multa de valor até metade do valor da alçada da Relação;
c) Suspensão do exercício da actividade até seis meses;
d) Suspensão do exercício da actividade por mais de seis meses até um ano;
e) Interdição definitiva do exercício da actividade.

ARTIGO 68.º
Aplicação das penas

1 — As penas previstas no artigo anterior são aplicáveis:
a) A de repreensão escrita por faltas leves de serviço;

b) A de multa a casos de negligência e má compreensão dos deveres funcionais;

c) A de suspensão até seis meses em caso de negligência grave ou de grave desinteresse pelo cumprimento dos deveres profissionais;

d) A de suspensão por mais de seis meses até um ano nos casos de procedimento que atente gravemente contra a dignidade e prestígio do notário ou da função notarial;

e) A de interdição definitiva do exercício da actividade às infracções que inviabilizam a manutenção da licença.

2 — A aplicação das penas previstas nas alíneas a) a c) do número anterior é da competência do Conselho do Notariado, sendo a aplicação das previstas nas alíneas d) e e) da competência exclusiva do Ministro da Justiça.

3 — As penas disciplinares das alíneas a) a d) do n.º 1 deste artigo podem ser suspensas, ponderados o grau de culpabilidade e o comportamento do arguido, bem como as circunstâncias da infracção, não podendo o tempo da suspensão ser inferior a um ano nem superior a três anos, contando-se estes prazos desde a data da notificação ao arguido da respectiva decisão punitiva.

4 — A suspensão caduca se o notário vier a ser, no seu decurso, punido novamente em virtude de processo disciplinar.

ARTIGO 69.º
Medida e graduação das penas

1 — Na aplicação das penas deve atender-se aos antecedentes profissionais e disciplinares do arguido, ao grau de culpabilidade, à sua personalidade, às consequências da infracção e a todas as circunstâncias em que a infracção tiver sido cometida que militem contra ou a seu favor.

2 — Não pode aplicar-se ao mesmo arguido mais de uma pena disciplinar por cada infracção ou pelas infracções acumuladas que sejam apreciadas num só processo.

3 — O disposto no número anterior é de observar mesmo no caso de infracções apreciadas em mais de um processo, quando apensados, nos termos do artigo 78.º

ARTIGO 70.º
Circunstâncias atenuantes especiais

1 — A pena pode ser atenuada quando existirem circunstâncias anteriores ou posteriores à infracção ou contemporâneas dela que diminuam de forma acentuada a ilicitude do facto, a culpa do arguido ou o fim da pena.

2 — São circunstâncias atenuantes especiais:

a) O exemplar comportamento e zelo durante mais de 10 anos, seguidos ou interpolados, no exercício de funções notariais;

b) A confissão espontânea da infracção;

c) Ter o arguido actuado sob influência de ameaça grave;

d) Ter sido a conduta do arguido determinada por motivo honroso, por forte solicitação ou tentação do próprio utente;

e) Ter havido actos demonstrativos de arrependimento sincero do arguido, nomeadamente a reparação, até onde lhe era possível, dos danos causados;

f) Ter decorrido muito tempo sobre a prática da infracção, mantendo o arguido boa conduta;

g) A provocação.

3 — Quando existam circunstâncias atenuantes que diminuam substancialmente a culpa do arguido, a pena pode ser atenuada aplicando-se pena de escalão inferior.

ARTIGO 71.º
Circunstâncias agravantes

São circunstâncias agravantes da infracção disciplinar:

a) A vontade determinada de, pela conduta seguida, produzir resultados prejudiciais a algum dos utentes, independentemente de estes se verificarem;

b) A produção efectiva de resultados prejudiciais a algum dos utentes ou ao interesse geral, nos casos em que o arguido pudesse prever essa consequência como efeito necessário da sua conduta;

c) A premeditação, consistindo esta no desígnio formado vinte e quatro horas antes, pelo menos, da prática da infracção;

d) O conluio com outros indivíduos para a prática da infracção;

e) O facto de ser cometida durante o cumprimento de pena disciplinar ou enquanto decorrer o período de suspensão da pena;

f) A reincidência, que se dá quando a infracção é cometida antes de decorrido um ano sobre o dia em que tiver findado o cumprimento da pena imposta por virtude de infracção anterior;

g) A acumulação, que ocorre quando duas ou mais infracções são cometidas na mesma ocasião ou quando uma é cometida antes de ter sido punida a anterior.

ARTIGO 72.º
Causas de exclusão da ilicitude e da culpa

São causa de exclusão da culpa e da ilicitude as previstas na lei penal.

ARTIGO 73.º
Prescrição das penas

As penas disciplinares prescrevem nos prazos seguintes, contados da data em que a decisão se tornou irrecorrível:

a) Seis meses, para as penas de repreensão escrita e de multa;

b) Três anos, para as penas de suspensão;

c) Cinco anos, para a pena de interdição definitiva do exercício da actividade.

ARTIGO 74.º
Publicidade das penas

Quando a pena aplicada for de suspensão efectiva ou expulsão, e sempre que tal for determinado na deliberação que a aplique, deve ser-lhe dada publicidade num dos jornais mais lidos da comarca onde o notário tenha domicílio profissional.

SECÇÃO II
Instrução do processo

ARTIGO 75.º
Instrução do processo

1 — O instrutor faz autuar o despacho com o auto, participação, queixa ou ofício que o contém e procede à investigação, ouvindo o participante, as testemunhas por este indicadas e as mais que julgar necessárias, procedendo a exames e mais diligências que possam esclarecer a verdade e fazendo juntar aos autos o certificado do registo disciplinar do arguido.

2 — O instrutor deve ouvir o arguido, a requerimento deste e sempre que o entender conveniente, até se ultimar a instrução, e pode também acareá-lo com as testemunhas ou com participantes.

3 — Durante a fase de instrução do processo, o arguido pode requerer ao instrutor que promova as diligências para que tenha competência e consideradas por aquele essenciais para o apuramento da verdade.

4 — Quando o instrutor julgue suficiente a prova produzida, pode indeferir o requerimento referido no número anterior.

5 — Quando o arguido seja acusado de incompetência profissional, pode o instrutor convidá-lo a executar quaisquer trabalhos segundo o programa traçado por dois peritos, que depois dão os seu laudos sobre as provas prestadas e a competência do mesmo.

6 — Os peritos a que se refere o número anterior devem ser juristas, de preferência notários, e são indicados pela entidade que tiver mandado instaurar o processo disciplinar, caso o arguido não tenha usado da faculdade de indicar um, e os trabalhos a fazer pelo arguido são da natureza dos que habitualmente competem aos notários.

7 — Durante a fase de instrução e até à elaboração do relatório final, pode ser ouvida, a requerimento do arguido, a Ordem dos Notários.

ARTIGO 76.º
Nomeação do instrutor

1 — A entidade que instaurar processo disciplinar deve nomear um

instrutor escolhido de entre os funcionários ou agentes do Ministério da Justiça, que possuam adequada formação jurídica.

2 — O instrutor pode escolher um secretário de sua confiança, cuja nomeação compete à entidade que o nomeou, bem como requisitar a colaboração de técnicos.

ARTIGO 77.º
Natureza da instrução e forma dos actos

1 — Na instrução do processo disciplinar deve o instrutor tentar atingir a verdade material, remover os obstáculos ao seu regular e rápido andamento e recusar o que for impertinente, inútil ou dilatório.

2 — A forma dos actos, quando não seja expressamente regulada, deve ajustar-se ao fim em vista e limitar-se ao indispensável para o atingir.

ARTIGO 78.º
Apensação do processo

1 — Por todas as infracções cometidas pelo mesmo arguido é organizado um só processo, mas, tendo-se instaurado diversos, são apensados ao de infracção mais grave e, no caso de a gravidade ser a mesma, àquele que primeiro tiver sido instaurado, sem prejuízo do disposto no número seguinte.

2 — Os processos mandados instaurar pelo Ministro da Justiça não podem ser apensados aos instaurados pela Ordem dos Notários, nem estes àqueles.

ARTIGO 79.º
Local de instrução

A instrução do processo realiza-se na localidade onde esteja sediado o cartório do arguido.

ARTIGO 80.º
Meios de prova

1 — Na instrução do processo são admissíveis todos os meios de prova em direito permitidos, sendo ilimitado o número de testemunhas.
2 — É aplicável à inquirição de testemunhas o disposto no n.º 4 do artigo 74.º

ARTIGO 81.º
Termo da instrução

1 — Concluída a investigação, o instrutor deve deduzir a acusação, especificando a identidade do arguido, articulando os factos imputados e as circunstâncias em que os mesmos foram praticados, referindo as normas legais e regulamentares infringidas, bem como as penas aplicáveis, fixando ao arguido um prazo para este apresentar a sua defesa escrita.
2 — No caso de concluir pelo arquivamento do processo ou por que este fique a aguardar a produção de melhor prova, deve elaborar relatório fundamentado, propondo que se arquive.

SECÇÃO III
Defesa do arguido

ARTIGO 82.º
Notificação da acusação

1 — O arguido é notificado da acusação, pessoalmente ou pelo correio, com entrega da respectiva cópia.
2 — A notificação, quando feita pelo correio, é remetida por carta registada com aviso de recepção para o cartório ou, caso o arguido se encontre suspenso preventivamente, para a residência deste.
3 — Se não for possível a notificação pessoal ou pelo correio, designadamente por o arguido se encontrar ausente em parte incerta, é notificado por edital, com o resumo da acusação, afixada na porta do seu domicílio profissional ou da última residência conhecida e a publicar num dos jornais mais lidos da comarca onde o notário tem domicílio profissional.

ARTIGO 83.º
Prazo para a defesa

1 — O prazo para a defesa é fixado entre 10 a 20 dias, se o arguido residir no continente, e entre 20 a 30 dias, se residir nas Regiões Autónomas dos Açores ou da Madeira ou no estrangeiro.

2 — Se a notificação for feita por edital, o prazo para apresentação da defesa não pode ser inferior a 30 nem superior a 60 dias contados da data da publicação.

3 — O instrutor pode ainda, em caso de justo impedimento, admitir a defesa apresentada extemporaneamente.

ARTIGO 84.º
Suspensão preventiva

1 — Após a acusação, sob proposta da entidade que tiver instaurado o processo disciplinar ou do instrutor, o Ministro da Justiça pode ordenar, por despacho, a suspensão preventiva do arguido, por prazo não superior a 90 dias, nos seguintes termos:

a) Se se verificar o perigo da prática de novas e graves infracções disciplinares ou a tentativa de perturbar o andamento da instrução do processo;

b) Se o arguido tiver sido pronunciado criminalmente por crime cometido no exercício da profissão.

2 — A suspensão só pode ter lugar em caso de infracção punível com pena de suspensão ou superior.

3 — A suspensão preventiva é sempre descontada nas penas de suspensão.

ARTIGO 85.º
Exercício do direito de defesa

1 — Se o arguido estiver impossibilitado de organizar a sua defesa por motivo de doença ou incapacidade física devidamente comprovadas, pode nomear um representante especialmente mandatado para esse efeito.

2 — No caso de o arguido não poder exercer o direito referido no número anterior, o instrutor deve nomear-lhe imediatamente um tutor,

preferindo a pessoa a quem competiria a tutela no caso de interdição, nos termos da lei civil.

3 — A nomeação referida no número anterior é restrita ao processo disciplinar, podendo o representante usar de todos os meios de defesa facultados ao arguido.

4 — O incidente de incapacidade mental pode ser suscitado pelo instrutor, pelo próprio ou por qualquer familiar deste.

ARTIGO 86.º
Apresentação da defesa

1 — A defesa deve expor clara e concisamente os factos e as razões que a fundamentam.

2 — Com a defesa deve o arguido apresentar o rol de testemunhas, juntar documentos e requerer quaisquer diligências, que podem ser recusadas, quando manifestamente impertinentes ou desnecessárias para o argumento dos factos.

3 — O arguido deve indicar os factos sobre os quais incidirá a prova, sendo convidado a fazê-lo, sob pena de indeferimento, na falta de indicação.

4 — Não podem ser indicadas mais de 5 testemunhas por cada facto e o seu total não pode exceder o número de 20, sem prejuízo do disposto no artigo seguinte.

5 — A falta de resposta dentro do prazo marcado vale como efectiva audiência do arguido.

ARTIGO 87.º
Realização de novas diligências

1 — O instrutor pode ordenar a realização de novas diligências que considere necessárias para o apuramento da verdade.

2 — Realizadas as diligências a que se refere o número anterior, o arguido tem o direito de ser ouvido no procedimento antes de ser tomada a decisão final, devendo fixar-se-lhe para o efeito um prazo não inferior a 10 dias.

ARTIGO 88.º
Confiança do processo

O processo pode ser confiado ao advogado do arguido, nos termos e sob a cominação do disposto no Código de Processo Civil.

SECÇÃO IV
Julgamento

ARTIGO 89.º
Relatório final

1 — Concluída a instrução do processo, o instrutor elabora um relatório completo e conciso de onde conste a existência material das faltas, a sua qualificação e gravidade e, bem assim, a pena que entender justa ou a proposta para que os autos se arquivem por ser insubsistente a acusação.

2 — O processo deve ser remetido seguidamente à entidade que o tiver mandado instaurar, a qual, se não for competente para decidir, o envia a quem deva proferir a decisão.

ARTIGO 90.º
Decisão

1 — A entidade competente analisa o processo no prazo de 30 dias, concordando ou não com as conclusões do relatório, podendo ordenar novas diligências.

2 — A decisão do processo é sempre fundamentada, quando não concordante com a proposta formulada no relatório do instrutor.

3 — Quando a decisão do processo for da exclusiva competência ministerial, pode ser ouvida a auditoria jurídica.

ARTIGO 91.º
Notificação

1 — A decisão é comunicada ao arguido, observando-se o disposto no artigo 82.º

2 — Na data em que se fizer a notificação ao arguido será igualmente notificado o instrutor, o presidente da direcção da Ordem dos Notários e também o participante, desde que este o tenha requerido.

ARTIGO 92.º
Prazo para decisão

1 — O processo disciplinar deve ser instruído e apresentado para decisão no prazo de seis meses contados da data da notificação ao instrutor do despacho que o mandou instaurar.

2 — Este prazo pode ser prorrogado até 90 dias, em casos de excepcional complexidade, por despacho fundamentado da entidade que tiver instaurado o processo.

3 — Não sendo cumpridos os prazos constantes deste artigo, é o processo redistribuído a outro instrutor nos mesmos termos e condições, devendo os factos ser comunicados à entidade competente para efeito de procedimento disciplinar, a instaurar contra o instrutor faltoso.

SECÇÃO V
Garantias

ARTIGO 93.º
Garantias impugnatórias

As decisões proferidas no processo disciplinar são susceptíveis de reclamação e de recurso hierárquico, nos termos previstos neste Estatuto e também das disposições aplicáveis do Código do Procedimento Administrativo.

ARTIGO 94.º
Garantias jurisdicionais

Das decisões do Ministro da Justiça e do Conselho do Notariado que apliquem sanções disciplinares cabe impugnação junto dos tribunais administrativos nos termos gerais.

SECÇÃO VI
Processo de inquérito

ARTIGO 95.º
Processo de inquérito

1 — O Ministro da Justiça ou o Conselho do Notariado podem ordenar inquéritos sempre que não esteja concretizada a infracção ou não seja conhecido o infractor e ainda quando se torne necessário proceder a averiguações destinadas ao esclarecimento dos factos.

2 — O processo de inquérito regula-se pelas normas aplicáveis ao processo disciplinar em tudo o que não esteja especialmente previsto.

3 — Finda a instrução do processo, que deve estar concluída no prazo máximo de 90 dias, o instrutor emite um parecer fundamentado, em que propõe o prosseguimento do processo como disciplinar ou o seu arquivamento, consoante considere que existem ou não indícios suficientes da prática de infracção disciplinar.

SECÇÃO VII
Revisão

ARTIGO 96.º
Requisitos da revisão

1 — A revisão dos processos disciplinares é admitida a todo o tempo, quando se verifiquem circunstâncias ou meios de prova suscepti-

veis de demonstrar a inexistência dos factos que determinaram a condenação e que não pudessem ter sido utilizados pelo arguido no processo disciplinar.

2 — A revisão pode conduzir à revogação ou alteração da decisão proferida no processo revisto, não podendo em caso algum ser agravada a pena.

3 — A pendência de recurso hierárquico ou impugnação junto dos tribunais administrativos não prejudica o requerimento da revisão do processo disciplinar.

ARTIGO 97.º
Legitimidade

1 — O interessado na revisão de um processo disciplinar ou, nos casos previstos no n.º 1 do artigo 85.º, o seu representante apresentam requerimento nesse sentido ao Ministro da Justiça.

2 — O requerimento deve indicar as circunstâncias ou meios de prova não considerados no processo disciplinar que ao requerente parecem justificar a revisão e será instruído com os documentos indispensáveis.

3 — A simples alegação de ilegalidade, de forma ou de fundo, do processo da decisão disciplinar não constitui fundamento para a revisão.

ARTIGO 98.º
Decisão

1 — Recebido o requerimento é proferida decisão concedendo ou não a revisão do processo.

2 — Da decisão que não conceder a revisão cabe impugnação junto dos tribunais administrativos.

ARTIGO 99.º
Trâmites

Apresentado o pedido de revisão, este é apensado ao processo disciplinar, nomeando-se instrutor diferente do primeiro que marcará ao interessado prazo não inferior a 10 nem superior a 20 dias para responder por escrito aos artigos de acusação constantes do processo a rever, seguindo-se os termos dos artigos 82.º e 85.º e seguintes.

ARTIGO 100.º
Efeito sobre o cumprimento da pena

A revisão do processo não suspende o cumprimento da pena.

ARTIGO 101.º
Efeitos da revisão procedente

1 — No caso de procedência da revisão, será revogada ou alterada a decisão proferida no processo revisto.
2 — A revogação produz os seguintes efeitos:
a) Cancelamento do averbamento da decisão punitiva;
b) Anulação dos efeitos da pena.

ARTIGO 102.º
Direitos do arguido

Em casos de revogação ou alteração da pena de interdição definitiva do exercício da actividade, se a titularidade da licença tiver sido transmitida por força das disposições legais que regulam a atribuição de licenças para o exercício da actividade notarial, o arguido tem direito a requerer a atribuição, sem sujeição a concurso, de uma licença de instalação de cartório notarial no mesmo município onde era titular aquando da aplicação da pena caso houver concurso aberto para esse efeito na data da revogação ou alteração da pena ou, no caso de o não haver, a requerer a atribuição da primeira licença de cartório que seja posta a concurso imediatamente a seguir à referida data.

SECÇÃO VIII
Disposições finais

ARTIGO 103.º
Produção de efeitos das penas

A pena começa a produzir os seus efeitos legais no dia seguinte ao da notificação ao arguido da decisão punitiva ou, não podendo este ser notificado, 15 dias após a publicação de aviso nos termos do n.º 3 do artigo 82.º

ARTIGO 104.º
Destino das multas

1 — As multas aplicadas nos termos do presente diploma constituem receita do fundo de compensação, previsto no Estatuto da Ordem dos Notários.

2 — Se o arguido condenado em multa não a pagar no prazo de 30 dias contadas da data da notificação, a importância respectiva será cobrada em processo de execução, a requerer pelo Ministério Público, com base em certidão da decisão punitiva, que para o efeito lhe será remetida.

ARTIGO 105.º
Direito subsidiário

Na falta de previsão do presente Estatuto, aplicam-se subsidiariamente ao procedimento disciplinar as regras do Código do Procedimento Administrativo e do Estatuto Disciplinar dos Funcionários e Agentes da Administração Central, Regional e Local e as normas gerais de direito penal e processual penal.

CAPÍTULO X
Regime transitório

SECÇÃO I
Período de transição

ARTIGO 106.º
Duração

1 — A transição do actual para o novo regime do notariado deve operar-se num período de dois anos contados da data de entrada em vigor do presente Estatuto.

2 — Durante o período de transição deve proceder-se ao processo de transformação dos actuais cartórios, à abertura de concursos para atribuição de licenças, à resolução das situações funcionais dos notários e dos oficiais que deixem de exercer funções no notariado e demais operações jurídicas e materiais necessárias à transição.

SECÇÃO II
Dos notários

ARTIGO 107.º
Regime

1 — É reconhecida aos actuais notários a possibilidade de optarem por uma das seguintes situações:
 a) Transição para o novo regime do notariado;
 b) Integração em serviço da Direcção-Geral dos Registos e do Notariado.

2 — A opção referida na alínea a) do número anterior é feita mediante requerimento de admissão ao concurso para a atribuição de licença dirigido ao Ministro da Justiça e entregue na Direcção-Geral dos Registos e do Notariado, no prazo de 30 dias a contar da abertura do concurso previsto no artigo 123.º deste diploma.

3 — Da ausência de entrega do requerimento presume-se, após o decurso do período referido no número anterior, que o notário faz a opção referida na alínea b) do n.º 1.

4 — É reconhecido aos notários que optarem pelo novo regime de notariado, previsto na alínea a) do n.º 1, o benefício de uma licença sem vencimento com a duração máxima de cinco anos contados da data de início de funções.

5 — O notário beneficiário da licença prevista no número anterior pode requerer a todo o tempo o regresso ao serviço na Direcção-Geral dos Registos e do Notariado para lugar no quadro paralelo criado nos termos do n.º 1 do artigo 109.º deste diploma.

6 — O notário que, ao abrigo do número precedente, requeira o regresso ao serviço fica inibido de novamente se habilitar a concurso para atribuição de licença de instalação de cartório notarial.

SECÇÃO III
Dos oficiais do notariado

ARTIGO 108.º
Regime

1 — Os oficiais do notariado abrangidos pelo processo de transformação são integrados em serviço da Direcção-Geral dos Registos e do Notariado, nos termos do artigo seguinte.

2 — É reconhecido aos oficiais a possibilidade de transitarem para o novo regime de notariado, desde que obtido o acordo de um notário, podendo beneficiar, neste caso, de uma licença sem vencimento com a duração máxima de cinco anos contados da data do respectivo início de funções.

3 — A licença referida no número anterior será requerida pelo interessado e autorizada por despacho do Ministro da Justiça.

4 — Os oficiais em gozo de licença referida neste artigo podem a todo o tempo regressar ao serviço, no âmbito da Direcção-Geral dos Registos e do Notariado, para lugar do quadro paralelo criado nos termos do n.º 1 do artigo seguinte.

SECÇÃO IV
Quadros de pessoal paralelos

ARTIGO 109.º
Regime

1 — Na data de entrada em vigor do presente diploma são criados, por município, quadros de pessoal paralelos com o número de lugares correspondente ao número dos funcionários dos cartórios notariais abrangidos pelo presente diploma e a extinguir quando vagarem.

2 — Os notários e os oficiais que prestam serviço nos cartórios notariais abrangidos pelo presente diploma são integrados no quadro de pessoal paralelo do município onde prestam serviço, com manutenção do direito à sua categoria funcional.

3 — Os notários e os oficiais mantêm-se a prestar serviço no mesmo cartório até à tomada de posse do notário que iniciar funções nos termos previstos no presente diploma.

4 — A afectação do pessoal referido no n.º 2 do presente artigo aos serviços externos dos registos localizados na área do respectivo município processa-se por despacho do director-geral dos Registos e do Notariado em lugar de categoria funcional equivalente e de acordo com as regras estabelecidas na lei orgânica dos serviços e nos regulamentos dos registos e do notariado, aplicáveis com as necessárias adaptações.

5 — A afectação referida no número anterior pode fazer-se para qualquer outro município, a requerimento do interessado e por conveniência dos serviços.

ARTIGO 110.º
Dos notários

1 — A afectação dos notários faz-se nos termos do n.º 4 do artigo anterior, com manutenção do vencimento de categoria e de exercício que auferem naquela data.

2 — A integração dos notários nos serviços externos dos registos faz-se para lugares vagos ou, se tal se mostrar necessário, em lugares de

segundo-conservador, a extinguir quando vagar, de categoria funcional equivalente e de acordo com as regras estabelecidas na lei orgânica dos serviços e nos regulamentos dos registos e do notariado, aplicáveis com as necessárias adaptações.

ARTIGO 111.º
Dos ajudantes

1 — A afectação dos ajudantes processa-se nos termos do n.º 4 do artigo 109.º, com manutenção do direito ao vencimento de categoria e de exercício que auferem naquela data.

2 — A Direcção-Geral dos Registos e do Notariado fica obrigada a promover a realização de acções de formação específica de modo a possibilitar a integração dos ajudantes, tendo em vista a obtenção de habilitação adequada e certificada para o exercício de funções na carreira de ajudante dos registos.

3 — Os ajudantes do notariado que no período de três anos após a afectação não frequentem acções de formação promovidas pela Direcção-Geral dos Registos e do Notariado ficam inibidos de se apresentar a concurso de promoção no âmbito da Direcção-Geral.

4 — O referido no número anterior é igualmente aplicável aos ajudantes que, tendo beneficiado da licença prevista no n.º 2 do artigo 108.º, regressem aos serviços da Direcção-Geral dos Registos e do Notariado.

ARTIGO 112.º
Dos escriturários

1 — A afectação dos escriturários prevista no n.º 4 do artigo 109.º aos serviços externos dos registos provoca o alargamento automático do quadro de pessoal do serviço correspondente, considerando-se o escriturário nele integrado sem perda da antiguidade aferida à data da integração.

2 — A Direcção-Geral dos Registos e do Notariado diligenciará a realização de acções de formação de modo a possibilitar uma adequada integração dos escriturários.

SECÇÃO V
Protecção social

ARTIGO 113.º
Regime dos notários

1 — Os notários que transitem do actual para o novo regime de notariado mantêm a sua inscrição na Caixa Geral de Aposentações e continuam a ser beneficiários dos Serviços Sociais do Ministério da Justiça, salvo se optarem pelo regime da segurança social dos trabalhadores independentes, sendo, neste caso, eliminada a sua inscrição nestas instituições.

2 — Mantendo-se a inscrição na Caixa Geral de Aposentações nos termos do número anterior, a remuneração relevante para efeitos de desconto de quotas não pode ser inferior à correspondente média mensal das remunerações percebidas no ano imediatamente anterior à data da transição para o novo regime e a pensão de aposentação determina-se pela média mensal das remunerações sujeitas a desconto de quotas auferidas nos últimos três anos, com exclusão dos subsídios de férias e de Natal ou prestações equivalentes, com o limite estabelecido no n.º 5 do artigo 47.º do Estatuto da Aposentação.

3 — No caso referido no número anterior, os notários pagam as suas quotas à Caixa Geral de Aposentações no prazo fixado no n.º 1 do artigo 8.º do Estatuto da Aposentação e no n.º 1 do artigo 17.º do Estatuto das Pensões de Sobrevivência.

4 — Os notários que se mantenham na situação prevista na parte inicial do n.º 1 do presente artigo pagam à Caixa Geral de Aposentações, para além da quota prevista no n.º 2, uma contribuição de igual montante para financiamento desta Caixa.

5 — Os notários que se aposentem ao abrigo do Estatuto da Aposentação continuam a descontar nos termos dos números anteriores para a Caixa Geral de Aposentações, enquanto não cessarem a actividade nos termos previstos no artigo 41.º do presente Estatuto.

6 — Em caso de opção pelo regime de segurança social dos trabalhadores independentes, o tempo de serviço prestado até à data de cancelamento da inscrição na Caixa Geral de Aposentações é considerado pela

segurança social para o cálculo da pensão unificada regulada pelo Decreto-Lei n.º 361/98, de 18 de Novembro.

7 — O regime de protecção definido nos números anteriores é igualmente aplicável aos conservadores dos registos que, durante o período transitório, venham a exercer actividade notarial ao abrigo do presente Estatuto.

ARTIGO 114.º
Regime dos oficiais do notariado

1 — Os oficiais do notariado que ao transitarem do actual para o novo regime do notariado requeiram licença sem vencimento prevista no n.º 2 do artigo 108.º e se encontrem inscritos na Caixa Geral de Aposentações podem optar, enquanto durar aquela licença, pela manutenção da sua inscrição naquela Caixa e pela continuação da situação de beneficiários dos Serviços Sociais do Ministério da Justiça, salvo se optarem pelo regime de segurança social dos trabalhadores por conta de outrem.

2 — Mantendo-se a inscrição na Caixa Geral de Aposentações nos termos do número anterior, a remuneração a considerar na base de cálculo das quotas e pensões dos oficiais é a correspondente à média mensal das remunerações percebidas no ano imediatamente antecedente à data da transição, actualizada na proporção do aumento das remunerações da função pública.

3 — No termo do prazo da licença sem vencimento a que se refere o n.º 1 do presente artigo, e optando os oficiais pela transição definitiva para novo regime do notariado, podem os mesmos manter a sua inscrição na Caixa Geral de Aposentações, continuando beneficiários dos Serviços Sociais do Ministério da Justiça.

4 — Os notários entregam mensalmente à Caixa Geral de Aposentações as quotas devidas pelo pessoal ao seu serviço inscrito nesta Caixa, acrescidas de uma contribuição de igual montante.

ARTIGO 115.º
Encargos com pensões

O Instituto de Gestão Financeira e Patrimonial do Ministério da Justiça suporta os encargos com as pensões já atribuídas ou a atribuir que, nos termos da legislação aplicável, sejam da sua responsabilidade.

SECÇÃO VI
Licença e processo de transformação dos cartórios

ARTIGO 116.º
Âmbito

São objecto do processo de transformação os cartórios notariais actualmente instalados e abrangidos pelo presente diploma.

ARTIGO 117.º
Início

O processo de transformação inicia-se com a atribuição ao notário de licença de instalação de cartório notarial.

ARTIGO 118.º
Operações de transformação

O processo de transformação envolve todas as operações jurídicas e materiais necessárias à transmissão dos meios postos ao serviço dos actuais cartórios, bem como a transferência do respectivo acervo documental.

ARTIGO 119.º
Duração

1 — O prazo máximo do processo de transformação é de 90 dias contados da data da atribuição da licença.

2 — Excepcionalmente, o prazo referido no número anterior poderá ser alargado a pedido do notário.

3 — Dentro do prazo referido no n.º 1 deve o notário comunicar à Direcção-Geral dos Registos e do Notariado a sede do cartório onde se propõe exercer funções e a identificação dos funcionários que transitem para o novo regime de notariado.

ARTIGO 120.º
Das instalações

1 — Os notários titulares de cartórios notariais que por obtenção de licença ao abrigo do presente Estatuto se encontrem sediados em instalações do Estado ou de outras entidades públicas, bem como em instalações arrendadas ao Estado ou outras entidades públicas, devem deixá-las livres e devolutas no prazo máximo de 60 dias, salvo acordo em contrário com o notário.

2 — No caso dos espaços arrendados, o Ministério da Justiça providencia, caso se justifique, pela manutenção do arrendamento a favor do Estado ou outras entidades públicas, ou pela cessação do mesmo em caso contrário.

ARTIGO 121.º
Arquivo e equipamentos

1 — O acervo documental existente no cartório notarial abrangido pelo processo de transformação é transferido para o notário que suceda na titularidade do mesmo.

2 — O mobiliário e equipamento dos actuais cartórios que sejam propriedade do Estado são transferidos para o notário que suceda na titularidade do mesmo, se o desejar, pelo seu valor de avaliação, com dedução do valor de depreciação, servindo de título bastante à transmissão o disposto no presente artigo.

3 — No dia imediato à tomada de posse, o notário procede ao inventário do cartório de que passe a ser titular, constituindo-se fiel depositário dos livros e documentos existentes.

4 — No acto de inventário estará presente, para além do notário titu-

lar, o director-geral dos Registos e do Notariado, ou quem por este for designado, e o anterior notário ou o respectivo substituto.

SECÇÃO VII
Posse

ARTIGO 122.º
Início de funções

O notário inicia funções após tomada de posse, que tem lugar no prazo máximo de 15 dias a contar da conclusão do processo de transformação.

SECÇÃO VIII
Disposições finais

ARTIGO 123.º
Primeiro concurso

1 — É reconhecido o direito de se apresentarem ao primeiro concurso para atribuição de licença de instalação de cartório notarial aos notários, aos conservadores dos registos, aos adjuntos de conservador e de notário e aos auditores dos registos e do notariado.

2 — O concurso é documental e, na graduação dos concorrentes, deve ter-se em conta a classificação de serviço, a antiguidade no notariado, o currículo do interessado e, no caso dos auditores, a classificação obtida no procedimento de ingresso.

3 — A graduação é numérica e deve resultar da ponderação atribuída aos critérios referidos no número anterior.

4 — O notário que concorra ao lugar de que é titular à data de abertura do concurso goza de preferência absoluta na atribuição da respectiva licença.

ARTIGO 124.º
Concursos subsequentes

Concluído o concurso referido no artigo anterior, o Ministério da Justiça, durante o período transitório, deve abrir novos concursos para atribuição de licenças de instalação de cartórios notariais, de acordo com o número de lugares vagos e respectiva localização geográfica previstos no mapa notarial anexo ao presente Estatuto.

ARTIGO 125.º
Formação e estágio

1 — Tendo em vista a implementação da presente reforma, o Ministério da Justiça promove a realização de cursos de formação de notariado, incluindo estágio, para licenciados em Direito, a decorrer em instituições universitárias e cartórios notariais, com o objectivo de habilitar os formandos com o título de notário.

2 — A duração e os requisitos de acesso ao curso de formação e do estágio, bem como o respectivo procedimento, são fixados por portaria do Ministro da Justiça.

ARTIGO 126.º
Aplicação aos actuais notários

1 — O presente Estatuto aplica-se aos notários que iniciem funções no âmbito do mesmo.

2 — Os notários que, durante o período transitório, continuem a exercer a respectiva função permanecem sujeitos à disciplina orgânica dos serviços dos Registos e do Notariado estabelecida no Decreto--Lei n.º 519-F2/79, de 29 de Dezembro, e ao estabelecido no Decreto--Lei n.º 322-A/2001, de 14 de Dezembro, bem como a todas as demais disposições legais que presentemente lhes são aplicáveis.

ARTIGO 127.º
Notários privativos e cartório de competência especializada

Os notários privativos e cartórios de competência especializada são regidos por diploma próprio.

ARTIGO 128.º
Competências atribuídas aos órgãos da Ordem dos Notários

Até à tomada de posse dos membros eleitos nas primeiras eleições para os órgãos sociais da Ordem dos Notários, cabe ao director-geral dos Registos e do Notariado exercer as competências que por este Estatuto lhes são atribuídas, designadamente as de natureza disciplinar, sem prejuízo das competências cometidas à comissão instaladora da Ordem dos Notários.

ARTIGO 129.º
Revisão do regime do notariado

O presente Estatuto deve ser revisto no prazo de cinco anos, visando, designadamente, a transferência das competências do Ministério da Justiça para a Ordem dos Notários.

ANEXO

MAPA NOTARIAL

(De acordo com o Artigo 6.º n.º 2)
Região Autónoma dos Açores

Município	*Nº de Notários*
Angra do Heroísmo	1
Calheta	1
Santa Cruz da Graciosa	1
Velas	1
Vila da Praia da Vitória	1
Corvo	1
Horta	1
Lajes das Flores	1
Lajes do Pico	1
Madalena	1
Santa Cruz das Flores	1
São Roque do Pico	1
Lagoa	1
Nordeste	1
Ponta Delgada	2
Povoação	1
Ribeira Grande	1
Vila Franca do Campo	1
Vila do Porto	1
Total Distrital	**20**

Distrito de Aveiro

Município	*Nº de Notários*
Águeda	2
Albergaria-a-Velha	1
Anadia	1
Arouca	1
Aveiro	3
Castelo de Paiva	1
Espinho	2
Estarreja	2
Vila da Feira	4
Ílhavo	2
Mealhada	1
Murtosa	1
Oliveira de Azeméis	2
Oliveira do Bairro	1
Ovar	2
S. João da Madeira	1
Sever do Vouga	1
Vagos	1
Vale de Cambra	1
Total Distrital	**30**

Distrito de Beja

Município	*Nº de Notários*
Aljustrel	1
Almodôvar	1
Alvito	1
Barrancos	1
Beja	2
Castro Verde	1
Cuba	1
Ferreira do Alentejo	1
Mértola	1
Moura	1
Odemira	1
Ourique	1

Serpa	1
Vidigueira	1
Total Distrital	**15**

Distrito de Braga

Município	*Nº de Notários*
Amares	1
Barcelos	4
Braga	6
Cabeceiras de Basto	1
Celorico de Basto	1
Esposende	2
Fafe	2
Guimarães	5
Póvoa de Lanhoso	1
Terras de Bouro	1
Vieira do Minho	1
Vila Nova de Famalicão	4
Vila Verde	1
Vizela	1
Total Distrital	**31**

Distrito de Bragança

Município	*Nº de Notários*
Alfândega da Fé	1
Bragança	2
Carrazeda de Ansiães	1
Freixo de Espada à Cinta	1
Macedo de Cavaleiros	1
Miranda do Douro	1
Mirandela	2
Mogadouro	1
Torre de Moncorvo	1
Vila Flor	1
Vimioso	1
Vinhais	1
Total Distrital	**14**

Distrito de Castelo Branco

Município	Nº de Notários
Belmonte	1
Castelo Branco	3
Covilhã	2
Fundão	2
Idanha-a-Nova	1
Oleiros	1
Penamacor	1
Proença-a-Nova	1
Sertã	1
Vila de Rei	1
Vila Velha de Ródão	1
Total Distrital	**15**

Distrito de Coimbra

Município	Nº de Notários
Arganil	1
Cantanhede	2
Coimbra	6
Condeixa-a-Nova	1
Figueira da Foz	3
Góis	1
Lousã	1
Mira	1
Miranda do Corvo	1
Montemor-o-Velho	1
Oliveira do Hospital	1
Pampilhosa da Serra	1
Penacova	1
Penela	1
Soure	1
Tábua	1
Vila Nova de Poiares	1
Total Distrital	**25**

Distrito de Évora

Município	Nº de Notários
Alandroal	1
Arraiolos	1
Borba	1
Estremoz	1
Évora	3
Montemor-o-Novo	1
Mora	1
Mourão	1
Portel	1
Redondo	1
Reguengos de Monsaraz	1
Vendas Novas	1
Viana do Alentejo	1
Vila Viçosa	1
Total Distrital	**16**

Distrito de Faro

Município	Nº de Notários
Albufeira	2
Alcoutim	1
Aljezur	1
Castro Marim	1
Faro	3
Lagoa	2
Lagos	2
Loulé	4
Monchique	1
Olhão	2
Portimão	3
S. Brás de Alportel	1
Silves	2
Tavira	2
Vila do Bispo	1
Vila Real de Santo António	1
Total Distrital	**29**

Distrito da Guarda

Município	Nº de Notários
Aguiar da Beira	1
Almeida	1
Celorico da Beira	1
Figueira de Castelo Rodrigo	1
Fornos de Algodres	1
Gouveia	1
Guarda	2
Manteigas	1
Meda	1
Pinhel	1
Sabugal	1
Seia	1
Trancoso	1
Vila Nova de Foz Côa	1
Total Distrital	**15**

Distrito de Leiria

Município	Nº de Notários
Alcobaça	2
Alvaiázere	1
Ansião	1
Batalha	1
Bombarral	1
Caldas da Rainha	2
Castanheira de Pêra	1
Figueiró dos Vinhos	1
Leiria	4
Marinha Grande	2
Nazaré	1
Óbidos	1
Pedrógão Grande	1
Peniche	1
Pombal	2
Porto de Mós	1
Total Distrital	**23**

Distrito de Lisboa

Município	Nº de Notários
Alenquer	2
Amadora	5
Arruda dos Vinhos	1
Azambuja	1
Cadaval	1
Cascais	6
Lisboa	45
Loures	6
Lourinhã	1
Mafra	2
Odivelas	3
Oeiras	7
Sintra	11
Sobral de Monte Agraço	1
Torres Vedras	3
Vila Franca de Xira	6
Total Distrital	**101**

Região Autónoma da Madeira

Município	Nº de Notários
Calheta	1
Câmara de Lobos	1
Funchal	4
Machico	1
Ponta do Sol	1
Porto Moniz	1
Porto Santo	1
Ribeira Brava	1
Santa Cruz	1
Santana	1
São Vicente	1
Total Distrital	**14**

Distrito de Portalegre

Município	*Nº de Notários*
Alter do Chão	1
Arronches	1
Avis	1
Campo Maior	1
Castelo de Vide	1
Crato	1
Elvas	1
Fronteira	1
Gavião	1
Marvão	1
Monforte	1
Nisa	1
Ponte de Sor	1
Portalegre	1
Sousel	1
Total Distrital	**15**

Distrito do Porto

Município	*Nº de Notários*
Amarante	2
Baião	1
Felgueiras	2
Gondomar	5
Lousada	2
Maia	3
Marco de Canaveses	2
Matosinhos	5
Paços de Ferreira	2
Paredes	2
Penafiel	2
Porto	15
Póvoa de Varzim	2
Santo Tirso	2
Trofa	1
Valongo	3

Vila do Conde	3
Vila Nova de Gaia	10
Total Distrital	**64**

Distrito de Santarém

Município	Nº de Notários
Abrantes	2
Alcanena	1
Almeirim	1
Alpiarça	1
Benavente	1
Cartaxo	1
Chamusca	1
Constância	1
Coruche	1
Entroncamento	1
Ferreira do Zêzere	1
Golegã	1
Mação	1
Ourém	2
Rio Maior	1
Salvaterra de Magos	1
Santarém	3
Sardoal	1
Tomar	2
Torres Novas	2
Vila Nova da Barquinha	1
Total Distrital	27

Distrito de Setúbal

Município	Nº de Notários
Alcácer do Sal	1
Alcochete	1
Almada	6
Barreiro	3
Grândola	1

Moita	3
Montijo	2
Palmela	2
Santiago do Cacém	2
Seixal	4
Sesimbra	2
Setúbal	5
Sines	1
Total Distrital	**33**

Distrito de Viana do Castelo

Município	*Nº de Notários*
Arcos de Valdevez	1
Caminha	1
Melgaço	1
Monção	1
Paredes de Coura	1
Ponte da Barca	1
Ponte de Lima	2
Valença	1
Viana do Castelo	3
Vila Nova de Cerveira	1
Total Distrital	**13**

Distrito de Vila Real

Município	*Nº de Notários*
Alijó	1
Boticas	1
Chaves	2
Mesão Frio	1
Mondim de Basto	1
Montalegre	1
Murça	1
Peso da Régua	1
Ribeira de Pena	1

Sabrosa	1
Santa Marta de Penaguião	1
Valpaços	1
Vila Pouca de Aguiar	1
Vila Real	2
Total Distrital	**16**

Distrito de Viseu

Município	*Nº de Notários*
Armamar	1
Carregal do Sal	1
Castro Daire	1
Cinfães	1
Lamego	1
Mangualde	1
Moimenta da Beira	1
Mortágua	1
Nelas	1
Oliveira de Frades	1
Penalva do Castelo	1
Penedono	1
Resende	1
Santa Comba Dão	1
São João da Pesqueira	1
São Pedro do Sul	1
Sátão	1
Sernancelhe	1
Tabuaço	1
Tarouca	1
Tondela	1
Vila Nova de Paiva	1
Viseu	4
Vouzela	1
Total Distrital	**27**

TOTAL NACIONAL **543**

ORDEM DOS NOTÁRIOS

Decreto-Lei n.º 27/2004
de 4 de Fevereiro

Com a reforma do notariado e consequente privatização do sector, os notários assumirão uma dupla condição, a de oficiais, enquanto delegatários de fé pública, e a de profissionais liberais, desvinculados da actual condição de funcionários públicos.

Surge, por isso, com a reforma do notariado uma nova classe profissional, liberal e independente: a dos notários.

A nova classe profissional, a par de outras profissões jurídicas, assume especial relevância no desempenho da Justiça, quer pela sua especial vocação na prevenção da conflitualidade e, por isso, na pacificação da sociedade, quer pelo decisivo contributo na introdução dos valores da certeza e da confiança numa economia de mercado cada vez mais concorrencial e em permanente mutação.

O conteúdo da função de notário prende-se directamente com quase todas as relações jurídico-patrimoniais das pessoas e com as estruturas das empresas. A sua esfera de actuação insere-se no vasto domínio do direito privado e existe como fundamental instrumento cada vez mais necessário para a garantia desses direitos dos cidadãos e geral segurança do comércio jurídico.

Na sua condição de oficial, detentor de fé pública, o notário depende do Ministro da Justiça, detendo este poder disciplinar e regulamentar sobre aquele.

Torna-se agora necessário instituir uma ordem profissional que, atenta a nova faceta liberal do notário, regule em parceria com o Ministério da Justiça o exercício da actividade notarial, em termos de assegurar o respeito dos princípios deontológicos que devem nortear os profissionais que a ela se dedicam e de garantir a prossecução dos interesses públicos que lhes estão subjacentes, sem prejuízo dos poderes de intervenção que, atendendo à natureza da profissão, por lei estão assegurados ao Ministro da Justiça.

Foram cumpridos os procedimentos da Lei n.º 23/98, de 26 de Maio. Foi ouvida a Comissão Nacional de Protecção de Dados. Assim:

No uso da autorização legislativa concedida pelo artigo 1.º da Lei n.º 49/2003, de 22 de Agosto, e nos termos da alínea b) do n.º 1 do artigo 198.º da Constituição, o Governo decreta o seguinte:

ARTIGO 1.º
Objecto

É criada a Ordem dos Notários e aprovado o respectivo notariado anexo ao presente diploma e que dele faz parte integrante.

ARTIGO 2.º
Comissão instaladora

1 — O Ministro da Justiça nomeia, por despacho, a comissão instaladora da Ordem dos Notários.

2 — À comissão instaladora compete exclusivamente:

a) Elaborar e submeter à aprovação do Ministro da Justiça o regulamento eleitoral das primeiras eleições para os órgãos sociais da Ordem dos Notários até ao termo do prazo da transição para o novo regime do notariado previsto no notariado;

b) Organizar as primeiras eleições para os órgãos sociais da Ordem dos Notários, a realizar no prazo de seis meses contados do termo do prazo de transição para o novo regime do notariado;

c) Aceitar as inscrições na Ordem.

3 — Os primeiros membros eleitos dos órgãos sociais da Ordem dos Notários tomam posse perante o Ministro da Justiça no prazo de 10 dias após o encerramento da assembleia eleitoral.

4 — O mandato da comissão instaladora termina com a tomada de posse dos primeiros membros eleitos dos órgãos sociais da Ordem dos Notários.

5 — No termo do mandato, a comissão instaladora deve apresentar contas do mandato exercido.

Visto e aprovado em Conselho de Ministros de 17 de Dezembro de 2003. — *José Manuel Durão Barroso — Maria Manuela Dias Ferreira Leite — Maria Celeste Ferreira Lopes Cardona.*

Promulgado em 23 de Janeiro de 2004.

Publique-se.

O Presidente da República, JORGE SAMPAIO.

Referendado em 27 de Janeiro de 2004.

O Primeiro-Ministro, *José Manuel Durão Barroso.*

ANEXO

ESTATUTO DA ORDEM DOS NOTÁRIOS

CAPÍTULO I
Disposições gerais

ARTIGO 1.º
Denominação, natureza e sede

1 — A Ordem dos Notários é a instituição representativa dos notários portugueses.
2 — A Ordem dos Notários é independente dos órgãos do Estado.
3 — A Ordem dos Notários goza de personalidade jurídica e tem sede em Lisboa.

ARTIGO 2.º
Âmbito

1 — A Ordem dos Notários exerce as atribuições definidas neste notariado no território da República Portuguesa.
2 — A Ordem dos Notários pode criar delegações regionais.

ARTIGO 3.º
Atribuições

1 — São atribuições da Ordem dos Notários:
a) Defender o Estado de direito e os direitos e garantias pessoais e

colaborar na administração da justiça, propondo as medidas legislativas que considera adequadas ao seu bom funcionamento;

b) Assegurar o desenvolvimento transparente da actividade notarial, com respeito pelos princípios da independência e da imparcialidade;

c) Promover a divulgação e o aprofundamento dos princípios deontológicos da actividade notarial, tendo em conta a natureza pública essencial desta, e zelar pelo seu cumprimento;

d) Promover o aperfeiçoamento e a actualização profissionais dos notários e colaborar com as associações representativas dos trabalhadores do notariado na formação e actualização profissionais destes;

e) Colaborar com o Estado nos concursos para notários e nos concursos de licenciamento de cartório notarial;

f) Defender os interesses e direitos dos seus membros;

g) Reforçar a solidariedade entre os seus membros, designadamente através da gestão do Fundo de Compensação;

h) Adoptar os regulamentos internos convenientes;

i) Exercer, em conjunto com o Estado, a fiscalização da actividade notarial;

j) Exercer jurisdição disciplinar sobre os notários no âmbito dos deveres constantes do presente notariado dos seus regulamentos internos e das normas deontológicas e colaborar com o Estado no exercício da restante jurisdição disciplinar;

l) Contribuir para o desenvolvimento da cultura jurídica e aperfeiçoamento da elaboração do direito, devendo ser ouvida sobre os projectos de diploma legislativos e regulamentares que interessam ao exercício da actividade notarial, nomeadamente os que definam as respectivas condições de acesso, as incompatibilidades e os impedimentos dos notários, bem como os que fixam os valores dos actos notariais;

m) Representar os notários portugueses junto de entidades nacionais e internacionais e contribuir para o estreitamento das ligações com organismos congéneres estrangeiros;

n) Dar laudos sobre honorários, quando solicitados pelos tribunais, pelos notários, por qualquer interessado ou, em relação às contas, pelo responsável do respectivo pagamento;

o) Exercer as demais funções que resultam das disposições deste notariado ou de outros preceitos legais.

2 — A gestão do Fundo de Compensação rege-se por contrato de gestão e pelas disposições legais e regulamentares aplicáveis.

ARTIGO 4.º
Representação da Ordem dos Notários

A Ordem dos Notários é representada em juízo e fora dele pelo bastonário.

ARTIGO 5.º
Recursos

1 — Os actos praticados pelos órgãos da Ordem dos Notários no exercício das respectivas competências podem ser objecto de reclamação ou recurso hierárquico.

2 — Podem ser apresentadas queixas junto do Provedor de Justiça dos actos praticados pelos órgãos da Ordem dos Notários.

3 — Os actos praticados pelos órgãos da Ordem dos Notários podem ser objecto de acções e medidas processuais adequadas, propostas nos tribunais administrativos, nos termos gerais de direito.

ARTIGO 6.º
Princípio da colaboração

1 — Os órgãos e serviços da Administração Pública devem cooperar com a Ordem dos Notários no exercício das suas atribuições, nomeadamente prestando-lhe as informações de que necessitem e que não tenham carácter reservado ou secreto.

2 — Os particulares têm o dever de colaborar com a Ordem dos Notários no exercício das suas atribuições.

CAPÍTULO II
Membros

ARTIGO 7.º
Obrigatoriedade da inscrição

1 — O exercício da actividade notarial depende de inscrição na Ordem dos Notários.

2 — Só pode inscrever-se na Ordem dos Notários quem tenha obtido o título de notário.

ARTIGO 8.º
Aquisição, suspensão e perda da qualidade de membro

1 — A qualidade de membro da Ordem dos Notários adquire-se a pedido do interessado e produz efeitos com a aceitação da inscrição pela direcção.

2 — A suspensão e a perda da qualidade de membro decorrem, respectivamente, da suspensão e do cancelamento da inscrição.

3 — A inscrição é suspensa:

a) A pedido do interessado que pretenda interromper temporariamente o exercício da actividade notarial, desde que não tenha contribuições em dívida ou as liquide;

b) Se o interessado passar a exercer funções incompatíveis com o exercício da actividade notarial;

c) Se o interessado for suspenso preventivamente no decurso de processo penal ou processo disciplinar ou condenado na pena de suspensão por decisão transitada em julgado.

4 — A inscrição é cancelada:

a) A pedido do interessado que pretenda abandonar definitivamente o exercício da actividade notarial, desde que não tenha contribuições em dívida ou as liquide;

b) Se o interessado for condenado na pena de interdição definitiva do exercício da actividade notarial por decisão transitada em julgado;

c) Quando o interessado atinja o limite de idade ou seja declarado incapaz;

d) Se o interessado não pagar as quotas devidas ou as contribuições para o Fundo de Compensação a que está obrigado.

5 — A qualidade de membro pode ser readquirida se, findos os motivos que determinaram o cancelamento, o interessado requerer e obtiver licença de cartório notarial, nos termos legais.

ARTIGO 9.º
Bolsa de notários

A Ordem dos Notários mantém uma bolsa de notários a fim de assegurar as substituições temporárias dos notários e preencher transitoriamente as vagas que surgirem.

ARTIGO 10.º
Direitos dos membros

São direitos dos membros da Ordem dos Notários:

a) Exercer a actividade notarial em território nacional;

b) Participar em todas as actividades promovidas pelos órgãos da Ordem dos Notários;

c) Ser eleitos para os órgãos da Ordem dos Notários;

d) Requerer a intervenção dos órgãos competentes da Ordem dos Notários para defesa dos direitos e legítimos interesses dos notários;

e) Reclamar, recorrer ou queixar-se junto dos órgãos competentes de actos ou omissões dos órgãos da Ordem dos Notários que considerem contrários à lei ou ao presente notariado ou simplesmente inadequados aos interesses dos notários ou aos seus próprios interesses;

f) Promover junto dos tribunais competentes, através dos meios processuais adequados, a invalidação dos actos ou omissões dos órgãos da Ordem dos Notários que considerem contrários à lei ou ao presente notariado.

ARTIGO 11.º
Deveres dos membros

São deveres dos membros da Ordem dos Notários:

a) Actuar, no exercício da actividade notarial, de forma a dignificar e prestigiar a imagem e a reputação do notariado português;

b) Cumprir e fazer cumprir as leis e regulamentos aplicáveis à actividade notarial, o presente notariado, os regulamentos internos da Ordem dos Notários, as normas deontológicas e as deliberações dos órgãos colegiais da Ordem;

c) Votar nas eleições para os órgãos da Ordem dos Notários;

d) Exercer com empenho, dedicação e a título gracioso os cargos para que forem eleitos, sem prejuízo do direito à compensação pelas inerentes despesas, salvo nos casos de impedimento justificado;

e) Contribuir para as despesas da Ordem dos Notários, pagando pontualmente as suas quotas;

f) Pagar pontualmente as comparticipações devidas ao Fundo de Compensação;

g) Colaborar na prossecução das atribuições da Ordem dos Notários, nomeadamente participando nas actividades sociais promovidas pelos seus órgãos;

h) Informar a direcção do início de funções incompatíveis com a actividade notarial.

CAPÍTULO III
Órgãos da Ordem dos Notários

SECÇÃO I
Disposições gerais

ARTIGO 12.º
Enumeração dos órgãos

1 — A Ordem dos Notários prossegue as atribuições que lhe são

conferidas neste notariado e na demais legislação através de órgãos próprios.

2 — São órgãos da Ordem dos Notários:
a) A assembleia geral;
b) A direcção;
c) O bastonário;
d) O conselho fiscalizador, disciplinar e deontológico.

3 — Quando existam, as delegações são também órgãos da Ordem dos Notários, de competência territorialmente delimitada.

4 — O modo de designação dos titulares das delegações regionais, a sua competência e funcionamento são matéria de regulamento interno.

ARTIGO 13.º
Natureza electiva dos cargos sociais

Os titulares dos órgãos da Ordem dos Notários e da mesa da assembleia geral são eleitos por um período de três anos, podendo ser reeleitos.

ARTIGO 14.º
Elegibilidade

1 — São elegíveis para os órgãos da Ordem dos Notários os notários com inscrição em vigor.

2 — Não é admitida a reeleição do bastonário para um terceiro mandato consecutivo nem nos três anos subsequentes ao termo do segundo mandato consecutivo.

ARTIGO 15.º
Eleições

1 — A eleição para os órgãos da Ordem dos Notários depende da apresentação de propostas de candidatura, efectuadas perante o presidente da assembleia geral na reunião anual de Maio do ano imediatamente anterior ao do início do triénio subsequente.

2 — As propostas de candidatura são subscritas por um mínimo de 30 notários com inscrição em vigor, apresentadas em conjunto e acompanhadas das linhas gerais do respectivo programa.

3 — As propostas de candidatura devem conter menção do candidato a presidente e vice-presidente dos órgãos colegiais e a declaração de aceitação de todos os candidatos.

ARTIGO 16.º
Voto

1 — Só têm voto os notários com inscrição em vigor.

2 — O voto é secreto e obrigatório, podendo ser exercido pessoalmente ou por correspondência dirigida ao presidente da assembleia geral.

3 — No caso de voto por correspondência, o boletim é encerrado em sobrescrito, acompanhado de carta com assinatura do votante e o selo branco do respectivo cartório.

4 — O notário que deixar de votar sem motivo justificado pagará multa de montante igual a duas vezes o valor da quotização mensal, a aplicar pela direcção.

5 — A justificação da falta deve ser apresentada pelo interessado à direcção, no prazo de 15 dias a partir da data da eleição, que, se a considerar improcedente, deliberará a aplicação da multa prevista no número anterior.

6 — O montante das multas aplicadas pela direcção, nos termos dos números anteriores, reverte para o Fundo de Compensação.

ARTIGO 17.º
Tomada de posse

1 — Os membros eleitos tomam posse perante o presidente da mesa da assembleia geral no prazo de 10 dias após o encerramento da assembleia eleitoral.

2 — A recusa de tomada de posse pelos membros eleitos só é legítima no caso de escusa fundamentada, aceite pela direcção em exercício.

ARTIGO 18.º
Renúncia ao cargo e suspensão temporária do exercício de funções

1 — O titular de cargo electivo nos órgãos da Ordem dos Notários pode solicitar à direcção a aceitação da sua renúncia ou a suspensão temporária do exercício de funções.

2 — O pedido é sempre fundamentado e o motivo apreciado tendo em conta a sua importância e superveniência.

ARTIGO 19.º
Perda de cargos

1 — Os titulares de cargos electivos nos órgãos da Ordem dos Notários devem desempenhar as respectivas funções com assiduidade e diligência.

2 — Os membros dos órgãos da Ordem dos Notários perdem o mandato quando faltarem injustificadamente a mais de três reuniões seguidas ou cinco reuniões interpoladas durante o mandato do respectivo órgão.

3 — A perda do cargo é determinada pelo próprio órgão, mediante deliberação tomada por três quartos dos votos dos respectivos membros.

ARTIGO 20.º
Efeitos das penas disciplinares

1 — O mandato para o exercício do cargo em órgão da Ordem dos Notários caduca quando o respectivo titular seja punido disciplinarmente com pena de interdição definitiva do exercício da actividade e por efeito do trânsito em julgado da respectiva decisão.

2 — Em caso de suspensão preventiva, o titular punido fica suspenso do exercício de funções até decisão com trânsito em julgado.

SECÇÃO II
Da assembleia geral

ARTIGO 21.º
Constituição e competência

1 — A assembleia geral da Ordem dos Notários é constituída por todos os notários com a inscrição em vigor.

2 — Compete à assembleia geral:

a) Eleger os outros órgãos sociais e a mesa da assembleia geral;

b) Aprovar os regulamentos internos propostos pela direcção e as normas deontológicas propostas pelo conselho de fiscalização, disciplinar e deontológico;

c) Apreciar e votar o relatório, as contas e o orçamento que, para o efeito, lhe são submetidos pela direcção, acompanhados pelo parecer do conselho fiscalizador, disciplinar e deontológico;

d) Autorizar a direcção a contrair empréstimos e a adquirir ou alienar bens imóveis;

e) Transferir para instituição financeira competente, sob proposta da direcção, a gestão do Fundo de Compensação;

f) Apreciar e votar o relatório, as contas e o orçamento do Fundo de Compensação, que lhe são submetidos pelo órgão colegial da instituição financeira que o gere, acompanhados do parecer do conselho fiscalizador, disciplinar e deontológico;

g) Apreciar e deliberar sobre os recursos dos actos e omissões dos órgãos sociais interpostos pelos membros da Ordem dos Notários;

h) Deliberar sobre todos os assuntos que não estejam compreendidos nas competências específicas dos restantes órgãos da Ordem dos Notários.

ARTIGO 22.º
Mesa da assembleia geral

1 — A assembleia geral é dirigida por uma mesa, composta pelo presidente, por um vice-presidente e por um secretário.

2 — Compete ao presidente:

a) Convocar e dirigir as reuniões da assembleia geral, abrindo e encerrando os trabalhos;

b) Elaborar e alterar a ordem de trabalhos;

c) Marcar eleições antecipadas dos órgãos colegiais da Ordem dos Notários se estes ficarem reduzidos a menos de metade dos seus membros, convocando uma reunião extraordinária da assembleia geral;

d) Rubricar e assinar as actas;

e) Dar posse aos novos órgãos nos 15 dias seguintes à sua eleição.

3 — Compete ao vice-presidente substituir o presidente nas suas lfaltas e impedimentos.

4 — Compete ao secretário registar as ocorrências em cada reunião, lavrando acta de que constem as deliberações aprovadas, as propostas rejeitadas e os assuntos discutidos.

ARTIGO 23.º
Reuniões da assembleia geral

1 — A assembleia geral reúne ordinariamente uma vez por ano, no 1.º trimestre.

2 — A assembleia geral reúne ainda, de três em três anos, no mês de Maio, como assembleia eleitoral.

3 — A assembleia geral reúne extraordinariamente quando convocada pelo presidente da mesa, por sua iniciativa ou a pedido de qualquer órgão social ou de pelo menos um quinto dos notários com a inscrição em vigor.

SECÇÃO III
Da direcção

ARTIGO 24.º
Constituição e competência

1 — A direcção é constituída por um presidente, um vice-presidente, dois secretários e um tesoureiro.

2 — Compete à direcção:

a) Definir a posição da Ordem dos Notários perante os órgãos de soberania e da Administração Pública no que respeita à defesa do Estado de direito, dos direitos e garantias e à administração da justiça;

b) Emitir parecer sobre os projectos de diplomas legislativos que interessem à actividade notarial ou da Ordem dos Notários e propor as alterações legislativas que entender convenientes;

c) Apresentar à assembleia geral propostas de regulamentos internos;

d) Velar pelo cumprimento da legislação respeitante à Ordem dos Notários e respectivos regulamentos e zelar pelas atribuições que lhe são conferidas;

e) Elaborar e submeter à aprovação da assembleia geral o relatório, as contas e o orçamento da Ordem dos Notários;

f) Solicitar à assembleia geral autorização para contrair empréstimos e adquirir ou alienar bens imóveis;

g) Propor à assembleia geral a transferência, para uma instituição financeira competente, da gestão do Fundo de Compensação;

h) Propor à assembleia geral o valor anual da comparticipação extraordinária para o fundo de compensação;

i) Deliberar sobre a inscrição dos notários na Ordem dos Notários e apreciar os pedidos de suspensão e cancelamento da mesma;

j) Executar as deliberações da assembleia geral;

l) Fixar o valor das quotas a pagar pelos notários;

m) Designar os membros da Ordem dos Notários que irão integrar o conselho do notariado;

n) Designar quem, de entre os que integram a bolsa de notários, vai substituir os notários ausentes e preencher as vagas que surgirem;

o) Dirigir os serviços da Ordem dos Notários;

p) Gerir os recursos humanos, materiais e financeiros da Ordem dos Notários, promovendo a cobrança das receitas e autorizando as despesas orçamentais;

q) Aplicar as sanções disciplinares aos membros da Ordem dos Notários propostas pelo conselho fiscalizador, disciplinar e deontológico;

r) Exercer as demais funções que as leis, o presente notariado e os regulamentos lhe confiram.

3 — As competências definidas nas alíneas n) e o) do número anterior podem ser delegadas no bastonário.

ARTIGO 25.º
Reuniões de direcção

1 — A direcção reúne ordinariamente uma vez por mês.
2 — A direcção reúne extraordinariamente quando o presidente entender conveniente.

SECÇÃO IV
Do bastonário

ARTIGO 26.º
Competência

1 — O presidente da direcção é o bastonário da Ordem dos Notários.
2 — Compete ao bastonário:
a) Fazer executar as deliberações da direcção e do conselho fiscalizador, disciplinar e deontológico;
b) Cometer a qualquer órgão da Ordem dos Notários, aos respectivos membros ou a outras entidades a elaboração de estudos e pareceres sobre quaisquer matérias que interessem às atribuições da Ordem;
c) Presidir à comissão de redacção da revista da Ordem dos Notários;
d) Assistir, querendo, às reuniões do conselho fiscalizador, disciplinar e deontológico, sem direito a voto;
e) Exercer, em casos urgentes, as competências da direcção;
f) Exercer as demais funções que as leis, que o presente notariado e os regulamentos lhe confiram.
3 — Os actos praticados ao abrigo da competência prevista na alínea e) do número anterior devem ser ratificados pela direcção na primeira reunião subsequente à prática de tais actos.

4 — O bastonário pode delegar em qualquer membro da direcção alguma ou algumas das suas competências.

5 — O bastonário pode também, com o acordo da direcção, delegar a representação da Ordem dos Notários em qualquer notário.

ARTIGO 27.º
Substituição do bastonário

No caso de escusa, renúncia, perda ou caducidade do mandato por motivo disciplinar ou por morte e ainda nos casos de impedimento permanente, o bastonário é substituído pelo vice-presidente da direcção.

SECÇÃO V
Do conselho fiscalizador, disciplinar e deontológico

ARTIGO 28.º
Constituição e competência

1 — O conselho fiscalizador, disciplinar e deontológico é constituído por um presidente, um vice-presidente, dois vogais e um secretário.

2 — Compete ao conselho fiscalizador, disciplinar e deontológico:

a) Fiscalizar os actos da direcção e do bastonário, especialmente os que envolvem aumento das despesas ou diminuição das receitas da Ordem dos Notários;

b) Acompanhar a gestão do Fundo de Compensação a cargo da instituição financeira para quem a mesma foi transferida;

c) Elaborar e enviar à assembleia geral parecer sobre o relatório, as contas e o orçamento da Ordem dos Notários;

d) Elaborar e enviar anualmente à assembleia geral parecer sobre o relatório, as contas e o orçamento do Fundo de Compensação;

e) Dar parecer, a pedido da assembleia geral, da direcção e do bastonário sobre os actos que aumentem despesas ou responsabilidades financeiras ou reduzam o património da Ordem dos Notários;

f) Elaborar e propor à assembleia geral a aprovação de normas deontológicas relativas à actividade notarial;

g) Promover o respeito pelas normas deontológicas;

h) Exercer o poder disciplinar sobre os membros da Ordem dos Notários, instaurando e instruindo os procedimentos disciplinares e aplicando ou propondo à direcção as sanções disciplinares adequadas;

i) Exercer as demais funções que as leis, o presente notariado e os regulamentos internos lhe confiram.

ARTIGO 29.º
Reuniões do conselho

1 — O conselho fiscalizador, disciplinar e deontológico reúne ordinariamente uma vez de três em três meses.

2 — O conselho fiscalizador, disciplinar e deontológico reúne extraordinariamente por iniciativa do seu presidente, de três dos seus membros, do bastonário ou do presidente da mesa da assembleia geral.

SECÇÃO VI
Das delegações regionais

ARTIGO 30.º
Disposição geral

As delegações regionais da Ordem dos Notários, quando existam, têm a constituição, competências e funcionamento definidas em regulamento interno.

CAPÍTULO IV
Incompatibilidades e impedimentos

ARTIGO 31.º
Âmbito das incompatibilidades

1 — O exercício das funções de notário é incompatível com quaisquer outras funções remuneradas, públicas ou privadas.
2 — Exceptuam-se do disposto no número anterior:
a) A participação em actividades docentes e de formação;
b) A participação em conferências, colóquios e palestras;
c) A percepção de direitos de autor.

ARTIGO 32.º
Verificação da existência de incompatibilidades

1 — A direcção da Ordem dos Notários pode solicitar dos notários informações que entenda necessárias para a verificação da existência ou não de incompatibilidade.
2 — Não sendo as informações prestadas no prazo de 30 dias, a direcção pode delinear suspender a inscrição na Ordem dos Notários.

ARTIGO 33.º
Garantia de imparcialidade

O notário tem a obrigação de manter equidistância relativamente a interesses particulares susceptíveis de conflituar abstendo-se, designadamente, de assessorar apenas um dos interessados num negócio.

ARTIGO 34.º
Casos de impedimento

Nenhum notário pode praticar actos notariais nos seguintes casos:
a) Quando neles tenha interesse pessoal;

b) Quando neles tenha interesse o seu cônjuge, algum parente ou afim em linha recta ou até ao 2.º grau da linha colateral.

c) Quando neles intervenha como procurador ou representante legal o seu cônjuge, algum parente ou afim em linha recta ou até ao 2.º grau da linha colateral.

CAPÍTULO V
Deontologia profissional
dos membros da Ordem dos Notários

ARTIGO 35.º
O notário como servidor da justiça e do direito

O notário deve, no exercício das suas funções e fora dele, considerar-se um servidor da justiça e do direito, mostrando-se digno da honra e das responsabilidades inerentes.

ARTIGO 36.º
Lealdade e integridade

O notário tem deveres de lealdade e de integridade para com os clientes, os outros notários, os órgãos da Ordem dos Notários e quaisquer entidades públicas e privadas.

ARTIGO 37.º
Sigilo profissional

1 — O notário é obrigado a sigilo em relação a factos e elementos cujo conhecimento lhe advenha exclusivamente do exercício da profissão ou do desempenho de cargos na Ordem dos Notários.

2 — Os factos e elementos cobertos pelo sigilo só podem ser revelados nos termos previstos na lei ou, ainda, por decisão da direcção da Ordem dos Notários, ponderados os interesses em conflito.

ARTIGO 38.º
Diligência profissional

1 — O notário tem o dever de actualizar os seus conhecimentos e contribuir para o aperfeiçoamento dos conhecimentos dos seus trabalhadores.

2 — O notário deve estudar com cuidado e tratar com zelo as questões que lhe são solicitadas no exercício das suas funções, utilizando para o efeito todos os recursos da sua experiência, saber e actividade.

ARTIGO 39.º
Publicidade

1 — É vedado ao notário publicitar a sua actividade recorrendo a qualquer forma de comunicação com o objectivo de promover a solicitação de clientela.

2 — Não constituem formas de publicidade a afixação, no exterior do cartório, de placas e o uso de cartões de visita e papel de carta com menção do seu nome, título académico, currículo, endereço do cartório e horário de abertura ao público, bem como a respectiva divulgação em suporte digital.

ARTIGO 40.º
Urbanidade

O notário deve, no exercício das suas funções ou no desempenho de cargos na Ordem dos Notários, actuar com urbanidade, nomeadamente para com os outros notários, trabalhadores, clientes e demais participantes nos actos jurídicos em que intervém.

CAPÍTULO VI
Disciplina

ARTIGO 41.º
Jurisdição disciplinar

1 — Os notários são disciplinarmente responsáveis perante a Ordem dos Notários pelas violações culposas que cometerem aos deveres gerais ou especiais decorrentes do presente notariado dos regulamentos internos e das normas deontológicas.

2 — O pedido de cancelamento ou suspensão da inscrição não faz cessar a responsabilidade disciplinar dos notários perante a Ordem dos Notários por infracções anteriormente praticadas.

3 — Durante o tempo de suspensão da inscrição o notário continua sujeito à jurisdição disciplinar da Ordem dos Notários, mas não assim após o cancelamento.

ARTIGO 42.º
Responsabilidade civil, criminal e disciplinar

1 — A responsabilidade disciplinar prevista no artigo anterior é independente da responsabilidade civil ou criminal e ainda da responsabilidade disciplinar dos notários enquanto oficiais públicos.

2 — O procedimento disciplinar previsto neste Estatuto pode ser suspenso até ser proferida decisão noutra jurisdição.

ARTIGO 43.º
Sanções disciplinares

1 — São sanções disciplinares aplicáveis pelos órgãos competentes da Ordem dos Notários:
a) A advertência;
b) A censura;
c) A multa de quantitativo até ao valor da alçada dos tribunais de comarca.

2 — As sanções serão sempre registadas no processo individual do respectivo notário e só produzem os efeitos declarados no presente notariado.

ARTIGO 44.º
Advertência

A advertência consiste em mero reparo pela irregularidade praticada, com recomendação à não reincidência.

ARTIGO 45.º
Censura

A censura consiste numa declaração formal de reprovação pela falta cometida, devendo ser afixada cópia, pelo período de 15 dias, nas instalações da Ordem dos Notários.

ARTIGO 46.º
Multa

A multa consiste na fixação de uma quantia certa, aplicável pela má compreensão dos deveres a que o notário está sujeito.

ARTIGO 47.º
Instauração do procedimento disciplinar

1 — O procedimento disciplinar é instaurado pelo conselho fiscalizador, disciplinar e deontológico:
a) Por iniciativa própria;
b) A pedido de outro órgão da Ordem dos Notários;
c) Com base em participação de órgão ou entidade pública ou qualquer pessoa com conhecimento de factos susceptíveis de integrarem infracção disciplinar.

2 — A deliberação de instaurar procedimento disciplinar deve conter a designação do instrutor, escolhido entre os notários e preferencialmente entre os membros do conselho fiscalizador, disciplinar e deontológico.

3 — A deliberação de instaurar procedimento disciplinar é notificada ao interessado no prazo de 10 dias, salvo se o conselho fiscalizador, disciplinar e deontológico reconhecer, em deliberação fundamentada, que o conhecimento da instauração compromete a realização das diligências tendentes à descoberta da verdade.

ARTIGO 48.º
Instrução do procedimento disciplinar

1 — O instrutor promove livremente, por iniciativa própria ou a pedido do arguido, as diligências que considere convenientes à descoberta da verdade, no respeito pela legalidade e pelos direitos do arguido.

2 — Reunidas as provas, o instrutor elabora a nota de culpa contendo com precisão as circunstâncias de tempo e de lugar da infracção, qualificando os comportamentos do arguido, subsumidos às normas violadas e expressamente identificadas, e enunciando a sanção aplicável.

3 — A nota de culpa deve ser notificada ao arguido e o prazo fixado para a defesa não pode ser inferior a oito dias.

4 — Finda a instrução, o instrutor elabora um relatório completo e conciso, propondo o arquivamento do procedimento ou a aplicação de uma sanção disciplinar.

ARTIGO 49.º
Deliberação

Recebido o relatório, o conselho fiscalizador, disciplinar e deontológico pode, em deliberação fundamentada:

a) Arquivar o procedimento disciplinar;

b) Aplicar ao arguido uma das sanções previstas nas alíneas a) e b) do artigo 43.º;

c) Propor à direcção a aplicação da sanção prevista na alínea c) do artigo 43.º;

d) Determinar ao instrutor a realização de diligências instrutórias complementares.

ARTIGO 50.º
Garantias de defesa

1 — O prazo de reclamação ou recurso das decisões que não sejam de mero expediente ou de disciplina dos trabalhos é de oito dias.

2 — A revisão das deliberações, quando possível, é da competência do órgão que as proferiu em última instância.

ARTIGO 51.º
Direito subsidiário

Na falta de previsão do presente Estatuto o exercício da jurisdição disciplinar da Ordem dos Notários rege-se, com as necessárias adaptações, pelo regime disciplinar previsto no notariado e, subsidiariamente, pelo disposto no notariado Disciplinar dos Funcionários e Agentes da Administração Central, Regional e Local.

CAPÍTULO VII
Receitas e despesas da Ordem dos Notários

ARTIGO 52.º
Receitas

1 — Constituem receitas da Ordem dos Notários:
a) As quotas pagas pelos membros;
b) Os rendimentos de bens próprios;
c) O produto da prestação de serviços e da venda de bens próprios;
d) Os subsídios que lhe sejam atribuídos;
e) As doações, heranças e legados de que beneficie;

f) As comissões que lhe caibam pela intervenção na negociação de seguros de grupo;

g) Os empréstimos contraídos.

2 — O valor das quotas mensais devidas pelos notários consta do orçamento anualmente aprovado pela assembleia geral.

3 — As contribuições devidas ao Fundo de Compensação não integram as receitas da Ordem dos Notários.

ARTIGO 53.º
Contabilidade e gestão financeira

1 — O exercício da vida económica da Ordem dos Notários coincide com o ano civil.

2 — As contas da Ordem dos Notários são encerradas com referência a 31 de Dezembro de cada ano.

3 — A contabilidade da Ordem dos Notários obedece a regras uniformes, de acordo com o Plano Oficial de Contabilidade ou outro que vier a ser aprovado por diploma legal e lhe seja aplicável, e observa os procedimentos aprovados pela assembleia geral.

4 — São instrumentos de controlo de gestão:

a) O orçamento;

b) O relatório e as contas do exercício com referência a 31 de Dezembro.

5 — O recurso ao crédito só é legítimo para financiamento de despesas de capital.

CAPÍTULO VIII
Fundo de Compensação

ARTIGO 54.º
Natureza e fins

O Fundo de Compensação é um património autónomo cuja finalidade é a manutenção da equidade dos rendimentos dos notários.

ARTIGO 55.º
Património

Constituem o Fundo de Compensação:
a) As comparticipações devidas pelos notários;
b) As doações, heranças e legados de que beneficie;
c) O rendimento do próprio Fundo.

ARTIGO 56.º
Gestão

1 — A gestão do Fundo de Compensação é assegurada por uma instituição financeira designada pela assembleia geral, sob proposta da direcção.

2 — A instituição financeira que gere o Fundo de Compensação deve, anualmente, prestar contas à assembleia geral da gestão realizada.

ARTIGO 57.º
Comparticipações

1 — O notário contribui obrigatoriamente para o Fundo de Compensação com uma comparticipação ordinária equivalente a 1% do montante mensal dos honorários cobrados.

2 — O notário contribui ainda obrigatoriamente para o Fundo de Compensação com uma comparticipação extraordinária, tendo por base uma percentagem sobre os honorários cobrados, fixada anualmente pela assembleia geral, sob proposta da direcção.

ARTIGO 58.º
Fiscalização

Os notários devem comunicar ao conselho fiscalizador, disciplinar e deontológico, até ao dia 10 de cada mês, o montante dos honorários cobrados no mês anterior.

ARTIGO 59.º
Cartórios deficitários

Consideram-se deficitários os cartórios notariais que, no decurso de um trimestre, não atinjam de honorários cobrados o valor fixado anualmente pela assembleia geral, sob proposta da direcção.

ARTIGO 60.º
Entrega das comparticipações

As comparticipações devidas em cada mês são entregues nos termos definidos no contrato de gestão celebrado entre a Ordem dos Notários e a instituição financeira gestora.

ARTIGO 61.º
Prestação de reequilíbrio

1 — Os notários de cartórios deficitários têm direito a uma prestação de reequilíbrio, entregue mensalmente nos termos do contrato de gestão celebrado entre a Ordem dos Notários e a instituição financeira gestora.

2 — O montante da prestação de reequilíbrio é calculada em função do montante dos honorários, apurados trimestralmente, cobrados pelo notário titular do cartório deficitário.

ARTIGO 62.º
Avaliação dos cartórios deficitários

1 — O conselho fiscalizador, disciplinar e deontológico deve promover acções de avaliação dos cartórios deficitários, com o objectivo de apurar se o notário coloca no exercício da sua actividade o empenho e a diligência exigíveis.

2 — Se a avaliação do conselho fiscalizador, disciplinar e deontológico comprovar a existência de irregularidades contabilísticas, designadamente quanto às despesas, a direcção da Ordem dos Notários deve

determinar as correspondentes reposições, sem prejuízo da responsabilidade civil, criminal e disciplinar imputável ao notário.

ARTIGO 63.º
Circunstâncias anormais

Sempre que um cartório notarial sofra prejuízo grave causado por catástrofe natural, acidente ou acto criminoso, a direcção da Ordem dos Notários pode determinar a entrega ao notário de uma prestação extraordinária de reequilíbrio de montante adequado.

ARTIGO 64.º
Remuneração da gestão

À instituição financeira gestora do Fundo de Compensação é devida uma remuneração, acordada anualmente com a Ordem dos Notários e aprovada com o orçamento do Fundo de Compensação.

ARTIGO 65.º
Acompanhamento de gestão

O Ministro da Justiça pode, sempre que entender, solicitar ao conselho de fiscalização, disciplinar e deontológico informações sobre a gestão do Fundo de Compensação.

CAPÍTULO IX
Disposições finais e transitórias

ARTIGO 66.º
Regulamentos internos

A Ordem dos Notários deve elaborar os seus regulamentos internos no prazo de um ano após o início de funções dos seus primeiros órgãos sociais.

REGULAMENTO DE ATRIBUIÇÃO
DO TÍTULO DE NOTÁRIO

Portaria n.º 398/2004
de 21 de Abril

A privatização do notariado, concretizada pelo Decreto-Lei n.º 26//2004, de 4 de Fevereiro, no uso de autorização legislativa concedida pela Lei n.º 49/2003, de 22 de Agosto, que aprovou o respectivo Estatuto, impõe um regime transitório para a formação, incluindo estágio, para os licenciados em Direito que pretendam concorrer à atribuição de licença de instalação de cartório notarial.

Nos termos do n.º 1 do artigo 125.º do Estatuto do Notariado, prevê--se que os cursos de formação de notariado decorram em instituições universitárias, seguidos da realização de provas públicas e de estágio a decorrer em cartórios notariais, com o objectivo de habilitar os formandos com o título de notário.

Mais estabelece o n.º 2 do mesmo artigo que a duração e os requisitos de acesso ao curso de formação e estágio subsequente, bem como o respectivo procedimento, sejam fixados por portaria do Ministro da Justiça.

Há, pois, que regulamentar os objectivos da formação, a tramitação do concurso para atribuição do título de notário e o subsequente estágio.

Assim:

Manda o Governo, pela Ministra da Justiça, nos termos dos artigos 125.º e 126.º do Estatuto do Notariado, aprovado pelo Decreto--Lei n.º 26/2004, de 4 de Fevereiro, o seguinte:

1.º É aprovado o Regulamento de Atribuição do Título de Notário, anexo I à presente portaria, que dela faz parte integrante.

2.º O programa de provas do concurso e a bibliografia aconselhada constam dos anexos II e III, respectivamente, à presente portaria, dela fazendo igualmente parte integrante.

3.º A presente portaria produz efeitos a partir do dia imediato ao da data da sua publicação.

A Ministra da Justiça, *Maria Celeste Ferreira Lopes Cardona,* em 14 de Abril de 2004.

ANEXO I

REGULAMENTO DE ATRIBUIÇÃO DO TÍTULO DE NOTÁRIO

ARTIGO 1.º
Âmbito de aplicação

O disposto no presente Regulamento destina-se a definir o procedimento de atribuição do título de notário durante o período transitório estabelecido no Estatuto do Notariado.

ARTIGO 2.º
Fases do procedimento

O procedimento de atribuição do título de notário compreende as seguintes fases:
a) Formação;
b) Concurso;
c) Estágio.

ARTIGO 3.º
Formação

1 — O Ministério da Justiça promove cursos de formação em notariado, em colaboração com universidades e realizados por estas, cujo conteúdo deve obedecer ao programa de provas constante do anexo II da presente portaria.

2 — Os cursos de formação destinam-se a licenciados em Direito por universidade portuguesa ou que possuam habilitação académica equivalente face à lei portuguesa.

3 — A duração dos cursos de formação não deverá ser inferior a cento e vinte e cinco horas.

4 — A frequência dos cursos de formação não é condição de admissão ao concurso referido na alínea b) do artigo 2.º

ARTIGO 4.º
Concurso

Podem habilitar-se ao concurso de atribuição do título de notário, referido na alínea b) do artigo 2.º, os indivíduos que até à data do encerramento do prazo de apresentação das candidaturas reúnam as seguintes condições de admissão, documentalmente comprovadas:

a) Ter licenciatura em Direito por universidade portuguesa ou possuir habilitação académica equivalente face à lei portuguesa;

b) Não estar inibido do exercício de funções públicas ou interdito para o exercício das funções a que se candidata.

ARTIGO 5.º
Aviso de abertura

O Ministério da Justiça faz publicar no Diário da República aviso de abertura do concurso referido no número anterior, do qual constam, designadamente:

a) As condições de admissão ao concurso;

b) A forma e o prazo para apresentação das candidaturas;

c) A entidade à qual devem ser dirigidos os requerimentos e respectivo endereço;

d) A composição do júri do concurso.

ARTIGO 6.º
Listas de candidatos

1 — Encerrado o prazo para apresentação dos requerimentos, é publicada no Diário da República a lista dos candidatos admitidos ao concurso e a dos excluídos, com indicação sucinta dos motivos da exclusão, bem como a data e o local de realização da prova escrita referida na alínea a) do n.º 2 do artigo seguinte.

2 — Os candidatos excluídos podem recorrer para o Ministro da Justiça no prazo de cinco dias úteis.

ARTIGO 7.º
Fases do concurso

1 — O concurso de atribuição do título de notário realiza-se através de provas públicas, conforme programa de provas constante do anexo II da presente portaria.

2 — As provas públicas compreendem as seguintes fases:
a) Prova escrita;
b) Entrevista.

3 — Estão dispensados da prova escrita os doutores em Direito.

4 — A prova escrita, com carácter eliminatório, é valorada de 0 a 20 valores.

5 — À entrevista são admitidos os candidatos que na prova escrita obtenham classificação igual ou superior a 12 valores.

6 — A entrevista, valorada de 0 a 20 valores, consiste numa dissertação sobre um tema proposto pelo candidato, de entre os temas das provas públicas constantes do anexo II.

ARTIGO 8.º
Graduação

1 — Os candidatos são graduados de acordo com a média aritmética resultante da soma das médias obtidas na prova escrita e na entrevista.

2 — A graduação estabelecida nos termos do número anterior tem a validade de dois anos.

ARTIGO 9.º
Estágio

1 — Os candidatos aprovados no concurso frequentam obrigatoriamente estágio a decorrer em cartório notarial.
2 — O estágio visa proporcionar uma formação adequada, de carácter prático, ao exercício das funções de notário.
3 — A colocação dos estagiários obedece ao critério de melhor classificação nas provas públicas.
4 — Os estagiários devem elaborar relatório das actividades desenvolvidas.
5 — O estágio tem a duração de três meses.

ARTIGO 10.º
Licença de instalação de cartório notarial

Aos licenciados habilitados com o título de notário, nos termos da presente portaria, é reconhecido o direito de se apresentarem a concurso de atribuição de licença de instalação de cartório notarial, aberto por aviso do Ministério da Justiça, publicado no Diário da República.

ARTIGO 11.º
Posse

Os notários titulares de licença de instalação de cartório notarial iniciam a actividade com a tomada de posse após terem concluído o estágio referido no artigo 9.º da presente portaria.

ANEXO II

PROGRAMA DE PROVAS DO CONCURSO

I — Relação jurídica e seus elementos:

Pessoas;
Coisas;
Factos jurídicos, em especial o negócio jurídico (representação, condição, termo);
Exercício da tutela de direitos (prova documental).

II — Obrigações em geral e contratos em especial:

Contrato-promessa;
Pacto de preferência;
Negócios unilaterais;
Gestão de negócios;
Garantias das obrigações;
Compra e venda;
Doação;
Locação;
Mandato;
Mútuo;
Arrendamento;
Trespasse e locação de estabelecimento comercial.

III — Direito das coisas:

Princípios do direito das coisas;
Posse;

Direitos reais de gozo;
Direitos reais de garantia;
Direitos de preferência.

IV — Direito da família:

Casamento (convenções antenupciais, doações para casamento, doações entre casados; relações patrimoniais entre cônjuges);
Separação e divórcio (efeitos patrimoniais, partilha).

V — Direito das sucessões:

Sucessão legítima;
Sucessão legitimária;
Sucessão testamentária;
Partilha e alienação da herança.

VI — Direito comercial:

Sociedades comerciais; contrato de sociedade; constituição de sociedades (comerciais e civis de tipo comercial);
Personalidade jurídica das sociedades;
Sociedades unipessoais e estabelecimento individual de responsabilidade limitada;
Prestações suplementares e prestações acessórias; contrato de suprimentos;
Assembleias gerais;
Deliberações dos sócios;
Administração;
Vinculação da sociedade;
Alterações do contrato de sociedade, fusão, cisão e transformação de sociedades;
Dissolução e liquidação;
Sociedades por quotas;
Sociedades anónimas;
Letras e livranças.

VII — Direito fiscal:

Princípios de direito fiscal;
Imposto do selo;
Imposto municipal sobre imóveis;
Imposto municipal sobre transmissão onerosa de imóveis
Estatuto dos Benefícios Fiscais.

VIII — Direito administrativo e direito do urbanismo:

Regime jurídico da urbanização e da edificação.

IX — Direito Notarial:

Evolução histórica; Estatuto do Notariado e Estatuto da Ordem dos Notários;
Princípios do notariado latino;
Ética e deontologia profissional;
Notariado latino e common law;
Instrumentos públicos;
Habilitação de herdeiros;
Justificação notarial;
Testamento.

X — Direito registral:

Princípios registrais.

ANEXO III

BIBLIOGRAFIA ACONSELHADA

Almeida Costa, Direito das Obrigações.
Antunes Varela, Direitos das Obrigações em Geral.
Baptista Lopes, Do contrato de compra e venda.
Baptista Lopes, Das Doações.
Galvão Telles, Direito das Obrigações.
Manuel de Andrade, Teoria Geral da Relação Jurídica.
Menezes Cordeiro, Estudos de Direito Civil.
Menezes Cordeiro, Direito das Obrigações.
Mota Pinto, Teoria Geral do Direito Civil.
Oliveira Ascensão, Teoria Geral do Direito Civil.
Orlando de Carvalho, Sumários de Teoria Geral do Direito Civil.
Pires de Lima e Antunes Varela, Código Civil Anotado, vols. I e II.
Henrique Mesquita, Lições de Direitos Reais (copiografados).
Menezes Cordeiro, Direitos Reais.
Oliveira Ascensão, Direito Civil — Reais.
Orlando de Carvalho, Direito das Coisas.
Pires de Lima e Antunes Varela, Código Civil Anotado, vol. III.
Antunes Varela, Direito da Família.
Capelo de Sousa, Lições de Direito das Sucessões.
Guilherme de Oliveira, O Testamento.
Oliveira Ascensão, Direito Civil — Sucessões.
Pereira Coelho, Curso de Direito da Família.
Pires de Lima e Antunes Varela, Código Civil Anotado, vols. IV e VI.
Albino Matos, Constituição de Sociedades.
Brito Correia, Direito Comercial.
Coutinho de Abreu, Curso de Direito Comercial, vols. I e II.

Ferrer Correia, «A sociedade por quotas de responsabilidade limitada segundo o Código das Sociedades Comerciais», in Temas de Direito Comercial e Direito Internacional Privado.
Nogueira Serens, Notas sobre a Sociedade Anónima.
Raul Ventura, Alterações do Contrato de Sociedade.
Raul Ventura, Sociedades por Quotas
Raul Ventura, Estudos Vários sobre Sociedades Anónimas.
Raul Ventura, Novos Estudos sobre Sociedades Anónimas e Sociedades em Nome Colectivo.
Raul Ventura, Fusão, Cisão, Transformação de Sociedades.
Raul Ventura, Dissolução e Liquidação de Sociedades.
Ferrer Correia, Lições de Direito Comercial, vol. III, letra de câmbio.
Abel Delgado, Lei Uniforme sobre Letras e Livranças.
Ruy de Albuquerque/Martim de Albuquerque, História do Direito Português.
Borges de Araújo, Prática Notarial.
Zulmira Silva e Neto Ferreirinha, Manual de Direito Notarial.
J. de Seabra Lopes, Direito dos Registos e do Notariado.
José Carlos Gouveia Rocha, Manual Teórico e Prático do Notariado.
Albino Matos, «O estatuto natural do notário», in Temas de Direito Notarial I.
Vicente L. Simo Santoja, «O notariado latino e a efectividade dos direitos humanos» in Revista do Notariado, ano 1985/3-4.
Francisco Clamote, «O jurista e o notariado», in Revista do Notariado, ano 1985-2.
Mário Raposo, «O notariado», in Revista do Notariado, 1987-1.
Aurora Castro e Gouveia, «Do notariado português, sua história, evolução e natureza», in Revista do Notariado, 1985-1.
António Rodriguez Adrados, «El notário: Función privada y función publica. Su inescindibilidad», in Revista do Notariado, 1986-1, 1986-2, 1986-3, 1986-4.
Francesco Carnelluti, «A figura jurídica do notário», in Revista do Notariado, ano 1985/3-4.
Francesco Carnelluti, «Directo ou arte notarial», in Revista do Notariado, ano 1990-2.
Gonçalves Pereira, Notariado e Burocracia.
Mouteira Guerreiro, Noções de Direito Registral.

TABELA DE HONORÁRIOS E ENCARGOS NOTARIAIS

Portaria n.º 385/2004
de 16 de Abril

Ao elaborar a presente tabela houve a preocupação de obedecer a princípios fundamentais do notariado latino.

Tanto o consumidor como a segurança jurídica são grandemente favorecidos pelo contributo do jurista imparcial e independente que é o notário, com a condição de que ele seja acessível a todos, graças a uma tabela oficial de custos obrigatórios, como consequência do carácter público da sua função.

São ainda objectivos da presente tabela a solvabilidade do sistema e que os novos preço obtidos permaneçam proporcionalmente relacionados com o seu custo económico. Pretende-se ainda repor o princípio da proporcionalidade. Este princípio tem de aferir-se não só pelo serviço prestado mas também e sobretudo pela responsabilidade que acarreta. E por isso ele impõe que o mais valioso deverá pagar mais e o menos valioso deverá pagar menos.

A tabela baseada no valor do acto garante que o serviço notarial qualificado está ao alcance de todos, mesmo quando se trate de actos de valor económico diminuto.

Assim, o notário deverá auferir honorários baixos nos actos de valor económico reduzido, mesmo quando a sua outorga não é rentável sob o ponto de vista económico.

Se se tivesse em conta a estrita cobertura dos custos notariais, a actividade do notário quase nunca poderia ser suportada pelos economicamente débeis. Estaria, de facto, a ser-lhes recusado o acesso à justiça.

É esta mesma preocupação que justifica e impõe a existência de notários, necessariamente deficitários, em regiões do País economicamente mais desfavorecidas, mas que têm um papel socialmente imprescindível.

Por outro lado, tratando-se de actos que envolvem bens economicamente valiosos, pode razoavelmente pedir-se aos interessados o pagamento de honorários que, por via da regra, estão relacionados com o interesse económico pertinente ao acto outorgado.

Com efeito, não são apenas os direitos, taxas e impostos devidos ao Estado que são calculados com base no valor da operação. Os profissionais liberais recebem honorários em função do valor do serviço prestado.

Acresce ainda o facto de ter sido criado um regime mais favorável relativo às compras e vendas, hipotecas e mútuos com hipoteca, constituições de sociedade de capital mínimo e testamentos.

Atenta a vertente pública da função, é desejável para o consumidor notarial, quanto aos actos de maior relevância social, aliás no seguimento das legislações notariais europeias, que o custo do acto notarial seja o mesmo em todo o território nacional. Este princípio da uniformidade do custo do acto notarial não põe em causa a desejável concorrência entre os notários, a qual já está assegurada pela consagração dos princípios da livre escolha do notário e da territorialidade, previstos no artigo 7.º do Estatuto do Notariado e no n.º 3 do artigo 4.º do Código do Notariado e ainda pela existência de actos de custo livre, na sequência dos últimos relatórios da Comissão Europeia sobre a concorrência nos serviços das profissões liberais.

Existe uma tensão potencial entre, por um lado, a necessidade de um determinado nível de regulamentação nesta profissão e, por outro, as regras de concorrência no Tratado.

A definição de preços fixos e máximos protege os consumidores face a honorários excessivos.

A profissão de notário na União Europeia consigna uma excepção em que a regulação dos preços está associada a outras medidas regulamentares como restrições quantitativas à entrada e proibições à publicidade que constituem restrições da concorrência. Porém, a reforma do notariado adoptou uma abordagem global favorável à concorrência, flexibilizando as restrições à entrada pela definição de um mapa notarial alargado, permitiu preços livres e em matéria de publicidade admitiu a informativa.

A regra do *numerus clausus* claramente enuncia que na sede de cada município existe, pelo menos, um notário, cuja actividade está dependente da atribuição de licença. O interesse público de que cada concelho tenha um notário a par da segurança jurídica é um interesse claramente definido e legítimo. Por outro lado, a regulamentação restritiva justifica-se pelos aspectos externos, isto é, por força do impacte que estes serviços têm perante terceiros, bem com no adquirente do serviço e porque produz bens públicos importantes para a sociedade em geral.

Não pode, pois, neste momento, o Estado prescindir desta regulamentação.

A actual tabela assenta em conceitos jurídicos determináveis, conhecidos e consentâneos com a tradição notarial nacional e europeia, o que a torna um documento de aplicação fácil, erigindo como pedra basilar a justiça na tributação dos actos e a simplicidade da sua compreensão.

Assim:

Manda o Governo, pela Ministra da Justiça, nos termos do n.º 1 do artigo 17.º do Estatuto do Notariado, aprovado pelo Decreto--Lei n.º 26/2004, de 4 de Fevereiro, o seguinte:

É aprovada a tabela de honorários e encargos aplicável à actividade notarial exercida ao abrigo do Estatuto do Notariado, aprovado pelo Decreto-Lei n.º 26/2004, de 4 de Fevereiro, anexa à presente portaria e que dela faz parte integrante.

A Ministra da Justiça, *Maria Celeste Ferreira Lopes Cardona,* em 30 de Março de 2004.

ANEXO

TABELA DE HONORÁRIOS E ENCARGOS NOTARIAIS

CAPÍTULO I
Regras de interpretação

ARTIGO 1.º
Honorários

Pelos actos praticados pelos notários são cobrados os honorários e encargos constantes da presente tabela, acrescidos do imposto sobre o valor acrescentado e do imposto do selo, nos termos legais.

ARTIGO 2.º
Incidência subjectiva

Estão sujeitos a honorários o Estado as Regiões Autónomas, as autarquias locais, os fundos e serviços autónomos e as entidades que integrem o sector empresarial do Estado, das Regiões Autónomas e das autarquias locais, bem como as pessoas singulares ou colectivas de direito privado, independentemente da forma jurídica de que se revistam.

ARTIGO 3.º
Proporcionalidade

1 — Os honorários constituem a retribuição dos actos praticados e

são calculados com base no custo efectivo do serviço prestado, tendo em consideração a natureza dos actos e a sua complexidade.

2 — Sempre que os montantes a fixar sejam livres, deve o notário proceder com moderação, tendo em vista, designadamente, o tempo gasto, a dificuldade do assunto, a importância do serviço prestado e o contexto sócio-económico.

ARTIGO 4.º
Normas de interpretação

As disposições sobre honorários tabelados no presente diploma não admitem interpretação extensiva ou interpretação analógica e, em caso de dúvida sobre o devido, cobra-se sempre o menor.

ARTIGO 5.º
Tipos de honorários

Os honorários devidos ao notário pelos actos outorgados são fixos e livres:
a) Fixos para os actos descritos na tabela;
b) Livres para os restantes.

CAPÍTULO II
Regras de aplicação

ARTIGO 6.º
Valor dos actos

1 — O valor dos actos notariais é, em geral, o dos bens que constituam o seu objecto.

2 — Em especial, o valor dos actos será:
a) Nas permutas, a soma do valor dos bens, presentes ou futuros, permutados, não sendo de considerar como tal qualquer prestação em dinheiro entregue como suplemento do valor dos referidos bens;

b) Na dação em cumprimento, o das dívidas pagas ou o dos bens dados em cumprimento, se for superior àquele;

c) Nos de garantia e nos de renúncia de garantia, o do capital garantido;

d) Nas locações financeiras, o da retribuição por todo o tempo da duração do contrato;

e) Nos de empréstimo, confissão de dívida ou abertura de crédito, o do respectivo capital.

ARTIGO 7.º
Pluralidade de actos

1 — Quando uma escritura contiver mais de um acto, cobrar-se-ão por inteiro os honorários devidos por cada um deles.

2 — Entende-se que há pluralidade de actos:

a) Sempre que assim resulte das normas substantivas e fiscais;

b) Se a denominação correspondente a cada um dos negócios jurídicos cumulados for diferente;

c) Se os respectivos sujeitos activos e passivos não forem os mesmos.

3 — Não são considerados novos actos:

a) Os consentimentos e autorizações de terceiros necessários à plenitude dos efeitos jurídicos ou à perfeição do acto a que respeitem;

b) As garantias entre os mesmos sujeitos.

4 — Contar-se-ão como um só acto:

a) A outorga de poderes de representação ou o seu substabelecimento por marido e mulher, contanto que o representante seja o mesmo;

b) As diversas garantias de terceiros a obrigações entre os mesmos sujeitos prestadas, no título em que estas são constituídas.

5 — O disposto nos números anteriores é igualmente aplicável aos instrumentos avulsos que contenham mais de um acto.

ARTIGO 8.º
Valor dos bens

1 — Para efeitos do disposto no artigo 8.º, o valor dos bens é o valor

declarado pelos interessados, ou o valor patrimonial tributário dos bens objecto do acto, se for superior.

2 — Quanto a bens ou actos cujo valor seja fixado em moeda diferente do euro, o que lhe corresponder em euros ao câmbio do último dia útil fixado pelo Banco de Portugal.

ARTIGO 9.º
Pagamento

1 — A obrigação de pagamento dos custos dos actos notariais recai sobre quem tiver requerido a prestação de serviços ao notário sendo solidariamente responsáveis todos os outros interessados no acto; no caso de a conta não ser satisfeita espontaneamente deve ser cobrada em execução, servindo de título o respectivo documento, assinado pelo notário.

2 — São gratuitas as rectificações resultantes de erros imputáveis ao notário, bem como a sanação e a revalidação de actos notariais.

3 — O notário não pode abster-se de cobrar os custos integrais resultantes da aplicação desta tabela.

4 — O notário pode exigir, a título de preparo, o pagamento antecipado do custo provável dos actos, bem como as despesas que o notário deva fazer em nome do interessado, necessárias à outorga do acto.

CAPÍTULO III
Tabela de honorários

ARTIGO 10.º
Honorários fixos

Os actos que se enumeram têm os seguintes valores fixos:

1 — Habilitação notarial — € 122,69.
2 — Constituição de sociedades de capital social mínimo — € 58,24.

3 — Procurações ou substabelecimentos:

a) Em que outorgue um mandante designando um mandatário — € 31,09;

b) Por cada mandante ou mandatário adicional — € 10.

4 — Testamentos:

a) Testamento público, testamento internacional, instrumento de aprovação, depósito e abertura de testamento cerrado, por cada um — € 113,45;

b) Revogação de testamento — € 75,63.

5 — Outros instrumentos avulsos — por quaisquer outros instrumentos avulsos, com excepção dos de protesto de títulos de crédito e acta de reunião de organismo social e assistência a ela — € 31,09.

6 — Protestos — por cada instrumento de protesto de títulos de crédito, pelo levantamento de cada título antes de protestado e pela informação, dada por escrito, referente a registo lavrado no livro de protestos de títulos de crédito, por cada título — € 7,56.

7 — Certidões e documentos análogos:

a) Por cada certidão, fotocópia, certificado, pública-forma, conferência, telecópia e extracto, até 4 páginas, inclusive — € 16,81;

b) A partir da 5.ª página, por cada página a mais — € 2,10.

8 — Reconhecimentos, termos de autenticação, tradução e notificações:

a) Pelo reconhecimento de cada assinatura e de letra e assinatura — € 9,24;

b) Pelo reconhecimento que contenha, a pedido dos interessados, menção de qualquer circunstância especial — € 15,13;

c) Por cada termo de autenticação com um só interveniente — € 21,01;

d) Por cada interveniente a mais — € 5,04;

e) Por cada termo de autenticação de procuração, cobrar-se-ão os honorários que seriam devidos por esta;

f) Pelo certificado de exactidão da tradução de cada documento realizado por tradutor ajuramentado — € 20,17;

g) Notificação de titular inscrito — € 37,82.

ARTIGO 11.º
Actos com proporcionalidade

1 — Aos actos com proporcionalidade a seguir identificados são aplicados os seguintes valores:

a) Compra e venda de imóveis, dação em cumprimento e permuta:
Para os actos de valor até € 25000 — € 117,65;
Para os actos de valor superior a € 25000 e até € 125000 — € 132,35;
Para os actos de valor superior a € 125000 e até € 200000 — € 147,06;
Para os actos com valor superior a € 200000 — € 195,59;

b) Hipoteca ou fiança:
Para os actos de valor até € 25000 — € 82,02;
Para os actos de valor superior a € 25000 e até € 125000 — € 92,27;
Para os actos de valor superior a € 125000 e até € 200000 — € 102,52;
Para os actos com valor superior a € 200000 — € 136,35;

c) Confissão de dívida, mútuo ou abertura de crédito:
Para os actos de valor até € 25000 — € 95,46;
Para os actos de valor superior a € 25000 e até € 125000 — € 107,39;
Para os actos de valor superior a € 125000 e até € 200000 — € 119,33;
Para os actos com valor superior a € 200000 — € 158,71;

d) Doação, proposta de doação ou aceitação de doação:
Para os actos de valor até € 7500 — € 117,65;
Para os actos de valor superior a € 7500 e até € 37500 — € 132,35;
Para os actos de valor superior a € 37500 e até € 100000 — € 147,06;
Para os actos com valor superior a € 100000 — € 195,59;

e) Constituição de propriedade horizontal ou alteração do seu título constitutivo:
Para os actos de valor até € 7500 — € 139,83;
Para os actos de valor superior a € 7500 e até € 37500 — € 157,31;

Para os actos de valor superior a € 37500 e até € 100000 — € 174,79;

Para os actos com valor superior a € 100000 — € 232,47;

f) Constituição de servidão, do direito de superfície e do direito real de habitação periódica, bem como de alteração dos respectivos títulos constitutivos:

Para os actos de valor até € 7500 — € 139,83;

Para os actos de valor superior a € 7500 e até € 37500 — € 157,31;

Para os actos de valor superior a € 37500 e até € 100000 — € 174,79;

Para os actos com valor superior a € 100000 — € 232,47;

g) Locação financeira:

Para os actos de valor até € 7500 — € 87,39;

Para os actos de valor superior a € 7500 e até € 37500 — € 98,32;

Para os actos de valor superior a € 37500 e até € 100000 — € 109,24;

Para os actos com valor superior a € 100000 — € 145,29;

h) Reforço da hipoteca:

Para os actos de valor até € 7500 — € 67,23;

Para os actos de valor superior a € 7500 e até € 37500 — € 75,63;

Para os actos de valor superior a € 37500 e até € 100000 — € 84,03;

Para os actos com valor superior a € 100000 — € 111,76;

i) Quitação da dívida:

Para os actos de valor até € 7500 — € 67,23;

Para os actos de valor superior a € 7500 e até € 37500 — € 75,63;

Para os actos de valor superior a € 37500 e até € 100000 — € 84,03;

Para os actos com valor superior a € 100000 — € 111,76;

j) Partilha:

Para os actos de valor até € 7500 — € 155,97;

Para os actos de valor superior a € 7500 e até € 37500 — € 175,46;

Para os actos de valor superior a € 37500 e até € 100000 — € 194,96;

Para os actos com valor superior a € 100000 — € 259,29;

l) Conferência de bens doados:
Para os actos de valor até € 7500 — € 104,20;
Para os actos de valor superior a € 7500 e até € 37500 — € 117,23;
Para os actos de valor superior a € 37500 e até € 100000 — € 130,25;
Para os actos com valor superior a € 100000 — € 173,24;
m) Divisão:
Para os actos de valor até € 7500 — € 104,20;
Para os actos de valor superior a € 7500 e até € 37500 — € 117,23;
Para os actos de valor superior a € 37500 e até € 100000 — € 130,25;
Para os actos com valor superior a € 100000 — € 173,24;
n) Justificação de direitos:
Para os actos de valor até € 7500 — € 104,20;
Para os actos de valor superior a € 7500 e até € 37500 — € 117,23;
Para os actos de valor superior a € 37500 e até € 100000 — € 130,25;
Para os actos com valor superior a € 100000 — € 173,24.

2 — Aos honorários referidos no número anterior acresce € 20,25 por cada um dos bens descritos, no máximo de € 800.

ARTIGO 12.º
Outros honorários

1 — Por qualquer averbamento aposto em escritura ou instrumento público — € 20,25.

2 — Por cada registo lavrado no livro a que se refere a alínea f) do n.º 1 do artigo 7.º do Código do Notariado — € 24,37.

3 — Serão devidos honorários correspondentes a 80% do preço do respectivo acto:

a) Pelo distrate, resolução, revogação ou rectificação de actos por motivos imputáveis às partes;

b) Pelos actos requisitados e elaborados que não sejam outorgados por motivos imputáveis às partes.

4 — Aos honorários referidos do número anterior acresce € 10 por cada um dos bens descritos.

ARTIGO 13.º
Assessoria

1 — São devidos honorários do montante de € 20,25 pelo estudo e preparação das seguintes escrituras, salvo se se reproduzir minuta apresentada pelas partes:
    a) Justificação e reconhecimento de direitos;
    b) Habilitação;
    c) Divisão;
    d) Permuta;
    e) Dação em cumprimento;
    f) Constituição de servidão, direito de superfície e do direito de habitação periódica;
    g) Constituição de propriedade horizontal ou sua alteração;
    h) Locação financeira;
    i) Constituição de sociedades de capital mínimo;
    j) Qualquer acto que envolva normas jurídicas estrangeiras.

2 — Nas escrituras não mencionadas no número anterior em que figurem outras cláusulas para além das respeitantes aos elementos essenciais dos negócios titulados é devido o emolumento do n.º 1 reduzido a metade.

3 — Cumulando-se na mesma escritura mais de um dos actos referidos nos números anteriores, o emolumento é devido por cada um deles.

ARTIGO 14.º
Outros actos e serviços

São de custo livre os demais actos ou serviços praticados pelos notários no âmbito da sua competência.

CAPÍTULO IV
Disposições finais

ARTIGO 15.º
Conservatória dos Registos Centrais

Pelo registo na Conservatória dos Registos Centrais de cada escritura, testamento público, testamento internacional, instrumento de aprovação, de depósito e abertura de testamento cerrado, o notário cobra às partes — € 9.

ARTIGO 16.º
Ministério da Justiça

1 — Pelo acesso aos sistemas de comunicação, de tratamento e de armazenamento da informação do Ministério da Justiça, pela utilização do Arquivo Público e pelos Serviços de Auditoria e Inspecção, o notário por sua conta entrega ao Ministério da Justiça:
a) Por cada escritura — € 10;
b) Por cada um dos demais actos que pratica — € 3.

2 — A receita proveniente da cobrança a que se referem o número anterior e o artigo 15.º será depositada mensalmente até ao dia 10 do mês seguinte àquele a que a conta encerrada disser respeito, à ordem do Instituto de Gestão Financeira e Patrimonial, do Ministério da Justiça.

ARTIGO 17.º
Afixação

A tabela de preços dos actos será obrigatoriamente afixada no cartório notarial em local a que o púbico tenha acesso.

ARTIGO 18.º
Âmbito de aplicação

A presente tabela aplica-se aos notários privados que exerçam funções ao abrigo do Estatuto do Notariado, aprovado pelo Decreto-Lei n.º 26/2004, de 4 de Fevereiro.

ÍNDICE IDEOGRÁFICO

Abertura
   Oficiosa, 175
   Sucessão, 145
   Testamento cerrado, 69, 175

Abonadores, 97, 129

Abono de família, 238

Abreviaturas, 81

Aceite, 186

Actas, 42, 58, 69, 91, 92, 163

Actos
   Acumulação, 84, 370
   Anuláveis, 86, 225
   Conta, 474
   Continuidade, 104
   Gratuitos , 371, 373
   Ineficazes, 225
   Nulos, 85
   Participação, 235
   Pluralidade, 370
   Prática, 470
   Sujeitos a registo, 106

Acumulação
   De actos, 84
   De funções, 36, 280

Advertências, 95, 109, 110, 111

Afinidade, 46

Agentes consulares, 39, 267

Ajudantes, 33, 284, 330

Alteração
   De acto testamentário, 55
   De elementos matriciais, 114

Anulabilidade, 86, 225

Aquisição
   De bens ou serviços, 51
   Do direito de propriedade, 106, 139

Arquivo
   Correspondência, 71
   Documentos, 67, 68, 515
   Livros, 67
   Maços, 68

Assessoria, 10, 21 , 28

Assinatura
   A rogo, 207
   Insusceptível de reconhecimento, 208

Associações, 239

Ausência
Do notário, 133
Parte incerta, 158

Autenticidade, 42, 88

Autarquias locais, 99

Auto de conferência, 315

Averbamentos
Aposição, 194
De revalidação, 194
Falecimento de doador, 194
Falecimento de testador, 198, 242
Forma, 197
Na justificação, 160
No livro de testamentos, 55
Numeração, 78
Oficioso, 196
Prazo, 199
Rubrica, 196

Bastonário, 549

Bilhete de identidade, 96, 206

Borrões, 165

Branqueamento, 240

Carta de condução, 206

Cartórios, 34, 271, 275, 469, 475, 482, 514, 561

Certidões
Dactilografadas, 217
De teor integral, 218
De teor parcial, 218
Espécies, 215
Forma, 216
Gratuitas, 252, 371
Prazo de validade, 113, 157
Requisitos, 217

Certificados
De contas, 214, 254
De desempenho de cargos, 213
De gerência, 213
De outros factos, 214
De tradução, 223
De vida e identidade, 212, 213
Encargos, 211
Noção, 212

Cessão
De créditos hipotecários, 140
Grau de prioridade, 140
Participações sociais, 140

Cláusulas
Nulas, 85
Resolutivas, 85

Código do Imposto do Selo, 407

Comodato, 451

Competência
Do notário, 41
Dos adjuntos do notário, 32
Dos oficiais, 33, 34, 331
Funcional, 41
Órgãos especiais, 39

Composição
Dos actos, 79

Regras, 80
Testamento, 119

Compropriedade, 110

Comunicações
De actos e factos, 235
Que dão lugar a averbamento 194
Que devem ser feitas aos notários, 264

Conferência de fotocópias, 220

Conselho do notariado, 487

Consentimento conjugal, 179

Conservadores, 279

Conservatória dos Registos Centrais
Índices, 243
Informações, 267
Nota certificada, 237
Registo de escrituras, 237
Transcrição de actos lavrados no estrangeiro, 267

Contas
Organização, 253
Cobrança coerciva, 258
Conferência, 258
Impugnação, 254
Lançamento, 257
Reclamação, 256
Registo, 258, 260
Revisão, 256

Convenção antenupcial, 27

Correspondência, 71

Custas, 139

Declarantes, 146, 156

Delegação
De competências, 31
Poderes de gerência, 178

Despesas, 51, 292

Destruição
De bens, 73
De documentos, 71
De fichas de sinais, 72
Do Diário da República, 72

Dispensa de registo, 107

Documentos
Arquivamento, 67, 89
Autenticados, 76, 203
Autênticos, 25, 76
Complementares, 69, 124, 164
Em língua estrangeira, 88
Encargos, 252
Espécies, 76
Exibição, 67
Força probatória, 204
Particulares, 23, 77, 143
Passados no estrangeiro, 88
Registo, 200
Solenes, 23
Transferência, 75, 76

EIRL, 141

Emolumentos
Dos actos notariais, 243, 379

Isenção e redução, 244, 363, 364, 366, 371
Pessoais, 363, 397
Tributação, 365

Encadernação
Dos livros, 61
Do livro de testamentos, 49, 61
Maços, 70

Escrita, 80

Escriturários, 284, 330

Escrituras
Exigência, 139
Registo, 201

Estatística
Dados, 233
Mapa mensal, 233
Remessa ao GEPMJ, 235
Verbetes, 233

Estatuto
Da ordem dos notários, 537
Do Notariado, 463
Remuneratório, 36

Fábrica da Igreja, 99

Fé pública, 27, 475

Férias
Mapa, 238
Legislação, 32

Ficha técnica de habitação, 110

Fichas,
Catalogação, 66
Elaboração, 65

Preenchimento, 66, 242
Remessa, 242

Forma
legal, 21
solene, 24

Fotocópias
Conferência, 220
Das actas, 222
Para instrução de processos, 220

Fracionamento, 111

Fracções autónomas
Cisão, 118
Junção, 118
Oneração, 118
Transmissão, 111, 118, 142

Função notarial
Acesso, 478
Fiscalização, 489
Natureza, 29, 47
Noção, 21, 468
Relevância, 29

Fundo de Compensação, 559

Gestão de negócios, 99, 164

Habilitação
Admissibilidade, 144
Documentos, 146
Efeitos, 149
Legatários, 150
Noção, 145

Herdeiro, 144

Hipoteca, 140, 143

Impressões digitais, 102

Impugnação
Habilitação, 149
Justificação, 160

IMT, 247

Inabilidade, 129

Índices
Elaboração, 65
Exibição, 73

Informações, 73, 267

Inscrições, 106

Instrumentos notariais
Avulsos, 162
Formalidades, 90
Registo, 200

Interpretação, 30, 43

Intervenientes
Acidentais, 126
Peritos médicos, 128
Incapacidade, 129

Intérpretes, 126

Inventário, 486

Juízes, 41

Juramento, 93, 95, 131

Justificação
Ausência, 145
Judicial, 152
Notarial, 151
Reatamento trato sucessivo, 153
Registo comercial, 155
Registral, 152
Simultânea, 155

Legatário, 150

Leitores, 129

Letras
Apresentação, 187
Protesto, 182
Recibo de entrega, 191

Licença de habitabilidade, 110

Livros
Amarelo, 52
Conta receita e despesa, 51, 60
De inventário, 50, 59
De notas, 48, 54, 55
De protesto, 48, 55
De receita e despesa, 51, 60
De registos, 48, 52, 54, 57, 58
De sinais, 75
Desdobramento, 53
Encadernação, 61
Legalização, 48, 62, 64
Numeração, 60
Protestos, 56
Saída, 75
Transferência, 75

Loja do cidadão, 34

Maços de documentos, 68, 70

Mapa
de faltas, 237

de férias, 238
notarial, 469, 519

Menções
Especiais, 90, 93
Matriciais, 112
Obrigatórias, 109
Registrais, 105
Supérfluas, 84

Menores, 130

Minutas, 86

Misericórdias, 99

Morte, 147

Mudos, 127

Negócio consigo mesmo, 178

Notação, 238

Notários
Adjuntos, 32, 278
Advogados, 316
Atribuição de título, 565
Bolsa, 482, 541
Comissão de serviço, 283
Competências, 41, 468
Destacamento, 296
Deveres, 476, 553
Direitos, 475
Estágio, 31, 478, 517, 570
Exclusividade, 473
Exoneração, 484
Falecimento, 319
Formação, 567
Graduação, 327

Impedimentos, 45, 473, 552
Incompatibilidades, 35
Ingresso na carreira, 31, 278
Interdição, 484
Licença, 318, 481, 570
Permuta, 325
Pivot, 34
Posse, 315, 483, 516, 570
Privativos da CGD, 41
Privativos Câmara Municipal, 40
Provimento, 319
Residência, 317
Retribuição, 474, 583
Substituição, 30, 33, 279, 471, 486
Transferência, 325

Notificação Prévia, 158

Nulidades, 131, 133, 493

Parentesco, 46

Participações
Actos, 233, 234, 235
Emolumentar, 36, 38

Perigo de vida, 107

Peritos
Incapacidades, 129
Médicos, 128

Preparos, 225, 344, 367

Procurações
Extinção, 177
Formas, 176
Revogação, 179
Selagem, 180
Telecópia, 179
Telegráfica, 179

Promoções, 326

Propriedade horizontal
  Alteração, 118
  Constituição, 115
  Regime, 116

Protesto de títulos, 182, 202

Pública-forma, 219

Ratificação, 93

Receitas, 234

Reclamação, 226

Reconhecimentos
  Assinaturas a rogo, 207
  Documentos não selados, 202
  Espécies, 205
  Requisitos, 207

Rectificação, 195

Recursos, 226

Recusa, 224

Redacção, 83

Registo
  Dispensa, 108
  Prévio, 105
  Testamentos, 201

Regulamento dos Registos e Notariado, 307

Regulamento Emolumentar, 357

Representação, 98, 99, 100, 178

Repúdio
  Herança, 91, 139
  Legado, 91, 139

Requisição
  De documentos, 42
  De registo, 240

Responsabilidade
  Civil, 231
  Do Estado, 231
  Em caso de revalidação, 230
  Transferência, 232
  Tributária, 232

Ressalvas, 81

Revalidação, 135

Roboração, 174

Reversão de vencimento, 38

Sacerdotes, 39

Sanação, 132

Secretarias, 18, 311

Segredo profissional, 73, 167

Selo
  Cobrança, 245, 408
  Compensação, 441
  Incidência, 407
  Isenções, 414, 415, 416
  Liquidação, 427
  Restituição, 440

Selo branco, 266

Serviço externo, 33, 317, 348

Serviços anexados, 311

Sociedades de capitais, 456

Substabelecimento, 179

Sucessão
Regulada por lei estrangeira, 148
Testamentária, 148

Superfície, 122, 123

Surdos, 127

Tabelas
Emolumentos pessoais, 397
Emolumentos consulares, 39
Honorários, 583
Selo, 451

Telecópia, 42, 69, 212, 391

Termo
de abertura e encerramento, 63
de autenticação, 42, 203

Testamento
Formas, 166
Internacional, 172
Regime, 118, 119
Registo, 201

Testamento cerrado
Abertura, 171
Aprovação, 167, 168
Composição, 165

Depósito, 169, 176
Formalidades, 167
Fórmula, 168
Registo, 202
Restituição, 170, 199

Testemunhas
Inabilidade, 129
Incapacidade, 129
Instrumentarias, 128

Título de residência, 97

Traduções, 42, 88, 184, 222

Tradutores, 88, 222

Transcrição de actos, 267

Usucapião, 152

Usufruto, 123

Valor
Do usufruto, 123
Dos bens, 121
Dos bens imóveis, 121, 122
Dos bens móveis, 124

Vencimento
Limite, 37
Limite para aposentação, 38

Verbetes, 232

Verificação
Identidade, 96
Qualidade, 97
Poderes, 98

Warrants, 184

ÍNDICE SISTEMÁTICO

Nota prévia 5

Sinopse temática 7

Decreto- Lei n.º 207/95, de 14 de Agosto 9

CÓDIGO DO NOTARIADO

TÍTULO I
Da organização dos serviços notariais

CAPÍTULO I
Disposições gerais

Artigo 1.º – Função notarial 21
Artigo 2.º – Órgãos próprios 30
Artigo 3.º – Órgãos especiais 39

CAPÍTULO II
Competência funcional

SECÇÃO I
Atribuições dos notários

Artigo 4.º – Competência dos notários 41

SECÇÃO II
Impedimentos

Artigo 5.º – Casos de impedimento 45
Artigo 6.º – Extensão dos impedimentos 47

CAPÍTULO III
Livros, índices e arquivos

SECÇÃO I
Livros

Artigo 7.º – Livros de actos notariais 47
Artigo 8.º – Outros livros 50
Artigo 9.º – Modelos 53
Artigo 10.º – Desdobramento de livros 53
Artigo 11.º – Livro de testamentos públicos e de escrituras de revogação .. 54
Artigo12.º – Livro de escrituras diversas 55
Artigo 14.º – Livro de protestos 56
Artigo 15.º – Livro de registo de testamentos e escrituras 57
Artigo 16.º – Livro de registo de instrumentos avulsos e de documentos ... 57
Artigo 17.º – Livro de registo de contas de emolumentos e de selo 58
Artigo 18.º – Livro de inventário 59
Artigo19.º – Livro de contas da receita e despesa 60
Artigo 20.º – Numeração e identificação dos livros 60
Artigo 21.º – Encadernação de livros e utilização de folhas soltas 61
Artigo 22.º – Legalização de livros 62
Artigo 23.º – Termos de abertura e de encerramento 63
Artigo 24.º – Competência para a legalização 64

SECÇÃO II
Índices

Artigo 25.º – Elaboração de fichas 65
Artigo 26.º – Catalogação e elementos das fichas 66

SECÇÃO III
Arquivos

Artigo 27.º – Livros e documentos 67
Artigo 28.º – Maços de documentos 68
Artigo 29.º – Numeração 69
Artigo 30.º- Correspondência 71
Artigo 31.º- Destruição de documentos 71

SECÇÃO IV
Disposições comuns

Artigo 32.º – Segredo profissional e informações 73
Artigo 33.º – Saída de livros e documentos 75
Artigo 34.º -Transferência de livros e documentos para outros arquivos .. 75

TÍTULO III
Dos actos notariais

CAPÍTULO I
Disposições gerais

SECÇÃO I
Documentos e execução dos actos notariais

Artigo 35.º – Espécies de documentos 76
Artigo 36.º – Onde são exarados 78
Artigo 37.º – Numeração 78
Artigo 38.º – Composição 79
Artigo 39.º – Materiais utilizáveis 79
Artigo 40.º – Regras a observar na escrita dos actos 80
Artigo 41.º – Ressalvas 81
Artigo 42.º – Redacção 83
Artigo 43.º – Minutas 86

SECÇÃO II

Artigo 44.º – Documentos passados no estrangeiro	88
Artigo 45.º – Utilização de documentos arquivados	89

SECÇÃO II
Requisitos dos instrumentos notariais

Artigo 46.º – Formalidades comuns	90

SECÇÃO II

SUBSECÇÃO I

Artigo 47.º – Menções especiais	93
Artigo 48.º – Verificação da identidade	96
Artigo 49.º – Representação de pessoas colectivas e sociedades	97
Artigo 50.º – Leitura e explicação dos actos	101
Artigo 51.º – Impressões digitais	102
Artigo 52.º – Rubrica das folhas não assinadas	103
Artigo 53.º – Continuidade dos actos	104

SUBSECÇÃO II
Requisitos especiais

Artigo 54.º – Menções relativas ao registo predial	105
Artigo 55.º – Dispensa de menção do registo prévio	108
Artigo 56.º – Menções obrigatórias	109
Artigo 57.º – Menções relativas à matriz	112
Artigo 58.º – Harmonização com a matriz e o registo	114
Artigo 59.º – Constituição de propriedade horizontal	115
Artigo 60.º – Modificação de propriedade horizontal	117
Artigo 61.º – Regime especial para os testamentos	118
Artigo 62.º – Prédios sob regime de propriedade horizontal	120
Artigo 63.º – Valor dos bens	121
Artigo 64.º – Documentos complementares	124

SUBSECÇÃO III
Intervenientes acidentais

Artigo 65.º – Actos com intervenção de outorgantes que não compreendam a língua portuguesa 126
Artigo 66.º – Actos com intervenção de surdos e mudos 127
Artigo 67.º – Intervenção de testemunhas e de peritos médicos 128
Artigo 68.º – Casos de incapacidade ou de inabilidade 129
Artigo 69.º – Juramento legal 131

SECÇÃO III
Nulidades e revalidação dos actos notariais

SUBSECÇÃO I
Nulidades

Artigo 70.º – Casos de nulidade por vícios de forma e sua sanação 131
Artigo 71.º – Outros casos de nulidade 133
Artigo 72.º – Limitação de efeitos de algumas nulidades 135

SUBSECÇÃO II
Revalidação

Artigo 73.º – Casos de revalidação notarial 135
Artigo 74.º – Formulação do pedido 136
Artigo 75.º – Conteúdo do pedido 137
Artigo 76.º – Notificação e audição dos interessados 137
Artigo 77.º – Execução e averbamento da decisão 138
Artigo 78.º – Recurso 138
Artigo 79.º – Isenções 139

CAPÍTULO II
Actos notariais em especial

SECÇÃO I
Escrituras públicas em geral

Artigo 80.º – Exigência de escritura 139
Artigo 81.º – Legislação especial 143

SECÇÃO II
Escrituras especiais

SUBSECÇÃO I
Habilitação notarial

Artigo 82.º – Admissibilidade 144
Artigo 83.º- Definição 145
Artigo 84.º – Incapacidade e inabilidade dos declarantes 146
Artigo 85.º – Documentos necessários 146
Artigo 86.º – Efeitos da habilitação 149
Artigo 87.º – Impugnação da habilitação 149
Artigo 88.º – Habilitação de legatários 150

SUBSECÇÃO II
Justificações notariais

Artigo 89.º – Justificação para estabelecimento do trato sucessivo no registo predial 151
Artigo 90.º – Justificação para reatamento do trato sucessivo no registo predial 153
Artigo 91.º – Justificação para estabelecimento de novo trato sucessivo no registo predial 154
Artigo 92.º – Restrições à admissibilidade da justificação 154
Artigo 93.º – Justificação simultânea 155
Artigo 94.º – Justificação para fins do registo comercial 155
Artigo 95.º – Apreciação das razões invocadas 156
Artigo 96.º – Declarantes 156
Artigo 97.º – Advertência 156
Artigo 98.º – Documentos 157
Artigo 99.º – Notificação prévia 158
Artigo 100.º – Publicidade 159
Artigo 101.º – Impugnação 160

SUBSECÇÃO III
Escrituras diversas

Artigo 102.º – Extinção da responsabilidade da emissão de títulos 161

SECÇÃO III
Instrumentos públicos avulsos

SUBSECÇÃO I
Disposições gerais

Artigo 103.º – Número de exemplares a lavrar 162
Artigo 104.º – Destino dos exemplares 164
Artigo 105.º – Documentos complementares 164

SUBSECÇÃO II
Aprovação de testamentos cerrados

Artigo 106.º – Composição do testamento cerrado 165
Artigo 107.º – Leitura do testamento 167
Artigo 108.º – Formalidades 167

SUBSECÇÃO III
Depósito de testamentos e sua restituição

Artigo 109.º – Instrumento de depósito 169
Artigo 110.º – Restituição do testamento 170

SUBSECÇÃO IV
Abertura de testamentos cerrados e de testamentos internacionais

Artigo 111.º – Cartório competente 171
Artigo 112.º – Documentos necessários 173
Artigo 113.º – Formalidades do acto 173
Artigo 114.º – Instrumento de abertura 174
Artigo 115.º – Abertura oficiosa 175

SUBSECÇÃO V
Procurações, substabelecimentos e consentimento conjugal

Artigo 116.º – Procurações e substabelecimentos 176

Artigo 117.º – Consentimento conjugal 179
Artigo 118.º – Procurações telegráficas e por telecópia 179

SUBSECÇÃO VI
Protestos

Artigo 119.º – Letras não admitidas a protesto 182
Artigo 120.º – Lugar de protesto 184
Artigo 121.º – Prazo 185
Artigo 122.º – Diferimento do prazo 186
Artigo 123.º – Recusa de protesto 187
Artigo 124.º – Apresentação de letras 187
Artigo 125.º – Notificações 188
Artigo 126.º – Prazo e ordem dos protestos 189
Artigo 127.º – Instrumento de protesto 189
Artigo 128.º – Letras retiradas 191
Artigo 129.º – Recibo de entrega e devolução de letras 191
Artigo 129.º-A – Estabelecimento bancário 192
Artigo 129.º-B – Notificações a efectuar pelos estabelecimentos bancários 192
Artigo 129.º-C – Urgência 193
Artigo 130.º – Protesto de outros títulos 193

SECÇÃO IV
Averbamentos

Artigo 131.º – Factos a averbar 193
Artigo 132.º – Suprimento e rectificação de omissões e inexactidões 195
Artigo 133.º – Forma 197
Artigo 134.º – Comunicação dos factos a averbar 198
Artigo 135.º – Falecimento de testadores e doadores 198
Artigo 136.º – Restituição de testamentos depositados 199
Artigo 137.º – Prazos 199
Artigo 138.º – Arquivamento dos documentos 200

SECÇÃO V
Registos

Artigo 139.º – Objecto 200

Artigo 140.º – Registo de testamentos públicos e escrituras 201
Artigo 141.º – Registo dos instrumentos relativos aos testamentos cerrados
    e internacionais 202
Artigo 142.º – Registo relativo ao protesto de títulos 202
Artigo 143.º – Registo de outros actos 203
Artigo 144.º – Ordem dos registos 203

SECÇÃO VII
Autenticação de documentos particulares

Artigo 150.º – Documentos autenticados 203
Artigo 151.º – Requisitos comuns 204
Artigo 152.º – Requisitos especiais 205

SECÇÃO VIII
Reconhecimentos

Artigo 153.º – Espécies 205
Artigo 154.º – Assinatura a rogo 207
Artigo 155.º – Requisitos 207
Artigo 157.º – Assinaturas que não podem ser reconhecidas 208

SECÇÃO IX
Certificados, certidões e documentos análogos

SUBSECÇÃO I
Disposições gerais

Artigo 158.º – Requisições 209
Artigo 159.º – Prazos 210
Artigo 160.º – Requisitos comuns 211

SUBSECÇÃO II
Certificados

Artigo 161.º – Certificados de vida e de identidade 212

Artigo 162.º – Certificado de desempenho de cargos 213
Artigo 163.º – Certificados de outros factos 214

SUBSECÇÃO III
Certidões e públicas-formas

Artigo 164.º – Certidões 214
Artigo 165.º – Espécies 215
Artigo 166.º – Forma das certidões 216
Artigo 167.º – Requisitos 217
Artigo 168.º – Certidões de teor integral 218
Artigo 169.º – Certidões de teor parcial 218
Artigo 170.º – Elementos compreendidos nas certidões de teor 219
Artigo 171.º – Públicas-formas 219
Artigo 171.º-A – Conferência de fotocópias 220

SUBSECÇÃO IV
Traduções

Artigo 172.º – Em que consistem e como se fazem 222

TÍTULO III
Das recusas e recursos

CAPÍTULO I
Recusas

Artigo 173.º – Casos de recusa 224
Artigo 174.º – Actos anuláveis e ineficazes 225

CAPÍTULO II
Recursos

Artigo 175.º – Admissibilidade de recurso 226
Artigo 176.º – Especificação dos motivos da recusa 227

Artigo 177.º – Petição de recurso 227
Artigo 178.º – Sustentação da recusa e remessa do processo a juízo 228
Artigo 179.º – Decisão de recurso 228
Artigo 180.º – Recorribilidade da decisão 229
Artigo 181.º – Termos posteriores à decisão do recurso 229
Artigo 182.º – Cumprimento do julgado 230
Artigo 183.º – Isenção de custas 230

TÍTULO IV
Disposições diversas

CAPÍTULO I
Responsabilidade dos funcionários notariais

Artigo 184.º – Responsabilidade em casos de revalidação e sanação 230

CAPÍTULO II
Estatística e participação de actos

Artigo 185.º – Verbetes estatísticos 232
Artigo 186.º – Participação de actos 232
Artigo 186.º-A – Requisição do registo 240
Artigo 187.º – Remessa de fichas e cópias de registos à Conservatória dos Registos Centrais 241
Artigo 188.º – Índice e relação organizados pela Conservatória dos Registos Centrais 243

CAPÍTULO III
Encargos dos actos notariais

Artigo 189.º – Emolumentos, taxas e despesas 243
Artigo 190.º – Imposto do selo e imposto municipal de sisa 245
Artigo 191.º – Encargos de documentos requisitados 252
Artigo 192.º – Encargos dos instrumentos avulsos 253
Artigo 193.º – Organização das contas 253
Artigo 194.º – Lançamento das contas 257

Artigo 195.º – Conferência e entrega das contas 258
Artigo 196.º – Registo das contas 258
Artigo 197.º – Referência ao registo das contas 260
Artigo 198.º – Selo dos livros 261
Artigo 199.º – Selo de diversos actos 262
Artigo 200.º – Forma do pagamento do imposto do selo liquidado por verba 262
Artigo 201.º – Pagamento de outros encargos 263

CAPÍTULO IV
Disposições finais

Artigo 202.º – Comunicações que devem ser feitas aos notários 264
Artigo 203.º – Requisitos das comunicações 265
Artigo 204.º – Participação de disposições a favor da alma e de encargos
  de interesse público 265
Artigo 205.º – Aposição do selo branco 266
Artigo 206.º – Actos notariais lavrados no estrangeiro 267
Artigo 207.º – Informações 267

LEI ORGÂNICA DOS SERVIÇOS DOS REGISTOS E DO NOTARIADO

CAPÍTULO I
Dos serviços dos registos e do notariado 271
(Artigos 1.º a 20.º)

CAPÍTULO II
Do pessoal 277
(Artigos 21.º a 51.º)

CAPÍTULO III
Da remuneração dos funcionários e da receita dos serviços 287
(Artigos 52.º a 67.º)

CAPÍTULO IV
Disposições diversas 293
(Artigos 68.º a 74.º)

CAPÍTULO V
Disposições finais e transitórias 296
(Artigos 75.º a 96.º)

REGULAMENTO DOS SERVIÇOS DOS REGISTOS DO NOTARIADO

CAPÍTULO I
Das repartições de registo e dos serviços notariais 307
(Artigos 1.º a 21.º)

CAPÍTULO II
Do pessoal dos serviços de registos e do notariado 314
(Artigos 49.º a 127.º)

CAPÍTULO III
Receitas e despesas dos serviços 343
(Artigos 128.º a 137.º)

CAPÍTULO IV
Reclamações hierárquicas 348
(Artigo 138.º a 141.º)

CAPÍTULO V
Disposições diversas 350
(Artigos 142.º a 148.º)

CAPÍTULO VI
Disposições transitórias 352
(Artigos 149.º a 153.º)

REGULAMENTO EMOLUMENTAR DOS REGISTOS E NOTARIADO

Preâmbulo do Dec.-Lei n.º 322-A/2001, de 14 de Dezembro 357
Disposições perambulares 361

CAPÍTULO I
Princípios e normas gerais de interpretação

Artigo 1.º
Tributação emolumentar 365

Artigo 2.º
Incidência subjectiva 365

Artigo 3.º
Proporcionalidade 366

Artigo 4.º
Isenções e reduções emolumentares 366

Artigo 5.º
Normas de interpretação 366

Artigo 6.º
Publicidade 366

CAPÍTULO II

SECÇÃO I
Normas gerais de aplicação

Artigo 7.º
Actos com valor representado em moeda sem curso legal 367

Artigo 8.º
Preparos 367

Artigo 9.º
Emolumentos pessoais 367

SECÇÃO II
Actos de registo civil e da nacionalidade

Artigo 10.º 368

SECÇÃO III
Actos notariais

Artigo 11.º
Unidade e pluralidade de actos 370

Artigo 12.º
Actos gratuitos 371

SECÇÃO IV
Actos de registo predial

Artigo 13.º
Acto único relativo a diversos prédios 372

Artigo 14.º
Actos gratuitos 372

SECÇÃO V
Actos de registo comercial

Artigo 15.º
Actos gratuitos 373

SECÇÃO VI
Actos de registo de navios

Artigo 16.º
Actos gratuitos 373

SECÇÃO VII
Actos de registo nacional de pessoas colectivas 374

SECÇÃO VIII
Actos de registo de automóveis 374

SECÇÃO IX
Actos de identificação civil

Artigo 17.º
Actos gratuitos 375

CAPÍTULO III
Tabelamento dos actos

SECÇÃO I
Registo civil e nacionalidade

Artigo 18.º
Emolumentos do registo civil e de nacionalidade 376

Artigo 19.º
Regras de distribuição de emolumentos 379

SECÇÃO II
Notariado

Artigo 20.º
Emolumentos do notariado 379

SECÇÃO III
Registo predial

Artigo 21.º
Emolumentos do registo predial 382

SECÇÃO IV
Registo comercial

Artigo 22.º
Emolumentos do registo comercial 384

SECÇÃO V
Registo Nacional de Pessoas Colectivas

Artigo 23.º
Emolumentos do Registo Nacional de Pessoas Colectivas 386

SECÇÃO VI
Registo de navios

Artigo 24.º
Emolumentos do registo de navios 388

SECÇÃO VII
Registo de automóveis

Artigo 25.º
Emolumentos do registo de automóveis 389

SECÇÃO VIII
Identificação civil

Artigo 26.º
Emolumentos da identificação civil 391

SECÇÃO IX
Emolumentos diversos

Artigo 27.º
Emolumentos comuns 391

SECÇÃO X
Isenções ou reduções emolumentares 392

Artigo 28.º
Isenções ou reduções emolumentares 392

TABELA DE EMOLUMENTOS PESSOAIS 397

CÓDIGO DO IMPOSTO DO SELO

Lei n.º 150/99, de 11 de Setembro 403

CAPÍTULO I
Incidência 407
(Artigos 1.º a 5.º)

CAPÍTULO II
Isenções 414
(Artigo 6.º a 8.º)

CAPÍTULO III
Valor tributável 418
(Artigos 89.º a 21.º)

CAPÍTULO IV
Taxas 426
(Artigo 22.º)

CAPÍTULO V
Liquidação 427
(Artigos 23.º a 40.º)

CAPÍTULO VI
Pagamento 436
(Artigos 41.º a 48.º)

CAPÍTULO VII
Garantias 440
(Artigos 49.º a 51.º)

CAPÍTULO VIII
Fiscalização 441
(Artigos 52.º a 63.º)

CAPÍTULO IX
Disposições diversas 446

Tabela Geral do Imposto do Selo 451

Estatuto do Notariado

CAPÍTULO I
Disposições gerais 467
(arts. 1.º a 20.º)

CAPÍTULO II
Direitos e deveres do notário 475
(arts. 21.º a 24.º)

CAPÍTULO III
Acesso à função notarial e atribuição do título de notário 478
(arts. 25.º a 33.º)

CAPÍTULO IV
Concurso para atribuição de licença 481
(arts. 34.º a 36.º)

CAPÍTULO V
Instalação do cartório notarial e posse dos notários 482
(arts. 37.º a 40.º)

CAPÍTULO VI
Cessação da actividade notarial e seus efeitos 484
(arts. 41.º a 51.º)

CAPÍTULO VII
Conselho do Notariado 487
(arts. 52.º a 56.º)

CAPÍTULO VIII
Fiscalização 489
(arts. 57.º a 59.º)

CAPÍTULO IX
Disciplina 490
(arts. 60.º a 105.º)

CAPÍTULO X
Regime transitório 508
(arts. 106.º a 129.º)

Mapa notarial 519

Estatuto da Ordem dos Notários

CAPÍTULO I
Disposições gerais 537
(arts. 1.º a 6.º)

CAPÍTULO II
Membros 540
(arts. 7.º a 11.º)

CAPÍTULO III
Órgãos da Ordem dos notários 542
(arts. 12.º a 30.º)

CAPÍTULO IV
Incompatibilidades e impedimentos 552
(arts. 31.º a 34.º)

CAPÍTULO V
Deontologia profissional dos membros da Ordem dos notários 553
(arts. 35.º a 40.º)

CAPÍTULO VI
Disciplina 555
(arts. 41.º a 51.º)

Capítulo VII
Receitas e despesas da Ordem dos notários 558
(arts. 52.º a 53.º)

CAPÍTULO VIII
Fundo de Compensação 559
(arts. 54.º a 65.º)

CAPÍTULO IX
Disposições finais e transitórias 562

Regulamento de atribuição de título de notário

Art. 1.º – Âmbito de aplicação 567
Art. 2.º – Fases de procedimento 567
Art. 3.º – Formação 567
Art. 4.º – Concurso 568
Art. 5.º – Aviso de abertura 568
Art. 6.º – Lista de candidatos 569

Art. 7.º – Fases do concurso 569
Art. 8.º – Graduação 569
Art. 9.º – Estágio 570
Art. 10.º – Licença de instalação de cartório notarial 570
Art. 11.º – Posse 570

Programas de provas do concurso 571

Bibliografia aconselhada 575

Tabela de honorários e encargos notariais

CAPÍTULO I
Regras de interpretação 583
(arts. 1.º a 5.º)

CAPÍTULO II
Regras de aplicação 584
(arts. 6.º a 9.º)

CAPÍTULO III
Tabela de honorários 586
(arts. 10.º a 14.º)

CAPÍTULO IV
Disposições finais 591
(arts. 15.º a 18.º)